O CARISMA DE

ADOLF HITLER

LAURENCE REES

O CARISMA DE ADOLF HITLER

O HOMEM QUE CONDUZIU MILHÕES AO ABISMO

Tradução:
Alice Klesck

LeYa

Diretor editorial: Pascoal Soto
Editora executiva: Maria João Costa
Assessora editorial: Raquel Maldonado
Revisão de texto: Mariana Oliveira e Renata Magdaleno
Diagramação: Abreu's System
Produção Gráfica
Direção: Marcos Rocha
Gerência: Fábio Menezes

CIP-BRASIL. CATALOGAÇÃO NA FONTE
SINDICATO NACIONAL DOS EDITORES DE LIVROS, RJ

Rees, Laurence
O carisma de Adolf Hitler: o homem que conduziu milhões ao abismo / Laurence Rees; tradução de Alice Klesck. – Rio de Janeiro: LeYa, 2013.
400 p.

Título original: *The dark charisma of Adolf Hitler*
ISBN 978-85-8044-911-2

1. História - Alemanha 2. Segunda Guerra 3. Nazismo 4. Hitler, Adolf, 1889-1945

13-0931 CDD:943.086092

2013

TEXTO EDITORES LTDA.
[Uma editora do Grupo LeYa]
Rua Desembargador Paulo Passaláqua, 86
01248-010 – Pacaembu – São Paulo – SP – Brasil
www.leya.com.br

Em memória de meus pais

Margaret Julia Rees (1927-1977)
e
Alan William Rees (1924-1973)

"Toda a minha vida pode ser resumida nesse meu esforço incessante de persuadir outras pessoas."[1]

Adolf Hitler

"O fato de que tal homem tenha ido tão longe, no sentido de realizar suas ambições, e – acima de tudo – tenha encontrado milhões de ferramentas e assistentes condescendentes, é um fenômeno sobre o qual o mundo irá refletir durante séculos por vir."[2]

Konrad Heiden

Sumário

Quarta parte – Sangue e morte

Introdução

Meus pais tinham pontos de vista muito claros sobre Adolf Hitler. Ambos vivenciaram a guerra – o irmão de meu pai morreu nos comboios do Atlântico – e achavam que Hitler era a encarnação do mal. Porém, mesmo quando criança, eu me lembro de pensar que, se Hitler era o diabo com formas humanas, como foi que ele arranjou tanta gente para seguir suas ordens? De certa forma, essa é uma pergunta na qual tenho pensado desde então, e à qual tento responder neste trabalho.

Adolf Hitler foi, à primeira vista, o líder mais improvável de um Estado sofisticado, no coração da Europa. Ele era incapaz de cultivar amizades humanas normais, incapaz de discutir intelectualmente, transbordava ódio e preconceito, era um "solitário",[1] desprovido de qualquer capacidade real de amar. Enquanto figura humana, "ele foi, sem dúvida, lamentável".[2] No entanto, exerceu o papel mais importante em três das mais devastadoras decisões já tomadas: a de invadir a Polônia, que levou à Segunda Guerra Mundial; a de invadir a União Soviética; e a decisão de assassinar os judeus.

Mas Hitler não criou todo esse horror sozinho, e junto com suas inúmeras inadequações, seu grande poder de persuasão era inquestionável. "Toda a minha vida", disse ele, de forma memorável, em 1942, "pode ser resumida nesse meu esforço incessante de persuadir outras pessoas".[3] E eu conheci muita gente que viveu durante essa época e confirmou esse julgamento. Quando pressionadas quanto ao motivo de acharem tão persuasiva essa figura tão estranha, as pessoas apontavam uma série de fatores, como as circunstâncias da época, seus temores, suas esperanças e assim por diante. Mas muitas simplesmente descreviam a poderosa sensação de atração que sentiam por Hitler – algo que inúmeras pessoas descreveram como seu "carisma".

Mas o que exatamente é "carisma"? A palavra tem raízes gregas que significam um favorecimento ou graça divina. Mas carisma, conforme utilizamos o termo atualmente, não é uma dádiva "divina", e sim, um "valor neutro"[4] – pessoas cruéis podem possuí-lo da mesma forma que as pessoas boas. O significado original também sugere que carisma é uma qualidade absoluta que existe – ou não – em um indivíduo específico. Mas o atrativo carismático de Adolf Hitler não era universal. Só se revelava no espaço entre ele e as emoções de seus ouvintes. De duas pessoas que o conhecessem, uma talvez o achasse carismático, a outra, um tolo.

Nosso entendimento do conceito moderno de "carisma" começa com o trabalho do teorista social alemão Max Weber, que escreveu sobre "liderança carismática"[5] na virada do último século. Embora ele já estivesse escrevendo muito antes de Hitler se tornar chanceler da Alemanha, seu trabalho ainda é de grande relevância para qualquer um que se interesse pelo estudo do nazismo, de maneira geral, e de Hitler em particular. Fundamentalmente, o que Weber fez foi analisar a "liderança carismática" como um tipo específico de governança – em lugar de uma qualidade pessoal que pode ser encontrada em um astro pop ou um político. Para Weber, o líder "carismático" precisa possuir um elemento "missionário" forte e uma figura quase religiosa. Seguidores de tal líder estão em busca de algo além da simples redução de impostos ou melhorias no sistema de saúde; eles buscam objetivos mais amplos, quase espirituais, de redenção e salvação. O líder carismático não pode existir facilmente dentro das estruturas burocráticas normais e é motivado por um senso de destino pessoal. Nessas condições, Hitler é o arquetípico "líder carismático".

Em particular, acho imprescindível a compreensão de que o carisma deriva da interação entre indivíduos. E, nesse contexto, a possibilidade que tive de conhecer e questionar pessoas que viveram ao longo desse período extraordinário se revelou um grande benefício. Ao escrever este livro, eu tive a sorte suficiente de ter acesso a fontes primordiais – centenas de entrevistas com testemunhas e criminosos nortearam meu trabalho como cineasta na área de história, ao longo dos últimos vinte anos. Somente uma pequena fração desse conteúdo já foi publicada e, portanto, a vasta maioria dos testemunhos citados aqui é inédita.

Tive o grande privilégio de poder viajar pelo mundo e conhecer essas pessoas – desde os que trabalharam próximos a Hitler até os que cometeram assassinatos em seu nome, desde os que sofreram em suas mãos até os que finalmente ajudaram a destruí-lo. Após a queda do Muro de Berlim, também tive a sorte de ser um dos primeiros a viajar aos antigos países comunistas, na Europa Oriental, e gravar entrevistas abertas e honestas sobre o nazismo com quem viveu por trás da Cortina de Ferro. O que disseram foi tão chocante quanto surpreendente.

Também me privilegiei das longas discussões que mantive com muitos dos maiores historiadores do mundo – conteúdo que compilei para meu website educacional *WW2History.com* –, assim como informações de estudo em arquivos e outras fontes de pesquisa mais tradicionais. Mas foi encontrar e questionar as pessoas que conheceram Hitler, e que viveram sob seu regime, o que me proporcionou as melhores pistas para penetrar na natureza do seu poder atrativo. (É preciso tratar o relato de testemunhas oculares com muito cuidado. Abordei em outra obra os muitos testes e salvaguardas usados ao reunir este material).[6]

Fiz grandes descobertas, estudando rolos e rolos de filmes de arquivos da época, principalmente filmagens dos discursos de Hitler. Quando comecei meu trabalho sobre o nazismo, há vinte anos, eu achava que o “carisma” dele talvez fosse visível nos filmes. No entanto, logo ficou claro – pelo menos para mim – que, hoje, suas imagens decididamente não têm carisma algum. Mas essa é obviamente a questão. Não senti nada porque não vivi aquela época como uma pessoa predisposta a aceitar o apelo carismático de Hitler. Não passei fome, não me senti humilhado após a derrota da guerra, estando desempregado, temendo a disseminação da violência nas ruas, nem me senti traído por promessas não cumpridas pelo sistema democrático no qual eu vivia. Não fiquei apavorado diante da perspectiva de perder todas as minhas economias com a quebra dos bancos, desejando ouvir que tudo isso era culpa de terceiros.

É importante enfatizar que as pessoas que aceitam o "carisma" de um líder certamente não estão "hipnotizadas". Elas sabem exatamente o que está se passando e permanecem inteiramente responsáveis por suas ações. Dessa forma, a opção de seguir um líder carismático não pode ser utilizada como álibi ou justificativa.

Contudo, é necessário dizer que Hitler não era simplesmente um líder com carisma. Ele também usava ameaças, assassinatos e o pavor para alcançar seus objetivos, e eu tento mostrar como esses aspectos se encaixam na história da sua ascensão ao poder e governo subsequente. Certamente, houve gente que atendeu aos desejos de Hitler apenas pelo medo, da mesma forma que houve quem nem o achasse carismático.

Por fim, embora este trabalho seja inteiramente sobre Hitler, eu creio que tenha sua importância nos dias de hoje. O desejo de ser liderado por uma personalidade forte durante uma crise, o anseio para que nossa existência tenha algum propósito, o quase louvor de "heróis" e "celebridades", o desejo ardente pela salvação e redenção: nada disso mudou no mundo desde a morte de Hitler, em abril de 1945.

Seres humanos são animais sociais. Queremos fazer parte de algo. De outro modo, a vida seria uma experiência muito fria. E somente compreendendo como os que buscam o poder tentam nos influenciar, e como é comum participarmos de modo ativo da nossa própria manipulação, é que podemos finalmente perceber o perigo com o qual nos deparamos, quando abandonamos a racionalidade e o ceticismo, depositando nossa fé em um líder com carisma.

Primeira parte

A estrada rumo ao poder

Capítulo 1

Descobrindo a missão

Em 1913, quando Adolf Hitler estava com 24 anos, nada em sua vida apontava para o futuro líder carismático da Alemanha. Nem sua profissão: ele ganhava a vida como pintor de retratos de turistas em Munique. Nem sua casa: ele morava num quartinho alugado do alfaiate Josef Popp, no terceiro piso de uma casa na 34 Schleissheimer Strasse, ao norte da estação central de Munique. Nem as roupas que usava: ele se vestia de modo conservador, quase desleixado, com o traje do burguês convencional da época – calça e casaco pretos. Nem sua aparência física: seus traços eram pouco atraentes, com o rosto fundo, dentes amarelados, bigode irregular e cabelos pretos sem vida, caindo na testa. Nem sua vida emocional: ele achava impossível manter amizades duradouras e jamais tivera uma namorada.

Sua característica mais predominante era a sua capacidade de odiar. "Ele era de mal com o mundo", escreveu August Kubizek, que o hospedou na Áustria vários anos antes. "Para qualquer lugar que ele olhasse, só via injustiça, ódio e hostilidade. Nada escapava de sua crítica ou lhe caía bem aos olhos... Asfixiado por sua lista de ódios, ele despejava a fúria em tudo, a humanidade como um todo, que não o compreendia, não o valorizava e o perseguia."[1]

Como foi possível que esse homem tão medíocre aos 24 anos se tornasse uma das figuras mais poderosas e infames da história mundial, um líder conhecido por seu "carisma"?

Claro que as circunstâncias tiveram um papel importante nessa transformação. Porém, um dos tantos aspectos notáveis dessa história é como inúmeros traços que Hitler possuía como pintor excêntrico, perambulando pelas ruas de Munique, em 1913 – traços de sua personalidade que contribuíram para seu insucesso profissional e pessoal à época – não apenas permaneceram com ele até o fim, mas passaram a ser vistos como pontos fortes, em lugar de fraquezas. Sua intolerância monumental, por exemplo, se traduzia em impossibilidade de discutir qualquer assunto. Ele afirmava seu ponto de vista e perdia a paciência quando era questionado ou criticado. Mas o que era assimilado como gritos ignorantes, em 1913, mais tarde seria visto como uma visão determinada. E ele tinha um excesso de confiança absurdo em suas próprias habilidades. Anos antes, em Viena, anunciou ao perplexo colega de quarto que tinha resolvido escrever uma ópera – e o fato de não saber interpretar partituras adequadamente não seria um empecilho. Nos anos seguintes, essa confiança excessiva seria interpretada como um traço de genialidade.

Até chegar a Munique, Hitler já tinha vivido anos de decepções. Nascido em 20 de abril de 1889 em Braunau am Inn, na Áustria, na fronteira com a Alemanha, Hitler não se dava bem com o pai, que o surrava. Seu pai morreu em janeiro de 1903, aos 65 anos, e sua mãe sucumbiu ao câncer, quatro anos depois, em dezembro de 1907, com apenas 47 anos. Órfão aos 18 anos, Hitler perambulou entre Linz, na Áustria, e a capital Viena, e, em 1909, passou por grandes privações durante alguns meses, até receber uma pequena quantia em dinheiro de presente da tia, o que lhe permitiu se estabelecer como pintor. Ele não gostava de Viena. Julgava-a uma cidade ordinária e impura, repleta de prostituição e corrupção. Só aos 24 anos, ao receber a modesta herança do pai, no valor de 800 Kronen, pôde deixar a Áustria e buscar abrigo em Munique, a cidade "alemã", lugar que mais tarde disse ser ao que "mais se apegou, mais do que qualquer outro lugar do mundo".[2]

Mesmo vivendo finalmente em uma cidade que adorava, Hitler parecia destinado ao total anonimato. Apesar da impressão que ele queria passar ao mundo – em sua autobiografia *Mein Kampf* (Minha luta), escrita onze anos depois, tentou convencer os leitores de que durante esse tempo ele agiu quase como um político em formação[3] –, em 1913 Hitler era um indivíduo inadequado social e emocionalmente, com uma vida sem direção. O que primordialmente lhe faltava, aos 24 anos, era o sentido da missão pessoal, algo que muitos líderes carismáticos e personalidades históricas já apresentavam nessa idade. Ele só descobriu o que fervorosamente acreditava ser sua "missão" de vida após a Primeira Guerra, pela forma como terminou. Sem esses acontecimentos épicos, é quase certo que ele teria permanecido em Munique, um desconhecido na história.

Em vez disso, começou sua jornada rumo ao consciente coletivo, quando, em 3 de agosto de 1914, pediu para se alistar – como austríaco – no Exército da Bavária. Apenas dois dias antes, em 1º de agosto, a Alemanha havia declarado guerra à Rússia. Hitler agora queria fervorosamente servir ao Estado Alemão que tanto admirava, e seu desejo foi atendido quando, em setembro de 1914, foi enviado como um soldado comum ao 16º Regimento Bávaro de Reserva (também conhecido como Regimento de "List"). No mês seguinte, ele viu a ação pela primeira vez, próximo a Ypres. Ele escreveu a um conhecido de Munique contando em detalhes a cena: "À esquerda e à direita, os estilhaços explodiam, e, no meio, as balas inglesas zuniam. Mas nem demos atenção... Os projéteis rugiam sobre nossas cabeças, cascalhos e galhos de árvore voavam à nossa volta. Granadas explodiam na mata, levantando nuvens de pedra, terra e abafando tudo com um vapor verde amarelado, fedorento e nauseante... Sempre me lembro de Munique, e todos os nossos homens só desejam acabar logo com isso. Queremos ir pra cima com tudo, custe o que custar..."[4]

Essas são palavras de um homem que havia descoberto algo. Não somente – pela primeira vez – um sentido para uma empreitada comum, com outros seres humanos, mas um verdadeiro *insight* das possibilidades drásticas da existência. E esse conflito teria um efeito semelhante não somente em Hitler, mas em muitos outros. "A guerra, mãe de todas as coisas, é também nossa mãe", escreveu

Ernst Jünger, outro veterano de guerra. "Prossegue nos talhando e moldando, nos endurecendo, nos transformando em quem somos agora. E para sempre, enquanto girar a roda da vida, a guerra será o eixo sobre o qual ela gira. Treinou-nos para a guerra e guerreiros permaneceremos, até o último suspiro de vida."[5]

O que Hitler, Jünger e milhões de outros enfrentaram no *front* ocidental foi uma guerra como nenhuma outra. Uma guerra em que o poder defensivo de armamentos, como a metralhadora e o arame farpado, restringiam o conflito a terrenos estreitos, de matanças sangrentas. Uma guerra na qual o lança-chamas, os explosivos potentes e os gases venenosos foram devastadores. Como resultado, para Hitler, o "romantismo" da batalha foi logo substituído pelo "terror".[6]

Não surpreende que ele tenha elaborado sua percepção da vida como uma luta brutal e constante, pois a vida para um soldado raso da Primeira Guerra era exatamente isso. Mas não era só isso. Também havia – principalmente para Adolf Hitler – sensação de que a experiência dessa guerra era um teste que oferecia a possibilidade de atos de heroísmo. Ainda assim, apesar dos estudos recentes que confirmam que ele não viveu nas trincheiras, mas serviu como mensageiro do quartel-general do regimento, logo atrás da linha de frente,[7] é inegável que Adolf Hitler foi um soldado corajoso. Em outubro de 1916, foi ferido na Batalha de Somme, e dois anos depois ganhou a Cruz de Ferro, primeira classe. Foi indicado a essa condecoração por um oficial judeu, Hugo Gutmann, e recebeu uma comenda oficial do comandante do regimento, Emmerich von Godin, que afirmou que "na função de mensageiro, ele (Hitler) foi exemplar com seu sangue frio e determinação, em combates locais ou de deslocamento" e que "sempre estava pronto para se oferecer como voluntário para entregar mensagens nas situações mais difíceis, sob grande risco de vida".[8]

No entanto, apesar da bravura, Hitler permaneceu como um sujeito esquisito entre seus camaradas de regimento, como era antes da guerra para os conhecidos. Como relembrou Balthasar Brandmayer, um dos soldados, "havia algo peculiar em Hitler".[9] Seus companheiros achavam estranho que ele nunca quisesse tomar uns tragos, ou fazer sexo com uma prostituta, passando o tempo livre lendo ou desenhando, ou eventualmente discursando para quem estivesse por perto, sobre algum assunto de que gostasse. Estranho que parecesse não ter amigos ou familiares e, consequentemente, fosse um homem decidido a ser só.[10] Quanto ao "carisma", Hitler parecia não possuir nenhum.

Ainda assim, era inteiramente comprometido com a guerra e extrapolava sua própria bravura e comprometimento, achando que quase todos do *front* se sentiam da mesma forma. Segundo o que Hitler escreveu em *Mein Kampf*, foi por trás da linha de combate, na Alemanha, que as tropas foram "traídas" pelos que queriam lucrar com o sacrifício dos soldados em combate. Essa ideia de um *Frontgemeinschaft*, os soldados da linha de frente sendo passados para trás por outros, distantes do campo de batalha, é um mito, apesar de popular. Até que Hitler fosse ferido pela última vez em batalha, em outubro de 1918, perto de Ypres, a Alemanha tinha perdido a guerra por inúmeras razões, nenhuma delas por "traição" por trás da linha de combate. A realidade era que os alemães foram esmagados pelo peso das tropas que lutaram contra eles – sem contar os americanos, que entraram na guerra em abril de 1917, garantindo a chegada de centenas de milhares de tropas com novo fôlego. Adicionalmente, o bloqueio naval da Alemanha pelos aliados espalhou a escassez de alimentos, e a situação, que já estava ruim, só piorou com a irrupção da *influenza*, em 1918.

Até aquele outono, havia gente de sobra nas Forças Armadas alemãs que concluíram que a guerra estava perdida. Em outubro, os marujos do almirante Franz von Hipper se recusaram a deixar o porto para lutar na última ação, malfadada, contra os aliados. Um motim veio a seguir, na cidade naval de Kiel, e se espalhou para Lübeck, Bremen e acabou chegando a Hamburgo. A disseminação de uma revolução alemã parecia uma possibilidade, algo inspirado na bem-sucedida Revolução Bolchevique, que ocorrera na Rússia, no ano anterior. Para os políticos alemães, ficou óbvio que era preciso dar fim à guerra o mais depressa possível. Em virtude das exigências dos aliados, era igualmente óbvio que qualquer que fosse o futuro da Alemanha, ele não incluía um futuro no qual o Kaiser, homem mais atrelado à decisão de ir à guerra, permanecesse como chefe de Estado. O general Whilhem Groener deu a notícia indesejada ao Kaiser, em 9 de novembro de 1918, quando a Alemanha se tornou uma república.

A partida súbita do chefe de Estado causou profundo desânimo aos oficiais alemães. "No pior momento da guerra, nós fomos apunhalados pelas costas", escreveu Ludwig Beck, à época servindo no alto-comando do Exército, depois assumindo a função de comandante do Exército Alemão. "Nunca em minha vida fiquei tão aborrecido por algo que presenciei, como fiquei em 9 e 10 de novembro. Tamanho abismo de baixeza, covardia, falta de caráter, algo que, até então, eu achava impossível acontecer. Em algumas horas, 500 anos de história foram estilhaçados, o imperador foi deportado para território holandês, como se fosse um ladrão. Não podia ter sido mais veloz – e tudo com um homem distinto, nobre e honrado."[11]

Em meio a inúmeros soldados rasos do *front*, que desconheciam o fato de que a Alemanha mal poderia se sustentar nessa guerra, havia uma sensação semelhante de perplexidade, não apenas pela rápida retirada do Kaiser, mas também pela declaração imediata do armistício, que entrou em vigor em 11 de novembro de 1918. "As tropas da linha de frente não se sentiam derrotadas", afirma Herbert Richter, que lutou no *front* ocidental, "e nós nos perguntávamos o motivo para que o armistício tivesse sido tão rápido, e por que teríamos de abandonar todas as nossas posições com tanta pressa, já que ainda estávamos em território inimigo, achando tudo aquilo muito estranho... Ficamos zangados, pois não nos sentíamos a cabo das nossas forças".[12]

A Alemanha parecia estar dividida entre aqueles que, como Beck e Richter, acreditavam que o Exército havia sido traído de alguma forma, e os que, como os marujos alemães amotinados, haviam aceitado a derrota e agora queriam uma nova ordem social. Em janeiro de 1919, uma greve geral em Berlim se tornou uma ascensão socialista. O bávaro Fridolin von Spaun, adolescente à época, viajou para a capital para testemunhar esses acontecimentos históricos: "Eu estava muito empolgado com o que estava acontecendo, pois tinha lido no jornal a respeito da revolução em Berlim, e simplesmente tinha que ver com meus próprios olhos como é feita uma revolução. Fui levado a Berlim pela curiosidade. Chegando lá, mergulhei no tumulto. A cidade estava totalmente enlouquecida. Centenas de milhares de pessoas corriam pelas ruas gritando, primeiro de um lado, depois do outro. Havia uma facção bem esquerdista. E essa facção era decisivamente influenciada por um homem chamado Karl Liebknecht. E a sorte, que às vezes sorri para mim, me concedeu a chance de vê-lo, em carne e osso... Eu estava no meio da multidão e, subitamente, ouvi um grito. Depois chegou um caminhão, as pessoas abriram algum espaço para ele. Ao passar, todos gritavam 'Liebknecht, Liebknecht!', saudando. Eu nem consegui vê-lo, pois ele estava totalmente cercado por uma massa humana, por guarda-costas armados com rifles... Então, aquele homem lendário, Karl Liebknecht, surgiu na janela de cima e fez um discurso empolgado. Não foi muito demorado, menos de meia hora, já não me lembro bem. E aquele discurso me impressionou tanto que, a partir dali, eu jurei ser antibolchevista. Por conta de todas as baboseiras que ele lançava às pessoas, e as afirmações tão inflamadas, incrivelmente inflamadas... Notei que ele não estava nada interessado em criar um paraíso para os trabalhadores. Na verdade, era só cobiça pelo poder. Dessa forma, totalmente imune às tentações da esquerda, eu fui embora da praça sendo um antibolchevista. Quatorze dias depois, esse sr. Liebknecht não estava mais vivo. Seus opositores o haviam pegado com sua cúmplice – uma polonesa chamada Rosa Luxemburgo. Simplesmente mataram os dois. Pode até soar insensível, mas não chorei por eles. Tiveram o que mereceram."[13]

Fridolin von Spaun também ficou tão apavorado com a "sede de poder" de Karl Liebknecht naquele janeiro de 1919, em Berlim, que em seguida ingressou numa unidade da *Freikorps* para lutar contra os revolucionários comunistas. No rastro de destruição, ao final da guerra, inúmeras dessas *Freikorps* haviam sido formadas, no intuito de reprimir a revolução esquerdista. Faziam parte desses grupos, principalmente, ex-soldados que atendiam ao chamado de seu antigo comandante. E foram as unidades de *Freikorps* – e não a polícia, nem o Exército alemão – que exerceram o papel mais importante na repressão à revolução de Berlim, em janeiro de 1919, passando a ser as primeiras garantidoras da nova República Alemã. Muitas das figuras que mais tarde seriam conhecidas como nazistas infames – dentre as quais, Heinrich Himmler, Rudolf Höss e Gregor Strasser – eram atuantes nas *Freikorps* daquela época. No entanto, Adolf Hitler não era atuante de forma expressiva.

Em *Mein Kampf*, Hitler escreveu que, enquanto estava no hospital, em Pasewalk, em novembro de 1918, temporariamente cego[14] por conta de um ataque a gás, ele se sentiu oprimido pela sensação de que as circunstâncias do fim da guerra representavam "a maior vilania do século".[15] Segundo seu ponto de vista, tratava-se de uma aliança entre marxistas e judeus, na tentativa de derrubar a terra-mãe. Conforme ele escreveu, aquele momento foi crucial para sua decisão de "ingressar na política".

Os atrativos de uma história tão dramática na formação do mito são óbvios. O soldado nobre da frente de combate, traído por políticos corruptos e egoístas, agora decide dedicar a vida pela salvação de seu país. Tudo se encaixa. Porém, embora enredos de ficção possam dar certo assim, isso raramente acontece na vida real. E a prova é que, até ali, a grande "missão" de Hitler não tinha nada de sólido.

Ele deixou o hospital em 17 de novembro de 1918 e regressou a Munique. Encontrou a cidade em meio a uma grande mudança. Dez dias antes, em 7 de novembro, uma manifestação organizada no parque Theresienwiese pelo político socialista Erhard Auer tinha levado à revolução. A centelha foi acesa pelo jornalista e ativista antiguerra Kurt Eisner. Ele havia incitado os soldados que participaram da manifestação a se amotinarem contra seus oficiais e assumirem o controle de seus batalhões. "Conselhos trabalhistas" e "conselhos de soldados" foram formados para instituir a ordem na revolução, e foi deposta a monarquia hereditária da Bavária, Casa de Wittelsbach. Munique então se tornou uma República Socialista sob a liderança de Kurt Eisner.

Mais tarde, Hitler expressaria em *Mein Kampf* a sua repulsa pela forma como as coisas se desenrolaram em sua amada Munique. Não é de se admirar, já que Kurt Eisner era judeu e também socialista. No entanto, a postura de Hitler, à época, era bem diferente. Ao contrário de milhares de alemães que, como Fridolin von Spaun, se alistaram nas *Freikorps* para lutar contra a revolução comunista, ele decidiu continuar no Exército. Então, após um breve período servindo num campo de prisioneiros de guerra, distante de Munique, ele regressou à cidade, no início de 1919, a serviço de seu batalhão, numa época em que Munique ainda estava sob o comando de Kurt Eisner.[16] E os registros dão conta de que, quando a malfadada "república soviética" da Bavária foi declarada, algumas semanas depois, conduzida por comunistas fanáticos como Eugen Levine (que, como Eisner, era judeu), Hitler foi eleito representante de seu batalhão[17] – algo que seria muito improvável, se ele tivesse se oposto à revolução comunista.

Nessa época havia opções claras a Hitler, que poderia ter deixado o Exército e ingressado numa *Freikorps* ou, pelo menos, optado pelo menor envolvimento possível com o regime comunista de Munique. O fato de não ter tomado nenhuma dessas decisões lança fortes dúvidas quanto à sua afirmação, em *Mein Kampf*, quanto a já ter fanaticamente abraçado sua "missão" política em 1919. No entanto, apenas alguns meses depois, no outono daquele ano, quando Hitler escreveu seu primeiro manifesto político, o conteúdo transbordava ódio contra os judeus e era inteiramente compatível com os pontos de vista que ele expressaria pelo resto de sua vida.

O que mudou entre a aparente aceitação de Hitler quanto à revolução comunista em Munique, em abril de 1919, e a expressão de sua ira contra os judeus, em setembro, foi a situação política. As *Freikorps* ingressaram em Munique em 1º de maio de 1919 para retomar a cidade. A "república soviética" da Bavária logo desmoronou, mas não antes que os comunistas assassinassem cerca de vinte reféns. A vingança das *Freikorps* foi sangrenta e ampla, e pelo menos mil pessoas foram mortas. A cidade ficou traumatizada por essa experiência da esquerda e logo abraçou as forças de direita, como fez Adolf Hitler. Logo após a queda do governo comunista da Bavária, Hitler foi membro do novo comitê investigativo de soldados para averiguar se membros de seu regimento haviam apoiado o regime. O rápido flerte de Hitler com as instituições de esquerda se encerrou para sempre.

Como era de se esperar, a relativamente recente descoberta da improvável relação entre Hitler e a revolução esquerdista em Munique resultou em várias tentativas de explicar suas atitudes. Talvez ele tivesse "virado a casaca",[18] e suas atitudes fossem um sinal de uma situação "extremamente confusa e incerta",[19] algo que serviu para ilustrar que a vida dele ainda poderia "ter se desenrolado em outras direções".[20]

Como podemos, então, melhor entender a postura de Hitler durante esse período? Seria possível que seu apoio implícito à revolução socialista fosse uma fraude? Que ele ainda fosse intimamente fiel às antigas crenças de extrema direita, mas estava apenas seguindo os acontecimentos, talvez atuando como um espião, de modo a descobrir mais a respeito dos seus adversários? Sem dúvida, essa é a explicação que ele próprio teria dado, se fosse forçado a fazê-lo. Ele teria se sentido extremamente vulnerável ao peso contido nessa história, demonstrando que era meramente como a maioria dos seres humanos, aturdido pelo que tinha de acontecer.

Porém, não há nenhuma prova convincente que respalde a ideia de que Hitler estivesse seguindo alguma estratégia maquiavélica nos meses posteriores ao fim da guerra – muito pelo contrário. O capitão Karl Mayr, comandante do departamento de "informações" do Exército, em Munique (incumbido de "reeducar" os soldados após a revolução socialista), conheceu Hitler na primavera de 1919, e suas lembranças eram claras: "À época, Hitler estava pronto para se unir a qualquer um que fosse amável com ele. Ele nunca teve aquele espírito de mártir "Alemanha ou morte", que depois lhe seria atribuído e tão utilizado como propaganda, no *slogan* para enfatizá-lo. Ele teria trabalhado para um empregador judeu ou francês com a mesma rapidez que o faria para um ariano. Logo que o conheci, ele parecia um cão perdido, em busca de dono."[21]

Mayr era um sujeito incomum. Mais tarde, ele deixaria a extrema-direita da política alemã para se tornar um democrata e voraz adversário de Hitler, e acabaria morrendo em um campo de concentração nazista, em 1945. E embora algumas de suas investidas contra Hitler parecessem exageradas e até extravagantes – ele alegava, por exemplo, que Hitler era tão idiota que nem conseguia escrever seus próprios discursos –, não há muito por que duvidar de suas impressões do primeiro encontro com Hitler, em maio de 1919. Na verdade, essas impressões oferecem a explicação mais convincente quanto à conduta de Hitler, na época.

Dessa forma, ao que parece, Hitler não era uma figura política tão perspicaz, em 1919. Era simplesmente um soldado desconsolado pela guerra perdida, confuso e incerto em relação ao que viria pela frente, contente por conseguir se manter no Exército pelo máximo de tempo possível, único lar e emprego que teve. Isso não significa que ele fosse inexpressivo. Ele já tinha seus princípios políticos, como o pangermanismo, e o tempo anterior à guerra que passou em Viena o expôs a uma variedade de influências antissemitas terríveis. Mas foram os meses de formação seguintes, como um dos agentes de "reeducação", que lhe possibilitariam consolidar seu raciocínio.

A tarefa de Hitler era falar com outros soldados sobre os perigos do comunismo e os benefícios do socialismo. Como treinamento para a função, participou de um curso especial na Universidade de Munique, entre 5 e 12 de junho de 1919, onde assistiu a diversas palestras, dentre as quais "História Política de Guerra" e "Nossa Situação Econômica",[22] todas de posição "correta" e antibolchevista. Segundo todos os relatos, Hitler devorou as informações avidamente e depois regurgitou tudo para os soldados de uma base alemã próxima, em Augsburg, em agosto.

Ele extravasou seus vorazes pontos de vista antissemitas particularmente em discursos, ligando os judeus aos bolchevistas, e à revolução de Munique. Isso não chegava a ser uma reflexão original, pois era comum entre os extremistas de direita da Alemanha, na época, e foi a origem de boa parte do preconceito antissemita disseminado no rastro da Primeira Guerra. Segundo Fridolin von Spaun, também antissemita convicto, "as pessoas mandadas para a Bavária para estabelecerem o regime de conselhos (comunistas) eram, em grande parte, judias. Basta olhar os nomes das figuras de destaque. Naturalmente, já se sabia que na Rússia os judeus também ocupavam uma posição de muita influência... A teoria marxista começou com um judeu (Karl Marx), na qual Lenin supostamente se embasou".[23]

Hitler já havia sido exposto a retóricas antissemitas severas, por exemplo, o discurso de Karl Lueger, então prefeito de Viena. Porém, ao contrário da visão que expõe em *Mein Kampf*, não há evidências contemporâneas expressivas que provem que ele já tivesse um engajamento antissemita antes do fim da guerra. Fica claro que ele indubitavelmente manifestava pontos de vista fortemente antissemitas por volta de agosto de 1919, mas, àquela altura, já havia participado das palestras organizadas por Mayr e presenciado o estado de espírito de muitos em Munique em relação à república soviética de curta duração que tinha sido instituída na cidade.

Entretanto, não há indícios de que Hitler estivesse forjando a sua postura antissemita. O poder e a força com que expressava suas opiniões eram de um convicto absoluto.

Hitler estava com 30 anos. Somente a partir desse momento, no verão de 1919, é que se pode identificar o registro histórico da primeira referência a um traço "carismático" que ele pudesse possuir. Na base de Augsburg, inúmeros soldados frisaram positivamente a habilidade de Hitler como orador. Um deles, o artilheiro Hans Knoden, escreveu que Hitler "revelou ser um orador brilhante e fervoroso que incita a plateia a acompanhar seu discurso. Em uma ocasião, ele não conseguiu concluir um discurso mais longo dentro do tempo disponível e perguntou aos presentes se eles estariam interessados em ouvi-lo falar após o expediente – imediatamente todos concordaram. Ficou óbvio que o interesse havia sido despertado nos homens".[24]

Hitler sempre desprezara debates e só queria discursar. No entanto, antes da guerra, não havia plateia disposta a ouvir suas arengas sobre ópera ou arquitetura. Mas agora havia gente pronta a ouvir suas opiniões sobre as dificuldades da Alemanha pós-guerra. Hitler sempre fora convicto de seus julgamentos e relutava em ouvir ou argumentar. E, nessa crise, muitos estavam predispostos a acolher essa postura implacável.

Muitos dos pontos de vista de Hitler agora eram reconhecidos, como os do futuro *Führer* do povo alemão. Em 16 de setembro de 1919, por exemplo, ele escreveu, a pedido do capitão Mayr, uma declaração antissemita terrivelmente odiosa. Ele disse que os judeus "geravam uma tuberculose racial entre as nações" e que o objetivo tinha de ser a "remoção total dos judeus" da Alemanha.[25]

Quatro dias antes de escrever essa carta, Hitler tinha participado de uma reunião política no Salão Leiber da cervejaria Sterneckerbräu, em Munique. Parte de seu trabalho para o capitão Mayr era observar e relatar os partidos políticos extremistas e não havia grupo mais radical do que o partido dos "Trabalhadores Alemães". Eles eram pouco mais que um grupo de discussão fundado em 1919 por um chaveiro chamado Anton Drexler e o jornalista Karl Harrer. Os dois decidiram promover um programa antissemita e antibolchevista, e pró-trabalhadores, do tipo já comum na direita. Drexler já tinha sido membro do "Partido da Pátria", fundado por Wolfgang von Kapp dois anos antes, um dos incontáveis grupos de direita da época, como a "Federação da Resistência e Proteção Nacionalista Alemã" e a "Sociedade Thule".

Havia somente duas dúzias de pessoas no Salão Leiber naquela noite, quando Hitler discursou contra o movimento de independência da Bavária do restante da Alemanha, e ele logo causou uma forte impressão. Drexler percebeu o talento retórico de Hitler e o encorajou a ingressar no pequeno partido. Foi nesse momento que Adolf Hitler se uniu ao que viria a ser o Partido Nazista.

Nas semanas seguintes, Hitler revelou que possuía uma "missão": proclamar os meios de soerguer a Alemanha das ruínas da derrota. Mas ainda não havia revelado que era ele o grande líder que realizaria pessoalmente essa tarefa. No entanto, em sua carta de 16 de setembro, atacando os judeus, ele tinha apontado a necessidade de transformar a Alemanha em um Estado autocrático regido por indivíduos autocráticos: "O renascimento não se dará pela liderança política de maiorias irresponsáveis e influenciadas por dogmas partidários, nem pela imprensa irresponsável, nem por frases de efeito adotadas de países estrangeiros, mas somente pela ação implacável de personalidades que demonstrem liderança nacional e senso de responsabilidade interior."[26] Aparentemente, o homem havia encontrado sua missão – mas não era uma missão à qual estava predestinado.

Após a chegada à Sterneckerbräu, a vida de Hitler mudou. Ele havia sido arremessado de um lado para o outro por mares tempestuosos, mas agora havia encontrado um porto seguro. Pelo resto da vida, ele fingiria que sempre havia sido destinado a chegar a esse lugar.

Capítulo 2

Estabelecendo a conexão

A bem-sucedida ascensão de Hitler ao poder – e sua liderança carismática – tem base em sua habilidade retórica. "Com suas ameaças e clamores e mãos suplicantes, seus olhos azuis gélidos, ele tinha a expressão de um fanático", escreveu Kurt Lüdecke, que ouviu Hitler discursar, em 1922. "Suas palavras eram como um chicote. Quando ele falou sobre a desgraça da Alemanha, eu me senti pronto para avançar sobre o inimigo. Seu apelo à hombridade alemã era como um chamado à batalha, era como se ele pregasse um evangelho de verdade sagrada. Ele parecia outro Lutero. Fiquei alheio a tudo, menos àquele homem. Olhando em volta, vi que seu magnetismo prendia milhares de pessoas, como se fossem uma só."[1] Nos anos que se seguiram após a Primeira Guerra, havia inúmeros pequenos grupos políticos extremistas em Munique, mas nenhum deles possuía um palestrante capaz de inspirar o público daquele jeito.

Hitler já tinha ganhado muita prática como orador didático – embora ainda não tivesse convencido ninguém de que era "mais um Lutero". Apesar de ter impressionado August Kubizek, na Viena pré-guerra, com sua habilidade de se expressar com "fluência",[2] Hitler se estendia tanto que parecia "desequilibrado".[3] Mas os tempos eram outros e agora a Alemanha era um lugar totalmente diferente da Viena pré-guerra. Os alemães lidavam com o trauma de uma guerra perdida, a destruição de um antigo sistema político baseado no Kaiser. Havia o medo de uma revolução comunista e um humilhante tratado de paz os urgia a aceitarem a "culpa" por iniciar a guerra, além das reparações punitivas que, na conferência de janeiro de 1921, em Paris, determinaram o pagamento de 220 milhões de marcos em ouro aos vitoriosos.

Dessa forma, Hitler estava pregando para pessoas desesperadas. A situação econômica estava tão ruim que era como se toda a estrutura financeira da nação pudesse desmoronar, quando a hiperinflação a atingiu, em 1923. "Eles (os aliados) queriam manter a Alemanha derrotada econômica e industrialmente, ao longo de gerações", conta Bruno Hähnel, que cresceu durante os anos subsequentes à Primeira Guerra. "Havia inflação – você pagava bilhões (de marcos) por um pão."[4] E para os soldados que regressavam, como Herbert Richter, era absolutamente arrasador presenciar as dificuldades econômicas após o sofrimento da guerra. "Meus pais só tinham capital", continua. "Não eram proprietários de terras. Tampouco de uma casa. E a fortuna deles se evaporou como neve sob o sol. Desapareceu. Antes, éramos ricos. De repente, ficamos sem nada. Ficamos pobres."[5]

Os alemães estavam vivendo uma crise que não era apenas econômica, mas também política e, em muitos casos, espiritual. Nessas circunstâncias fica fácil entender por que eles se perguntavam "quem é o culpado por todo esse horror?" e "por que nos obrigaram a tanto sofrimento?" E essas eram perguntas às quais Adolf Hitler dizia poder responder, falando a seu crescente público como ele deveria se sentir sobre o que estava vivenciando e o que poderia fazer para melhorar as coisas.

Hitler estruturou seus discursos iniciais não somente de modo a controlar o humor do público, porém – e mais importante – para provocar uma reação emocional. Ele frequentemente iniciava, como fez no discurso em 12 de abril de 1922, descrevendo a terrível situação na qual a Alemanha se encontrava. "Praticamente", disse Hitler, "não temos mais um Reich alemão politicamente independente, já somos uma colônia do mundo externo".[6]

Depois, perguntava quem era responsável por aquele pesadelo – e ali, para o público, estava a boa nova. Porque, no fim das contas, segundo a visão de Hitler, a maioria da população alemã não era culpada por seu infortúnio. Era tudo, segundo ele alegava, culpa dos judeus: eles tinham sido responsáveis pelo início da Primeira Guerra, pelos abusos do capitalismo e a nova crença revolucionária no comunismo, e estiveram por trás dos "criminosos de novembro", que assinaram o armistício, em 1918, pondo fim à guerra. Hitler argumentava que os judeus não prestavam lealdade a qualquer nação, mas somente a outros judeus, através das fronteiras nacionais. Ele criou um mundo de fantasia, no qual os judeus até fingiam estar de ambos os lados de uma disputa industrial para conturbar a sociedade – o lado dos trabalhadores e o lado dos empregadores. "Eles (os judeus) buscam tanto uma política comum quanto um objetivo único. Moses Kohn, de um lado, incentiva sua associação a recusar as exigências dos trabalhadores, enquanto seu irmão Isaac, na fábrica, incita a massa e esbraveja 'Olhe para eles! Eles só querem oprimi-los! Livrem-se dos grilhões...' Seu irmão cuida para que os grilhões estejam muito bem presos."[7]

Hitler também tinha consciência de que estava falando para um público no coração da Bavária católica, portanto, estava até preparado, no contexto da luta contra os judeus, para comparar o movimento nazista nascente a Jesus e seus discípulos. "Meus sentimentos de cristão me apontam meu Senhor e Salvador como um guerreiro", disse Hitler, em abril de 1922. "Apontam-me o homem que, quando na solidão, cercado por poucos seguidores, reconheceu esses judeus pelo que eram e reuniu homens para lutar contra eles, e que – em verdade, vos digo! – foi grande, não como um sofredor, mas como guerreiro. No amor infinito de cristão, e como homem, eu leio essa passagem (da Bíblia), que nos diz como o Senhor finalmente se ergueu em Sua glória e expulsou do templo a corja de víboras."[8]

É extremamente improvável que Hitler fosse, mesmo nessa fase, um cristão, como ele alegava. Mas grande parte de seu público certamente era. E era possível que eles fizessem outras comparações – e blasfêmias – entre Jesus e Hitler. Por exemplo, que ambos os líderes tivessem esperado até os 30 anos, antes de iniciarem sua "missão", e que ambos prometessem redenção do sofrimento do momento. De modo a apoiarem esses pontos de vista, não surpreende que os nazistas tenham ignorado o registro histórico, alegando que Jesus não era judeu.

Hitler não estava fazendo nada de extraordinário ao tentar pintar os judeus como responsáveis pelo infortúnio alemão. À época, eles eram um bode expiatório conveniente e popular para muitos da extrema-direita. Conforme explica o professor Christopher Browning: "Praticamente toda tribulação na Alemanha pode ser vinculada aos judeus: indenizações, judeus predadores como financiadores, humilhação nacional. Os judeus também foram (retratados como) a fraqueza por trás do *front*, os aproveitadores que não lutaram na guerra. O liberalismo – considerado produto judeu –, a emancipação, a igualdade perante a lei, os soviéticos e o bolchevismo judeu, tudo viabilizou um antissemitismo bem mais radical e sua disseminação de respaldo político... Portanto, não houve sinais de alerta, nenhum alarme disparou quando Hitler se tornou obcecado pelos judeus, porque ele estava apenas expressando de forma extrema argumentos que, pode-se dizer, já existiam. Portanto, Hitler certamente estava apelando aos alemães, de forma certeira, para que acabassem com as dificuldades econômicas, eliminassem o impasse político, tornando a Alemanha fortalecida internacionalmente, impedindo a desintegração de sua cultura. Para ele, tudo isso estava ligado ao antissemitismo".[9]

Desde o início, Hitler desdenhava da democracia, ridicularizando a noção de que "o povo governa".[10] Ele dizia que o necessário não era uma democracia, mas um indivíduo que surgisse para recuperar a forte liderança da Alemanha. E ele era explícito quanto à política central que esse líder teria de buscar, de modo a resgatar a Alemanha – uma renovação nacional baseada em isenção de classe e raça. Hitler exigia que todos, exceto os "arianos", fossem excluídos da cidadania alemã. (Novamente, a ideia de que havia um subgrupo "ariano" de caucasianos, ou que esse grupo de estilo nórdico era, de alguma forma, uma "raça superior", não era original, mas já havia sido adotada por inúmeros teoristas raciais antes da Primeira Guerra). Uma vez que a Alemanha só consistisse desse povo "ariano" – e a vasta maioria da população alemã àquela época já fosse "ariana", segundo Hitler –, então o país poderia se tornar uma nação de uma "raça" e, no processo, todas as distinções de classe seriam eliminadas. "Então, dissemos a nós mesmos: não há tal coisa como classes, não pode haver. Classe significa casta, e casta significa raça."[11]

Esse chamado para que "todos os verdadeiros alemães" trabalhassem juntos por uma nova Alemanha foi particularmente atraente para jovens bávaros como Emil Klein. "Esse partido queria erradicar as diferenças de classe", conta ele. "(A ordem em vigor era) a classe operária aqui, a burguesia ali e a classe média acolá. Esses conceitos estavam profundamente enraizados naquela nação dividida. Portanto, esse ponto era importante pra mim, algo que gostei – 'a nação precisa se unir!' Isso já era claro pra mim, quando jovem – ficava evidente que não havia uma classe operária ali e a classe média aqui."[12] E, ligada a essa ideia, havia a noção de que "o alto poder financeiro internacional, o poder financeiro judeu" tinha de ser eliminado. Acreditando na fantasia que Hitler havia espalhado, Klein estava convencido de que esse poder se originava, em parte, em Nova York. "Wall Street sempre era mencionada."

O que Emil Klein e outros que ouviam esses primeiros discursos descobriram, foi que ouvir uma palestra de Hitler era ser levado a uma jornada. Partia-se de um sentimento inicial de desespero, conforme Hitler descrevia os problemas terríveis que o país enfrentava, passando pela percepção de que o público não podia ser culpado pelos problemas atuais, até se chegar à visão de como tudo isso podia ser corrigido, transformado em um mundo melhor e sem divisão de classes, uma vez que um líder forte, oriundo do povo alemão, pudesse ganhar poder, encabeçando uma revolução nacional. Para as pessoas que lutavam sob o impacto da crise econômica, isso podia ser cativante.

Hitler foi frequentemente acusado de ser um "ator", mas um aspecto vital do início de sua imagem atraente era o fato de que seus apoiadores nas cervejarias, como Emil Klein, achavam-no verdadeiramente autêntico. "Da primeira vez que eu o vi falando, numa reunião, no Hofbräuhaus (uma grande cervejaria em Munique)", conta Emil Klein, "o homem transmitia um carisma tão forte que as pessoas acreditavam em qualquer coisa que ele dissesse. E hoje, quando alguém diz que ele era um ator, então, sou obrigado a dizer que o povo alemão só podia ser completamente idiota, concedendo tanta credibilidade a um homem como aquele, a ponto de a nação alemã inteira ter resistido até o último dia de guerra. Até hoje, creio que Hitler acreditava ser capaz de cumprir o que pregava. Que ele honestamente acreditava naquilo tudo... E todos os que estavam comigo, tantas pessoas nas conferências dos partidos, por toda a parte, essas pessoas acreditavam nele, e só podiam acreditar porque era evidente que ele acreditava também, que ele falava com convicção, e isso era algo raro naquela época."[13]

A sinceridade emocional que muitos achavam detectar em Hitler, como orador, era um pré-requisito necessário de seu atrativo carismático. Hans Frank, que mais tarde se tornaria o governante da Polônia, com boa parte ocupada pelos nazistas, durante a Segunda Guerra, foi imensamente influenciado pelo que assimilava como a ausência de artifícios de Hitler, ao ouvi-lo falar, em janeiro de 1920: "A primeira coisa que se sentia era: o palestrante é honesto, ele não quer convencê-lo de algo em que ele próprio não acredita... e durante as pausas de seu discurso, seus olhos azuis brilhavam fervorosamente, enquanto ele afastava os cabelos, usando a mão direita... Tudo vinha do coração e ele tocava a todos... Ele expressava o que estava na consciência de todos os presentes e estabelecia a conexão das experiências gerais com o entendimento claro e os desejos comuns dos que estavam sofrendo, ansiando por um planejamento... Mas não era só isso. Ele mostrava o caminho, o único caminho que havia sobrado para todas as pessoas arruinadas na história, o novo começo, vindo das profundezas da coragem, da fé, da prontidão para a ação, do trabalho duro e da dedicação, um objetivo grandioso, brilhante e comum a todos... Daquela noite em diante, embora eu não fosse um partidário, fiquei convencido de que, se havia um homem capaz de fazer isso, somente Hitler poderia conduzir o destino da Alemanha."[14]

Hans Frank só tinha 19 anos quando ouviu Hitler falar e talvez não surpreenda tanto que um jovem facilmente impressionável tenha sido tão afetado pelas palavras dele, durante aquela época de desespero para a Alemanha. Menos compreensível é o fato de que Hermann Göring, veterano condecorado da Força Aérea e comandante do famoso esquadrão Richthofen, durante a Primeira Guerra, tenha se aliado a Hitler, um ex-soldado raso, após o primeiro encontro que tiveram, no outono de 1922.

Göring tinha quase 30 anos quando conheceu Hitler e era um indivíduo acostumado a impressionar os outros. Sua ousadia como um dos membros pioneiros da Força Aérea alemã lhe rendeu não somente a Cruz de Ferro como muitas outras comendas, incluindo a *Pour Le Mérite*, um dos prêmios mais altos do Império Alemão. Ele ficara indignado com a decisão do término da guerra, em 11 de novembro de 1928, e disse aos homens de seu esquadrão, apenas oito dias após o armistício: "A nova luta pela liberdade, pelos princípios, pela moral e pela pátria, começou. Temos um longo e difícil caminho pela frente, mas a verdade será nossa luz. Temos de nos orgulhar dessa verdade e do que fizemos. Precisamos pensar nisso. Nossa hora virá novamente."[15]

Por volta do outono de 1922, Göring havia regressado à Alemanha, depois de passar um tempo trabalhando na Escandinávia, primeiramente como piloto substituto, depois como piloto comercial, para uma companhia aérea sueca, a Svensk-Lufttrafik. Pouco tempo depois, ele se casaria com a baronesa Carin von Kantzow, recém-divorciada. Já mais maduro e aluno de ciências políticas na Universidade de Munique, Göring era um homem experiente e autoconfiante. Ainda assim, ele ficou imediatamente impressionado quando viu Adolf Hitler pela primeira vez. "Um dia, num domingo de outubro ou novembro de 1922, eu fui a uma manifestação, como expectador", Göring disse, durante seu julgamento por crimes de guerra, em Nuremberg, em 1946. "No final, Hitler foi chamado a falar. Eu já tinha ouvido falar dele por alto e queria ouvir o que ele tinha a dizer. Ele declinou o convite para falar e foi pura coincidência que eu estivesse perto e escutasse seus motivos para a recusa... Ele considerava insensatos os protestos sem embasamento de peso. Isso me impressionou profundamente. Eu era da mesma opinião."[16]

Intrigado por Hitler, Göring foi assistir aos discursos dele alguns dias depois. "Hitler falou sobre Versalhes. Ele disse que... um protesto só tem êxito se for respaldado pelo poder que lhe dá peso. A convicção foi expressa, palavra por palavra, em minha própria alma." Como resultado, Göring buscou um encontro pessoal com Hitler. "Eu só queria falar com ele, primeiro, para ver se poderia auxiliá-lo, de alguma forma. Ele me recebeu na hora e, depois de sermos apresentados, disse que foi um extraordinário golpe do destino que nós nos encontrássemos. Falamos de assuntos que nos eram caros – a defesa de nossa pátria... Versalhes. Disse-lhe que eu e tudo o que possuía, em todos os aspectos, estávamos à sua inteira disposição, para a questão mais essencial e decisiva: a luta contra o Tratado de Versalhes."

O testemunho revela, acima de tudo, que Hitler não precisou convencê-lo de nada – ambos já compartilhavam da mesma sensação do que havia de errado com a Alemanha. Esse *insight* é vital no funcionamento da natureza do "carisma" de Hitler naquele início, pois o que ele ofertou a Göring (e a muitos outros) era um sentimento profundo de reafirmação – uma confirmação de que o que ele já pensava do mundo estava correto.[17]

Nesse sentido, Hitler foi ajudado por outra qualidade importante que se exprimia em seus discursos: uma convicção absoluta. As análises de Hitler não deixavam brecha para qualquer dúvida. Ele jamais pareceu sequer remotamente indeciso entre alternativas. Hitler usara essa técnica em seus monólogos durante anos. Ele lia um livro, por exemplo, depois declamava em voz alta, afirmando qual deveria ser a conclusão "correta". "Ele não estava interessado em 'outra opinião'", disse August Kubizek, "nem em qualquer discussão sobre o livro".[18]

Hitler também se especializou em apresentar a vida como "ou, ou", referindo-se como "ou" ao "inimigo" (que ele geralmente apontava como sendo os judeus), ou como todo o resto que seria destruído. O mundo era profundamente preto ou branco, na mente de Hitler. A vida era uma luta perpétua, e escolher sair da luta não era opção. "Eles (gente que não tinha um papel político atuante) nunca entenderam que não é necessário ser inimigo de um judeu para que um belo dia ele o arraste para o palanque da guilhotina", disse, em abril de 1922.[19] "Eles não acham suficiente que você tenha uma cabeça sobre os ombros e não seja judeu: certamente irão levá-lo à guilhotina."

Para seus apoiadores iniciais, Hitler demonstrava ter "carisma", mas esses apoiadores tinham de estar predispostos pela virtude de suas próprias personalidades e visão política para acreditarem nesse "carisma".[20] "Nem era preciso perguntar com que artes ele conquistava a massa", escreveu Konrad Heiden, que ouviu Hitler discursar muitas vezes. "Seus discursos são devaneios desse espírito coletivo... Os discursos sempre começavam com profundo pessimismo e terminavam em redenção arrebatada, um final feliz triunfante. Os argumentos poderiam ser refutados pelo bom senso, mas seguiam muito mais a poderosa lógica do subconsciente, lógica que nenhuma contestação pode alcançar... Hitler deu voz ao terror indizível das massas modernas..."[21]

Opinião compartilhada por Otto Strasser, irmão de um dos primeiros apoiadores nazistas, Gregory Strasser: "Só posso atribuí-lo (o sucesso de Hitler como orador) à sua intuição excepcional, que infalivelmente diagnosticava as dores da plateia... e falava sobre o que captava no lugar... Ele é imediatamente transformado em um dos maiores oradores do século... Suas palavras acertam o alvo como uma flecha, cutucam as feridas mais íntimas, liberando o inconsciente das massas, expressando suas aspirações mais secretas, dizendo-lhes o que elas mais querem ouvir."[22]

Sir Nevile Henderson, embaixador britânico na Alemanha no fim da década de 1930, ratificava esse ponto de vista: "Ele (Hitler) deve o sucesso na luta pelo fato de ser um reflexo das mentes subconscientes [de seus partidários], e à habilidade de expressar em palavras o que essa mente subconsciente achava que queria."[23]

Quando o público não estava predisposto a deixar que aquelas palavras comovessem suas "aspirações mais profundas", os ouvintes não percebiam qualquer carisma em Hitler. Josef Felder, por exemplo, não se deixou convencer por Hitler ao ouvi-lo palestrar na Hofbräuhaus, em Munique, no início da década de 1920. Como partidário engajado do Partido Social-Democrata, Felder achou aqueles argumentos repulsivos. "Escutei com atenção aquele discurso e percebi que Hitler agia de forma extraordinariamente demagógica. Ele costumava como que jogar frases para a plateia. O discurso dedicou-se em parte à traição dos sociais-democratas em 1919, quando assinaram o Tratado de Versalhes. Hitler começou abordando a Revolução de novembro e a humilhação de novembro. E então, é claro, começou a enfatizar suas teorias contra o tratado. E insistia mais ainda, com muitas declarações particularmente agressivas, sobre como tudo aquilo era resultado das atividades dos judeus. E foi então que ele tomou todo o problema antissemita como base do discurso... Fez certas afirmações que de forma alguma eram válidas. Quando deixei a reunião, encontrei-me com amigos e comentei: 'Após esse discurso, espero que esse homem, Hitler, jamais alcance o poder político.' Todos concordaram."[24]

Herbert Richter, um veterano da Primeira Guerra, sentiu aversão ainda maior quando cruzou com Hitler num café de Munique, em 1921. Richter "antipatizou com ele imediatamente", por causa de sua "voz estridente" e sua tendência a "gritar" ideias políticas "muito, muito simples". O veterano também achou a aparência de Hitler "cômica, com aquele bigodinho engraçado", e chegou à conclusão de que ele era "bizarro" e "não muito normal".[25]

O testemunho de pessoas como Herbert Richter e Josef Felder nos lembra de que o surgimento de Hitler na cena política não foi, na época, um divisor de águas. Mesmo que, aos poucos, o futuro *Führer* tenha atraído seguidores, eles representavam uma pequena parcela dos eleitores potenciais. De fato, um estudo[26] recente revela que em 1919 a grande maioria (mais de 70%) dos soldados lotados em Munique não votou em partidos de direita, mas no Partido Social-Democrata.

Entre os diversos partidos de direita, no entanto – os chamados grupos *völkisch* –, Hitler sem dúvida causou boa impressão. Ele rapidamente dominou o pequeno Partido dos Trabalhadores Alemães e se tornou não apenas seu principal porta-voz, mas também o responsável por toda a propaganda da agremiação. Trabalhou com Anton Drexler em um "programa partidário" e apresentou os "25 pontos" que resultaram dessas discussões, numa reunião, em 24 de fevereiro de 1920. Logo depois, o nome do partido foi alterado para "Partido Nacional-Socialista dos Trabalhadores Alemães" (*Nationalsozialistische Deutsche Arbeiterpartei*, NSDAP) – do qual seus oponentes derivaram o termo abreviado "nazi", ou nazista.

Os "25 pontos" do programa refletiam os temas repetidos por Hitler em seus discursos: abandonar os tratados de paz de Versalhes e Saint-Germain, cassar a cidadania alemã dos judeus, proibir a imigração para a Alemanha e considerar como cidadãos legítimos do país apenas os que tivessem "sangue alemão". Havia também várias medidas contra o capitalismo, tais como o clamor pela divisão de lucros e pelo fim de grandes lojas de departamentos para que pequenos comerciantes prosperassem.

Não havia referência, no entanto, de como um futuro governo nazista conseguiria, em termos práticos, implementar as propostas contidas nos "25 pontos". O "programa" era deliberadamente vago. Essa imprecisão provou-se vantajosa para Hitler de diversas formas, pois lhe dava flexibilidade para interpretar a política nazista da forma como bem lhe aprouvesse quando chegasse à liderança do partido, e permitia que os nazistas se posicionassem como um "movimento", e não como um partido político comum, amarrado a programas detalhados, formulados e decididos em conjunto. Essa abordagem também possibilitava que uma ampla gama de indivíduos apoiasse os nazistas, já que as propostas, como a de "cassar os judeus", poderiam ser interpretadas de diferentes maneiras – desde impedir que os judeus assumissem certas profissões até a sua expulsão da Alemanha, ou algo ainda pior.

A ideia de defender uma "visão" da Alemanha, em vez de uma gama de políticas detalhadas, não era exclusiva dos nazistas. A *Freikorps Oberland*, por exemplo, também queria estabelecer um "Terceiro Reich" (em sequência ao "primeiro" Reich do Sacro Império Romano e ao "segundo" Reich Germânico, fundado em 1871 por Bismarck e que acabou em 1918). Seus membros também desprezavam informações detalhadas. "Nada é mais característico do espírito associativo da *Oberland* do que a ideia do Terceiro Reich", comentou um partidário. "Os homens sonhavam alto com aquele mistério, um mistério que seria enterrado sob um programa político rígido, assim que se tentasse defini-lo com precisão."[27] E, assim como os nazistas, a *Oberland* preconizava a "subordinação do indivíduo... às necessidades de toda a nação".[28]

Em agosto de 1921, Hitler já conquistara poder ditatorial sobre o inexperiente Partido Nazista. Os velhos tempos das reuniões e discussões do comitê de Anton Drexler haviam acabado. Hitler, no entanto, ainda não afirmava que ele próprio seria o salvador da Alemanha, apenas que o país precisava de um salvador.

"Nos primeiros anos, ninguém dizia '*Heil Hitler*', isso nunca foi dito, e ninguém jamais teria pensado nisso", afirma Bruno Hähnel, que militava no partido em 1920. "Hitler não havia assumido posição central naquela época, como aconteceria depois. Ele era apenas o presidente do NSDAP."[29]

Também era óbvio que, desde o início de seu envolvimento com o Partido dos Trabalhadores Alemães, boa parte da força e segurança que Hitler emanava ao falar a multidões parecia abandoná-lo quando a plateia se restringia a duas ou três pessoas. Como ele mesmo confessou ao fotógrafo Heinrich Hoffmann: "Entre círculos pequenos eu nunca sei o que dizer... como orador em pequenas reuniões de família ou funerais, não sirvo para nada."[30]

Outras pessoas também percebiam essa inconsistência em Hitler, essa enorme distância entre o desempenho em público e na vida privada. Mesmo o capitão Mayr, que "descobriu" a habilidade do jovem soldado como orador, observou que Hitler era "retraído e envergonhado"[31] quando estava entre os demais recrutas do quartel e, no entanto, era capaz de inspirar grandes plateias na cervejaria. Mayr argumentou posteriormente que essa característica permitia que figuras mais inteligentes da extrema-direita manipulassem Hitler conforme os próprios interesses. "No que diz respeito à liderança", escreveu Mayr, "Hitler provavelmente foi a maior peça já pregada no mundo".[32]

Embora seja verdade que personagens políticos mais obviamente astutos como Hermann Göring e Ernst Röhm – este último capitão do Exército alemão durante a guerra – tenham aderido ao Partido Nazista desde o início, isso não significa que Hitler tenha se subordinado a eles. É certo que a maior parte de suas ideias foi emprestada de outros, como Gottfried Feder, o economista político que preconizava o fim da "escravidão dos juros". Entretanto, no verão de 1921, ele já era indiscutivelmente o líder do Partido Nazista. De certa forma, a própria esquisitice de Hitler – em particular, o fato de ter dificuldade com as relações sociais "normais" e, ainda assim, inspirar multidões – contribuiu para a progressiva opinião de que ele era um líder político diferente. "Havia sempre um certo aspecto de sua personalidade ao qual ele não permitia a entrada de ninguém", evoca um conhecido do início de sua trajetória. "Ele tinha seus segredos inescrutáveis e, em muitos aspectos, sempre foi um enigma para mim."[33]

A extraordinária combinação da habilidade de cativar uma grande plateia de partidários, não raro reforçando e então intensificando suas crenças preexistentes, com a incapacidade de interagir de forma normal e corriqueira com as pessoas – esse era o cerne da criação do "carisma" de Hitler como orador. De maneira quase inacreditável, Hitler sabia ser íntimo de uma plateia e distante de um indivíduo.

A necessidade de um líder político criar "distância" é algo que Charles de Gaulle, contemporâneo de Hitler, reconhecia como de importância vital. "Em primeiro lugar", escreveu de Gaulle, "não pode haver prestígio sem mistério, pois a familiaridade gera o desprezo. Todas as religiões possuem o mais sagrado do sagrado, e nenhum homem é um herói para seu mordomo. Na elaboração, na conduta e no raciocínio de um líder tem de haver 'algo' que outras pessoas não podem penetrar, algo que as intrigue, que mexa com elas, que desperte sua atenção...[34] Indiferença, caráter e a personificação da quietude, são essas qualidades que cercam de prestígio os que estão preparados para carregar o fardo que é pesado demais para mortais inferiores... Ele (o líder) precisa aceitar a solidão que, segundo Faguet, é a 'miséria dos seres superiores'".[35]

Mas uma das muitas diferenças entre de Gaulle e Hitler – que nasceram com apenas alguns meses de diferença um do outro – é que de Gaulle reconhecia o valor de abrir "distância" daqueles que liderava e agia conscientemente para fazê-lo. Hitler não agia assim por opção. Ele sempre teve dificuldades para se ligar a outros seres humanos individualmente – uma amizade "normal" era impossível para ele. Só que naquele momento essa característica funcionava a seu favor. Muitos dos seguidores de Hitler testemunharam sua aparente falta de necessidade de intimidade pessoal e viam isso como a marca de um homem de carisma. Na verdade, a marca de um herói.

Capítulo 3

Em busca de um herói

Heroísmo e carisma se misturam. Tanto que Max Weber sustentava que o "heroísmo pessoal" era um dos indicativos mais importantes do "carisma autêntico".[1] Portanto, não foi acidental que Adolf Hitler alegasse que sua liderança do Partido Nazista se justificava, em grande parte, pelo seu passado "heroico".

Na Alemanha, após a Primeira Guerra, havia muitos que ansiavam pelo surgimento de um herói – um "homem forte",[2] como menciona Emil Klein, apoiador do nazismo – para norteá-los em direção a um mundo novo e mais iluminado. Entre 1919 e 1923, Adolf Hitler teve uma evolução contínua, transformando-se nesse líder heroico para eles e, ao fazê-lo, conseguiu construir uma tradição poderosa de heroísmo individual – que havia sido disseminado pela criação do Estado moderno alemão, no século XIX. Mais de duzentas *Bismarcktürme* (torres Bismarck), por exemplo, foram erguidas ao redor da Alemanha para comemorar a liderança "heroica" de Bismarck, o chanceler que tinha unificado o país. Filósofos alemães como Arthur Schopenhauer também honravam o regime de/por indivíduos, em lugar de governos, enquanto Friedrich Nietzsche era um defensor fervoroso da importância de um herói no que ele anunciava ser um mundo sem Deus. Nietzsche louvava Napoleão como herói, como a "encarnação do ideal nobre".[3]

Agora os alemães estavam inspirados a olhar para trás, nos exemplos de sua própria história, em busca de heróis individuais. Uma das atrações turísticas mais populares da Alemanha era o *Hermannsdenkmal* (monumento Hermann), concluído em 1875, na Floresta Teutoburg, que celebrava a vitória das tribos alemãs lideradas por Arminius (ou Hermann, líder dos Cherusci), derrotando o general romano Varus e suas três legiões, quase dois mil anos antes.

Antes da guerra, muitos membros do *Wandervogel*, um movimento popular jovem, invocavam um líder heroico para resgatar os alemães da crescente industrialização do país e liderar o regresso à natureza. "Os rostos ávidos, tensos e jovens se acenderam", escreveu Peter Viereck, de um grupo *Wandervogel*, "quando, sob a luz da fogueira, alguns liam seu autor favorito, Nietzsche, ou talvez Stefan George, ainda no começo de 1907, dizendo 'O Homem! A Façanha! *Volk* e o alto conselho anseiam pelo Homem! A Façanha!...' Talvez alguém que tenha sentado entre seus assassinos e dormido em suas prisões irá se apresentar e realizar a façanha".[4]

Fundado em 1901 e inspirado pelos ideais de Herman Hoffmann Fölkersamb, um jovem diplomata, o *Wandervogel* cresceu e se transformou no movimento jovem mais popular da Alemanha pré-guerra. Em seguida, inúmeros membros do *Wandervogel*, como Bruno Hähnel, ingressaram no Partido Nazista, levando seu idealismo juvenil com eles. "Sentávamos lá (no campo), à noite, e eram grandes ocasiões para nós. Minha esposa depois participou; nós nos conhecemos quando éramos muito jovens. E mais tarde, na vida, sempre pensávamos naquele tempo, por ter sido tão lindo. Sempre havia canto, tínhamos grupos de canto, tínhamos grupos de dança folclórica. Minha esposa e eu éramos do movimento de dança folclórica. Havia um sentimento verdadeiro de engajamento baseado na filosofia do *Wandervogel*. Nós éramos como um protesto contra o mundo burguês."[5]

"Era uma reação contra a era do imperador Guilherme, que tinha tudo a ver com a indústria e o comércio", confirma Fridolin von

Spaun, outro membro do *Wandervogel* que passou a acreditar firmemente em Adolf Hitler. "Eram jovens que simplesmente ficaram entediados e seguiram para a natureza, buscando arredores naturais para algo que eles não conseguiam ter em seu próprio ambiente. Eu ingressei por mero acaso, por uma ligação com Elberfeld – ainda durante a Primeira Guerra. Nós saíamos para perambular... podíamos cantar nossas músicas, cozinhar, jogar, praticávamos esportes também... Era um movimento espiritual."[6]

Richard Wagner, outro apoiador dos "movimentos espirituais" e um protestante "contra o mundo burguês", era um herói para muitos desses *Wandervogel* – da mesma forma que era para Adolf Hitler. Óperas de Wagner, como *Der Ring des Nibelungen (O anel dos nibelungos)*, com trabalhos épicos como "O crepúsculo dos deuses" (*Götterdämmerung*), remetiam aos mitos da grande saga nórdica alemã. Hitler era tão obcecado pela natureza "heroica" do trabalho de Wagner que ele assistiu à ópera *Lohengrin*, apresentando um Cavaleiro do Santo Graal, "pelo menos dez vezes",[7] na Viena pré-guerra. Ele até tentou, sem sucesso, escrever sua própria ópera heroica, chamada *Wieland, o Ferreiro*.

A leitura predileta de Hitler, em Viena, era *As sagas dos Heróis Alemães (Die Deutschen Heldensagen)* e, segundo seu companheiro de apartamento, August Kubizek, Hitler "se identificava com os grandes homens dessa época desaparecida. Nada parecia mais digno do que uma vida como a deles, repleta de atos de bravura e grandes consequências, a vida mais heroica possível..."[8]

Mais recentemente, durante a Primeira Guerra, líderes individuais estamparam seus nomes em seus regimentos, como uma demonstração da importância do "herói" individual. O próprio Hitler, por exemplo, ingressou no 16º Regimento de Infantaria da Reserva Bávara, mas seu quartel era, na verdade, conhecido como o regimento "List", batizado em homenagem ao coronel Julius von List, que comandava aquela unidade, no começo da guerra. Essa tendência de batizar os regimentos segundo seus comandantes individuais ficou ainda mais forte com a formação das unidades paramilitares

Freikorps, logo após o final da Primeira Guerra. Uma das mais importantes, por exemplo, era conhecida como a "Rossbach *Freikorps*", por conta de seu comandante, Gerhard Rossbach; outra foi a "Brigada Ehrhardt", liderada pelo ex-capitão da Marinha Imperial, Hermann Ehrhardt. Unidades como essas, segundo Fridolin von Spaun, ele próprio um membro de uma *Freikorps*, "dependiam inteiramente da personalidade e das habilidades de seus líderes".[9] Ademais, segundo escreveu Ludwig Gengler, "o comandante individual (da *Freikorps*) era frequentemente chamado de *Führer*. Ele é idolatrado como a encarnação concreta de todas essas qualidades que o próprio voluntário queria possuir. E o *Führer* também é uma abstração. O homem que virá".[10]

Assim como sua predisposição histórica à crença no "herói" individual, para Hitler e o Partido Nazista havia, no início da década de 1920, uma prova concreta do quanto um heroico "Homem que virá" poderia influenciar um país inteiro. Na Itália, Benito Mussolini, que como Hitler havia se ferido na Primeira Guerra e tinha se tornado ativo na política nacionalista de violência extrema, havia formado o Partido Nacional Fascista, em 1919, para lutar contra a influência de socialistas e comunistas. Ali estava a prova do quanto um líder "heroico" poderia abrir caminho lutando, para sair da obscuridade.

Naqueles primeiros anos, foi um autor bêbado chamado Dietrich Eckart que mais ajudou Adolf Hitler a se transformar em alguém que poderia ser a resposta da Alemanha para Benito Mussolini. Hitler encontrou Eckart pela primeira vez na segunda reunião do Partido Trabalhista Alemão, no outono de 1919. Irascível, ousado e aparentando ser mais velho do que um homem de cinquenta e poucos anos, Eckart era um antissemita virulento que, assim como Hitler, sentia que a Alemanha havia sido traída pela forma como a guerra havia terminado e pelo Tratado de Paz de Versalhes. Ele tinha tanto ódio dos judeus que alegou que gostaria de "embarcar todos os judeus num trem e entrar no Mar Vermelho com ele".[11] Porém, ao contrário de Hitler, Eckart era bem relacionado nos círculos sociais sofisticados de Munique e abastado – suas peças, particularmente sua versão de *Peer Gynt*, de Ibsen, lhe renderam uma quantia considerável. E ele estava esperando por um homem como Hitler. Em 1919, Eckart tinha dito que a Alemanha precisava de um líder que fosse um "sujeito que pudesse suportar a trepidação das metralhadoras. A turba tem de tremer de medo. Não posso utilizar um oficial; essa gente já não tem respeito por eles. O melhor de tudo seria um trabalhador que sabe falar... Ele não precisa de muita inteligência; a política é o negócio mais parvo do mundo".[12] Portanto, não foi de surpreender que Eckart imediatamente tivesse visto o potencial que Hitler possuía. Ele era um simples soldado, porém, havia sido condecorado por heroísmo e recebera a Cruz de Ferro. Após seu primeiro encontro com Hitler, Eckart afirmou: "Esse é o futuro homem da Alemanha. Um dia, o mundo falará dele."[13]

Eckart apresentou Hitler a patrocinadores potenciais e abastados de Munique, que passou a ser um sucesso particularmente com as mulheres de determinada idade – houve uma viúva, que fazia tanto estardalhaço ao redor dele, que tornou-se conhecida como *Hitler-Mutti* ("mãe de Hitler"). Antes de sua morte, por um ataque do coração, em 1923, Eckart também ajudou Hitler e o novato Partido Nazista financeiramente, levantando recursos para comprar o *Völkischer Beobachter*, um jornal para divulgar a visão nazista.

Talvez, no entanto, um dos maiores auxílios que Eckart deu a Adolf Hitler tenha sido apoiá-lo, quando seu papel dominante no Partido Nazista foi ameaçado, no verão de 1921. Anton Drexler vinha flertando com a ideia de fundir o Partido Nazista com outros grupos semelhantes, como o Partido Socialista Alemão. Drexler via isso como um meio óbvio de fazer o partido crescer rapidamente. Então, no verão de 1921, ele ficou impressionado com o trabalho de Otto Dickel, professor de filosofia da Universidade de Augsburg. O professor Dickel tinha escrito *O ressurgimento do Ocidente*, um livro que continha ideias semelhantes às expressas nos 25 pontos do programa nazista acordados no ano anterior, embora Dickel expressasse seus pontos de vista com mais peso intelectual. Quando

Drexler ouviu Dickel falar, ele, assim como outros do Partido Nazista, ficou ansioso por algum tipo de aliança com o professor e seu próprio partido, o *Abendländischer Bund* (Liga Ocidental).

Toda essa manobra ocorreu quando Hitler estava fora de Munique, e ele ficou indignado ao descobrir o que havia sido discutido em sua ausência. Furioso, Hitler saiu de uma reunião com Dickel e abandonou o Partido Nazista. Mais uma vez, demonstrou ser relutante e incapaz de participar de um debate intelectual.

A princípio, Eckart tinha se interessado pelo que Dickel poderia acrescentar ao partido – no mínimo, a respeitabilidade intelectual –, porém, uma vez que Hitler renunciou, ele fez o máximo para convencê-lo a voltar. E Hitler voltou, mas sob suas próprias condições, como o ditador inquestionável do Partido Nazista. Eckart então estampou seu apoio a Hitler na capa do *Völkischer Beobachter*.[14]

Esse foi um momento expressivo na jornada de Hitler: ele já não estava mais angariando apoio para um futuro líder da Alemanha, ainda desconhecido. Ele agora se posicionava como esse líder em potencial. Hitler havia demonstrado não estar preparado para dividir o poder – e viria a encarar quaisquer consequências que sua recusa pudesse gerar. E igualmente importante foi o fato de que outros passaram a aceitar sua avaliação pessoal. Dietrich Eckart, por exemplo, teria preferido engajar o professor Dickel no Partido Nazista, porém, uma vez que Hitler se recusou, Eckart foi forçado a escolher e, neste processo, Hitler ganhou um poder incontestável no movimento nazista. Agora ele podia se retratar como um "herói", em parte porque, de certa forma, os outros viam sua intransigência como "heroica". Podia ser um sujeito bem difícil de se lidar, porém, nesse jeito difícil é que estava – potencialmente – um atrativo poderoso. Afinal, quem espera que "heróis" sejam pessoas razoáveis?

No ano seguinte, 1922, o Partido Nazista começou a crescer por aquisição. Em outubro de 1922, Hitler conseguiu convencer os apoiadores do *Deutsche Werkgemeinschaft*, de Nuremberg, a se subordinarem ao Partido Nazista – não numa aliança livre, como havia sido proposto no ano anterior, mas reconhecendo que Hitler era agora seu líder. Hitler sempre foi grato a Julius Streicher, líder do *Deutsche Werkgemeinschaft*, por providenciar isso.

Streicher tinha ouvido Hitler falar anos antes, e ficara atônito. "Eu nunca tinha visto aquele homem", disse ele, em seu julgamento, após a guerra. "E lá estava eu, um desconhecido entre outros desconhecidos. Vi aquele homem pouco antes de meia-noite, depois que ele tinha falado durante três horas, encharcado de suor, radiante. Meu vizinho disse que pensou ter visto uma auréola em volta de sua cabeça, e eu tive uma experiência que transcendeu o lugar comum."[15]

Streicher era um sujeito pavoroso. Em 1923, ele passou a publicar o *Der Stürmer*, um jornal de sadismo semipornográfico, com fotografias e histórias antissemitas repulsivas. Mas Streicher não era incomum ao tipo das pessoas que agora se ligavam a Hitler. Entre as pessoas que passavam a ser figuras influentes do Partido Nazista incluíam-se Christian Weber, um ex-leão de chácara de boate, Hermann Esser, um agressivo perseguidor de judeus, e Ernst Röhm, capitão devasso do Exército alemão, que mais tarde escreveu que "eu queria servir a um *Volk* de lutadores, não a um bando de poetas e sonhadores".[16] Todos esses homens passaram a deter posições seniores no Partido Nazista – e todos eles eram bandidos mal-afamados. Esses sujeitos violentos e de baixo nível, sem dúvida, teriam concordado com a visão de Hermann Göring expressa em seu julgamento por crimes de guerra, quando ele disse que ingressou no Partido Nazista, no começo da década de 1920, porque ele era um "revolucionário". Em suma, a visão de Otto Strasser era de que "Hitler tem prazer na companhia deles, pois eles confirmam sua profunda convicção de que o homem é essencialmente vil".[17]

Ernst Röhm, particularmente, foi uma figura crucial naquele começo dos nazistas, em parte porque ajudou a organizar as armas para a ala paramilitar do Partido Nazista, a SA, os *Sturmabteilung*, ou as tropas tempestuosas. A SA foi oficialmente estabelecida em novembro de 1921, mas quase desde os primeiros dias do partido inúmeros bandidos nazistas, dentre eles muitos ex-soldados, tinham reuniões "protegidas" do partido, em cervejarias, expulsando qualquer um que incomodasse Hitler, e foi a partir desse grupo de leões de chácara que a SA se desenvolveu.[18]

Foi em meio a essa mistura violenta e daninha que chegou a notícia, em outubro de 1922, de que Benito Mussolini se tornara primeiro-ministro da Itália, um momento que energizou os revolucionários do Partido Nazista. Pois se um líder ultranacionalista subitamente ganhava o poder na Itália, por que não na Alemanha? Em 3 de novembro de 1922, poucos dias após o sucesso de Mussolini, Hermann Esser afirmou para uma aglomeração na cervejaria Hofbräuhaus, em Munique, que "o Mussolini da Alemanha se chamava Adolf Hitler".[19] No mês seguinte, dezembro de 1922, o *Völkischer Beobachter* publicou um artigo proclamando que Adolf Hitler não era um mero "figurante", mas o líder que salvaria a Alemanha.[20]

No ano seguinte, Hitler abocanhou a oportunidade de demonstrar suas credenciais como revolucionário heroico. Mas – e isso foi um papel recorrente em sua ascensão ao poder – para fazê-lo, ele precisava explorar uma crise no Estado alemão. Felizmente para Hitler, os franceses haviam ocupado Ruhr, a região industrial no oeste da Alemanha. Sob os termos do Tratado de Versalhes, os alemães estavam proibidos de lotar regimentos naquela região, portanto, os franceses enfrentaram pouca resistência, quando ingressaram em território alemão, em 11 de janeiro de 1923. Raymond Poincaré, primeiro-ministro francês, adotara esse plano de ação porque os alemães tinham cessado as entregas de carvão e lenha devidas à França, como parte dos pagamentos de reparação.

Não foi de surpreender que a ocupação francesa tenha sido malquista. "Foi quando descobrimos que os franceses regiam com mão de ferro", disse Jutta Rüdiger,[21] na época um adolescente. "Se havia algo que não lhes agradasse, se você estivesse caminhando pela via pública, por exemplo, e eles viessem com seus cavaleiros, você tinha que descer da calçada para a rua... Havia um bocado de assédio." E, além de ter de lidar com os franceses em Ruhr, a população da

Alemanha precisava, de alguma forma, seguir em frente, vivendo sob a pressão da hiperinflação. "Em 1923", relembra Rüdiger, "um livro de exercícios custava cerca de três bilhões de marcos, eu acho".

Hitler não invocava seus apoiadores para participarem da resistência passiva que alguns alemães estavam preparando contra os franceses, em Ruhr. Seu foco permaneceu na construção do exemplo inspirado em Mussolini, na Itália. Mas ele percebeu que precisava de pelo menos um apoio tácito do *Reichswehr*, as Forças Armadas alemãs, em sua busca pela derrocada do governo em Berlim. No entanto, em maio de 1923, quando, num primeiro passo na direção de uma revolução nacional, os nazistas tentaram incitar os soldados do *Reichswehr* que estavam numa parada no Oberwiesenfeld, em Munique, as abordagens foram compreensivelmente rejeitadas. Apesar disso, Hitler acreditava que precisava agir. Quem poderia saber quanto tempo duraria a crise? Assim, em novembro daquele ano, ele lançou o Beer Hall Putsch – um evento que lhe renderia a publicidade nacional, pela primeira vez, embora não da forma como ele esperava.

Não era óbvio para ninguém envolvido no planejamento do *Putsch* que Hitler realmente fosse, ou não, o equivalente "heroico" de Mussolini. Hitler estava em discussões com o general Erich Ludendorff, herói da vitória alemã em Tannenberg, na Primeira Guerra, sobre seu potencial envolvimento na revolução inspirada pelo nazismo, mas nunca ficou claro qual seria o papel de Ludendorff. Será que Ludendorff deveria ser apenas o líder militar, com Hitler encabeçando a revolução, ou Ludendorff era o verdadeiro "herói", para quem Hitler havia meramente preparado o caminho?

Ficou claro, no entanto, que até o final de 1923 Hitler havia decidido agarrar a oportunidade. O plano era simples: forçar os líderes do governo autoritário da Bavária a declarar seu apoio à "marcha em Berlim", liderada pelos nazistas, para derrubar os "criminosos de novembro", que estavam no poder. Como era óbvio que os nazistas precisavam da ajuda – ou, pelo menos, do consentimento – das forças de segurança do Estado bávaro, assim como de seus líderes políticos, Hitler decidiu que o golpe deveria ser tentado enquanto o "encarregado pelo Estado" da Bavária, Gustav von Kahr, discursava em uma reunião no Bürgerbräukeller, em Munique. Kahr era efetivamente o ditador da Bavária, e tinha sido nomeado em setembro de 1923, em resposta à crise no governo de Berlim, decorrente, mais uma vez, da ameaça de uma revolução.

Havia sinais de que a estratégia de Hitler talvez tivesse êxito – o governo bávaro, por exemplo, parecia mais solidário aos nazistas do que as autoridades de outros Estados alemães. Após o assassinato do judeu Walther Rathenau, ministro das Relações Exteriores da Alemanha, um ano antes, os nazistas haviam sido banidos na maior parte da Alemanha. Porém, na Bavária, os nazistas ainda podiam atuar e Kahr compartilhava o desprezo de Hitler pelo governo de Berlim.

Seria vantajoso para os nazistas darem esse passo na reunião de Kahr, já que Hans von Seisser, chefe da polícia bávara, e o general Otto von Lossow, comandante do Exército bávaro, também estariam presentes. A aposta de Hitler era que, ao serem confrontados com uma decisão já tomada, todos esses líderes concordariam com sua revolução planejada.

Dessa forma, por volta de 20h20, em 8 de novembro de 1923, Hitler e mais de uma dezena de apoiadores, incluindo Hermann Göring, Rudolf Hess e Alfred Rosenberg, forçaram passagem para entrar no Bürgerbräukeller, enquanto Kahr discursava para milhares de presentes. Fora da cervejaria, unidades da SA guardavam as saídas. Depois que um tiro foi disparado para o teto da cervejaria, Hitler anunciou que a revolução tinha começado. Ele e seus camaradas, então, forçaram as figuras-chave do triunvirato – Kahr, von Seisser e von Lossow – a irem para uma sala anexa.

Mas Hitler deparou-se com um problema: nenhum dos três se animou a apoiar a causa nazista. Foi necessária a chegada de Ludendorff na cervejaria para fazer com que eles finalmente chegassem a um consentimento indiferente. Hitler, que havia anunciado de forma melodramática a Kahr e a seus colegas que se suicidaria se o golpe não fosse bem-sucedido, saiu, em Munique, para tentar angariar apoio para o *Putsch* em outros lugares, deixando Ludendorff no controle, no Bürgerbräukeller. No entanto, Ludendorff – sendo um oficial à moda antiga – acabou optando por liberar Kahr, von Seisser e von Lossow, aceitando a palavra de honra dos três em apoio à revolução. Foi um erro catastrófico, como Hitler percebeu, mais tarde, ao regressar ao Bürgerbräukeller naquela noite e descobrir que os três homens haviam desaparecido. Agora, todos eles haviam retirado a promessa de apoio ao nazismo, e trabalhavam ativamente contra o *Putsch*.

Nenhuma estratégia de revolução havia sido idealizada e, dessa forma, uma marcha em Munique foi rapidamente improvisada para o dia seguinte, depois que um grupo de nazistas roubou uma fábrica onde eram impressas notas de um bilhão de marcos. Emil Klein participou da marcha, e se lembra de como os tiros ecoaram quando os apoiadores dos nazistas chegaram ao memorial de guerra, no Feldherrnhalle, no centro de Munique, e foram confrontados pelas forças de segurança bávaras. "A primeira coisa: Hitler foi ferido?", conta Emil Klein. "Ludendorff está ferido? E todos se espalharam. Claro, se há tiros, você precisa correr. Nós obviamente éramos homens da SA bem treinados e sabíamos o que fazer quando havia tiros... E as pessoas levantaram e começaram a olhar em volta, para ver o que estava acontecendo. Foi realmente um rebuliço, em parte por conta da massa que havia ali – todos uniformizados –, sem saber o que estava acontecendo. Porém, de uma coisa nós sabíamos: Kahr tinha traído o acordo. Eles não tinham mantido a palavra. Tinham sacramentado com um aperto de mão e esse gesto foi desfeito por Kahr e seus colegas, deixando Hitler aparentemente sozinho."[22]

Em meio ao tiroteio no Feldherrnhalle – e ninguém sabe exatamente quem começou a batalha armada –, o homem que estava ao lado de Hitler, Erwin von Scheubner-Ritcher, foi alvejado e morto. Hitler se jogou no chão – e seus críticos posteriormente mencionaram que isso foi a prova de sua covardia.[23] Mas Emil Klein discorda veementemente, dizendo que Hitler "sempre" demonstrou bravura e coragem. "Eu sempre me impressionei por Hitler ter apenas alguns guarda-costas que o acompanhavam em suas jornadas, (e) quando ele andava de carro, era sempre em carro aberto."

Ludendorff demonstrou sua bravura prosseguindo na marcha através da formação policial, chegando ileso ao outro lado. Mas 16 dos apoiadores de Hitler foram mortos naquele dia, assim como quatro membros das forças de segurança bávara. Muitos mais foram feridos – incluindo Hermann Göring. Alvejado na virilha, ele foi auxiliado a sair de Feldherrnhalle, recebeu curativos e foi levado clandestinamente até a fronteira da Áustria, a um hospital em Innsbruck.

Hitler foi preso apenas dois dias após a luta armada. Ele tinha perdido totalmente o controle da situação, desde seu fracasso em garantir que Kahr, von Seisser e von Lossow ficassem seguramente retidos pelos conspiradores, uma vez que o Bürgerbräukeller foi invadido, até a ausência de qualquer plano coerente sobre o que fazer, caso a liderança bávara demonstrasse menos entusiasmo quanto ao *Putsch*. Ademais, Hitler tinha demonstrado não fazer jus à promessa de se matar caso a revolução fracassasse, já que agora estava sob custódia das autoridades bávaras, esperando julgamento. Esse não foi bem o comportamento de um "herói carismático".

O julgamento de Hitler começou em 26 de fevereiro de 1924, em Munique. E desde o começo, Hitler buscava o que, para os que viam de fora, parecia uma estratégia de grande risco: ele não apenas admitiu, mas glorificou o que havia feito. Além disso, no tribunal, alegou abertamente o que considerava ser seu papel na luta que estava por vir. "Decidi ser o destruidor do marxismo", disse ele. E embora um dia tivesse admitido ser um "soldado", ele agora "exigia para si mesmo a liderança na luta política". Como consequência, anunciou que era o "herói" que salvaria a Alemanha: "Eu exijo que a liderança da organização pela qual todos nós ansiamos e pela qual você anseia com a mesma intensidade vá para o herói que, aos olhos de toda a juventude alemã, está sendo chamado a ela."[24]

Os partidários de Hitler na Bavária viram sua conduta no julgamento como a prova da força do caráter de seu líder. "Eu disse a mim mesmo que ele se saiu bem e se portou decentemente diante da corte", conta Emil Klein. "É importante que um homem assuma sua posição, mesmo que esteja fazendo algo errado, e eu tive a impressão de que Hitler assumiu sua posição nesse julgamento."[25] O caso da corte foi amplamente relatado e, pela primeira vez, Hitler se tornou conhecido por um imenso número de pessoas, ao redor de toda a Alemanha. Agora, muitos deles julgavam, assim como Emil Klein fizera, que ele era um homem de integridade, bravura e coragem – de fato, um "herói carismático". Essa transformação aconteceu, em grande parte, por causa da postura desafiadora de Hitler em seu julgamento por alta traição, e diante da prova contundente de que o golpe, em si, havia sido terrivelmente mal julgado.

Hitler sabia, no entanto, que antes mesmo de falar em seu julgamento, os juízes seriam brandos com ele. O juiz que presidia o julgamento, Georg Neithardt, já havia demonstrado em um caso anterior[26] que era simpatizante de Hitler e da causa nazista, e Hitler também tinha consciência de que estava de posse de revelações constrangedoras de Kahr e das autoridades bávaras. O próprio Kahr não tinha concordado em participar desse ato de "alta traição", diante de uma plateia, no Bürgerbräukeller?

Para os que estavam inteirados disso, o veredicto moderado da corte não poderia ter sido surpresa. O *Times* londrino relatou que "Munique está gargalhando por conta do veredicto", o que provou "que a trama contra a constituição do Reich não é considerada um crime sério na Bavária".[27]

Hitler recebeu a pena mínima – cinco anos – e provavelmente seria libertado em condicional muito antes. Enquanto isso, ele se beneficiaria de seu tempo na prisão. Pois enquanto esteve encarcerado, passou seus dias tramando como se retratar, inequivocamente, como um "herói" carismático com a "missão" de salvar a Alemanha.

Capítulo 4

Desenvolvendo uma visão

Para ser assimilado como verdadeiramente carismático, um líder político precisa apresentar uma visão coerente do futuro – uma perspectiva de como o mundo deverá ser baseada no *insight* da natureza da realidade. Como disse Max Weber, não basta que um líder carismático seja um "herói", ele tem de ser um "profeta".[1] Em 1924, Hitler tentou descrever suas próprias referências, nesse sentido, em *Mein Kampf* e, apesar da rudeza do trabalho e do estilo espantoso da escrita, *Mein Kampf* tem importância suprema no entendimento do desenvolvimento de Hitler enquanto líder carismático.

Três anos antes, Hitler havia enfrentado problemas, quando figuras do Partido Nazista flertaram com a ideia de uma parceria com o professor Dickel, autor de *Resurgence of the West*. E, embora Hitler tivesse visto passar esse desafio, permanecendo com sua autoridade ainda mais fortalecida, a lembrança de como esse "intelectual" surgira na míngua de seus pensamentos políticos deve ter sido brutal. *Mein Kampf* foi elaborado para mostrar que Hitler não era meramente um agitador de cervejaria, mas um pensador político de ponto de vista amplo.

O livro certamente apresenta uma percepção coerente do mundo, embora seja uma visão horripilante. Para Hitler, nós vivemos em um universo frio, onde a única constante é a luta. E se você não consegue ganhar essa luta, então, merece morrer. Não há estrutura moral além da dura realidade da luta entre pessoas distintas em busca da supremacia. "Os que querem viver", disse Hitler, "deixe-os lutar, e os que não querem lutar nesse mundo de luta eterna não merecem viver".[2]

O que falta em *Mein Kampf* – e isso é um fato que não foi reconhecido como deveria – é a ênfase no cristianismo. A Alemanha havia sido uma sociedade católica por mais de um milênio e a crença no Deus cristão e na redenção cristã após a morte foi crucial para milhões de vidas alemãs. Mas Hitler oferece pouco desse consolo em *Mein Kampf*. Mais tarde, ele viria a alterar sua retórica sobre religião, conforme a época e a situação, mas essa crença essencial é expressa aqui. E embora ele diga, em *Mein Kampf*, em apenas uma frase, que "uma religião no sentido ariano não pode ser imaginada, o que está isento da convicção de algum tipo de sobrevivência após a morte",[3] o impulso do trabalho é de um niilismo fraco. Hitler jamais elabora qualquer possível "forma" de vida após a morte – e ele também não acredita nisso como indivíduo. Consequentemente, a interpretação mais coerente de *Mein Kampf* é que, embora Hitler estivesse pronto para acreditar em um Deus criador inicial, ele não aceitava a visão convencional do cristianismo do céu e do inferno, nem da sobrevivência de uma "alma" individual – análise que, como veremos, é exposta em muitas de suas declarações posteriores sobre o assunto.[4] Para Hitler, há pouco na personalidade individual, além da experiência do aqui e agora. Nós somos animais e, assim como eles, enfrentamos a escolha de destruir ou de sermos destruídos.

Hitler enfatiza a natureza animal da vida humana em detalhes gráficos e devastadores. Ernest Becker viria a examinar as consequências desse tipo de crença cinquenta anos depois, em seu livro ganhador do prêmio Pulitzer, *A Negação da Morte*, perguntando: "O que devemos considerar de uma criação, na qual a atividade rotineira é que os organismos dilacerem uns aos outros com dentes de todo tipo – mordendo, moendo a carne, talos de plantas, com ossos em meio aos molares, engolindo avidamente a polpa goela abaixo, com deleite, incorporando a essência ao seu próprio organismo, depois excretando os resíduos com fedor pútrido e gases. Todos estão em busca de incorporar outros que sejam comestíveis para eles."[5]

A visão que Becker expressa aqui é uma que Hitler certamente teria apoiado. Hitler concluiu que a vida consiste no forte "dilacerando" o fraco, embora ele pudesse discordar da conclusão de Becker quanto à direção a que essa percepção nos conduz. Para Becker, pedir à consciência humana que concebesse um mundo do qual o indivíduo tivesse que, inevitavelmente, ser extinto após uma vida de luta animalesca, seria simplesmente demais para suportar, "... pode-se perceber que situação impossível para um animal. Eu creio que os que especulam que uma compreensão completa da condição humana levaria o homem à loucura estão certos, literalmente certos".[6] Em contraste, para Hitler, acreditar que a vida consistia, essencialmente, no forte destruindo o fraco era algo revigorante. Isso porque ele aliava sua visão quase darwiniana à ideia de raça. Não era só o fato de que um indivíduo forte deveria destruir um indivíduo fraco, mas grupos raciais inteiros deveriam andar juntos e eliminar outras raças. Hitler escreveu que a raça "ariana" era "superior", responsável por "toda a cultura humana".[7] A essência da mensagem de Hitler era a de que a vida individual tinha significado porque o ser fazia parte de uma "raça". Os indivíduos subordinados ao bem de uma "comunidade" racial levavam as melhores vidas. Dessa forma, sua existência tinha um tipo de significado – você não podia viver como indivíduo, mas se vivesse a vida correta, então a comunidade racial à qual você pertencesse prosperaria após a sua morte.

Para Hitler, o oponente-chave nessa luta pela supremacia racial era o judeu. *Mein Kampf* transpira animosidade em quase todos os parágrafos, mas o volume opressor de ódio é dirigido aos judeus. "Ele (o judeu) continua sendo o típico parasita", escreve Hitler, "um sugador que, assim como um bacilo repulsivo, continua se espalhando, assim que um meio favorável o convida".[8] E embora Hitler não sugira que todos os judeus sejam mortos, ele deixa claro que o "sacrifício" dos soldados alemães no *front*, durante a Primeira Guerra, "não teria sido em vão, se mil e duzentos, ou mil e quinhentos desses hebreus corruptores de gente fossem detidos na câmara de gás..."[9] Hitler também ligava o judaísmo ao marxismo e disse que o "destino" estava evocando o povo alemão para colonizar as terras da "Rússia e os estados de sua fronteira vassala".[10] Ele pedia que seus leitores "nunca se esquecessem de que os governantes da Rússia atual eram igualmente criminosos manchados de sangue".[11]

Hitler chegara a essa visão gélida e violenta após ter sido influenciado por muitas fontes distintas. Dos darwinistas sociais, ele assumiu a ideia de que a essência da vida era a luta; de Arthur de Gobineau, autor de *The Inequality of Human Races*, e de seus seguidores, ele assumiu a noção da superioridade da raça ariana; dos acontecimentos no *front* Ocidental, já no fim da Primeira Guerra – quando a Alemanha havia tomado terras agrícolas da então nascente União Soviética (terras que haviam sido perdidas para a Alemanha, ao final do conflito) –, ele assumiu a ideia de criar um império no Leste; e de Alfred Rosenberg, um nazista nascido no Estado Báltico, ele adotou a ideia da ligação entre o judaísmo e o bolchevismo. Então, ele misturou esses elementos perniciosos com sua própria filosofia potente e mortal. Agora, suas ideias estavam enraizadas.

O argumento de Hitler era o seguinte: a vida era uma luta entre raças por um espaço de vida; o maior perigo para a raça ariana em busca da vitória eram os judeus; a União Soviética era regida por judeus; e a União Soviética continha terras agrícolas excelentes, das quais os alemães arianos precisavam. Por conseguinte, criar um império alemão ariano resolveria três problemas de uma só vez – destruiria a ameaça do bolchevismo, a ameaça dos judeus e ganharia o *Lebensraum* da Alemanha, seu valioso "espaço vital".

Cada elemento desse argumento ilusório apoiava o outro – algo que tornava a visão de Hitler muitíssimo forte. Se você discordasse que os judeus eram uma ameaça, ou que os judeus controlavam a União Soviética, ou qualquer outro aspecto do raciocínio político de Hitler, então ele simplesmente o descartaria como "errado" e incapaz de ver o que estava à sua frente. Porém, uma vez que você aceitasse um elemento, então, ele embarcava num carrossel no qual uma ideia levava à outra.

Ao redor de sua visão central de ódio, luta e conquista, Hitler tentava criar uma história coerente de sua autobiografia, demonstrando a consistência de suas visões ao longo da vida. Mas, como já vimos, e como as pesquisas históricas dos últimos vinte anos demonstraram, muitas dessas passagens autobiográficas foram uma simples tentativa de reescrever a história. Hitler nunca foi tão determinado em seus pontos de vista antes de 1919, como ele finge ter sido, em *Mein Kampf*.

Mein Kampf, no entanto, permanece um trabalho extraordinário, nem tanto por não haver provas de que a grande maioria dos alemães concordava com os dois pilares que sustentavam a visão de Hitler – o desejo de perseguir sistematicamente os judeus e a necessidade de apreender e colonizar territórios da União Soviética. Afinal, a ideia de "colonizar" partes da União Soviética certamente representaria outra guerra.

Portanto, que tipo de político adota políticas que parecem torná-lo inelegível? Um que tenha *convicção*, pode-se argumentar – alguém que primeiro busca declarar ideias que não sejam atraentes, para depois persuadir o público, em geral, a apoiá-las. Mas não foi isso que aconteceu aqui. Até que o Partido Nazista tivesse a chance de sua arrancada, a partir de 1929, Hitler foi cauteloso para não forçar excessivamente nenhuma dessas duas políticas. Claro que ele continuou sendo antissemita e ainda odiava a União Soviética, e jamais renunciou publicamente a essas visões, mas buscou enfatizar outras ideias que eram muito mais populares – como a rejeição dos tratados de paz, ao final da Primeira Guerra, e o chamado a uma nova Alemanha unificada, uma Alemanha de irmandade e de camaradagem.

Ainda assim, mesmo que Hitler não tenha forçado a agenda essencial em *Mein Kampf*, tanto quanto suas convicções poderiam garantir, o livro ainda existia e qualquer um que se interessasse por suas visões poderia lê-lo. Não surpreende que tantos apoiadores nazistas digam que não achavam que Hitler "literalmente" tivesse a intenção de dizer aquilo. Johannes Zahn, um economista que apoiava os aspectos da política nazista, diz que "ler *Mein Kampf* foi exatamente como a crença nas exigências da Bíblia. São exigências, mas ninguém acreditava que elas seriam cumpridas à risca".[12] Para o diplomata Manfred von Schröder, *Mein Kampf* foi um livro fácil de descartar. "Ninguém acreditava que *Mein Kampf* tivesse alguma importância, sabe? Que um jovem tivesse escrito um livro – o que os políticos de hoje pensam sobre o que escreveram há vinte anos? Portanto, ninguém o levou muito a sério. Eu provavelmente li, uma vez, como estudante, e não achei muito interessante, nem voltei a abrir o livro. Até deveríamos tê-lo feito, mas não fizemos."[13] Herbert Richter, que lutou na Primeira Guerra e mais tarde ingressou no Ministério das Relações Exteriores da Alemanha, diz que começou a ler o livro e achou maluco demais para continuar. "Esse foi o caso para a maioria das pessoas instruídas."[14]

Comentários dessa natureza, feitos após a guerra, podem parecer movidos pelo interesse próprio. Mas também é verdade que, à época, muita gente achou *Mein Kampf* difícil, se não impossível de ler. Benito Mussolini, por exemplo, achou o livro tão entediante que não conseguiu terminá-lo.[15] É preciso ser igualmente cauteloso com a seção do livro em que se fala sobre o "gás venenoso", em relação aos judeus, no contexto de muitas outras páginas de ódio mais generalizado, que sugere a perseguição aos judeus e a retirada de suas cidadanias, mas não que eles sejam assassinados em massa.

Embora não haja provas de que a maioria dos alemães teria apoiado, nos anos de 1920, as convicções aparentemente loucas de Hitler expressas em *Mein Kampf*, há provas de sobra de que muitos alemães, como Johannes Zahn, achavam que a influência judaica tinha "ido longe demais" na Alemanha. E, como Herbert Ritcher, que o acordo ao final da Primeira Guerra havia sido demasiado duro com a Alemanha, e que o território perdido – particularmente no Leste – deveria ser devolvido. Portanto, ao sugerir a perseguição aos judeus e a tomada das terras na União Soviética, Hitler novamente expressava, de forma extrema, as convicções que já existiam em meio a muitos alemães, mas de forma mais moderada.[16]

Ainda assim, é muito difícil ler *Mein Kampf* sem pensar que o trabalho é fruto de uma mente obsessiva e quase perturbada. Em parte, por conta da sensação de violência que permeia o texto. "O fato de que todos os seus esquemas, até suas amizades, representem o derramamento de sangue", escreveu Konrad Heiden, "é o que dá a essa política externa o seu significado sinistro. Seja falando de arte, educação ou economia, ele sempre vê sangue".[17] Porém, de igual importância em *Mein Kampf* são sua enorme ambição e presunção. Hitler era um terrorista convicto de 35 anos que acabara de liderar um pequeno bando de partidários numa tentativa incompetente de revolução na Bavária. No entanto, ali ele tem o embasamento de um livro que lida, em grande parte, com a proposta de uma política externa para a Alemanha, um dos Estados mais importantes da Europa. Hitler expressamente nega, a qualquer outra pessoa, quaisquer créditos pelo desenvolvimento do Partido Nazista. Ele se posiciona não apenas no centro dos acontecimentos, mas efetivamente como seu exclusivo criador. "A combinação de teórico, organizador e líder numa só pessoa é a coisa mais rara do mundo", escreve Hitler, em *Mein Kampf*. "Essa combinação distingue o grande homem."[18] E não há dúvida de que Hitler agora queria que o mundo pensasse nele como esse tal "grande homem".

Publicado em dois volumes, o primeiro em 1925, e o segundo no ano seguinte, *Mein Kampf* não foi um *best-seller*, ao menos no início. Até 1929, por exemplo, menos de 15 mil cópias do segundo volume haviam sido vendidas. Somente o sucesso eleitoral de Hitler, que veio a seguir, impulsionou o livro a uma publicação estratosférica, com dez milhões de cópias vendidas somente na Alemanha, até 1945.[19]

Hitler foi libertado da prisão de Landsberg pouco depois do meio-dia de 20 de dezembro de 1924. Ele tinha cumprido apenas uma parte de sua pena de cinco anos. O promotor do Estado Bávaro havia se oposto à sua liberação condicional antecipada, mas a Suprema Corte Bávara discordou e deu ordem para a sua soltura.

Durante a breve ausência de Hitler, o Partido Nazista tinha começado a desmoronar. Alfred Rosenberg, escolhido por Hitler para supervisionar o movimento nazista enquanto ele estava encarcerado, não tinha sido capaz de controlar as várias facções. Fraco e de mentalidade acadêmica, a indicação de Rosenberg por Hitler, para atuar como seu substituto, foi um dos primeiros exemplos de seu desejo de jamais permitir que alguém se tornasse uma ameaça séria à sua autoridade – mesmo que isso significasse que seu indicado fosse incompatível com a tarefa em pauta.

Hitler emergiu de Landsberg não apenas como o líder do Partido Nazista, como também de grande parte da direita *Völkisch*. Agora, ele também acreditava que os nazistas deveriam tentar um novo caminho para ganhar o poder – o das urnas.[20] Conforme sua famosa afirmação, "se vencê-los nos votos demorar mais do que vencê-los nos tiros, pelo menos os resultados serão garantidos pela própria Constituição deles!"

Apesar de ter tido permissão para fundar novamente o Partido Nazista, ao ser solto da prisão, o próprio Hitler foi banido de discursos públicos em praticamente toda a Alemanha. Contudo, seus rivais políticos pareciam estar desaparecendo. Em março de 1925, seu sócio sênior no *Putsch* da cervejaria, Erich Ludendorff, esteve – desastrosamente – na eleição presidencial alemã, ganhando pouco mais de 1% dos votos. Ludendorff foi destruído como força política. Ninguém voltaria a mencionar Hitler como inferior a Ludendorff.

Hitler trabalhou para consolidar sua própria posição como líder. E nesse sentido, o maior desafio que teve de superar, naqueles primeiros meses logo após a sua libertação, veio de Gregor Strasser. A pedido de Hitler, Strasser havia transferido sua farmácia de manipulação, na Bavária, para o norte da Alemanha, para ajudar a organizar o Partido Nazista. Strasser aproveitou a oportunidade para abrir um debate dentro desse satélite do Norte, quanto ao conteúdo preciso da política nazista. Incluído nas discussões estava um jovem seguidor de Strasser chamado Joseph Goebbels. Ele era um membro relativamente novo no partido – havia ingressado somente no final de 1924 – e era doutor em literatura alemã.

Strasser não estava tentando derrubar Hitler como líder do Partido Nazista, mas sua tentativa de sugerir mudanças na política do partido foi por ele recebida quase como perigosa. O que estava em jogo não era se os nazistas deveriam ou não ter uma abordagem mais socialista – que era ostensivamente a questão que dividia Strasser e Hitler –, mas uma questão mais ampla quanto a esse ser um partido político "normal", que permitia o debate interno, ou um "movimento liderado por um único líder carismático".

Outro problema que Hitler enfrentou foi o fato de que, aparentemente, Strasser e outros líderes do Partido Nazista do Norte alemão pareciam estar em conflito com a liderança de Munique – excluindo Hitler – como com qualquer outra coisa. E o modo de Hitler lidar com esse aspecto da controvérsia é um exemplo inicial de seu método preferido de resolver as discussões entre membros seniores do partido. Sua técnica – até onde ele se sentia capaz – era não fazer nada. Ele intuitivamente percebia que apoiar um lado ou outro apenas serviria para alienar o lado preterido. Esse estilo de liderança ia contra sua profunda convicção de que as pessoas deviam ser deixadas para lutar entre elas. Tal inércia também aprazia sua personalidade um tanto indolente. No fim das contas, a sensação dele devia ser: que importância tinha se Gregor Strasser e alguns dos nazistas do Norte não suportavam Julius Streicher e Hermann Esser da Bavária?

Mas esse perfil descontraído mudaria, num instante, se Hitler sentisse que sua autoridade pessoal como ditador absoluto do Partido Nazista estava sendo questionada. E foi isso o que aconteceu em novembro de 1925, quando o grupo nazista de líderes do Norte pediu a Gregor Strasser para sugerir emendas ao programa político que Hitler e Drexler tinham formulado, em 1920. Strasser ficou feliz em ceder, mas algumas de suas novas propostas políticas – como a redistribuição da terra – ameaçavam o desejo de Hitler de tornar o Partido Nazista mais atraente para o setor de negócios. Portanto, Hitler convocou uma conferência especial do partido para 14 de fevereiro de 1926, em Bamberg, no norte da Bavária. Strasser e

Goebbels participaram, junto com partidários de Munique devotos de Hitler, incluindo Esser, Streicher e Feder.

Hitler, como sempre, não discutiu com Strasser. Ele falou por duas horas, em termos didáticos, afirmando sua oposição inalterável – consequentemente, a oposição do Partido Nazista – em relação a todas as questões e políticas que Strasser e seus partidários desejavam rever. Goebbels ficou alucinado. Ele não estava aborrecido apenas com a visão de Hitler de que o nazismo tinha como tarefa a destruição do bolchevismo – Goebbels queria trabalhar com os soviéticos contra, segundo sua visão, o poder judeu no Ocidente –, mas também com a forma como a reunião foi conduzida. Hitler falava, seus apoiadores assentiam, houve uma rápida troca de opiniões, Strasser falou rapidamente e foi só. O programa partidário permaneceu, palavra por palavra, como havia sido escrito, em 1920.

Goebbels escreveu que sentia que ele e Strasser eram "uma dupla fraca" para "aqueles porcos de lá", e que ele "já não podia mais crer inteiramente em Hitler".[21] Estava "desesperançoso". Mas também tinha a sensação de que Hitler estava, de alguma forma, sendo constrangido pelos que tinham posições de liderança no partido em Munique, e que a única maneira de avançar era que Strasser e seus partidários falassem diretamente com ele.

A convicção de Goebbels de que a questão pudesse ser resolvida somente se Hitler se desvencilhasse de seus conselheiros "embusteiros" é um exemplo de atitude que se tornaria comum em meio ao Estado nazista. Essa noção de que, "se ao menos Hitler realmente soubesse", então tudo poderia se resolver, viria a se tornar uma válvula de escape do regime para desviar a crítica do líder. Porém, o mais intrigante é que Goebbels expressa esse perfil não apenas no início do desenvolvimento do Partido Nazista, mas diretamente, diante de provas contundentes do contrário. Não tinham sido "embusteiros" do partido a fazerem preleções a Strasser e Goebbels, quanto ao erro de suas condutas, em Bamberg, mas o próprio Hitler. Sendo assim, por que Goebbels acharia que um modo propenso ao progresso seria falar com Hitler? Adolf Hitler, mesmo nesse estágio, era a pessoa menos provável do mundo a mudar de ideia sobre qualquer questão que julgasse importante.

A resposta é certamente o fato de Goebbels estar projetando na figura de Adolf Hitler o que ele queria ver. Goebbels compreendia que ele fazia parte de uma estrutura política que concedia ao líder uma autoridade completa, portanto, a única forma de mudar as políticas do partido era acreditar que era possível mudar a mente do seu líder.

Hitler entendia tudo isso. E ele estava ávido para reparar quaisquer danos em seu relacionamento com Goebbels, obviamente reconhecendo o valor potencial que o intelectual radical de 28 anos tinha a oferecer ao Partido Nazista. Desse modo, Hitler escreveu a Goebbels e lhe pediu que viesse a Munique fazer um discurso em abril de 1926. Como resultado, a postura de Goebbels em relação a Hitler sofreu uma reviravolta completa. Goebbels não fez qualquer esforço para convencê-lo a mudar de ideia quanto às questões-chave da política que haviam sido causa de tanto aborrecimento na reunião de Bamberg. Em vez disso, deleitou-se com o que sentia ser o carisma de Adolf Hitler. "Eu o amo", escreveu ele em seu diário. "Ele refletiu sobre tudo isso. Uma mente tão cintilante pode ser a do meu líder. Eu me curvo ao grandioso – ao gênio político."[22] Logo depois ele escreveu: "Adolf Hitler, eu o amo porque você é ao mesmo tempo grande e simples. É isso o que se pode chamar de gênio."[23]

Os críticos de Goebbels[24] argumentavam que o motivo para que ele agora tivesse mudado de ideia sobre Hitler foi por ter sido seduzido pela sensação de privilégio e poder que o Partido Nazista – e principalmente Hitler – transpirava, se comparado ao grupo de Strasser, no Norte. Mas os diários de Goebbels e suas ações à época indicam fortemente uma interpretação alternativa que enfoca sua aceitação sincera da convicção de que o Partido Nazista não era um partido político, mas um "movimento", e que Hitler não era tanto um líder político, mas quase um profeta religioso. O que Goebbels decidiu fazer foi abandonar a discussão com Strasser sobre o detalhamento das diretrizes e, em vez disso, depositar sua fé no julgamento de Hitler em todas as questões relevantes.

A importância da "fé" no entendimento das ações de membros do Partido Nazista, por essa época, é crucial – como o próprio Hitler afirmou. Em 1927, ele disse: "Estejam certos, nós também colocamos a fé em primeiro lugar, não o conhecimento. É preciso acreditar numa causa. Somente a fé cria um Estado. O que motiva as pessoas a seguirem a batalha pelas ideias religiosas? Não é o conhecimento, mas a fé cega."[25] Ao enfatizar a importância crucial da "fé", Hitler estava ecoando as visões de Benito Mussolini, que havia escrito, em 1912: "Nós queremos acreditar, precisamos acreditar; a humanidade precisa de um credo. A fé move montanhas porque ela nos dá a ilusão de que as montanhas, de fato, se movem. Essa ilusão talvez seja a única coisa real na vida."[26]

Rudolf Hess, nessa época um dos mais próximos de Hitler, também escreveu sobre como era importante criar uma noção de comprometimento nos seguidores nazistas, algo que fosse além do habitualmente esperado em um partido político tradicional. "O grande líder popular", disse ele, em 1927, "é semelhante ao grande fundador de uma religião. Ele tem de transmitir aos seus ouvintes uma fé irrefutável. Somente assim a massa de seguidores pode ser conduzida para onde deve ser. Eles então seguirão o líder se reveses surgirem; mas somente se lhes tiver sido comunicada uma crença incondicional na absoluta retidão de seu próprio povo". Ele também frisou que Hitler "não pode pesar os prós e contras como um acadêmico, ele jamais pode dar a seus ouvintes a liberdade de pensar que outra coisa é a certa".[27]

Até que Hess verbalizasse essas opiniões, Hitler há muito já agia segundo elas. Hitler era naturalmente inclinado a demonstrar um grande número de qualidades que Hess exigia de "um grande líder popular". Entre essas, a principal, como Hitler havia demonstrado a Goebbels em Bamberg, era sua convicção na precisão de seus próprios julgamentos. Porém, a isso ele aliava igual certeza de que os acontecimentos um dia se desenrolariam a favor dos nazistas. Essencialmente, a única mensagem mais importante que ele quis transmitir aos seus seguidores era a necessidade de "manter a fé".

Notadamente, nem todos os seguidores de Hitler aceitavam isso. Gregor e Otto Strasser certamente não aceitavam. E a insistência de Gregor em tratar Hitler como um líder político "normal", questionando abertamente seu julgamento, levaria a um conflito maior. Porém, a maioria dos partidários que ingressou no Partido Nazista durante essa época teria pouca chance de seguir as mesmas linhas que Goebbels seguiu após passar um tempo com Hitler, no rastro deixado pela reunião de Bamberg. A estrutura e os sistemas do partido agora estavam erguidos com concreto – e todos eles apontavam numa direção: Hitler como líder que "jamais daria aos seus ouvintes a liberdade de pensar que alguma outra coisa está certa". Em compensação, o que os apoiadores nazistas ganharam por aceitar a onipotência de Hitler foi – pegando emprestada a frase de Ernest Becker – "uma ideologia de redenção pública e segura".[28]

Hitler – em grande parte por já não parecer uma ameaça – viu o banimento de seus discursos se dissipar lentamente pela Alemanha, a começar na Saxônia, em janeiro de 1927, depois na Bavária, em março de 1927 e, finalmente, na Prússia, em setembro de 1928. No entanto, embora Hitler pudesse falar abertamente, e ainda que a filiação ao nazismo girasse em torno de cem mil pessoas em 1928, parecia haver pouca chance de êxito para o partido. O ponto mais baixo foi a eleição de maio de 1928, quando os nazistas só angariaram 2,6% dos votos. Mais de 97% do eleitorado alemão ainda rejeitava Adolf Hitler e suas diretrizes.

Na eleição de 1928, dois dos 12 assentos no Reichstag que os nazistas ganharam foram para Goebbels e Göring. Goebbels foi claro quanto à sua percepção em relação às responsabilidades parlamentares que teria nessa Alemanha democrática: "Nós entramos no parlamento de modo a nos abastecer no arsenal da democracia com suas próprias armas... Se a democracia é tão imbecil a ponto de nos prover bilhetes (ferroviários) gratuitos e salários para esse trabalho, isso é assunto dela... Nós debochamos ao cooperar com esse monte de bosta fedorenta... Nós viemos para limpar a merda... Não chegamos como amigos, nem como neutros. Chegamos como inimigos. Como o lobo que irrompe em meio ao rebanho, é assim que chegamos."[29]

Goebbels não estava sozinho em seu asco pela democracia – essa era uma postura comum na extrema-direita. O coronel von Epp, por exemplo, também se candidatou ao Reichstag em 1928. Ele tinha comandado a mais notável *Freikorps* e agora anunciava: "Eu devo ser um parlamentar. Vocês duvidarão que eu possua as qualidades exigidas para essa posição. Não tenho essas qualidades. Jamais as terei; pois nada depende dessas qualidades."[30] Depois dessa eleição, ele anotou em seu diário que o Reichstag era "uma tentativa de emporcalhar o governo. Porcaria de Igreja, porcaria de burguês, porcaria militar".

Porém, no que dizia respeito aos nazistas, em 1928, a prova era que a "porcaria" democrática estava ganhando. De fato, os nazistas estavam tão carentes de dinheiro que passaram dificuldades para custear o comício do partido em Nuremberg.[31] No entanto, ainda havia agitações na sociedade alemã, dando alguma esperança ao Partido Nazista, que tão claramente precisava de uma crise pra poder progredir. Os trabalhadores agrícolas alemães estavam sofrendo, à medida que o preço do alimento começava a cair no mercado mundial. Como a prosperidade relativa do governo Weimar havia sido construída com a utilização de empréstimos da América, para pagar aos britânicos e franceses por suas reparações, essa era uma economia frágil e já apresentava sinais de estar ruindo.

Gustav Stresemann, ministro das Relações Exteriores alemão, estava trabalhando duro para estabilizar a posição da Alemanha. Ele havia convencido o governo alemão a assinar o Pacto Kellogg-Briand, em agosto de 1928, que comprometia o país com uma resolução pacífica internacional. Stresemann então se estruturou em cima da boa vontade subsequente, ao negociar o Young Plan, em fevereiro de 1929, segundo o qual o fardo das reparações alemãs seria reduzido.

Stresemann foi incomum nesse ponto da história, por ser uma figura política sênior profundamente preocupada com Hitler e os nazistas. Como relembra Theodor Eschenburg: "Eu estava frequentemente com Stresemann, o ministro das Relações Exteriores à época. Um liberal, um liberal de direita. Lembro-me muito bem. Foi em Whitsun, em 1929. Numa noite, Stresemann começou a falar sobre Hitler e disse: 'Ele é o homem mais perigoso da Alemanha. Ele possui uma retórica diabólica. Ele tem intuição para psicologia de massa como ninguém. Quando eu me aposentar, vou viajar pela Alemanha e me livrar desse homem'. Lá também havia alguns homens do Ministério das Relações Exteriores. Nós não compreendíamos Stresemann. Dissemos: 'Esse pequeno partido? Deixe esse cara gritar.'"[32]

Gustav Stresemann sofreu um infarto e morreu em 3 de outubro de 1929, apenas poucos dias antes da quebra de Wall Street. E em meio a essa nova crise econômica, milhões de alemães seriam receptivos à oferta carismática de liderança por parte de Hitler, pela primeira vez. Agora, quando Hitler gritava, as pessoas ouviam.

Capítulo 5

Ofertando esperança numa crise

Entre 1929 e 1933, milhões de alemães deram as costas às suas alianças partidárias anteriores e decidiram apoiar Adolf Hitler e os nazistas – e o fizeram sabendo que Hitler pretendia destruir o sistema democrático alemão e apoiava atos de violência criminal.

Dois acontecimentos de 1932 ilustram a natureza extraordinária do que estava acontecendo com essa nação aculturada, no coração da Europa. Em um discurso eleitoral[1] – um dos primeiros a serem filmados com som sincronizado –, Hitler debochou da democracia multipartidária da Alemanha e dos mais de trinta partidos que estavam se opondo aos nazistas. Ele anunciou que tinha "um objetivo": "Expulsar os trinta partidos da Alemanha". Ele orgulhosamente se vangloriou, dizendo que os nazistas eram "intolerantes" e que "havia mais em jogo (naquela eleição) do que apenas decidir uma nova coalizão". Ele não poderia ter sido mais explícito quanto à sua intenção de criar um Estado totalitário. Então, em agosto, Hitler ofereceu sua "lealdade irrestrita"[2] e seu apoio aos cinco soldados nazistas que tinham acabado de ser condenados à morte pelo assassinato de um partidário comunista em Potempa, na Silésia. Hitler não negou que o assassinato havia ocorrido, nem que esses cinco nazistas o teriam cometido – ele simplesmente disse que o veredicto contra eles tinha sido "monstruoso". Hitler, que aspirava ser chanceler da Alemanha, dessa forma se aliou publicamente às matanças extrajudiciais.

Diante de tudo isso, como tantos alemães poderiam concluir que Hitler deveria receber votos para assumir o poder, e que papel o "carisma" assimilado de Hitler teve no indiscutível sucesso eleitoral nazista?

O pré-requisito mais importante para a ascensão da popularidade de Hitler foi o aparente fracasso da democracia em face da crise econômica. Em março de 1930, a coalizão dos Democratas Sociais e o Partido Liberal Popular, que previamente governava a Alemanha, desmoronaram, quando não conseguiram se entender quanto à melhor forma de conduzir a crise. Para muitos, como o partidário nazista Bruno Hähnel, essa era a prova da necessidade de uma mudança radical. O Reichstag era conhecido como um "círculo de falatório" para Hähnel e seus amigos, porque eles acreditavam que todos os partidos políticos – muitos representados por grupos de interesses específicos – faziam pouco além de falar. Dessa forma, "nosso objetivo era que um homem forte deveria ter a palavra, e nós tínhamos esse homem... Hoje, as pessoas falam muito da República Weimar. Mas aquilo foi um desastre, pelo menos para nós... De 1929 em diante, eu estava disposto a apostar com qualquer um, até com meu próprio pai, que os Socialistas Nacionais assumiriam o poder".[3]

Ademais, havia a noção de que, sob a regência de um "homem forte", o país poderia finalmente se unir. Era uma crença que essa "situação difícil" (econômica) precisava ser controlada por meio da "solidariedade". Tal crença foi primordial para levar Fritz Arlt, um aluno de 18 anos, a ingressar no Partido Nazista em 1930. Sob a influência de seu irmão mais velho, ele já havia flertado com a ideia do marxismo, mas agora sentia que a "solidariedade do socialismo" atravessando as fronteiras da nação, como pregou Marx, era algo impossível, já que os países estavam buscando, individualmente, seus próprios interesses. "Os socialistas do exterior nos abandonaram", diz Fritz Arlt. "Portanto, achei essa solução (o nazismo) melhor. O que também precisa ser acrescentado é que as pessoas que representavam essa ideia eram, de fato, mais dignas de credibilidade. Eram ex-soldados. Eram trabalhadores. Eram pessoas de quem se diria: 'Eles vivem segundo o que acreditam'. Pode parecer propaganda agora. Mas não é propaganda. É como eu me senti a respeito, naquela época... Em nosso grupo havia pedreiro. Havia o dono de uma fábrica. Havia um aristocrata. Lá estavam eles, todos juntos. Éramos apenas uma união e apoiávamos um ao outro. Uma segunda questão é que se dizia: 'Temos que compartilhar, uns com os outros'. Em outras palavras – comunidade nacional. O rico dá ao mais pobre. E havia muita pobreza naquele tempo."[4]

Fritz Arlt pinta uma visão "positiva" do nazismo que o próprio Adolf Hitler poderia ter descrito, palavra por palavra. Mas Arlt também sabia que uma das convicções essenciais do nazismo era a crença racista quanto a essa nova "Comunidade Nacional" ser definida pela exclusão de outros judeus – mais notoriamente, os judeus alemães. "Em minha opinião, racismo não é a palavra correta", diz Arlt, que dez anos depois, como membro da SS, viria a ter um papel de liderança na limpeza ética nazista da Polônia. Ele prefere dizer que os nazistas mantinham a "crença na ordem natural", que ia contra o "multiculturalismo". "Não havia teoria de mistura (racial)", diz ele. "Isso não existia."

Até janeiro de 1930, apenas quatro meses depois da quebra de Wall Street, havia mais de três milhões de alemães desempregados – levando-se em conta os trabalhadores de meio período, esse número talvez chegasse a quatro milhões. Nessa atmosfera de crise, muitos alemães ouviam atentamente a mensagem de "solidariedade" e união nacional proferida por Hitler. E de forma tão intensa que os nazistas alcançaram uma notável ascensão nas eleições gerais de setembro de 1930. Sua participação nas urnas saltou de 2,6 para 18,3% e agora eles eram o segundo maior partido do Reichstag, com mais de cem assentos. Um fato talvez mais expressivo foi esse resultado ser obtido sem a apresentação de um programa de diretrizes políticas ao eleitorado. Era quase como se a população da Alemanha estivesse votando por uma ideia emocional, materialmente manifestada por meio da pessoa carismática de Adolf Hitler.

Essa certamente foi a impressão que Albert Speer teve quando ouviu Hitler falar para um grupo de estudantes numa cervejaria. "Eu fui arrebatado pela onda de entusiasmo que quase podia ser sentida fisicamente, difundindo o palestrante, frase a frase... Finalmente, Hitler não parecia mais estar falando para convencer; em vez disso, ele parecia sentir que estava expressando o que o público, a essa altura transformado numa massa única, esperava dele."[5]

Speer ficou tão abalado ao ouvir Hitler falar que, depois da reunião, ele saiu para uma longa caminhada, numa floresta de pinheiros, e pensou no que ouvira. "Ali me parecia", concluiu ele, "estar a esperança".[6] Em sua autobiografia, Speer enfatiza que decidiu se tornar um "seguidor de Hitler", em vez de membro do Partido Nazista (embora ele tenha ingressado no partido, em 1931), e que esta havia sido uma decisão emocional, não intelectual. "Hoje, em retrospecto, eu sempre tenho a sensação de que, na época, algo me arrebatou do chão, me arrancando de todas as minhas raízes, lançando um facho de forças estranhas sobre mim."[7]

Mas Speer – assim como os que se comoviam ao ouvir Hitler falar – já estava propenso a ser receptivo à sua mensagem. Heinrich Tessenow, seu próprio professor, a quem ele louvava como herói, tinha anteriormente falado da importância de recuperar as simples virtudes "caipiras" dos anos anteriores, diante da urbanização desmedida, e também ansiava pelo surgimento de uma figura "simples" que conduzisse a Alemanha – palavras que, para Speer, pareceram "anunciar Hitler".[8]

É claro que Speer baseou sua defesa em Nuremberg por ter estado intoxicado por Hitler, em lugar de ter apoiado friamente os objetivos racistas e antissemitas do partido. Porém, embora Speer quase certamente soubesse do Holocausto e estivesse envolvido com as atrocidades posteriores do regime – algo que ele negou, após a guerra –, esse testemunho inicial parece sincero. Não apenas porque Speer era um arquiteto, em 1931, em vez de ministro de Armamentos, título que posteriormente assumiu, mas também porque muitos outros alemães expressavam pontos de vista semelhantes, tanto na época quanto mais tarde. Para esses alemães – incluindo Speer –, o componente-chave da atração carismática de Hitler, no começo dos anos de 1930, era uma noção de conexão. Hitler estava falando explicitamente das necessidades que eles tinham, e eles reagiam com gratidão.

Entre 1930 e 1932, a crise econômica ficou ainda pior – até o começo de 1932, mais de seis milhões de alemães estavam desempregados. "Era realmente deprimente ver tanta gente pela rua", conta Herbert Richter, "em busca de qualquer bico. Quando você chegava de trem, eles pegavam a mala de suas mãos, apenas para ganharem algumas moedas".[9]

"Seis milhões de desempregados, o que isso significava?", diz Johannes Zahn, que na época era um jovem economista. "Seis milhões de desempregados com três pessoas em uma família, são seis vezes três, que é igual a 18 milhões de pessoas sem comida! E quando um homem estava desempregado, naquela época, então só restava uma coisa: ou ele se tornava um comunista, ou um membro da SA (ou seja, um soldado nazista)".[10] Até o início de 1932 havia um quarto de milhão de membros na SA – três vezes o que havia apenas um ano antes. Vestindo camisas marrons e portando *banners* nazistas, era comum vê-los não apenas marchando pelas cidades e vilarejos alemães, mas também brigando com grupos de jovens comunistas. O desespero econômico conduzia a um confronto violento nas ruas. A sociedade alemã parecia estar se dividindo politicamente, à medida que crescia o apoio aos nazistas e também aos comunistas.

Alois Pfaller era um dos muitos jovens comunistas que participaram da luta contra os nazistas. Como aprendiz de pintor e decorador, no início dos anos de 1930, ele tinha ingressado no Partido Comunista Alemão na Bavária porque desprezava as políticas antissemitas dos nazistas e sentia que eles não estavam preocupados com o bem-estar de cada alemão. "Quando eles marchavam, não dava para notar nada quanto a representar os interesses dos trabalhadores, do povo, que eles deveriam trabalhar e tudo o mais, só falavam em dar apoio ao seu *Führer* e sobre o grande Reich que queriam construir."[11]

Para Pfaller, ficou claro como a SA estava disposta a lutar contra os comunistas quando ele alugou uma sala para uma reunião em Bürgerbräukeller, em Munique. Ele chegou cedo e descobriu que homens da SA já tinham ocupado duas mesas. "Todos da SA tinham um *stein* (um canecão de cerveja) à sua frente, praticamente um míssil, e já dava pra ver como a coisa ia começar, eles queriam impedir a reunião... Então, eu fiquei pasmo, que inferno! E mandei meu pessoal ir de bicicleta, buscar ajuda... reforço."

Depois que os camaradas de Pfaller chegaram, ele mais uma vez tentou iniciar a reunião, mas assim que o primeiro palestrante se aproximou da tribuna, a briga começou. Os soldados nazistas começaram a brigar com os partidários comunistas e cadeiras, garrafas e copos foram usados como armas. Alois Pfaller foi atingido e recuou da batalha. "Entrei no banheiro e tinha um ferimento na cabeça, estava sangrando; para conseguir sair do caminho da polícia, pulei pela janela do banheiro e segui agachado pela galeria, pulei em cima de um barracão e depois para o chão. Depois sumi, meu rosto estava ensanguentado e eu precisava ir pra rua, entrar no bonde, mas também tinha gente da SA ali, portanto, achei muito arriscado e tentei seguir para casa (a pé). Bem, a briga foi feia, várias pessoas foram hospitalizadas, algumas da SA também, estavam com ferimentos no rosto, e alguns dos nossos também. Teve muita gente ferida."

Em meio a essa inquietação civil – confusão que os próprios nazistas estavam ajudando a criar –, Hitler tentava se posicionar como o messias político que tiraria a Alemanha do caos. E nesse contexto, ele enfatizava os temas de renovação nacional. Falava em remover o sistema democrático que alegava ter fracassado com a Alemanha; e "corrigir" os "erros" do Tratado de Versalhes. Sua obsessão pelo antissemitismo – que permeara as páginas de *Mein Kampf* – não foi enfatizada. E, portanto, enquanto ainda sustentava que havia um "problema judeu" na Alemanha que tinha de ser resolvido, ele só se estendeu a ponto de dizer, em 15 de outubro de 1930: "Nós não temos nada contra os judeus decentes; no entanto, assim que eles começam a conspirar com o bolchevismo, nós os vemos como inimigos."[12]

Em julho de 1931, o grande banco alemão Danat-Bank quebrou.[13] Como consequência, agora não havia apenas milhões de desempregados sofrendo na Alemanha, mas muita gente da classe média também. A família de Jutta Rüdiger estava em meio aos que foram afetados, e o pai dela foi forçado a aceitar um corte no salário. Agora, ela estava propensa a ser influenciada pelo atrativo carismático de Adolf Hitler, e quando o ouviu falar, em um comício eleitoral, em 1932, ficou convencida de que se tratava de seu salvador. "Estava um silêncio mortal e ele começou a falar calmamente, com extrema calma, falava devagar, com uma voz ressonante e lentamente foi aumentando o tom, na medida do próprio entusiasmo. Ele descreveu como o povo alemão poderia ser ajudado, como eles poderiam ser conduzidos para fora dessa miséria. E quando o comício acabou, eu mesma tive a sensação de que ali estava um homem que não pensava em si mesmo e nos próprios interesses, mas exclusivamente no bem do povo alemão."[14]

Cada vez mais, Hitler vinha promovendo um elo especial de idealismo poderoso que supostamente unia as tropas alemãs que serviram no *front* da Primeira Guerra,[15] e evocava o regresso daquela "camaradagem" das trincheiras e para que todos os "verdadeiros" alemães trabalhassem juntos. Conforme diz Jutta Rüdiger, "disseram-me que esse soldado de linha de combate havia dito: 'No caso de uma verdadeira necessidade, nem um passado aristocrático, nem o dinheiro servirão de ajuda. A única coisa que importa é a camaradagem, a disposição de ajudar um ao outro. E se hoje nos vemos com problemas na Alemanha, precisamos nos unir e, juntos – como diz o ditado –, todos puxaremos a corda para a mesma direção'".[16]

Para os propósitos de Hitler, era bom criar um elo direto entre seu serviço militar "heroico" durante a guerra e a "missão" que ele posteriormente havia adotado em resposta à traição desses nobres soldados, e a desgraça atual na sociedade alemã, que ele atribuía ao legado deixado pela "conversa de negócios" inspirada pelos judeus, servindo aos países que se beneficiaram da derrota da Alemanha. Portanto, foi uma grande ameaça para a reputação de Hitler que se formava quando um jornal de Hamburgo, o *Echo der Woche*, publicou um artigo, em 29 de fevereiro de 1932, dizendo que ele havia inventado partes de sua história pessoal durante a guerra.[17] O artigo, que foi escrito por um oficial do regimento de Hitler, mas foi publicado anonimamente, alegava que Hitler não tinha de fato sido um soldado da linha de frente, mas permanecerá por trás das trincheiras como mensageiro, e que sua Cruz de Ferro havia sido adquirida porque ele conhecia oficiais que indicavam soldados para essas condecorações. Agora, Hitler percebia o estrago potencial de quaisquer ataques a seu "heroísmo". Ele instintivamente soube que – como dissera o professor Nathaniel Shaler, em 1902 – o "valoroso sacrifício pessoal pela fé" é, "pelo menos para o homem verdadeiramente civilizado, o atributo de maior valor".[18] O atrativo carismático de Hitler foi construído sobre as bases de seu "valor" pessoal e ele não poderia se dar ao luxo de tê-lo questionado.

Hitler, portanto, agiu rapidamente para processar o *Echo der Woche* por calúnia. Somente um funcionário – não a pessoa que havia escrito o artigo – se apresentou para dar provas, em apoio ao jornal, enquanto os nazistas coletavam uma porção de testemunhas prontas para defenderem a honra de Hitler. E como o artigo foi escrito anonimamente e continha um equívoco evidente – alegando que Hitler havia sido um desertor do Exército austríaco –, o jornal perdeu a causa. Consequentemente, Hitler transformou esse estrago potencial em benefício para sua imagem carismática. Ele havia "provado", no tribunal, que tinha sido um "herói" na Primeira Guerra Mundial.

Mas Hitler não enfrentara apenas acusações sobre seu histórico durante a guerra. No ano anterior, 1931, surgiram boatos sobre sua vida pessoal. E como os alemães estavam decidindo se votavam ou não nos nazistas, baseando suas opiniões principalmente no atrativo carismático do líder do Partido Nazista, era muito importante para o sucesso eleitoral que a vida pessoal de Hitler estivesse acima de qualquer repreensão, conforme demonstrara seu histórico de guerra, diante do veredicto do caso com o *Echo der Woche*.

Mas as perguntas que Hitler enfrentou sobre sua sexualidade foram bem mais diretas do que as que haviam sido feitas sobre suas experiências na guerra. Em 19 de setembro de 1931, Geli Raubal, sobrinha de Hitler, tinha sido encontrada morta no apartamento dele, no segundo andar da Prinzregentenplatz, 16, em Munique. Ela se matara usando a pistola do próprio tio. Os jornais, incluindo o *Münchener Post* (de Munique), que há anos vinham sendo críticos vorazes de Hitler e dos nazistas, começaram a fazer uma série de perguntas constrangedoras sobre o possível envolvimento de Hitler no caso – perguntas que ameaçavam arranhar sua condição de homem "solitário", um herói solteiro carismático que havia sacrificado a própria felicidade pelo bem da Alemanha.

Hitler era obcecado por Geli, filha de Angela, sua meia-irmã, que trabalhara como sua doméstica. Geli se revoltou contra a atenção sufocante do tio e estabeleceu uma amizade – talvez uma amizade sexual – com o próprio motorista de Hitler, Emil Maurice. Hitler ficou fora de si quando descobriu, e Maurice chegou a temer que ele talvez até tentasse matá-lo.[19]

Mas a questão-chave – mesmo que apenas implícita, se não perguntada diretamente – era: qual era de fato o relacionamento entre Hitler e Geli? Várias fontes secundárias, principalmente pessoas com rancor de Hitler, se apresentaram em seguida para afirmar que ele estava envolvido em um relacionamento sexual com Geli, e isso tinha sido conduzido a um nível de perversão tal que contribuiu para que ela tomasse a decisão de acabar com a própria vida.

Porém, enquanto não havia provas diretas que ligassem Hitler a qualquer relacionamento impróprio com a sobrinha – e, se houvesse, isso talvez pudesse muito bem destruir as chances de ele chegar ao poder, no começo dos anos de 1930 –, ficou óbvio o efeito devastador que a morte teve sobre ele. Em suas memórias, Leni Riefenstahl descreve um encontro com Hitler, em seu apartamento, em Munique, no Natal de 1935, durante o qual ele abriu um quarto trancado e revelou um busto de Geli "cercado de flores".[20] Na ocasião, Hitler disse a ela que havia "adorado" Geli e que "ela era a única mulher com quem ele poderia ter se casado". Imediatamente após a morte de Geli, em 1931, Hitler esteve em um estado emocional tão intenso que recorreu a Gregor Strasser para ajudá-lo a passar pela crise – ironicamente, já que foi o irmão de Strasser quem fez acusações posteriores, alegando um comportamento sexual impróprio de Hitler.

A obsessão de Hitler por Geli não demonstrava que ele subitamente necessitasse de um relacionamento próximo com semelhantes. Ele não buscava uma amizade, ou parceria emocional com Geli. Em vez disso, buscava dominá-la profundamente. Bem longe de mostrar qualquer lado afável do caráter de Hitler, o episódio com Geli foi uma evidência ainda maior de sua incapacidade de se ligar intimamente a outro ser humano, de qualquer modo normal.

Da mesma forma como fizera com o caso do *Echo der Woche*, Hitler conseguiu proteger sua imagem – mesmo com o suicídio da sobrinha em seu próprio apartamento. Os boatos sobre um relacionamento sexual entre Hitler e Geli continuaram apenas como fofoca sem provas. E Hitler conseguiu recuperar a compostura após a morte de Geli, mas – conforme Riefenstahl descobriu – ele transformou o quarto dela, no apartamento dele, num altar em homenagem a ela. Ele decidiu continuar um flerte ocasional com uma jovem loura de cabeça oca chamada Eva Braun, que conheceu na loja do fotógrafo Heinrich Hoffmann, dedicando a maior parte de seu tempo às questões políticas, como fazia há anos.

A pergunta política à qual Hitler agora tinha de responder rapidamente era se ele deveria ou não desafiar Paul von Hindenburg para a presidência, em 1932. Não que houvesse uma séria possibilidade de que Hitler ganhasse – mesmo com o recém-sucesso eleitoral dos nazistas, Hindenburg oferecia à grande população alemã uma alternativa muito mais unificadora, como chefe de Estado. Porém, uma campanha ruidosa e intensa poderia ajudar o perfil público de Hitler – embora uma demonstração fraca na votação viesse a ser humilhante. Era uma decisão difícil e, durante semanas, ele não conseguia decidir o que deveria fazer.

Vacilação não é uma característica habitualmente associada à liderança carismática, mas Hitler sem dúvida a possuía. Goebbels, por exemplo, havia se injuriado com a procrastinação de Hitler quanto à decisão de expulsar ou não Otto Strasser do Partido Nazista, em 1930. "Isso é tão típico de Hitler", ele escreveu, em seu diário, em 25 de junho de 1930. "Hoje ele recua novamente... Ele faz promessas e não as cumpre."[21] Mas, como já vimos, a hesitação de Hitler não pode ser confundida com ausência de determinação fundamental. Quanto às questões importantes e objetivos supremos, Hitler sempre foi claro. Quanto à tática ao longo do trajeto, ele sempre foi ambíguo. Ao adiar a decisão, ele podia ver como os acontecimentos se desenrolavam, algo que – em seu ponto de vista – fazia com que essa eventual decisão provavelmente fosse a certa. Esse por certo foi o caso, com a expulsão de Otto Strasser do partido, no verão de 1930. Ao vacilar, Hitler fez com que os membros mais velhos do partido extravasassem suas opiniões e permitiu que Strasser deixasse sua própria oposição bem mais clara.

Da mesma forma, a decisão de concorrer ou não à presidência foi estrategicamente equilibrada, e Hitler acabou concluindo que tinha mais a ganhar concorrendo contra Hindenburg do que evitando a disputa. Foi uma batalha com a qual Joseph Goebbels particularmente se deleitou. Goebbels tinha sido indicado para coordenar a máquina de propaganda nazista, em abril de 1930, e agora, dois anos depois, ele deveria mostrar que tinha evoluído até ser um manipulador político formidável. A campanha de Hitler à presidência viria a se tornar famosa por conta do uso das aeronaves que o transportavam para as reuniões – a imagem do *Führer* chegando do céu, como um quase Deus, que mais tarde seria utilizada por Leni Riefenstahl na abertura de seu próprio filme de propaganda, *Triumph des Willens* (no Brasil, lançado com o título *Triunfo da vontade*), em 1934, teve origem na campanha presidencial dele. Mas havia muito mais no trabalho de Goebbels, em 1932, do que simplesmente o emprego das viagens aéreas. A coordenação das histórias da imprensa ao redor da Alemanha, o gerenciamento do palco das reuniões e o uso de um pôster revolucionário, que mostrava a cabeça de Hitler em contraste total com um fundo preto, foram algumas das outras técnicas de propaganda que os nazistas adotaram como pioneiros. Literalmente, todas essas inovações eram uma tentativa de criar uma mística carismática em torno da figura de Adolf Hitler.

Johann-Adolf Graf von Kielmansegg, oficial do Exército de vinte e poucos anos, foi um dos que ouviram Hitler falar durante a campanha. "À época, Hitler era o primeiro e único político a usar todos os meios de transporte. Os outros políticos só eram vistos no cinejornal ou nos jornais. Hitler estava presente por toda parte, ele voava de um lugar para outro, de reunião em reunião."

"Então, houve uma reunião em Kassel. Na ocasião, eu era da guarnição de Kassel e, simplesmente por curiosidade, fui de carro até lá, com outro camarada. Eu queria olhar para ele e ouvi-lo. Era uma tenda imensa, aparentemente com sete mil pessoas... e o que mais me impressionou, de início, foi o fato de que Hitler estava ausente. Isso fazia parte – você não percebia (à época), hoje sabemos – de suas táticas, seu método. Ele mantinha as pessoas esperando, deliberadamente esperando. Então, nós esperamos por duas ou três horas, eu acho. Porém, geralmente, quando se tem de esperar um tempo desses, você se torna impaciente. Esperar por esse homem deixava as pessoas tranquilas. Fiquei impressionado com aquilo."[22] Quando Hitler chegou e falou, Kielmansegg – que estava em pé, ao fundo da plateia – não achou que estivesse ouvindo nada de especial. Era, segundo ele, "o que você havia lido no jornal". Mas o que deixou uma impressão marcante foi o comportamento da imensa multidão, que havia esperado tão pacientemente pela chegada de Hitler. Ele sentiu que ficou claro que eles "esperavam por um salvador".

O atrativo de Hitler para os oficiais do Exército alemão era mais direto do que as promessas vagas de redenção nacional que ele havia apresentado à população de forma geral. Hitler ofereceu aos membros das Forças Armadas a salvação da "vergonha" da derrota e da diminuição de seu prestígio, como resultado da Primeira Guerra. "Eu nasci em 1912, diz Ulrich de Maizière, na época um jovem oficial do Exército, "portanto, minha consciência se desenvolveu nos anos de 1920, com todos os problemas econômicos da República Weimar e o fardo do Tratado de Versalhes, que toda a nação alemã considerou uma desgraça. Nós havíamos perdido territórios, tivemos de pagar reparações, acima de tudo, tivemos de carregar o fardo da culpa da guerra, o que o povo alemão não aceitava – a culpa da guerra, em 1914... E agora surgia um homem proclamando uma revolução nacional".[23]

Foi mais ou menos nessa mesma época que Theodor Eschenburg também participou de seu primeiro encontro com Hitler. Como já vimos, em 1929, Eschenburg o havia descartado como uma ameaça política. Mas agora ele tinha uma visão diferente. "Eu nunca mais tive uma experiência igual – como um homem podia dominar uma reunião em massa, de forma tão cativante – como ele fez, em Sportpalast (em Berlim). Aquilo me impressionou enormemente e, ao mesmo tempo, me assustou. Fiquei ali sentado, e à minha volta, direita, esquerda, à frente e atrás, os Socialistas Nacionais estavam dando gritinhos de empolgação. Isso aconteceu quando ele (Hitler) entrou, como um deus. Um messiânico. Foi simplesmente impressionante e assustador, ao mesmo tempo."[24]

Eschenburg sentiu que o público estava reagindo a Hitler dessa maneira fervorosa por dois motivos: "Por um lado, havia o desespero (pela crise econômica) e, por outro, a genialidade de Hitler em relação à psicologia em massa". Crucialmente, Eschenburg – um sofisticado crítico político – reconheceu que "Hitler não prometeu nada. Era sempre: 'somente pelo povo alemão'. E 'nós temos de libertar o povo do marxismo'. Mas ele não fazia promessas concretas. Isso eu pude enxergar com bastante facilidade... apenas admirei sua técnica".

A decisão de Hitler de desafiar Hindenburg à presidência valeu a pena. Como esperado, ele não ganhou, mas obteve 30% dos votos populares no primeiro turno das eleições, realizado em 13 de março de 1932, e quase 37% dos votos da eleição direta contra Hindenburg, que ocorreu no mês seguinte. Hitler agora era o centro das atenções da política alemã – depois do presidente Hindenburg, o indivíduo mais importante da vida política do Estado. Mas o problema que ele agora enfrentava parecia instransponível. Hindenburg não achava que Hitler fosse uma pessoa adequada para se tornar chanceler da Alemanha. Não importava que três meses depois do desafio à presidência, Hitler conduziu os nazistas a uma vitória estarrecedora nas eleições gerais, em julho de 1932 – os nazistas se tornaram o maior partido no Reichstag, com 230 assentos e participação de voto de quase 38%. Hindenburg não ia pedir a Hitler que formasse o governo.

Hindenburg não o rejeitou porque, como presidente do Reich, ele estava comprometido com a democracia na Alemanha. Agora já fazia dois anos que o Reichstag havia sido irrelevante, com a Alemanha regida por um decreto presidencial segundo o artigo 48 da Constituição de Weimar. E muita gente poderosa ao redor de Hindenburg, como Otto Meissner, secretário de Estado, e o aristocrata Franz von Papen, que havia substituído Brüning como chanceler no fim de maio de 1932, também era amiga da democracia. Todos favoreciam algum tipo de solução autoritária para os atuais problemas da Alemanha – algo que lidaria tanto com a crise econômica quanto com o crescimento do Partido Comunista. Eles não eram contra a remoção da democracia, era apenas o fato de que Hitler não era o tipo de pessoa que eles queriam como chanceler da Alemanha.

O secretário de Estado Otto Meissner relatou que Hindenburg disse a Hitler, em 13 de agosto, que "ele (Hindenburg) não poderia justificar, diante de Deus, diante de sua consciência, ou à Pátria, a transferência de toda a autoridade do governo a um único partido, principalmente a um partido que tendia a ir contra pessoas que tivessem opiniões diferentes das suas".[25]

As chances de sucesso de Hitler agora pareciam ter desaparecido. Como ele superou o julgamento devastador de Hindenburg e se tornou o chanceler da Alemanha, cinco meses depois, é uma das histórias políticas mais intrigantes do último século.

Capítulo 6

Tendo convicção

A história de como Hitler superou a rejeição inicial do presidente Hindenburg e se tornou chanceler da Alemanha não é, como alguns nazistas acreditavam, a prova do "destino" de seu líder. Em vez disso, ela ilustra duas percepções distintas do carisma de Hitler. Uma delas mostra o efeito desse carisma em seus seguidores dedicados, e a outra – paradoxalmente – nos lembra, mais uma vez, que muitas outras pessoas eram completamente imunes aos seus poderes de atração.

A primeira razão do sucesso de Hitler foi a força de sua intransigência. Ele se recusava a aceitar qualquer coisa que fosse menos que o cargo de chanceler, mesmo quando o sucesso parecia impossível. Sua convicção de que tudo daria certo era uma inspiração para seus seguidores. Depois de um encontro desastroso com o presidente Hindenburg, em 13 de agosto de 1932, Hitler discutiu as consequências com seus colegas nazistas. "Hitler mantém sua ousadia", Goebbels registrou em seu diário. "Ele se mantém acima de todas as maquinações. Portanto, eu o amo."[1]

Hitler pode ter ficado calmo quanto à rejeição de Hindenburg, mas muitas pessoas à sua volta não ficaram. Elas perguntavam qual era o sentido de se abster de uma revolução violenta e abraçar as urnas, se Hindenburg ainda podia frustrar os nazistas, embora eles agora fossem o maior partido do Reichstag? Particularmente,

Gregor Strasser, figura sênior do Partido Nazista, queria encontrar um meio pragmático de contornar o presidente.

Mas Hitler não cedia quanto à sua exigência mais importante – que ele próprio fosse indicado chanceler da Alemanha. Como reconhecera Franz von Papen, atual chanceler, em uma declaração feita em Munique, em outubro de 1932, Hitler não era um político "normal" e o movimento nazista não era um partido político "normal". Ele se referia ao Partido Nazista como "uma religião política",[2] cujos seguidores professavam uma "fé mística messiânica" em Hitler.

Embora von Papen admitisse que milhões de alemães naquele momento reconhecessem Hitler como o "messias místico", ele próprio era imune a seu carisma. Logo que ele conheceu Hitler, no verão de 1932, ele o achou "curiosamente inexpressivo".[3] Embora von Papen "tivesse ouvido muito sobre a característica magnética" dos olhos de Hitler, eles não exerciam qualquer efeito sobre ele. Papen escreveu que ele "não conseguia detectar qualquer traço que explicasse esse domínio extraordinário sobre as massas".

O próprio passado aristocrático de Papen e sua personalidade individualista o faziam se sentir superior ao agitador da turba ordinária que estava à sua frente, em junho de 1932. A própria escrita de Papen sobre o assunto – composta após a guerra – ainda está entremeada de condescendência e presunção, embora estas fossem exatamente as características de sua própria personalidade que ajudaram a levar Hitler ao poder. Ele escreve como um diretor de escola, dando notas para várias personalidades que encontra. Aqui, por exemplo, está seu veredicto sobre Mussolini: "Achei o ditador italiano um homem de calibre bem diferente de Hitler. Pequeno em estatura, mas com ar de grande autoridade, sua imensa cabeça transmitia a impressão de grande força de caráter". Ao contrário de Hitler, Mussolini era um homem de "imenso charme", enquanto Hitler "sempre teve um ligeiro ar de incerteza". Mussolini, segundo Papen, "seria uma boa influência para Hitler".[4]

Esse foi um erro monumental de julgamento sobre as qualidades de personalidade e a liderança de Adolf Hitler – e é a segunda razão crucial para que Hitler se tornasse chanceler. Von Papen, como muitos da elite alemã, superestimou totalmente sua capacidade de controlar Hitler. Ex-oficial do Exército e diplomata, ele achava saber como Hitler e os nazistas poderiam ser manipulados para servirem às necessidades daqueles envolvidos na alta sociedade alemã, que buscavam eliminar a democracia e criar um novo regime autoritário baseado no apoio popular. Conforme von Papen ponderou, Hitler e os nazistas tinham o apoio popular, enquanto ele e seus amigos tinham a inteligência para administrá-los. Ele acreditava que a melhor maneira de usar Hitler era inseri-lo no governo, em algum papel subordinado – talvez, como vice-chanceler. Como Hitler se posicionava como um "messias místico", ele rapidamente se veria numa situação difícil, aceitando a ordem de von Papen. Infelizmente para von Papen, os nazistas não eram tão imbecis como ele pensou.

Como Hermann Göring relembrou em seu julgamento, após a guerra, "houve uma conversa e (quando) o nome de von Papen foi dito ao presidente, como candidato a chanceler do Reich, e Hitler deveria se tornar vice-chanceler de seu gabinete, eu me lembro de ter dito a Herr von Papen, à época, que Hitler poderia se tornar uma série de coisas, porém, jamais vice. O que quer que ele fosse, ele naturalmente ocuparia a posição mais alta e seria absolutamente insuportável e impensável colocar nosso *Führer* em qualquer tipo de posição secundária".[5]

A situação intrigante, portanto, era que até o outono de 1932, embora Hitler fosse visto como um líder carismático por um grande número de alemães comuns, membros-chave da elite alemã quase debochavam dele. Igualmente instrutivo é o fato de que von Papen e seus camaradas encontravam grande facilidade em diminuir as qualidades de Hitler, porque ele não era da mesma classe. Ele não era oficial, não tinha uma formação formal e, para von Papen, parecia ser o "completo burguesinho", com seu "bigodinho e penteado curioso".[6] Igualmente desdenhoso era o presidente Hindenburg, que se referia a Hitler como o "cabo boêmio".[7]

O problema para von Papen era que ele e seu gabinete não tinham a autoridade eleitoral do povo para continuarem governando. A falta de apoio a seu governo foi ilustrada em termos dramáticos, em 12 de setembro de 1932, quando Göring – agora eleito presidente do Reichstag (papel semelhante ao de um porta-voz da Câmara dos Comuns da Inglaterra) – ajudou a orquestrar o voto de não confiança no regime de von Papen. Em uma parte incrivelmente cínica de tática política, os nazistas e os comunistas – inimigos jurados – votaram juntos a fim de humilhar von Papen.

Haveria novas eleições em novembro e Hitler novamente iniciou seu trabalho viajando pela Alemanha, angariando votos para a causa nazista. Mas logo ficou claro que o ponto alto de apoio aos nazistas tinha sido alcançado. Os comprometidos com o partido ainda estavam entusiasmados – mais de cem mil jovens partidários participaram de um comício em Potsdam –, mas outras jurisdições apresentavam grandes vazios. Parte do problema do Partido Nazista era que, ao recusar ingressar no governo de von Papen, Hitler se mostrara intransigente nessa crise nacional. E embora essa postura inflexível fosse bem compatível com a essência do apoio nazista, isso não impressionava os que ainda estavam hesitantes. Nem os ataques de Hitler ao regime de von Papen foram calculados para fazer com que os nazistas parecessem apoiar a classe média – e, sem apoio da classe média, o eleitorado nazista ficava frágil. O apoio nazista, por exemplo, antes das eleições de novembro, a uma greve de transportes em Berlim, foi quase certamente um erro tático.

A eleição de 6 de novembro de 1932 foi uma batalha perdida para Hitler e os nazistas. Embora o Partido Comunista Alemão tivesse ganhado quase 3% a mais na votação, os nazistas receberam dois milhões de votos a menos do que na eleição anterior, naquele ano, e sua participação geral nas urnas teve uma queda de 4 para 33%. Ainda assim, apesar da queda dos votos nazistas, a dificuldade fundamental enfrentada pelo governo de von Papen ainda permanecia – a falta de apoio popular. Agora, von Papen brincava com uma solução direta, até radical: substituir a Constituição Weimar por algum tipo de ditadura.

Mas esse era um meio arriscado de avançar, no mínimo por conta da preocupação de figuras seniores do Exército alemão, quanto à possibilidade de uma guerra civil irromper entre os nazistas e os comunistas, caso ambos os movimentos populares fossem banidos do governo.

O gabinete de von Papen renunciou em 17 de novembro de 1932 e, durante as semanas seguintes, a figura de Kurt von Schleicher surgiu das sombras. Schleicher era um general com uma queda para a intriga política e havia sido nomeado ministro da Defesa, seis meses antes. Schleicher lembrava o tumulto imediatamente após a Primeira Guerra e tinha plena consciência dos perigos de voltar os soldados alemães contra os manifestantes, nas ruas. Sua solução preferida para o impasse atual era tentar convencer elementos tanto da direita quanto da esquerda a apoiarem o governo, ingressando em um gabinete sob sua liderança. Torcendo para que tal governo conciliatório pudesse ser criado, Hindenburg relutantemente deixara que von Papen renunciasse e nomeou Schleicher como chanceler.

Schleicher sabia que Hitler não aceitaria um posto em seu governo e, assim, ele se encontrou com Gregor Strasser, em 3 de dezembro de 1932. Ele ofertou a Strasser tanto o cargo de vice-chanceler quanto o posto-chave de ministro presidente da Prússia. No dia seguinte, 4 de dezembro, os nazistas viram uma queda de 40% nas urnas, nas eleições locais em Turíngia, na Alemanha central. Hitler tinha bons motivos para entrar em pânico. Mas ele se manteve firme, encontrando Strasser no Kaiserhof Hotel, em Berlim, primeiro em 5 de dezembro, depois em 7 de dezembro, para proibi-lo expressamente de aceitar a oferta de Schleicher.

Agora, Hitler estava diante de uma crise potencial. Se Strasser ingressasse no gabinete de Schleicher, o prestígio de Hitler como líder dos nazistas seria consideravelmente atingido. No entanto, Strasser, após ouvir a indignação de Hitler com a oferta de Schleicher, decidiu renunciar de vez ao Partido Nazista e se retirar totalmente da política. Ele não serviria nem a Hitler nem a Schleicher. Na manhã de 8 de dezembro, dia seguinte à sua reunião com Hitler, Strasser falou com um grupo de líderes nazistas seniores, no Reichstag. Um deles, Hinrich Lohse, registrou, depois da guerra, o que Strasser dissera.

Strasser enfatizou que desde a formação do governo de von Papen, no verão, ele sentiu que Hitler havia sido claro quanto a "uma coisa: seu desejo de ser chanceler do Reich".[8] No entanto, segundo a visão de Strasser, Hitler "deveria se conscientizar do fato de que o posto lhe estava sendo consistentemente negado e que em um futuro próximo não haveria qualquer perspectiva de alcançar esse objetivo". Strasser disse que se recusava a "esperar até que o *Führer* se tornasse chanceler do Reich, pois, até lá, já teria ocorrido a derrocada (do movimento nazista). Segundo Strasser, o erro de Hitler tinha sido recusar a oferta de von Papen ao posto de vice-chanceler. Nesse discurso, Strasser não mencionou que a ele próprio havia sido oferecida essa posição, mas ficou claro que ele decidira agir por achar que Hitler estava se portando de forma irracional.

Strasser prosseguiu expressando outra queixa, algo particularmente intrigante, em qualquer investigação relativa à liderança carismática de Hitler. Revelou estar aborrecido por um "aspecto pessoal do problema". Ele reclamou que havia aqueles "que faziam parte da comitiva do *Führer*" que lhe expressavam "insultos". Ademais, ele alegou que Göring, Goebbels e Röhm e outros recebiam convites para reuniões com Hitler, para as quais Strasser não era convidado. Ele disse que interpretava isso como "um menosprezo, uma humilhação pessoal que ele não merecia e não estava mais disposto a tolerar. Fora isso, ele estava no limite de suas forças e nervos. Renunciou ao partido e iria para as montanhas se recuperar".

Foi uma alegação extraordinária a se fazer em um momento de emergência nacional, lembrando mais um rompante emocional causado pela rejeição de um amante do que uma série de argumentos sobre uma estratégia política. E Gregor Strasser não era nenhum fracote. Ele recebera uma Cruz de Ferro por bravura na Primeira Guerra, participara do golpe no Beer Hall e depois abrira caminho até o alto escalão do Partido Nazista. Ele anteriormente admitira que a política era "um negócio duro... sobretudo em um movimento fortemente conduzido pelo ativismo, como o nosso".[9]

No entanto, ali estava Strasser, afastando-se não apenas do Partido Nazista, mas também da chance de obter um dos cargos públicos mais importantes do Estado alemão, em parte porque sentia que Hitler não o convidava para eventos, nem lhe dava muita atenção. E isso vinha de alguém que, dentre todos os nazistas seniores (talvez, com a exceção de Ernst Röhm), parecera o mais resistente ao carisma pessoal de Adolf Hitler. Strasser foi, por exemplo, o único sênior nazista que particularmente chamava Hitler de "Chefe", ou "PG" (*Parteigenosse*, ou camarada de partido), em lugar de "*Führer*".[10]

Como escreveu um historiador que realizou um estudo especial sobre Gregor Strasser, "a ironia é que, embora Strasser repetidamente repudiasse o culto quase mítico ao *Führer*, viria a parecer que, em meio a toda a sua agressividade blefada, o sensível inato Strasser era realmente cativado pela personalidade carismática de Hitler. Dessa forma, ele se tornou a vítima mais insuspeita do mito *Führer*".[11]

Assim que Hitler soube que Strasser tinha falado ao seu grupo sênior de nazistas, ele imediatamente convocou sua própria reunião, para o meio-dia, no hotel Kaiserhof. Ali, ele se dirigiu a todos que tinham ouvido Strasser algumas horas antes. Com uma reação calma e racional às objeções de Strasser, ele frisou que, se tivesse aceitado a oferta de vice-chanceler, viria a ter "sérias diferenças"[12] com von Papen "já na primeira semana". Ele então teria de renunciar à sua posição e sairia seriamente enfraquecido. Também disse que a opção de outro golpe era simplesmente impossível, revelando que o coronel von Reichenau, um oficial do Exército alemão simpatizante dos nazistas, lhe contara como o Exército teria pouca escolha, exceto abrir fogo contra os soldados, se os nazistas tentassem uma revolta armada. Reichenau havia "urgido" Hitler a "se manter dentro da lei", já que, algum dia, "o poder lhe cairia no colo". Quanto à alegação de Strasser, de não ter sido convidado a se reunir com Hitler com a frequência que gostaria, Hitler disse que estava sempre disponível "a qualquer um que quisesse lhe falar".

Hitler transpirava confiança de que tudo daria certo, dizendo que ele ainda pretendia esperar até que lhe fosse oferecido o cargo de chanceler. Ele prometeu que "esse dia há de chegar – e provavelmente está mais perto do que vocês imaginam". O sucesso dependia de "nossa união e nossa fé inabalável na vitória; ele depende de nossa liderança". Hitler concluiu suas afirmações – como geralmente fazia em momentos de crises potenciais – com um apelo pessoal de lealdade.

Hitler tinha conseguido evitar uma crise dentro do alto escalão nazista. E, de forma expressiva, conseguira isso fazendo um discurso que não continha qualquer explicação lógica de como atingiria o objetivo desejado de chegar a chanceler. Era suficiente ter uma "fé inabalável". Era suficiente assumir um compromisso emocional.

No entanto, Hitler também sabia que, sem Strasser como parte de seu governo, a posição do general Schleicher como chanceler não seria mais sustentável do que havia sido a de von Papen. Schleicher conseguiu expulsar von Papen dizendo a Hindenburg que ele poderia apresentar um regime de base mais ampla – e não pôde. Além disso, ele agora tinha a aversão de von Papen (em alemão, Schleicher significa "sorrateiro", o que muitos, na época, julgaram um nome apropriado para o general).

Agora, von Papen abria as negociações com Hitler sobre a formação de um novo governo e o encontrou na casa de Kurt von Schröder, em Colônia, em 4 de janeiro de 1933, para discussões preliminares. Mantendo-se firme ao seu propósito, Hitler insistia que o preço a ser pago por sua participação em qualquer nova administração continuava sendo o posto de chanceler – mas ele seria flexível na formação de seu gabinete e estaria preparado a incluir a maioria de não nazistas.

Hitler, compreendendo o elemento crucial do tempo certo em todas as decisões políticas, passara a ordenar que os nazistas se comprometessem com um vasto empenho – aparentemente desproporcional – nas eleições estaduais, a serem realizadas no pequeno distrito de Lippe-Detmold, em 15 de janeiro. A tática funcionou.

Quando os resultados foram anunciados, a participação nazista nas urnas tinha aumentado 20% – passando de 33 mil para 39 mil. A mensagem à elite política alemã foi clara – o Partido Nazista não desapareceria. Von Papen decidiu que poderia aceitar Hitler como chanceler, enquanto ele seria vice-chanceler. Agora, eles enfrentavam o problema de convencer Hindenburg de que essa era a solução correta para a crise política da Alemanha.

Hindenburg permanecia indiferente a Hitler. Entretanto, ele também começava a considerar a possibilidade de Hitler ser chanceler. Havia uma série de razões para que ele estivesse pronto para mudar de ideia – todas pragmáticas e nenhuma delas relativas à nova crença no "carisma" de Hitler. Primeiro, havia a presença de von Papen. Hindenburg afeiçoou-se por ele quando trabalharam juntos, no verão e no outono de 1932. Tanto que, ao partir, como chanceler, ele presenteou von Papen com um retrato de si mesmo, no qual escreveu "*Ich hatt einen Kameraden*"[13] ("Eu tive um camarada") – parte da letra de uma comovente canção de soldados. Agora, ali estava von Papen, um homem em quem ele confiava, dizendo que o melhor caminho a seguir era que Hitler fosse chanceler, e que ele poderia ser reprimido, com sucesso, por outros membros da elite alemã.

E também havia a questão do apoio de Schleicher à firme reforma agrária no leste alemão, onde inúmeros aristocratas (incluindo o próprio Hindenburg) tinham várias extensões de terra. Um governo de Hitler/von Papen faria desaparecer essa questão controversa. Além disso, Hindenburg não tinha se esquecido dos resultados de um jogo de guerra que lhe fora apresentado no começo de dezembro de 1932, e que demonstrara que as Forças Armadas do Estado não poderiam reprimir uma rebelião de nazistas e comunistas e, ao mesmo tempo, proteger as fronteiras da Alemanha.[14]

Por fim, subitamente entrou em cena o general Werner von Blomberg. Von Papen sugeriu a Hindenburg que Blomberg se tornasse ministro das Forças Armadas, no gabinete proposto a Hitler. Não surpreende que esse posto fosse vital para Hindenburg e havia sido previamente mantido como base de força por Schleicher. Blomberg parecia ser tudo que Schleicher não era – correto, honesto e nada "sorrateiro". Mas Blomberg também tinha sido recentemente convertido aos méritos do nazismo. Naturalmente entusiasta, durante seu posto mais recente, no leste da Prússia, ele tinha formado a opinião de que os nazistas estavam tentando um renascimento nacional. Ele também estivera sob a influência de um capelão do Exército chamado Ludwig Müller, que também era nazista. Blomberg era, portanto, um sujeito que von Papen, Hindenburg e Hitler poderiam apoiar. No entanto, no fim das contas, quem mais se beneficiou da presença de Blomberg no governo vindouro foi, de longe, Hitler.

Ainda assim, até quase o último momento, Hindenburg hesitou. Instintivamente, ele deve ter sentido que Hitler era o homem errado para liderar a Alemanha. Mas, a essa altura, Hindenburg era um idoso de 85 anos, e com gente em quem ele confiava – incluindo Oskar, seu próprio filho – dizendo que Hitler deveria ser indicado para chanceler, sua resistência caiu. A única alternativa imediata teria sido permitir que Schleicher formasse uma ditadura autoritária e, na mente de Hindenburg, isso era pior do que ver Hitler como chanceler.

"Ele (Hindenburg) estava sentindo a idade", conta Josef Felder, que foi eleito membro socialista do Reichstag em 1932. "E percebia que estava ficando mais fraco fisicamente, muito mais fraco. Ele já quase não conseguia carregar seu bastão de marechal. Um dos oficiais que marchavam com ele uma vez disse que quanto mais velho Hindenburg ficava, e mais difícil se tornava a situação, mais ele temia não conseguir mais conduzir a Alemanha de volta à condição de império, que ele morreria antes que a antiga Constituição fosse restaurada, no lugar do parlamento alemão – antes que o parlamento voltasse a ser monarquia. Ele queria ver uma nova monarquia antes de morrer."[15]

Hindenburg resistiu até a tarde de domingo, 29 de janeiro de 1933. Somente então ele disse a von Papen que estava pronto a aceitar Hitler como chanceler. Às 11 horas da manhã seguinte, Hitler alcançou o objetivo pelo qual se esforçara – ele se tornou o chanceler da Alemanha.

Para os partidários de Hitler, seu sucesso em obter o posto de chanceler foi uma demonstração maior da sua legitimidade como líder carismático. Em pontos-chave no futuro, sempre que surgiam dúvidas e eles sentiam que Hitler estava buscando uma diretriz aparentemente danosa, os partidários podiam olhar para trás, a esse momento, e lembrar que, no fim, Hitler esteve certo e eles, errados.

A indicação de Hitler a chanceler, no entanto, não foi vista por todos como um divisor de águas na história da Alemanha. "A princípio, nós não o levávamos a sério", conta Herbert Richter, veterano da Primeira Guerra e alguém que até então havia sido imune ao carisma de Hitler, "porque no primeiro governo de Hitler, os nazistas nem eram maioria". Richter sentia "que Hitler já estava cercado de pessoas bastante sensatas", e, portanto, que "eles não podiam causar tantos danos".[16] Quanto a Josef Felder, político socialista, ele relembra que "nós acreditávamos que ainda poderíamos controlá-lo (Hitler), por meio do parlamento, uma insânia total!"[17] E mesmo depois que ele testemunhou o abismo ao qual Hitler conduziu a Alemanha, von Papen ainda se recusava a aceitar a inteira responsabilidade por seu catastrófico julgamento equivocado ao providenciar para que Hitler chegasse a chanceler. Ele escreveu que Hitler se tornou chanceler "pelos processos democráticos normais" e que "ainda parecia sensato supor que o encarregado pelo governo fosse adotar uma postura diferente", em lugar daquela, "de um chefe de Estado irresponsável".[18]

Mas para os que acreditavam na liderança carismática de Adolf Hitler, esse momento foi de imenso significado. Em seus discursos de eleição, Hitler dissera abertamente que desprezava a democracia e queria eliminá-la. Dessa forma, para os partidários nazistas, isso não foi apenas uma mudança no governo, mas o começo de uma mudança nos sistemas políticos. "Eu mesmo nunca fui um democrata", diz Reinhard Spitzy, na época um nazista assumido. "Acredito que um país deve ser regido como uma grande empresa. Isso significa um determinado conselho de especialistas e assim por diante, mas eu não acreditava no papel do parlamento. Quando nós tivemos uma crise terrível, como a crise econômica, e a fome e o desemprego, num momento como aquele, nós ansiávamos por um novo diretor-geral, como acontece numa grande empresa. Você encontra um homem e ele tem de colocar tudo em ordem."[19]

Quanto ao presidente Hindenburg, ele veria o início de uma "nova monarquia" instaurada antes de morrer – só que não era o tipo de monarquia que ele esperava.

Segunda parte

Jornada em direção à guerra

Capítulo 7

O homem que virá

Adolf Hitler olhava pela janela do prédio da Chancelaria do Reich, em Berlim, na noite de 30 de janeiro de 1933, enquanto fileiras e fileiras de soldados nazistas passavam por ele, em comemoração. Porém, apesar dessa imagem de força, ele sabia que ainda não estava seguro no poder como chanceler. Menos da metade da população da Alemanha tinha votado nele e em seu Partido Nazista. Havia somente três nazistas no gabinete e ele tinha de governar como haviam feito os chanceleres recém-fracassados, com o consentimento do presidente Hindenburg, por via do dispositivo constitucional do Artigo 48.

Hitler tinha sido explícito na campanha eleitoral quanto ao seu intuito de varrer a democracia da Alemanha. Mas um líder verdadeiramente carismático precisa do apoio da massa – mesmo em um Estado de partido único. Sem esse apoio, Hitler talvez pudesse se agarrar ao poder como ditador direto, mas ele jamais se tornaria aquilo que aspirava ser – um estadista governando sob aclamação.

Consequentemente, ele tinha de tentar transcender o apoio pelo partido que liderava. Quanto mais ele se associasse às ações de nazistas individuais ou estivesse ligado à implementação detalhada de diretrizes, mais ele se arriscava a que o público alemão o visse como um político como todos os outros. Assim, o que Hitler tentou fazer durante os 18 meses de sua chancelaria foi não somente se empenhar para ultrapassar medidas e livrar-se do fardo do Artigo 48 e da Constituição de Weimar, mas demonstrar, de maneiras drásticas, que ele não era apenas o líder do Partido Nazista, mas o soberano de toda a Alemanha. Na busca desse objetivo, ele ordenaria o assassinato de muitos de seus antigos camaradas de partido.

No início de seu mandato, Hitler atuava de forma bem previsível. Ele sempre apoiara o uso da violência contra seus oponentes e passou a oprimir a oposição desde o primeiro momento que ingressou no poder. Nesse sentido, as ações de Hermann Göring foram de grande ajuda para ele. Göring, como ministro do Interior da Prússia, tinha controle direto da força policial em grande parte da Alemanha. E ele logo deixou claros os seus desejos, em uma diretiva de 17 de fevereiro de 1933: "Policiais que disparam seus revólveres na execução de seu dever serão protegidos por mim, independentemente das consequências do uso de suas armas."[1] Ele então resumiu sua postura em relação aos direitos humanos em um discurso em Dortmund, alguns dias depois: "Uma bala disparada de uma pistola da polícia é minha bala. Se vocês disserem que isso é assassinato, então sou um assassino... Eu conheço dois tipos de lei, porque conheço dois tipos de homens: os que estão conosco e os que estão contra nós."[2]

Göring era uma criatura devota a Hitler. Ernst Röhm e os soldados, no entanto, tinham um plano bem menos honesto. Muitos deles viam na ascensão de Hitler à chancelaria uma oportunidade de receberem recompensas e praticarem vinganças sem limites contra seus inimigos ideológicos. O pai de Rudi Bamber, por exemplo, foi uma das vítimas do início do regime nazista. Soldados nazistas o levaram, junto com um grupo de outros judeus, para um estádio esportivo em Nuremberg e os fizeram aparar a grama com os dentes. "É muito traumático", conta Rudi Bamber, "sentir que qualquer coisa que você tenha feito não tem consequências, e você é apenas um judeu e pronto".[3]

Mas, embora tivesse havido inúmeros ataques a judeus em seguida à indicação de Hitler como chanceler, eram os inimigos políticos dos nazistas os alvos particulares. "Logo no começo", conta Maria

Mauth, à época uma estudante do norte da Alemanha, "os primeiros comunistas e democratas sociais eram levados. Eu mesma vi – os caminhões – mas aquilo não nos fazia pensar. Afinal, eles eram comunistas... eram inimigos do povo".[4]

A princípio, esses "inimigos do povo" eram aprisionados em cadeias provisórias, onde eram frequentemente tratados com crueldade. Eram detidos sem acusação, sem um processo legal e à mercê de seus captores. Mas Hitler, embora aprovasse a opressão violenta de qualquer oposição, não necessariamente aprovava todas as ações da SA. Conforme mencionou em um discurso de 10 de março de 1933, ele se preocupava com o "molestamento de indivíduos, da obstrução da vida dos negócios, precisa cessar como princípio".[5] Dois dias depois, em 12 de março, ele convocou seus "camaradas de partido" para que "praticassem a mais severa disciplina, dali em diante. Não poderia mais haver ações isoladas..."[6]

Apenas uma semana depois, em 21 de março de 1933, o primeiro campo de concentração "oficial" foi aberto em Dachau, na periferia de Munique. Dachau estava sob o controle de Heinrich Himmler, cabeça da SS. Embora Himmler se reportasse diretamente a Röhm, era óbvio que ele tinha ambições maiores. Himmler não era nenhum bandido matador como seu chefe direto, mas tinha um caráter ainda mais frio que aterrorizava sistematicamente os inimigos nazistas e suas ordens. Dachau, administrado por um policial secreto confiável como Himmler, era compatível com a visão que Hitler tinha da nova Alemanha, ao contrário dos soldados de Röhm.

Não que os envolvidos no horror da opressão nazista tivessem visto muita diferença no tratamento que recebiam, em comparação à SS de Himmler e à SA de Röhm. Sob o controle de Himmler, as condições dentro de Dachau ainda eram opressoras. O político socialista Josef Felder foi encarcerado no notório "bunker" – uma coleção de celas isoladas, distantes das choupanas da prisão principal. Ali ele ficava acorrentado e era provocado com ameaças de execução iminente. Ele também ficava sem comer, recebendo apenas água e um pão mofado, ocasionalmente.

Entretanto, muitos dos que haviam acolhido a promessa de Hitler de "restaurar a ordem" na Alemanha não ficaram infelizes em ver o estabelecimento dos campos de concentração – e, consequentemente, eles davam um verniz falso aos acontecimentos. "Em Dachau, ele (Hitler) mantinha todas as pessoas – os criminosos realmente profissionais", conta Karl Boehm-Tettelbach, na época um jovem oficial da Força Aérea. "E eles estavam lá em Dachau, naquele campo de trabalho, e as pessoas não faziam muita objeção em relação a isso."[7] Outros racionalizavam o sofrimento como consequência necessária de uma "revolução". "Naquele momento, nós pensamos que isso (o estabelecimento dos campos de concentração, como Dachau) era necessário", conta Reinhard Spitzy. "Nós sabíamos que isso era uma revolução. Mas, olhe bem, eu estudei a Revolução Francesa. Como tantas pessoas haviam sido mortas pela guilhotina – 40 mil pessoas foram mortas na guilhotina, na França... Isso significa que em todas as revoluções – e nós achávamos que havia uma revolução – o sangue corre... O fato de que a revolução nazista matou algumas pessoas, eu acho normal, nunca houve uma revolução no mundo sem mortes."[8]

Hitler teve o cuidado de demonizar os comunistas como a maior e mais imediata ameaça à nova "comunidade nacional", que a revolução nazista desejava instituir. E, nesse sentido, ele foi ajudado por um comunista holandês chamado Marinus van der Lubbe, que tocou fogo no parlamento alemão – o Reichstag –, em 27 de fevereiro de 1933. A destruição desse prédio icônico aumentou o medo da população alemã quanto a uma possível revolução comunista e, consequentemente, serviu para justificar a opressão dos nazistas contra seus oponentes políticos. A conveniência do momento das ações de van der Lubbe – uma semana antes das eleições convocadas por Hitler – levou uma série de historiadores a acreditar que os nazistas conspiraram para eles próprios criarem o incêndio, e que van der Lubbe não agiu sozinho, mas não há provas conclusivas para esta teoria conspiratória. Certamente, as ações desorganizadas dos nazistas, após o incêndio, não sugerem que eles soubessem a seu respeito de antemão.

No entanto, o incêndio do Reichstag levou, sim – logo no dia seguinte –, à adoção apressada de uma das medidas legislativas mais restritivas que o Estado nazista impôs: o decreto do presidente do Reich, pela proteção do povo e do Estado. O artigo 1 do decreto suspendia os direitos humanos básicos – embora o artigo 2 permitisse ao governo do Reich, por meio de Wilhelm Frick, ministro do Interior Nazista, assumir os poderes da polícia dos estados individuais alemães, de modo a "restaurar a segurança".

Cinco dias depois, em 5 de março de 1933, os alemães foram às urnas, na última eleição geral em mais de doze anos. Apesar de uma campanha eleitoral maciça, do medo da ascensão do comunismo, do "apelo de Hitler à nação", apesar de tudo isso e muito mais, os nazistas não conseguiram ganhar apoio da maioria do eleitorado alemão. Cinquenta e seis por cento do povo alemão votou em outros partidos políticos.

O fato de que a maioria dos alemães ainda não queria ser representada pelos nazistas se traduzia em um grande desafio para Adolf Hitler. Ele já tinha anunciado que a eleição não o faria mudar a composição de seu gabinete, nem iria tirá-lo do poder. Em vez disso, ele forçou caminho, na tentativa de aprovar uma Lei de Habilitação no novo Reichstag. Isso lhe permitiria emitir decretos sem se submeter ao presidente Hindenburg, segundo o Artigo 48 – mas ele precisava de dois terços dos votos no Reichstag, de modo a ter aprovada a nova legislação necessária.

Em particular, os nazistas precisavam do apoio do Partido Católico e em seu discurso aos novos representantes do Reichstag, em 23 de março de 1933 – com a reunião realizada na Kroll Opera House, em consequência do incêndio do Reichstag –, Hitler foi deliberadamente conciliatório com eles, dizendo que seu governo "considera o cristianismo como a base inabalável do código moral da nação".[9] Hitler não acreditava em tal coisa, mas reconhecia que, puramente por motivos políticos, ele tinha de fazer essa assertiva. Ele já agira de modo semelhante. Depois de ser solto da prisão de Landsberg, tinha demonstrado sua compreensão do poder do cristianismo na política alemã, quando expulsou do Partido Nazista Artur Dinter, governador da Turíngia. Contra os desejos de Hitler, Dinter quis promover sua própria religião ariana, a *Geistchristentum* – uma versão herética do cristianismo, que excluía o Velho Testamento da Bíblia e atacava violentamente os judeus. Mas, à época, Hitler precisava do apoio do ministro presidente da Bavária, membro do Partido Católico, portanto, Dinter teve que sair.[10]

Em 1933, da mesma forma como ocorrera anos antes, a trama de Hitler em dizer aos católicos alemães o que eles queriam ouvir funcionou. Membros do Partido Católico – que também tinham plena consciência do destino que aguardava os que se opunham aos nazistas – decidiram apoiar a Lei de Habilitação.

Em 23 de março, a primeira declaração de Hitler ao parlamento, cautelosamente preparada, foi pontuada por um forte contraste à sua rápida resposta posterior, no mesmo debate, quando o Ato de Habilitação foi atacado por Otto Wels, dos Democratas Sociais. Em seu primeiro discurso, Hitler tentou retratar a si mesmo como um estadista e líder da Alemanha inteira: "Nós queremos restabelecer o espírito de união e determinação da nação alemã. Queremos preservar as bases eternas de nossa vida..."[11] No segundo, ele regressou às origens da cervejaria e ridicularizou Wels, despejando desprezo sobre ele e o partido por ele liderado. "Vocês são uns maricas (*wehleidig* – literalmente, "chorões"), cavalheiros", disse Hitler, "e não são dignos desse tempo, se começam a falar sobre perseguição a essa altura do jogo". Ele também anunciou que os nazistas estavam se "restringindo" a "se voltarem contra os que nos torturaram e humilharam, durante 14 anos".[12] Depois de dizer aos Democratas Sociais que ele nem sequer queria que eles votassem pela Lei de Habilitação e que "a Alemanha será libertada, mas não por vocês!", Hitler sentou, diante de uma reação extasiada dos membros nazistas do parlamento.

Foi um momento marcante. Nesse discurso, atacando os Democratas Sociais, Hitler tinha demonstrado todos os seus atributos retóricos, que o tornaram líder ditador inquestionável do Partido Nazista. Mas ele também demonstrou muitas qualidades que amedrontavam um grande número de eleitores comuns alemães – intolerância, agressão e partidarismo selvagem.

Ainda assim, os nazistas ganharam a votação. Com o apoio do Partido Central, a Lei de Habilitação recebeu 444 votos, contra 94 dos Democratas Sociais. Foi o momento em que qualquer pretensão de democracia deixou a Alemanha. Como consequência, em quatro meses, com exceção dos nazistas, todos os partidos políticos do país foram banidos ou fecharam voluntariamente.

No entanto, mesmo alcançando esse marco, Hitler ainda não podia agir exatamente como queria. Uma de suas restrições mais sérias era o fato de que duas diretrizes centrais em sua visão global – o desejo de remover todos os judeus da Alemanha e a vontade de instituir um império nazista no Leste Europeu – não tinham sido proclamadas durante as inúmeras campanhas eleitorais dos três últimos anos. Havia poucas provas de que a maioria dos alemães apoiava alguma delas. Isso deixava Hitler em uma posição incomum para um líder que havia acabado de ser eleito – ele não se sentia capaz de implementar suas ideias "visionárias" mais importantes.

Não que ele fingisse não acreditar nessas diretrizes – era apenas cauteloso em como expressar sua crença. A linha delicada que Hitler tinha de percorrer foi demonstrada por sua atitude quanto ao boicote aos judeus, em abril de 1933. Hitler estava zangado, por conta da recepção que tiveram na imprensa estrangeira as medidas como a Lei de Habilitação e os maus-tratos aos judeus pelos soldados nazistas – assim como o início da remoção dos judeus dos serviços civis e das universidades. Ele via nessa crítica uma de suas fantasias mais louvadas – uma "conspiração judia" mundial. Essa crença na influência judia atravessando fronteiras nacionais foi certamente compartilhada por muitos no cerne do apoio nazista. "Nós olhávamos aquilo (o antissemitismo) em termos de judaísmo global, querendo ganhar o poder, querendo governar o mundo", conta Bruno Hähnel, um dos primeiros partidários nazistas. "Portanto, era o judaísmo mundial que nós – não quero dizer temíamos, talvez temêssemos –, bem, enfrentávamos."[13]

De modo a "enfrentar" o "judaísmo global", um boicote aos judeus foi organizado pelos nazistas, para ter início em 1º de abril de 1933. Hitler preferiu não colocar seu nome no documento datado de 28 de março, que evocava a ação contra os judeus alemães. Estava assinado apenas como "Liderança do Partido Nacional dos Trabalhadores Alemães Socialistas". Provas adicionais sobre a sensibilidade de Hitler em relação a esse assunto foi um relato no jornal nazista *Völkischer Beobachter*, em 29 de março, que citava Hitler, dizendo que havia sido necessário organizar essas "medidas defensivas" porque, "de outro modo, isso (a ação contra os judeus) viria do povo (*Volk*) em si, e talvez assumisse formas indesejáveis".[14] Ele – que se revelara em *Mein Kampf* como um antissemita da espécie mais venenosa – agora buscava transmitir uma imagem de certa forma sensata, em sua ação contra os judeus.

O boicote foi suspenso apenas um dia depois. Hitler julgou que não era a hora certa para que ações "oficiais" tão visíveis contra a população judia da Alemanha perdurassem por dias e semanas. O intento de equilibrar seu próprio antissemitismo violento com o clima prevalecente no público alemão seria um dos traços recorrentes do regimento nazista durante os anos 1930.

A reticência de Hitler em divulgar seu desejo de que a Alemanha instituísse um império no Leste Europeu, especificamente à custa da União Soviética, também ficava evidente. Apesar de ter reconhecido abertamente seu objetivo em *Mein Kampf*, e do fato de que a Alemanha estava prestes a embarcar no maior programa de rearmamento já conduzido em tempos de paz, Hitler mantinha o mantra, expresso numa entrevista com sir John Foster Fraser, do *The Daily Telegraph*, dizendo que "ninguém na Alemanha, que passou pela guerra, quer repetir a experiência".[15] No entanto, na mesma entrevista, ele também disse que "o destino da Alemanha não dependia de colônias ou domínios, mas de suas fronteiras no Leste" – uma frase que foi interpretada como um desejo de reaver o território perdido como resultado dos tratados de paz, ao fim da Primeira Guerra.

Estava claro que caberia inteiramente a Hitler decidir como e quando a política nazista basilar seria introduzida ao povo alemão. Goebbels escreveu que não haveria mais votação e que agora a "personalidade do *Führer*" era o que contava.[16] Apenas dois dias antes de ele escrever essas palavras, Goebbels ajudou a organizar comemorações públicas em massa por ocasião do 44º aniversário de Hitler – uma manifestação física de como agora a personalidade do novo chanceler conduziria a política alemã. A partir daquele momento até a festa do 56º aniversário de Hitler, em 1945, na chancelaria do Reich, em Berlim, 20 de abril seria tratada como uma data sagrada no calendário alemão.

Em consequência de toda a atenção que havia sido dispensada a Hitler, a começar por sua tentativa de destituir Hindenburg da presidência no ano anterior, um fenômeno interessante estava ocorrendo. Alguns dos que o haviam achado inexpressivo no passado, agora começavam a vê-lo como carismático. Fridolin von Spaun, por exemplo, um simpatizante dos nazistas desde o começo dos anos 1920, tinha visto Hitler, pela primeira vez, em um comício, em 1923. "Lá estava Ludendorff, uma figura uniformizada poderosa, com suas condecorações", conta ele. "E uma silhueta pequena estava em pé ao seu lado – nem de longe imponente, com um casaco bem surrado. E eu não prestei atenção alguma a ele. Então, mais tarde, perguntei: 'Quem era aquele que estava ao lado de Ludendorff?'. Bem, aquele era Hitler, o líder dos Socialistas Nacionais."[17]

Mas agora, quase dez anos depois, von Spaun voltava a encontrar Hitler e teve uma opinião totalmente diferente a seu respeito. No jantar, que teve a participação de inúmeros simpatizantes nazistas, Spaun viu Hitler olhando para ele. Ele sentiu seus olhos penetrantes e, como resultado, imediatamente ficou convencido de sua sinceridade. Então, Hitler levantou e começou a falar com alguém, e segurou no encosto da cadeira de Spaun. "Então, eu senti um tremor de seus dedos reverberando em mim. Eu realmente senti. Mas não era um tremor nervoso. Em vez disso, eu senti: esse homem, esse corpo, era a única ferramenta para implementar uma grande e poderosa vontade aqui na Terra. Em meu ponto de vista, isso era um milagre."

Portanto, no que diz respeito a von Spaun, Hitler tinha se transformado de um homem insignificante, de casaco surrado, a uma "ferramenta para implementar uma grande e poderosa vontade". Claro que muito havia mudado durante os dez anos entre os dois encontros de Spaun com Hitler. Mas, primordialmente, o que mudou foi a percepção pessoal de Spaun quanto ao homem. Até ser abalado pelo toque de Hitler, Spaun soube que estava na presença de um dos homens mais famosos da Alemanha. Ademais, Spaun sempre tivera uma predisposição para acreditar na ala da direita, a política *völkisch* que Hitler adotava. O próprio Hitler não mudara tanto. O fato era que gente como Spaun agora estava pronta a acreditar em seu carisma.

No entanto, o carisma de Hitler tinha limites óbvios. Ainda havia aqueles que trabalhavam próximos dele – e até serviam em seu gabinete – que permaneciam imunes a ele. Von Papen, claro, era uma dessas pessoas, e o outro era o magnata da mídia, Alfred Hugenberg. Ambos viriam a causar problemas a Hitler, ao perceberem, gradativamente, que a esperança de "domar" os nazistas e usá-los para seus próprios propósitos havia sido irremediavelmente ingênua. Hugenberg, em particular, tivera expectativas de possuir imenso poder no governo de Hitler, como ministro da Economia, Alimento e Agricultura. Ao contrário de Hitler, Hugenberg possuía qualificações acadêmicas e profissionais notáveis – ele tinha doutorado em economia e havia sido presidente de um dos mais importantes conglomerados industriais alemães, a Krupp, empresa de aço. Mas Hitler ainda conseguiu jogá-lo para escanteio. Uma vez que a Lei de Habilitação havia sido aprovada, o gabinete deixou de ter qualquer poder real. Hitler queria que ele continuasse a operar, mas somente de forma cerimonial. Hugenberg finalmente percebeu como Hitler o deixaria de lado, quando Fritz Reinhardt, seu subordinado, secretário de Estado no Ministério da Economia e nazista devotado, apresentou uma proposta para a criação de novos empregos, contra a qual estava Hugenberg. Hitler escolheu apoiar Reinhardt e não houve nada que Hugenberg pudesse fazer a respeito.[18] Lidar diretamente com subordinados, de modo a inquietar e desestabilizar figuras ostensivamente poderosas no regime, era uma tática que Hitler empregaria muitas vezes no futuro.

Hugenberg não estava preparado para suportar esse tipo de tratamento e disse a Hitler que desejava renunciar ao gabinete. Hitler se reuniu com Hugenberg em 27 de junho de 1933 e tentou persuadi-lo a ficar. Ele percebeu que seria profundamente constrangedor se, apenas cinco meses depois de sua eleição como chanceler, ele parecesse romper a promessa que fizera de não modificar a composição de seu gabinete. Mas Hugenberg foi imune às suas lisonjas. Nem mesmo as ameaças de Hitler tiveram efeito. Hitler foi forçado a dizer ao presidente Hindenburg que Hugenberg queria deixar o governo. Hindenburg ficou aliviado com esse novo desenrolar das coisas, já que nunca fora muito afeiçoado a Hugenberg, e ficou aliviado em se livrar do fardo de um envolvimento na política de governo que o Artigo 48 lhe impusera.

Porém, realmente importante foi o que aconteceu com Hugenberg a seguir – nada. Não houve nenhuma perseguição, nem encarceramento, nem vingança. Ele manteve seu assento no Reichstag e, embora tivesse sido forçado a abandonar o controle de seu império na mídia, ele arrebatou um acordo financeiro vantajoso que lhe permitiu investir pesado na indústria alemã. Ele morreu em paz, aos 85 anos, em 1951. Embora Hitler sem dúvida possuísse o que o historiador David Cesarani descreve como uma "personalidade assassina",[19] ainda assim, contanto que ele acreditasse que os que escolhiam deixar seu governo não o haviam traído, então estes poderiam continuar vivendo em segurança na Alemanha após deixarem o serviço, como aconteceu com Hugenberg.

Entretanto, Ernst Röhm não era tão ameno quanto Hugenberg e não estava preparado para ser posto de lado. "Uma vitória na estrada da revolução alemã havia sido ganha", Röhm escreveu em um artigo, em junho de 1933. "Mas não uma vitória absoluta!"[20] O "objetivo", disse ele, "de uma nova Alemanha, renascida de uma revolução do espírito nacionalista e socialista" ainda estava longe de ser alcançado. "E enquanto a verdadeira Alemanha Socialista Nacional ainda esperar sua realização, a luta voraz da SA e da SS não vai parar. Ou a Alemanha se torna socialista nacional, ou ela morre. E esse é o motivo pelo qual a revolução alemã prossegue, até que a suástica em nossas bandeiras e emblemas não seja apenas um símbolo externo de confissão honesta, ou de conformidade, mas a posse sagrada de todo o povo." Essa foi uma evocação codificada, por um papel mais importante para Röhm e seus soldados, na nova Alemanha. Não apenas em termos de empregos e recompensas financeiras, mas na manutenção do espírito e da camaradagem da SA, em torno de algum tipo de unificação com – ou tomada de posse – o Exército alemão.

Essas ambições foram intensificadas pela crença de que os soldados eram os verdadeiros revolucionários. Wolfgang Teubert, por exemplo, ingressou na SA em 1928 e agora queria ver uma mudança fundamental na Alemanha. Em primeiro lugar, isso significava a remoção dos judeus: "A fábrica dos meus pais, em Görlitz, já tinha sido liquidada sob a influência judia, pode-se dizer que um dos meus tios teve um agente judeu que lhe roubou milhares de marcos... Nós queríamos impedir o aumento da 'judeuzada' na Alemanha... Eu poderia simplesmente dizer aos judeus: 'Vocês não são bem-vindos aqui. Por favor, deixem este país.'"[21]

Wolfgang Teubert não era apenas antissemita – e preparado para condenar todos os judeus alemães pela má conduta de um deles –, como também tinha um desejo mais amplo de mudança na Alemanha. Ele acreditava fervorosamente no conceito da *Volksgemeinschaft*, a "comunidade do povo", na qual todos os alemães etnicamente "puros" tratavam uns aos outros como iguais. Mais que isso – e fator isolado mais importante para ele – era sua convicção de que os nazistas viriam a "romper o *Zinsknechtschaft*", a "escravidão dos juros", à qual Gottfried Feder tanto se opusera, no início do Partido Nazista. Essencialmente, era a crença de que os trabalhadores que possuíam fazendas ou lojas tivessem que pagar quantias desproporcionais de seus lucros em juros às pessoas que lhes haviam emprestado dinheiro. Era o tipo de política "socialista" franca cujo trajeto Hitler seguira, durante várias campanhas eleitorais, no começo dos anos de 1930.

Entretanto, foi o desejo de Röhm para que a SA se tornasse uma força militar dominante na nova Alemanha que criou o maior atrito. Hitler, ao menos no início, foi cauteloso em seu tratamento com esse velho camarada. O número de soldados combativos não era somente três vezes maior do que o do Exército alemão, em 1933, como também ele deve ter visto no conflito potencial entre a SA e o Exército um meio de se beneficiar como líder carismático – contanto que ele conduzisse a situação com habilidade.

Em 1º de dezembro de 1933, Röhm foi nomeado ao gabinete e, a partir desta base de força institucional, mesmo que simbólica, dois meses depois, em 1º de fevereiro de 1934, ele apresentou uma proposta a Blomberg, ministro da Defesa, de que a SA deveria ser reconhecida como a força militar proeminente da Alemanha. Ele então convocou as Forças Armadas alemãs ao *Reichswehr* para serem subordinadas à SA. Foi praticamente uma declaração de guerra às Forças Armadas tradicionais da Alemanha.

Não surpreende que os oficiais do Exército alemão, como Johann-Adolf Graf von Kielmansegg, não tivessem aceitado isso cordialmente. "Rejeitava-se a SA por conta de seu comportamento, de sua aparência, da forma como eram. Bem, a SA foi gradualmente... quer dizer, no final, eles eram odiados pela maioria dos soldados. Além disso, além da rejeição da SA, eu diria que o fato de ter ficado claro que não apenas o Exército, mas Röhm, comandante do mais alto escalão da SA, estava tentando, de alguma forma, a tomada do *Reichswehr*."[22]

Blomberg e o restante da liderança do Exército eram igualmente contra essa tentativa de excluí-los. E como eles reconheciam que a decisão final dessa questão crucial estaria nas mãos de um homem – Adolf Hitler –, eles passaram a introduzir mudanças no *Reichswehr* que eles sabiam que o deixariam feliz. Uma dessas mudanças foi a instrução imediata, apenas alguns dias depois da proposta de Röhm, para que o emblema nazista de uma águia segurando a suástica fosse adicionado em todos os uniformes. O fato de que cada membro das Forças Armadas alemãs agora portava uma suástica em seus uniformes era um passo simbólico na direção da politização do *Reichswehr*. Isso foi uma ação combinada à imposição da cláusula "Ariana", que significava que os membros do *Reichswehr* tinham de provar que eram de descendência "ariana", ou corriam o risco de expulsão.

Hitler deixou sua posição clara numa conferência em 28 de fevereiro de 1934, da qual participaram líderes da SA e do *Reichswehr*, quando ele rejeitou a proposta de Röhm. A SA não iria se apossar do Exército, mas seria subordinada a ele em questões de defesa nacional. Ele também frisou, em termos gerais, as futuras tarefas que queria que o novo *Reichswehr* executasse. Já que um "espaço de habitação" precisava ser criado, e "os Poderes do Leste não nos deixariam fazer isso", como consequência, "golpes sucintos ao Oeste, depois ao Leste, poderiam ser necessários".[23]

Essa foi uma admissão estarrecedora para que Hitler a fizesse abertamente numa conferência, e, como posteriormente escreveu Field Marshal Weichs, "é quase milagroso que essa profecia de 1934 nunca tenha se tornado conhecida".[24] Mas Weichs acreditava que "já que o soldado estava acostumado a nunca levar as palavras dos políticos muito a sério", na época, essas "profecias de guerra" não eram encaradas com o "valor aparente".

É claro que há outra possível interpretação da quietude do Exército, na conferência de 28 de fevereiro – que era a decisão de Hitler combinar as ambições da SA e o anúncio de suas ambições militares mais amplas, como tentativa deliberada de suprimir qualquer oposição vinda do Exército, em relação aos seus objetivos de longo prazo. Pois os líderes do Exército alemão teriam dificuldade de contestar os futuros planos vagos de Hitler de expansão, simultaneamente à acolhida de sua opressão à SA.

Röhm, como era de se esperar, ficou extremamente infeliz com a decisão de Hitler de posicionar a SA sob o controle do Exército em caso de futuros conflitos. E, ao longo dos meses seguintes, houve boatos de que a SA talvez estivesse planejando assumir a questão com as próprias mãos – talvez, via golpe. Depois de um encontro com Hitler, em 7 de junho de 1934, Röhm anunciou que estava tirando uma licença médica e que os soldados combativos também deveriam tirar uma folga, e estariam prontos para regressar ao serviço em 1º de agosto. Ele terminou sua carta com as palavras: "A SA é e continua sendo o destino da Alemanha".[25]

Essa certamente não era uma visão compartilhada por Adolf Hitler. A essa altura, a SA era uma força decisiva que não estava ajudando Hitler em seu intuito de dar um salto da mera liderança do Partido Nazista para capturar os corações de todos os "verdadeiros" alemães, como líder da nação inteira. E para ele, havia uma urgência particular para o problema Röhm, já que estava claro que o presidente Hindenburg não viveria muito. Quando morresse Hindenburg, Hitler queria associar os cargos de chanceler do Reich e presidente, de modo a se tornar o líder político da Alemanha e chefe de Estado, mas a oposição da elite alemã – principalmente do *Reichswehr* – talvez impedisse que essa transição ocorresse de maneira suave.

Esse perigo ficou aparente demais em uma declaração pública feita em junho de 1934 por Franz von Papen. Em um discurso na Universidade de Marburg, ele disse que "o governo tem que representar o povo como um todo, de forma alguma ser um expoente somente para grupos específicos; de outro modo, irá fracassar em seu intuito de construir a comunidade nacional".[26] Ele alertou quanto a uma "segunda onda" de revolução e afirmou que: "O governo está bem ciente do egoísmo, da ausência de princípios, da insinceridade, do comportamento descortês, da arrogância que vem crescendo sob o disfarce da revolução alemã". Ele disse que as pessoas seguiriam o *Führer*, mas não se "cada palavra de crítica" fosse "imediatamente interpretada como maliciosa".

A reação de Hitler à declaração de Papen foi previsível. A distribuição do discurso foi banida e o coautor das palavras de Papen, de alerta e crítica, Edgar Jung, foi posteriormente preso e morto. Mas Hitler sabia que von Papen também estava verbalizando as preocupações de um grande segmento da população alemã. Mais importante, ele estava expressando as apreensões de duas pessoas cuja opinião era muito importante para Hitler: o presidente Hindenburg e o general Blomberg. Eles lhe disseram, em 21 de junho, que ele deveria "levar os agitadores revolucionários... à razão",[27] ou a "experiência Hitler" cessaria.

Heinrich Himmler e seu ambicioso subordinado Reinhard Heydrich agora agarravam a chance de obter mais influência e poder, ao dizerem a figuras seniores do Exército que Röhm estava planejando um golpe. Logo surgiu uma série de boatos, enquanto as unidades do Exército alemão entravam em estado de alerta cada vez maior e os líderes da SA faziam o mesmo, ao ouvirem a respeito das ações do Exército. Isso chegou ao ápice em 26 de junho, quando uma "ordem" foi encontrada pela organização da inteligência militar, a *Abwehr*, que parecia vir de Röhm, avisando a SA que se preparasse para um ataque do Exército.[28] Muito provavelmente foi forjado – Röhm e seus camaradas não estavam planejando um golpe. Sim, eles estavam insatisfeitos com o ritmo da "revolução" e queriam muito mais poder, mas permaneciam leais a Hitler. No entanto, Röhm teve um julgamento muito equivocado. Ele subestimou grosseiramente a proporção e a natureza dos inimigos que se voltaram contra ele. Da liderança da SS à liderança do Exército alemão; da tradicional elite alemã até os negociantes locais, que eram provocados pelos soldados combativos: todos ficariam felizes em ver Röhm desaparecer.

Hitler decidiu confrontar os líderes da SA em seu hotel de veraneio, em Bad Wiesse na Bavária. Foi uma decisão que já vinha sendo tomada há muito tempo. Desde janeiro, ele havia pedido que a Gestapo monitorasse as ações da SA e lhe relatasse exemplos de mau comportamento.[29] Então, no início da manhã de 30 de junho de 1934, ele finalmente agiu. Liderou um grupo de seus camaradas mais próximos ao quarto de hotel de Röhm, no primeiro andar do Hotel Hanselbauer. Röhm, ainda na cama, olhou para cima e disse a Hitler, "sonolento"[30], "*Heil, mein Führer*". Hitler gritou que ele estava preso, virou e saiu. Heines, oficial *Obergruppenführer* da SA, num quarto próximo, foi encontrado na cama com um soldado de 18 anos. Outros, a quem julgaram estar envolvidos nos "esquemas de Röhm", foram presos e mantidos temporariamente na lavanderia do hotel, antes de serem levados para a prisão de Stadelheim, em Munique.

Simultaneamente, em Berlim, Göring organizou não somente o recolhimento das figuras-chave da SA, mas também o assassinato de outros oponentes ao regime. Dívidas antigas foram brutalmente acertadas. O general Schleicher e sua esposa foram mortos, assim como Gregor Strasser e uma porção de outros. Ninguém sabe exatamente o número de mortos, mas calculam-se pelo menos 150 – incluindo Ernst Röhm, que, tendo declinado a oportunidade de se suicidar, foi alvejado em sua cela por dois homens da SS.

"A Noite das Facas Longas", como ficou conhecido o episódio, foi um exemplo estarrecedor da absoluta derrocada do exercício da lei na Alemanha. Nenhuma das vítimas presas foi julgada na corte. Nenhuma das provas alegadas contra elas foi verificada. A nenhuma delas foi dada a chance de falar em defesa própria. Ainda assim, a decisão de Hitler de ordenar o assassinato de tantos de seus velhos camaradas foi amplamente acolhida. O general Blomberg, numa declaração feita em 1º de julho, disse: "O próprio *Führer*, com uma decisão militar e notável coragem, atacou e destruiu os traidores e assassinos."[31] O presidente Hindenburg disse que era grato, porque as "intrigas traiçoeiras" tinham sido "arrancadas pela raiz" e que Hitler tinha "salvado a nação alemã de sérios perigos".[32] Em um escalão inferior da estrutura de comando, a opinião de Karl Boehm-Tettelbach, oficial da Força Aérea, foi típica: "Aquilo foi descrito como uma revolta contra Hitler... Como jovem oficial, lia relatos e ouvia histórias escritas no jornal e isso (o ataque à SA) parecia sensato. Se alguém inicia uma revolução e é morto logo no início, então, isso é bom."[33]

Esse foi o exemplo mais impressionante de um paradoxo no cerne do regime de Hitler. Muita gente estava amedrontada pela violência que assolava a sociedade alemã – cometida tanto pelos comunistas quanto pela SA. A maioria ansiava por paz e estabilidade. Agora, Hitler parecia prestes a apresentar essa paz e estabilidade – mas somente pelo uso de mais violência. Consequentemente, muitos que depreciavam a violência passaram a apoiá-la – até acolhê-la.

Por conta de seu controle da mídia, Hitler pôde dar uma reviravolta nos acontecimentos de 30 de junho de 1934 de forma extremamente vantajosa para ele. O fato de ter agido contra elementos do Partido Nazista possibilitou que ele se posicionasse como protetor de toda a Alemanha, e não apenas de seus interesses pessoais. A descoberta de Heines na cama com um jovem soldado, no ato da invasão do hotel *spa* da SA, e a revelação do "luxo" do qual a SA estava desfrutando, também permitiram que ele falasse em defesa da moral tradicional e à frugalidade. Em 30 de junho, após a prisão de Röhm e de outros, Hitler expediu uma ordem do dia para que o novo chefe de equipe da SA, Lutze, convocasse os líderes da SA a serem "um modelo de modéstia, e não de extravagância". Ele fez referência específica ao número de homossexuais anteriormente no topo da SA, dizendo que ele "em particular queria que toda mãe pudesse dar seu filho à SA, ao partido da Juventude de Hitler, sem temer que ele talvez viesse a se tornar ética ou moralmente corrompido".[34]

Foi uma hipocrisia de cair o queixo. Hitler era cercado de líderes nazistas como Hermann Göring, que não tinham nada de exemplo de "modéstia e não extravagância", e a existência de homossexuais em cargos de liderança da SA era de total conhecimento, muito antes da chegada de Hitler em Wiessee, em 30 de junho de 1934. "Nós já sabíamos sobre *Obergruppenführer* Heines", conta o ex-soldado Wolfgang Teubert, "seu adjunto sempre era citado como '*Fräulein* Schmidt'. Mas isso não chegava a nos incomodar muito, nós tínhamos outras coisas em que pensar".[35] O próprio Hitler havia anteriormente ignorado os que tocavam no assunto da homossexualidade de Röhm. Emil Klein,[36] um líder da Juventude de Hitler, por exemplo, havia acompanhado anos antes um dos comandantes da SA de Munique a uma reunião com Hitler, na qual a homossexualidade de Röhm havia sido mencionada, mas o *Führer* parecera despreocupado com a notícia. No entanto, agora Hitler estava assumindo a postura de modelo de retidão.

Tudo isso contribuiu para um vácuo na percepção de muitos alemães: os nazistas, de um lado, e Hitler, do outro. Afinal, como eles poderiam argumentar? Hitler não tinha demonstrado sua lealdade à Alemanha ao atacar os "maus" nazistas? Essa lógica distorcida – já que Hitler tinha explicitamente atuado fora da lei, tendo anteriormente tolerado muitos dos "abusos" que ele agora condenava – era principalmente encontrada nas mentes de muitos oficiais do Exército, como Johann-Adolf Graf von Kielmansegg. "Para o Exército, você precisa fazer uma distinção clara e isso serve para todo o Terceiro Reich, entre Hitler... e o comportamento e o programa dos nazistas. Isso (o comportamento e programa dos nazistas) foi rejeitado, mesmo antes da guerra... Mas Hitler, não."[37]

Os benefícios práticos para Hitler, quanto às suas ações contra a SA, foram imediatos e substanciais. Quando o presidente Hindenburg morreu, em 2 de agosto de 1934, pouco mais de um mês após o assassinato de Röhm e dos outros, Hitler foi confirmado, por aclamação, como chanceler e chefe de Estado, tendo sido abolido o posto de presidente do Reich. Então, em 20 de agosto, todos os membros das Forças Armadas e todos os oficiais públicos fizeram um juramento de lealdade a Hitler, pessoalmente, como "*Führer* do Reich Alemão".

Conforme relembra Karl Boehm-Tettelbach, que fez seu juramento como oficial da Força Aérea, isso foi algo muito sério: esse juramento "me acompanhou a vida inteira, até o fim. Quer dizer, um juramento é um juramento... não posso quebrar, do contrário, eu talvez (precise) recorrer ao suicídio". Ou, como simplesmente afirma Johann-Adolf Graf von Kielmansegg: "Um oficial alemão não quebra um juramento feito diante de Deus."

Assim que Hitler se tornou o comandante supremo das Forças Armadas e chefe de Estado, um fenômeno verdadeiramente notável ocorreu na Alemanha. Entre 1934 e 1938, apesar de ter gastado quantias sem precedentes em armamentos, apesar das inúmeras dificuldades econômicas e políticas, apesar de o Partido Nazista frequentemente conduzir uma série de batalhas e discussões no governo quanto a quem seria responsável pelo que, apesar da criação dos campos de concentração e da perseguição às minorias, apesar de tudo isso e muito mais, Adolf Hitler cresceu em poder e prestígio, até receber um nível de adulação incomparável na história europeia moderna.

Um motivo crucial para essa transformação foi a criação de uma aura carismática ao redor de Hitler – uma aura cuja legitimidade era supostamente baseada em fontes científicas e quase religiosas. Essa mescla de uma justificativa antiquíssima para uma liderança carismática (o endosso espiritual) e uma justificativa moderna (a ciência) era nova.[38] E foi extremamente bem-sucedida.

Joseph Goebbels, ministro da propaganda nazista, considerava a elaboração consciente da "imagem" de Hitler como uma de suas maiores realizações. Ele frisou, em dezembro de 1941, que "por meio da criação do mito do *Führer*, Hitler tinha recebido a áurea da infalibilidade, e o resultado era a mudança de muitos que faziam questionamentos ao partido, após 1933, e agora tinham total confiança em Hitler".[39]

Goebbels certamente não subestimava suas habilidades pessoais. Ele disse a Wilfred von Oven, seu ajudante na época de guerra, que ele trabalhava "quase 20 horas por dia; e alegava que podia sobreviver a quatro horas de sono (por noite), assim como ocorria com Frederico, o Grande, e outros grandes homens".[40] Ainda segundo von Oven, Goebbels "tinha uma grande necessidade de reconhecimento... Mas eu sempre digo que não há nada errado em ter a necessidade de reconhecimento, quando se é suficientemente talentoso".

Mas ao reivindicar crédito pela "criação do mito *Führer*", Goebbels estava exagerando sua própria contribuição para o sucesso de Hitler, porque o próprio Hitler interpretou o papel mais importante na criação de seu próprio mito. Hitler sempre entendeu a importância da propaganda e acreditava saber, melhor que ninguém, como ele e o partido tinham de ser retratados – é importante dizer que seu primeiro emprego no Partido Alemão dos Trabalhadores foi de chefe de propaganda. Hitler, tanto quanto Goebbels, compreendia que um líder carismático precisa ter distância do mundo do trabalho diário comum, que ele tem de parecer isento dos anseios pelos relacionamentos próximos e que precisa se apresentar como "infalível". Acima de tudo isso, Hitler percebeu que o retrato de si mesmo, à margem do modelo normal da humanidade, lhe dava espaço para que os outros projetassem nele as suas próprias necessidades e desejos. Foi nessa interação que ocorreu uma transferência de grande consequência. Os seguidores de Hitler se tornaram mais confiantes e ganharam autoestima, por conta da fé que tinham nele. Havia a crença de que Hitler dava um significado especial às suas vidas. Essa é uma explicação para o tipo de bajulação feita por Göring em 1934: "Há algo místico, inexpressível, quase incompreensível nesse homem... Nós adoramos Adolf Hitler, pois acreditamos firme e profundamente que ele nos tenha sido mandado por Deus, para salvar a Alemanha... Não há qualidade que ele não possua, no mais alto grau... para nós, o *Führer* é simplesmente infalível em todas as questões políticas e todos os outros assuntos que digam respeito aos interesses nacionais e sociais do povo."[41]

Será que Göring realmente achava que Hitler possuía todas as qualidades humanas "no mais alto grau"? Ele certamente era cínico e durão o bastante para reconhecer que era de seu próprio interesse dizer que acreditava. Mas Göring – que abominava o conceito de democracia – também era profundamente predisposto a acreditar no valor de um único líder "infalível", e ele percebeu que esta crença o absolvia do fardo da responsabilidade máxima pelas suas próprias ações.

A ideia do *Führer* como uma força libertadora quase mística permeia o filme mais famoso e influente já feito sobre Hitler: *Triunfo da vontade*, de Leni Riefenstahl. Filmado em 1934, num comício do Partido Nazista, em Nuremberg, a obra pretendia ser um "documentário" – mas, na verdade, ela foi concebida e estruturada como qualquer obra de ficção. Vale mencionar que a produção do filme não foi controlada por Goebbels. Estranhamente, Riefenstahl trabalhou diretamente com Hitler, na elaboração do filme. Hitler até sugeriu o título.[42]

Riefenstahl não era nenhuma observadora neutra de Hitler – na verdade, ela foi cativada por ele. "Eu tive uma visão quase apocalíptica, da qual jamais me esquecerei", ela escreveu, após vê-lo falar em um comício eleitoral, alguns anos antes. "Foi como se a superfície da Terra estivesse se abrindo à minha frente, como se um hemisfério subitamente se abrisse no meio, jorrando um imenso jato d'água tão forte que tocava o céu e sacudia a terra."[43]

Riefenstahl agora tentava transmitir essa mesma "visão apocalíptica" ao grande público. E a julgar pelas cenas de abertura do filme, mostrando o avião de Hitler sobrevoando Nuremberg, e sua chegada, como um quase messias vindo do céu, a intenção do trabalho fica óbvia – demonstrar a natureza especial do *Führer.* Ele é retratado como um homem só, separado das multidões de partidários. As imagens da suástica, o uso de fogo nos rituais, as palavras encantadas repetidas – tudo é destinado a despertar associações com um ritual religioso. Mas as imagens de *Triunfo da vontade* não eram simplesmente pseudorreligiosas, elas também traziam um atrativo moderno poderoso. Esse não era um rito religioso que admitia todos para o culto – os doentes e os velhos estavam ausentes –, mas era uma demonstração do puro poder da natureza, contendo apenas adultos vigorosos e jovens à vista. Dessa forma, o nazismo foi apresentado ali como algo enraizado numa combinação de pseudorreligião e ciência pseudodarwiniana.

Eventos como o comício do partido apresentado em *Triunfo da vontade* permitiram que milhares de pessoas absorvessem a presença de Hitler. Como escreveu William Shirer, jornalista americano que participou do comício de 1934: "E ali, na noite banhada pela luz, espremidos como sardinhas, numa massa, os homenzinhos da Alemanha, que fizeram o nazismo possível, alcançaram o maior estado de ser conhecido por um homem germânico: o despojo de suas almas e mentes individuais – com as responsabilidades, dúvidas e problemas – até que sob as luzes e o som das palavras mágicas do austríaco, eles se fundiram completamente no rebanho germânico".[44]

A crença de Shirer, de que "a maior prova de ser conhecido como um homem germânico" era o "despojo de suas almas e mentes individuais", era uma convicção comum na época (e hoje, não é desconhecida). O fato de haver razões para que os alemães da época talvez fossem particularmente suscetíveis à ideia de liderança por um "herói" individual já tinha sido discutido. Porém, o perigo de levar essa noção longe demais é que ela minimiza a personalidade ímpar de Hitler. Sim, a direção do comício de 1934 teve seu papel, porém, mais importante era a personalidade do líder. Esse foi um ponto que George Orwell – um dedicado antinazista – reconheceu melhor que qualquer um. Em sua crítica brilhante de *Mein Kampf*, ele escreveu sobre a "atração" da personalidade de Hitler, que sentiu ser "sem dúvida, esmagadora, quando se ouve um de seus discursos".[45] Orwell sustentava que "o fato é que há algo profundamente atraente nele. Pode-se sentir isso novamente olhando suas fotografias – é um rosto patético, parecido com um cão, o rosto de um homem sofrendo por injustiças intoleráveis. De um modo mais másculo, ele reproduz a expressão de inúmeros quadros de Cristo crucificado, e resta pouca dúvida de que é assim que Hitler vê a si mesmo".

Orwell corretamente enfatizou o aspecto do "sofrimento" que Hitler retratava, pois uma parte importante do atrativo do líder austríaco era sua alegação de que a Alemanha havia "sofrido" e ele estava destinado a endireitar essa injustiça terrível. Ademais, comícios como o de Nuremberg, em 1934, atraíram um imenso número de alemães porque eram contra muitas das suposições cômodas da época, conforme explica Orwell: "Hitler, por sentir isso com extrema força em sua mente sem alegria, sabe que os seres humanos não querem apenas consolo, segurança, jornadas curtas de trabalho, higiene, controle de natalidade e, em geral, bom senso; eles também querem, pelo menos de modo intermitente, a luta e o sacrifício pessoal, sem mencionar tambores, bandeiras e demonstrações de lealdade."[46]

Acima de tudo, o que Hitler oferecia a seu público era a redenção. Em todos os seus discursos, ele falava menos de diretrizes e mais de destino. Segundo ele, era um privilégio viver em uma época tão determinante da história. Os nazistas estavam em uma "cruzada esplêndida", que "viria a ser um dos fenômenos mais milagrosos e notáveis da história mundial".[47] Pode haver uma estrada dura pela frente, dizia Hitler, mas a jornada futura oferece a todo alemão a chance de encontrar significado para suas vidas. Consequentemente, Hitler sugeria que os alemães eram especiais não somente por serem racialmente superiores, mas por terem nascido naquele tempo, com grandes tarefas pela frente.

"Quão profundamente agora sentimos, mais uma vez, o milagre que nos uniu!"[48], Hitler disse a uma aglomeração de líderes nacional-socialistas, em Nuremberg, em setembro de 1936. "Vocês vieram a esta cidade, vindos de seus pequenos vilarejos, de suas cidades agrícolas, de minas e fábricas, de trás da charrua. Vieram de suas rotinas diárias e de sua labuta pela Alemanha, para compartilhar este sentimento: nós estamos juntos... e agora somos a Alemanha!" Mais cedo, naquele dia, em um discurso extraordinário para um grupo de mulheres da *NS Frauenschaft* ("Liga Nazista Feminina"), Hitler tinha alegado que as crianças alemãs "não pertencem somente às suas mães, mas também pertencem a mim". Hitler quis dizer que havia uma ligação quase mística entre ele e essas crianças alemãs.

Jutta Rüdiger, que viria a se tornar líder da Liga das Meninas Alemãs do Reich, apenas um ano depois que Hitler fez esse discurso, diz que ela "ainda se impressiona profundamente" pelo feito de Hitler, ao unificar os alemães (ou, pelo menos os alemães que os nazistas consideravam "arianos") em torno de uma comunidade: "Se você olhar o povo alemão através do tempo – a forma como brigavam uns com os outros e estão brigando outra vez –, o fato é que Hitler conseguiu juntar todos eles, quase todos, sob o mesmo teto, por assim dizer, unificá-los. As pessoas diziam que Hitler tinha o efeito de um ímã que estava sendo passado sobre as cabeças do povo alemão". E esse "ímã" parecia ter um efeito especial sobre o público feminino, conforme observou William Shirer, em Nuremberg, em 1934, quando ele se deparou com um grupo de mulheres do lado de fora do hotel de Hitler. Ele percebeu que "elas o olhavam como se ele fosse um messias, seus rostos estavam transformados em algo que de fato não era humano".[49]

Hitler sempre havia utilizado termos religiosos em seus discursos, falando de "ressurreição" do povo alemão e, como vimos, enfatizando seu compromisso com a Igreja católica na Alemanha, ao partido central, em 1933. Também assegurou-se de que o programa nazista de 1920, no ponto 24, afirmasse que o partido "representa o ponto de vista do cristianismo positivo". E, como já foi discutido, ele havia feito comentários positivos sobre Jesus, enquanto "guerreiro" contra os judeus.[50] Mas a explicação mais persuasiva dessas declarações é a de que Hitler, como político, simplesmente reconhecia a realidade prática do mundo em que habitava. Em conversa com Ludendorff, anos antes, ele disse: "Eu preciso dos católicos bávaros, tanto quanto dos protestantes prussianos, para construir um grande movimento político. O resto vem depois."[51] Se Hitler tivesse distanciado demais o seu movimento do cristianismo, seria impossível ver como ele teria sido bem-sucedido em uma eleição livre. Consequentemente, esse relacionamento em público com o cristianismo – na verdade, seu relacionamento com a "religião", de maneira geral – era oportunista.

Não há provas de que o próprio Hitler, em sua vida pessoal, jamais tenha expressado qualquer crença nos princípios básicos da Igreja cristã. Uma vez, ele disse a Albert Speer: "Sabe, foi um infortúnio nosso ter a religião errada. Por que não temos a religião dos japoneses, que encaram o sacrifício pela pátria como o bem mais nobre? A religião de Maomé teria sido muito mais compatível conosco do que o cristianismo. Por que tinha de ser o cristianismo, com sua humildade e frouxidão?"[52]

Tudo isso tornou o crescente papel quase religioso de Hitler no Estado nazista particularmente intrigante. As hordas de alemães que viajavam – quase como peregrinos – para homenagear Hitler em seu lar, acima de Berchtesgaden; os milhares de pedidos pessoais que eram enviados a Hitler, na chancelaria do Reich; a iconografia pseudorreligiosa dos comícios de Nuremberg; o fato de que às crianças alemãs era ensinado que Hitler era um "enviado de Deus" e era sua "fé" e "luz"[53] – tudo isso fazia referência ao fato de que o *Führer* era visto menos como um político normal e mais como um profeta imantado pelo divino. Para Wilhelm Roes, que cresceu no começo do regimento nazista, Hitler "era o próprio Deus. Toda a mídia de certa forma o glorificava. E nós, jovens, acreditávamos em tudo aquilo; você sabe, éramos imbecis. Quando olho para os meus netos, vejo que éramos muito estúpidos".[54]

Adolf Hitler se tornou objeto de adoração de milhões. E a prova é que em seus pronunciamentos públicos, durante os primeiros anos no poder, ele gradualmente mudou a ênfase que dedicava às noções tradicionais do cristianismo para uma ideia menos precisa de "Providência". Memoravelmente, em um discurso de 1936, frisou que "nem ameaças, nem alertas irão me impedir de seguir meu caminho. Eu sigo o caminho que me foi designado pela Providência, com a certeza instintiva de um sonâmbulo".[55]

Exatamente quem, ou o que, Hitler julgava ser essa Providência que "designara" seu "caminho"? Quase certamente não era o Deus cristão. Conforme Hitler disse a um grupo de líderes nazistas, em 1937, "não há acordo universal quanto à natureza específica de Deus",[56] mas "crença em Deus é um dos pressentimentos mais engenhosos e nobres do homem, que nos coloca acima dos animais". Portanto, muito provavelmente, Hitler estava usando o que via como dispositivo "engenhoso" de um ser sobrenatural, de modo a justificar seus próprios atos. Se ele estava seguindo a "Providência", então suas ações só podiam ser questionadas pela "Providência" – certamente, não por meros mortais. E como ele era a única rota para essa "Providência", podia fazer o que quisesse e alegar apoio divino. Ademais, tanto a crescente ambiguidade nos discursos públicos de Hitler quanto a sua ideia de "Providência" ter ou não algum vínculo com o cristianismo, impedia que qualquer clero, católico ou protestante alegasse alguma habilidade especial de interpretar essa afirmação de um elo direto com um ser sobrenatural.

O resultado era que a Igreja cristã estabelecida na Alemanha não sabia bem como analisar Adolf Hitler ou exatamente como agir em relação ao seu governo. Os nazistas jamais baniram a Igreja – na verdade, inúmeros nazistas-chave acreditavam nela. Erich Koch, por exemplo, disse, após a guerra: "Eu mantinha a visão de que a ideia do nazismo tinha de se desenvolver a partir de uma postura prussiana protestante básica e da Reforma inacabada de Lutero."[57]

Ao ganhar poder, Hitler, que quase certamente não compartilhava da crença de Koch, parecia preocupado, acima de tudo, com o potencial da Igreja na Alemanha – católica e protestante – como um bloco opositor às suas ambições, e não como uma força espiritual. Por alguns anos, Hitler incentivou a colocação de clérigos, que fossem explicitamente nazistas, em posições dentro da Igreja protestante alemã. Mas, até 1937, ficou óbvio para Hitler que a Igreja alemã jamais ficaria submissa como ele desejava, e a sua retórica – particular – foi ficando cada vez mais anticristã. E embora em público Hitler ainda fosse ambíguo quanto à sua posição em relação a um Deus cristão, inúmeros outros líderes nazistas manifestaram sua aversão ao cristianismo. Martin Bormann, que viria a ser secretário de Hitler; Alfred Rosenberg, um ideólogo líder do partido, e Heinrich Himmler condenavam abertamente o cristianismo. Membros do grupo de Himmler na SS não tinham permissão para dizer que não acreditavam em Deus, mas igualmente não eram incentivados a dizer que cultuavam um Deus cristão. A opção preferida era a de que eles alegassem ser "*gottgläubig*", ou "crentes em Deus", sem especificar a natureza exata do Deus em que acreditavam.

Conforme o tempo passou, os verdadeiros sentimentos de Hitler em relação ao cristianismo ficaram mais aparentes dentro da elite nazista. "O *Führer* é um homem totalmente sintonizado com a Antiguidade", escreveu Goebbels em seu diário, no dia 8 de abril de 1941. "Ele detesta o cristianismo porque ele deforma tudo que é nobre na humanidade."[58] Naquele mesmo ano, conversando com cinco de seus camaradas – incluindo Ribbentrop e Rosenberg –, Hitler disse: "Um dia, a guerra vai terminar. Então, eu deverei considerar como minha missão final a resolução do problema religioso". Declarando que "o cristianismo é uma invenção de cérebros doentes", ele disse que "a visão concreta do Além, a que a religião me força, não se sustenta com provas". Em vez disso, Hitler disse que sonhava "com um Estado em que cada homem saberia que vive e morre pela preservação da espécie".[59]

No entanto, como Hitler sabia que, se expressasse abertamente visões tão antirreligiosas, sua popularidade talvez sofresse, ele mesclava duas justificativas à sua autoridade: uma religiosa e outra científica. Por um lado, Hitler alegava legitimidade da "Providência", que milhões de cristãos alemães podiam interpretar como seu Deus; mas, por outro, ele também alegava que as leis fundamentais da natureza apoiavam suas crenças – por essa razão, as visões duplas apresentadas em *Triunfo da vontade*, da iconografia pseudorreligiosa e do poder bruto dos jovens nazistas.

De forma reveladora, Goebbels manifestou ansiedade quanto à encomenda do filme *Triunfo da vontade*. Em parte, essa preocupação foi motivada por ciúmes da diretora, Leni Riefenstahl. Como disse Fritz Hippler, que trabalhou com Goebbels, "Riefenstahl enfurecia Goebbels, porque ela foi liberada por Hitler, pessoalmente, para ser criativa em filmes sobre ele, e Goebbels não pôde dar palpite algum".[60] Porém, havia mais em sua relutância quanto a abraçar a ideia de *Triunfo da vontade* do que um simples ressentimento. Wilfred von Oven relembra que Goebbels achava "medonhos" os filmes como *Hitlerjunge Quex*, sobre um jovem da *Hitlerjugend* (Juventude Hitlerista) que tem uma visão das bandeiras nazistas revoando no céu, enquanto está morrendo.[61] Conforme Goebbels anunciou no *Völkischer Beobachter*, em fevereiro de 1934: "Se eu acreditar que existe uma postura artística honesta por trás de um filme, então irei protegê-lo... Não exijo que um filme comece e termine com as paradas socialistas nacionais. As paradas nazistas devem ser deixadas para nós, que as compreendemos melhor."[62]

Fritz Hippler explica que seu chefe, Goebbels, acreditava que "artigos em jornais, ou o que foi dito, influencia o cérebro, o consciente, a inteligência, a imaginação, embora as verdadeiras forças primárias do homem sejam movidas inconscientemente. São aquelas que ele não traz à consciência, mas que o conduzem além de seu consciente. Nessas forças primárias, a imagem em movimento funciona de forma particularmente intensa e ele gostaria de utilizar essa mídia de forma especificamente direcionada".[63] Goebbels acreditava que, para atuar de forma eficaz, a propaganda precisava possuir duas qualidades: tinha de parecer uma propaganda natural e tinha de entreter. Segundo ele disse em uma reunião de figuras seniores do rádio alemão, em março de 1933: "Primeiro princípio: evitar o tédio a todo custo. Coloco isso antes de qualquer coisa."[64]

Tudo isso significava que Goebbels tendia a desconfiar de um trabalho de propaganda como *Triunfo da vontade*. Mas depois que ele viu o filme e – mais importante – viu a reação que Hitler teve ao filme, ele o elogiou, chamando *Triunfo da vontade* de "uma visão cinematográfica magnífica do *Führer*" e frisando que "o filme tinha sido bem-sucedido em evitar o perigo de uma película meramente tendenciosa e política... um épico, consolidando o ritmo das formações em marcha, sólido em sua convicção e alimentado por um talento artístico fervoroso".[65]

No entanto, a experiência de retratar Hitler em um documentário de longa-metragem nunca mais foi repetida. Goebbels preferia uma abordagem mais discreta para gravar Hitler na psique alemã. Sua preferência em longas-metragens era não mencionar o líder nazista de forma explícita. Em vez disso, ele queria que o próprio público fizesse a ligação entre o filme que estava assistindo e seu *Führer*. Mais tarde, isso levou à encomenda de uma série de filmes históricos apresentando heróis do passado alemão, como Friedrich Schiller, Bismarck e Frederico, o Grande. Os roteiros eram cuidadosamente elaborados, de modo a formar um paralelo que pudesse ser estabelecido entre essas figuras históricas e Hitler, mas as analogias nunca eram ostensivamente exibidas. Em vez disso, a história era distorcida para que, por exemplo, Bismarck fosse mostrado agindo de maneira bem parecida com Hitler, na dissolução da democracia parlamentar.[66] Assim, segundo Fritz Hippler, em *Der große König* ("O Grande Rei"), sobre Frederico, o Grande, "o alemão que assistisse deveria pensar que havia uma situação semelhante à presente... Frederico, o Grande, deveria simbolizar Hitler".[67]

Goebbels procurou demonstrar que todas essas figuras históricas – principalmente Hitler – eram ligadas por determinados componentes carismáticos estratégicos. Nenhum deles buscou legitimidade por meios democráticos; ao contrário, de forma explícita ou implícita, eles recorreram ao conceito místico da "Providência" para justificar seus atos. Nenhum deles foi motivado por objetivos convencionais – em particular, nenhum deles procurou ganhos financeiros pessoais e todos serviram aos interesses do povo alemão, acima de tudo. Goebbels enfatizou que nesses filmes, conforme Max Weber havia escrito anos antes, essas figuras carismáticas estavam "fora dos laços deste mundo".[68]

Ademais, Goebbels queria que os membros da plateia sentissem, após assistir aos filmes, que eles próprios haviam chegado à conclusão que ele desejava. Ocasionalmente, ele discordava de Hitler, que exigia uma abordagem menos sutil. "Alguns desentendimentos sobre o filme de notícias", Goebbels escreveu em seu diário. "O *Führer* quer material mais polêmico no roteiro. Eu prefiro que as imagens falem por si, limitando o roteiro a explicações do que o público não entenderia de outro modo. Considero isso mais eficaz, porque, dessa forma, o público não vê a arte inserida."[69]

Mas não houve desentendimentos entre Goebbels e Hitler quanto à veracidade de outra das teorias de Weber – que "a autoridade carismática é especificamente instável".[70] Eles sabiam que havia pouco sentido em incentivar a população alemã a tratar Hitler como uma figura quase religiosa, se a vida do alemão mediano não melhorou sob seu regime. Hitler pedia que as pessoas tivessem "fé" e "crença" nele. Porém, ao longo dos anos, se suas intervenções e iniciativas não fossem bem-sucedidas, a fé e a crença morreriam.

Não foi por acaso que esse período do aumento da popularidade de Hitler – entre 1933 e o final de 1937 – coincidiu com uma série de triunfos políticos estrangeiros, pelos quais Hitler assumiu o crédito. Numa rápida sucessão, a Alemanha se retirou da Liga das Nações (1933), concordou com um pacto de dez anos de não agressão à Polônia (1934) e assinou um acordo naval com a Grã-Bretanha (1935). A última ação, pelos britânicos, minou expressivamente a Liga das Nações e a noção anterior de uma reação europeia coletiva ao rearmamento alemão. Então, em 1936, Hitler ordenou que as tropas alemãs retomassem a Renânia-Palatinado, região da Alemanha em que o *Wehrmacht* (como foi renomeado o *Reichswehr*, em 1935) havia sido proibido de entrar, segundo os termos do Tratado de Versalhes. Consequentemente, o orgulho nacional transbordou.

No *front* doméstico, junto com um imenso gasto em armamentos – todos produzidos em fábricas alemãs –, os nazistas conseguiram reduzir o desemprego da alta de seis milhões, em janeiro de 1933, para um milhão, em setembro de 1936, caindo para apenas 34 mil, até que explodisse a guerra, em setembro de 1939. Como pesquisas recentes mostraram, esse feito teve menos a ver com esquemas públicos superempolgados, como o programa de construção de estradas, e mais com a recuperação do setor privado da economia.[71]

Paralelamente à queda do desemprego, veio a ascensão da *Volksgemeinschaft* (a ideia da "comunidade do povo") que se manifestava não somente em eventos como o comício de Nuremberg, mas também em movimentos como o *Kraft durch Freude* ("Força através da alegria") e o *Schönheit der Arbeit* ("Beleza do Trabalho"), iniciativas instigadas por Robert Ley, chefe da Frente Trabalhista da Alemanha. A primeira foi dirigida ao tempo de lazer dos trabalhadores, com a organização de uma imensa variedade de atividades comunitárias, e a última foi uma tentativa de convencer os empregadores a oferecerem um ambiente de trabalho melhor.

O significado de tudo isso, segundo o professor Christopher Browning, é que "muito do que Hitler apresenta nos anos 1930, de certa forma, pode ser oferecido como benéfico para a vasta maioria, a custo extremo das minorias isoladas e vulneráveis. Portanto, se você é antissocial, ou se é um cigano, um judeu ou um comunista, você vai sofrer imensamente. Mas a grande maioria dos alemães se beneficia e não se sente ameaçada por nenhuma dessas coisas".[72]

Para alguém como Erna Krantz, à época uma estudante em Munique, essa foi uma época "positiva" em sua vida. "Uma raça elite estava sendo promovida", diz ela. "Bem, eu tenho de dizer que era um tanto contagiante. Dizia-se que se você repetir a um jovem, diariamente, que ele é especial, então, no fim, ele vai acabar acreditando."[73]

Mas a única forma pela qual uma "raça elite" poderia ser promovida, é claro, era por meio da exclusão das outras. E a forma pela qual Hitler se dispôs a perseguir os alemães que queria fora de seu Estado nazista revela outro aspecto-chave de sua liderança carismática. Porque, segundo o entendimento de Hitler, um inimigo pode ser o maior recurso de um líder.

Capítulo 8

A importância dos inimigos

É quase impossível superestimar a importância dos inimigos para Adolf Hitler. Inimigos não somente alimentavam o ódio que ele tinha do mundo, desde seus primeiros anos, como também proveram um elo muito necessário aos primeiros partidários do Partido Nazista. Conforme Hitler descobriu, é muito mais fácil para os líderes carismáticos se definirem por quem eles odeiam do que pelo que acreditam.

Hitler também percebeu o valor de focar em um único inimigo. Como ele escreveu em *Mein Kampf*: "Cabe ao gênio de um grande líder tornar até os adversários muito distantes uns dos outros, aparentar pertencerem a uma única categoria... a multiplicidade de adversários precisa ser sempre combinada de modo que, aos olhos da massa de apoiadores, a luta seja dirigida contra apenas um inimigo. Isso fortalece a fé no próprio direito e enfatiza o ódio contra aqueles que o atacam."[1]

No fundo de sua psique, Hitler possuía apenas um inimigo definido – os judeus. Mas muitas outras restrições políticas o impediam de agir segundo essa aversão fervorosa, da maneira drástica como ele provavelmente gostaria. Como resultado, quando a legislação foi aprovada, em 1933, para legalmente "excluir" os judeus do emprego no setor público – como o serviço civil e o Exército –, ela continha inúmeras condições e especificamente isentava alguns judeus, como os que tinham lutado na Primeira Guerra, ou que haviam perdido um filho no conflito.

Para Hitler, a vantagem de tal legislação era poder receber um apoio mais amplo, em lugar de mais medidas extremas, e seu sucesso indicava um forte e latente antissemitismo na Alemanha (apesar de que, quando os nazistas chegaram ao poder, menos de um por cento da população alemã era judaica). Por exemplo, Johannes Zahn, economista, admite que a opinião "geral" na Alemanha era de que os judeus eram desproporcionalmente representados em profissões-chave, como nas áreas de direito e medicina (o que ele não fez foi contextualizar essa estatística, já que o motivo disso era porque durante séculos aos judeus alemães havia sido negado o acesso a outros meios de emprego).

Essa sensação de que a população judaica da Alemanha representava um tipo de "perigo" era encontrada até mesmo em meio a alguns cristãos devotos. Por exemplo, Paul Althaus, teólogo protestante, disse numa palestra em 1927 que, embora rejeitasse o antissemitismo dos nazistas, ele achava que a Alemanha estava sob "ameaça" de "uma classe intelectual urbana desmoralizadora e desmoralizada, primordialmente representada pela raça judaica".[2]

Os partidários nazistas resistentes, claro, iam muito além na sua ira pelos judeus. Eles acreditavam que aquelas primeiras tentativas de legislar mantendo os judeus fora de posições influentes eram ineficazes contra um povo que eles descreviam como "o inimigo número um do mundo". Como resultado, atos espontâneos de perseguição contra judeus alemães continuaram a ocorrer. Lucille Eichengreen foi uma das que sofreram. Ela cresceu numa família judia, em Hamburgo, durante os anos 1930, e logo que Hitler assumiu o poder, as outras crianças de sua quadra pararam de falar com ela e a irmã. Jogavam pedras nelas no caminho da escola. "Havia um medo constante", conta ela. E assim como a ameaça física, vieram os danos psicológicos causados pelo ostracismo e o abuso. "Era muito desagradável ser ridicularizada, xingada; ver as crianças que costumavam brincar conosco (agora) vestindo uniformes marrons e brancos (da Juventude Hitlerista). Não havia 'bom dia', nem 'boa noite', só se falava '*Heil* Hitler!' Para uma criança, era realmente assustador. Era algo que não dava pra entender, porque você só se perguntava: por quê? Aquilo não fazia sentido."[3] A experiência de Lucille não foi incomum. Judeus alemães podiam até ser física ou verbalmente atacados pelos nazistas linha-dura se tentassem nadar numa piscina pública, ou visitar uma pista de patinação pública.

Esses ataques não controlados aos judeus causavam preocupação a Hjalmar Schacht, ministro nazista das Finanças. No verão de 1935, ele declarou que esse mergulho na "isenção da lei" estava colocando "a base econômica do rearmamento em risco".[4] Johannes Zahn, que conhecia Schacht, concorda que, embora o ministro nazista das Finanças nunca tenha "manifestado pressão" contra o princípio básico nazista de remover o povo judeu da vida pública e de profissões como em bancos, ele "demonstrava muita pressão em favor de ter procedimentos e leis regulados, para não permitir extremos".[5]

No comício do partido, em Nuremberg, em setembro de 1935, Hitler anunciou duas novas leis, rapidamente aprovadas: a "Lei da Proteção ao Sangue Alemão e à Honra Alemã", que declarava ilegais contato sexual e o casamento entre judeus e não judeus, e a "Lei da Cidadania do Reich", que excluía os judeus da cidadania alemã. No entanto, Hitler negligenciou especificar como um "judeu" seria definido. Em consequência, como uma definição "racial" do judeu era impossível de se estabelecer, os nazistas usaram uma definição religiosa. Um judeu "pleno" era alguém com três avós que pertencessem à comunidade judaica.

Essa definição ia contra a crença fervorosa de Hitler de que os judeus eram uma "raça". Mas, ainda assim, o tempo que os nazistas passaram definindo quem era judeu e quem não era, algo que em seguida seria crucial para determinar quem viveria e quem morreria, demonstrou, mais uma vez, o fanatismo da abordagem de Hitler. Não importava se um judeu alemão tivesse um valor econômico enorme para o Estado – o mais brilhante cientista, ou um inventor –, ele ou ela ainda seria excluído da cidadania alemã e de uma porção de outros direitos se fosse estabelecida sua categoria de judeu. Isso também ilustra como na perspectiva de Hitler os judeus eram um inimigo extremamente útil. A vasta maioria dos alemães sabia que não era judia e, portanto, estava relativamente a salvo da perseguição. Para um líder carismático como Hitler, quanto mais inimigos houvesse para usar na propaganda, mais claramente o inimigo ficaria definido como minoria. A grande massa da população saberia de sua exclusão e isso seria melhor para ele.

Então, Hitler conseguiu tomar essa ideia de "inimigo único" e dar uma reviravolta – ele entremeou seu ódio pelos judeus com o ódio pelo regime de Stalin, na União Soviética, no intuito de criar um inimigo gigante. Em um discurso em Nuremberg, em 13 de setembro de 1937, ele disse explicitamente que o "mundo enfrentava um ataque geral abrangente",[6] em escala épica, um ataque que era liderado pelos "governadores do bolchevismo judaico de Moscou". Esses "governadores" eram, segundo Hitler, "uma associação internacional de judeus bolchevistas incivilizados" que tentavam, entre outros abusos, causar uma revolução na Espanha. Ele lembrou a seu público que os líderes da revolução em Berlim e Munique, após a Primeira Guerra, tinham sido judeus.

Na verdade, não havia qualquer prova de que Stalin estivesse atuando em conjunto com um grupo judeu – mas a retórica de Hitler era tão convicta, tão persuasiva, que isso influenciou muitos dos que ouviram. Para Hitler, uma das muitas vantagens de alegar que havia uma "conspiração" secreta mundial entre judeus era que quaisquer inconsistências em sua visão poderiam ser explicadas, ao dizer que os judeus procuravam confundir e esconder "a verdade". Para um jovem como Johannes Hassebroek, esse tipo de raciocínio provia um meio fácil de entendimento do mundo. Ele disse que era "cheio de gratidão"[7] pela "orientação intelectual" que lhe tinha sido dada. Antes de se juntar aos nazistas e depois à SS, ele e seus camaradas haviam sido "desnorteados". Eles "não compreendiam" o que estava acontecendo em volta, já que "tudo estava tão confuso". Mas agora eles foram providos de "uma série de ideias simples" que conseguiam entender e nas quais podiam acreditar.

Jutta Rüdiger, que em 1937 era líder da Liga de Meninas Alemãs Nazistas (a BDM), diz que Hitler "falava aos jovens de forma tão simples e compreensível – e eu acho que isso era seu dom – que eles podiam compreendê-lo perfeitamente, até uma pessoa muito simples podia entender o que ele estava dizendo".[8] E ao se expressar desse modo facilmente compreensível, Hitler podia inspirar confiança em estar falando a verdade quanto à sua visão racista do mundo. "Uma vez, por exemplo", explica Jutta Rüdiger, "ele disse: 'Bem, na África, as pessoas podem simplesmente deitar embaixo de uma bananeira' – isso talvez tenha sido um pouquinho de exagero, mas, mesmo assim – 'e as bananas crescem para dentro de suas bocas. Mas aqui na Alemanha, nós temos de ter mantimentos para o inverno. Precisamos ter carvão e batatas guardados no porão, e temos de trabalhar para isso'."

A cada ano que Hitler permanecia no poder e forçava um rearmamento maior, ele enfocava mais e mais no objetivo que expressara em *Mein Kampf* de tomar territórios da União Soviética, para criar um vasto império nazista no leste. Para aqueles que, na época, observavam Hitler trabalhando e em horas de lazer, como Herbert Döhring, que foi gerente da SS na casa de Hitler, em Berghof, na Bavária, era óbvio como o *Führer* via a si mesmo. "Ele se via como o salvador do mundo ocidental, pois, naquela época, sob o regime de Stalin, o comunismo era muito forte. E ele sentia que tinha sido chamado para fazer algo para salvar o mundo ocidental."[9]

Em 1936, um ano antes do discurso em Nuremberg, no qual ele falou dos perigos que brotavam da liderança "judaico-bolchevista", em Moscou, Hitler tinha apresentado uma visão apocalíptica semelhante em um memorando secreto – só que, dessa vez, ele expressou abertamente que acreditava que o destino da Alemanha era confrontar a União Soviética, militarmente. Até nesse memorando, ele ligava a liderança soviética a uma conspiração judaica, demonstrando, se alguém ainda duvidasse, que ele verdadeiramente acreditava nessa ideia maluca. "Desde que irrompeu a Revolução Francesa", escreveu ele, novamente mostrando que história havia sido sua matéria favorita na escola, "o mundo vem se deslocando com uma velocidade cada vez maior rumo a um novo conflito", que seria causado pela necessidade de evitar que o "bolchevismo" tentasse substituir os líderes atuais da sociedade, com sua "judeuzada ao redor do mundo".[10]

Esse memorando foi muito além do discurso que ele pronunciou em público, no ano seguinte, em Nuremberg. Hitler, assim como Goebbels, entendia que a opinião pública tinha de ser manipulada lentamente, ao longo do tempo. "A propaganda é como um comboio na guerra", Goebbels disse a seu assessor de imprensa, Wilfred von Oven, "que precisa seguir seu caminho até o alvo, sob forte proteção militar. Ele tem que ajustar sua velocidade de marcha para ser compatível com a unidade mais lenta".[11]

Durante uma das reuniões, cada vez mais raras, o conteúdo do memorando de Hitler foi compartilhado com o gabinete, em 4 de setembro de 1936. Göring, com sua inclinação para o confronto, anunciou que o memorando de Hitler "começa com a premissa básica de que o conflito final com a Rússia é inevitável"[12] e a Alemanha precisava continuar a se preparar para a guerra. O tom de Göring era de descontração e confiança, cuja base estava na fé suprema na liderança carismática de Hitler. Todos esses planos poderiam ser realizados, disse Göring, pois "por meio da genialidade do *Führer* as coisas aparentemente impossíveis rapidamente se tornam realidade".[13]

Esse era o tipo de postura "tudo consegue" bem típica de Göring – o arquétipo do aventureiro. "De todos os grandes líderes nazistas, pra mim, Hermann Göring foi, de longe, o mais simpatizante", escreveu Sir Nevile Henderson, embaixador britânico em Berlim, a partir de maio de 1937. "Em qualquer crise, como na guerra, ele era um tanto implacável. Uma vez, disse-me que os britânicos a quem mais admirava eram os que ele descrevia como piratas, tais como Francis Drake, e ele nos repreendia por termos nos tornado excessivamente 'desbrutalizados'. Na verdade, ele próprio era um pirata brutal, mas possuía certas qualidades atraentes, e eu tenho de ser franco e dizer que, pessoalmente, gostava dele."[14]

Em outubro de 1936, Göring foi indicado para chefiar um plano de quatro anos designado a preparar a Alemanha para a guerra, aumentando os gastos em armamentos, diminuindo a dependência da Alemanha em relação à matéria-prima estrangeira, e fazer tudo isso mantendo a vida da população em um nível aceitável. Era uma tarefa que estava além da habilidade do economista mais talentoso, muito menos de um ex-piloto combatente que alegremente confessou não saber nada de economia, mas possuir uma "determinação desenfreada".[15]

Apesar das deficiências intelectuais óbvias, Göring era de imenso valor para Hitler. Desde o primeiro momento em que ele conheceu Hitler, em 1922, aceitou sua liderança carismática. Como resultado, ele foi admitido nos círculos ao redor de Hitler, que sabiam que o *Führer* pretendia provocar um futuro conflito. Outro que tinha ciência da magnitude dos acontecimentos antes de sua ocorrência era Walther Darré – como Göring, um dedicado nazista linha-dura –, que anunciara anteriormente, em 1936, aos oficiais do *Reichsnährstand*, Estado Nacional do Alimento, que "a área natural para colonização do povo alemão era o território a leste das fronteiras do Reich, acima do Ural, fazendo fronteira ao Sul com o Cáucaso, o Mar Cáspio e o Mar Negro e a bacia que dividia o Mediterrâneo do Báltico, e no Mar do Norte. Nós vamos colonizar esse espaço, segundo a lei que diz que o povo superior sempre tem direito de conquistar e possuir a terra do povo inferior".[16]

Hitler sabia que no governo havia aqueles que, ao contrário de Göring e Darré, não compartilhavam a crença em sua genialidade carismática – o ministro das Finanças, Hjamlar Schacht, por exemplo, viu seu poder encolher, como resultado de brigas sobre jurisdição, com oficiais que trabalhavam no Plano de Quatro Anos. Ele se demitiu do cargo de ministro das Finanças, em 1937, e acabou sendo substituído pelo maleável nazista Walther Funk. No entanto, em qualquer tentativa de confrontar seus inimigos gêmeos (ou, como ele os via, seu inimigo único compactado) do judaísmo e bolchevismo, Hitler percebeu que o grupo de poder mais importante com o qual ele tinha de lidar era o Exército. Ele já tinha ganhado confiança e admiração de Werner von Blomberg, ministro da Defesa, após a eliminação de Röhm e da SA. De fato, Blomberg quase passou a louvar Hitler como herói. Karl Boehm-Tettelbach, que foi adjunto de Blomberg durante os anos de 1930, relembra como seu chefe regressava energizado de reuniões com Hitler, elogiando todas as ideias do *Führer* – grandes e pequenas. "Por exemplo",[17] relembra Boehm-Tettelbach, "Hitler estava pensando em sua carreira como soldado da Primeira Guerra... (e como) havia um capitão, num cavalo, à frente de 100 ou 110 pessoas, carregando uma mochila pesada. 'Esse não é o modo de conduzir uma guerra moderna', (disse Hitler). Ele (o capitão) deveria caminhar e seu cavalo deveria puxar um carrinho com as mochilas pesadas." Blomberg ficou admirado com isso e literalmente todas as outras sugestões de Hitler.

O antissemitismo fundamental de Hitler e dos nazistas não era de muita consequência para Blomberg e o resto da liderança do Exército. Ludwig Beck, por exemplo, chefe de equipe do Exército alemão, escreveu a um amigo dizendo que a decisão de expulsar ou não os judeus das associações de veteranos do Exército "deveria ser deixada primordialmente ao discernimento do respectivo membro".[18] Ele também frisou que "eu também estou ciente de que, em vários casos, ex-oficiais da reserva, que não são arianos, saíram voluntariamente das associações, de modo a não se exporem, nem aos outros, a quaisquer inconveniências". Beck, consequentemente, tentou transformar o antissemitismo dos nazistas em um teste de boas maneiras.

"Certa sensação de antissemitismo ainda persiste hoje em dia, na Inglaterra, França, Itália e Alemanha", diz Johann-Adolf Kielmansegg, na época um jovem oficial do Exército. "Mas isso não tem nada a ver com o conceito fundamental do extermínio dos judeus... e essas medidas gradualmente acirradas contra os judeus (durante os anos 1930) não permitiram que ninguém visse no que resultaria."[19] No entanto, as ações da liderança do Exército em apoio ao regime nazista, durante esse período, foram bem mais longe do que o antissemitismo "tradicional" que Kielmansegg menciona. Comandantes do alto escalão, como Ludwig Beck, aceitaram que os oficiais recebessem instruções de "higiene racial" e "biologia racial",[20] em linha com a ideologia nazista.

Mas, em princípio, embora oficiais como Blomberg e Beck tivessem concordado com Hitler sobre a ameaça do bolchevismo, e também quanto à Alemanha se esforçar para ser mais autossuficiente – mesmo que para isso, um dia, talvez fosse necessário tentar a expansão no Leste, em busca de um império –, isso estava bem distante de impor um cronograma específico para realizar essa meta. A esse respeito, Hitler pôde usar seu antigo desejo de "consertar as injustiças de Versalhes", como uma cortina de fumaça para ocultar o seu desejo de combater o bolchevismo em solo soviético. Pois embora as consequências práticas de uma invasão à União Soviética nos anos seguintes talvez amedrontassem alguns oficiais alemães, uma tentativa de revogar os termos do Tratado de Versalhes era muito menos aterrorizante. Ludwig Beck, por exemplo, em um discurso na presença de Hitler, em outubro de 1935, no *Kriegsakademie*, disse que esperava que os oficiais alemães percebessem a "obrigação" que deviam ao "patrono do Wehrmacht alemão (Adolf Hitler)", por seu empenho em romper as "correntes do Tratado de Versalhes".[21]

Beck também chegou à conclusão, depois de passar um tempo com Hitler durante o jantar, que ele não sentia ligação pessoal com o *Führer*. No que lhe dizia respeito – e em contraste marcante com os sentimentos de seu superior, Werner Blomberg –, Hitler não possuía carisma algum. Mas isso não importava. Hitler estava apoiando o Exército de todas as maneiras possíveis. O rearmamento prosseguia a passos acelerados, o recrutamento militar foi reintroduzido, em março de 1935, e a Renânia-Palatinado havia sido retomada pelo Exército alemão, em 1936. Para Beck, se o homem que tornara tudo isso possível tinha ou não carisma, era algo irrelevante.

Mas havia muito mais a ser feito para romper completamente as "correntes de Versalhes". Um dos legados mais evidentes do tratado, por exemplo, continuava sendo a separação do leste da Prússia do restante da Alemanha. Os poloneses agora controlavam um corredor de terra, entre essas duas partes da Alemanha, e o porto de Danzig, dentro do corredor, estava sob a soberania da Liga das Nações. "Quando jovem, eu visitei Danzig", conta Ulrich de Maizière, um jovem oficial, na época, "porque eu tinha uma tia lá e achei Danzig uma cidade absolutamente alemã. Todos torciam para que tudo pudesse ser resolvido com negociações. E eu me arrisco a dizer que se a Polônia estivesse disposta a negociar essa questão, talvez nem tivesse havido a guerra com eles". O fato é que Maizière, entrevistado muito depois do fim da Segunda Guerra, ainda conseguia acreditar que "negociações" poderiam ter resolvido a questão de Danzig e o corredor polonês demonstra como estava entranhada a crença de que o rearmamento era destinado a simplesmente trazer a Alemanha de volta às suas fronteiras de 1914.

Quando 1937 chegou ao fim, houve uma divisão entre os que serviam a Hitler. Todos sabiam a força de suas convicções antissemita e antibolchevista – e muitos compartilhavam essas visões em grau maior ou menor. Mas eles se dividiram entre os que – como Schacht e inúmeras figuras do primeiro escalão do Exército – seguiam Hitler mais por conta de considerações racionais e os que – como Göring e muitos outros nazistas dedicados – faziam a vontade do *Führer* não apenas por apoiá-lo ideologicamente, mas porque aceitavam sua liderança carismática. Eles acreditavam na fé, em lugar dos fatos reais. E não surpreende que estas fossem as pessoas que Hitler queria, cada vez mais, por perto.

Capítulo 9

O atrativo do radical

O líder carismático não é um político comum, que procura administrar somente após extensa consulta. Há um elemento de convicção pessoal que beira o mágico, associado a um processo de tomada de decisão de uma pessoa de carisma – uma magia que a sala de comitê destrói. E Hitler, que possuía uma ira fanática de reuniões de comitê, levava ao extremo essa ideia de tomar decisões importantes isoladamente.

É difícil pensar em outro político que, por exemplo, sustentasse a posição de *não* ler notas e memorandos de colegas próximos – mas esta era a postura de Hitler. Quando, por exemplo, em 1935, Martin Bormann mandou um papel com questões sobre a juventude para Hitler, ele recebeu a resposta em 5 de junho, de Fritz Wiedemann, adjunto de Hitler, dizendo: "Estou devolvendo o memorando anexo. O *Führer* recebeu e me devolveu sem ler. Ele próprio deseja lidar com essa questão, em seu grande discurso, no próximo comício do partido, e, consequentemente, não quer que seu raciocínio seja influenciado por divisão alguma".[1] Foi esse comportamento que estava por trás da observação de Göring ao embaixador britânico, Sir Nevile Henderson: "Quando uma decisão tem de ser tomada, nenhum de nós conta mais as pedras sobre as quais pisamos. É somente o *Führer* quem decide".[2]

Tudo isso era, em grande parte, uma ilusão, é claro. Hitler obviamente recebia colaboração intelectual de outros – por exemplo, ele havia assimilado muito, nos primeiros anos do Partido Nazista, de visões de Dietrich Eckart e Gottfried Feder. Mas nunca dava a ninguém o crédito por ajudá-lo a formar suas opiniões. Em vez de falar com outras pessoas, no intuito de entender pontos de vista distintos, Hitler preferia trabalhar sozinho em suas ideias.

Herbert Döhring, como gerente de Berghof, estava familiarizado com a rotina do *Führer*. "Hitler era uma coruja noturna, um trabalhador noturno",[3] conta ele. "Ele ia pra cama muito tarde. Se fosse possível, ele lia um livro inteiro, numa noite... (pela manhã) ele pegava os jornais que eram levados a seu quarto, mas continuava lá até 12h30, 13h00, 13h30... Ele nunca relaxava. Sempre tinha planos para alguma coisa, depois, lia a noite inteira.

A equipe de Berghof passou a reconhecer os sinais, bons e ruins, de como tinha sido a meditação solitária de Hitler, em seu quarto. "Quando ele descia", diz Döhring, "se você o ouvisse assoviando, este era o sinal mais sério de alarme, não fale com ele, deixe-o em paz, mal diga 'olá', deixe-o passar... Mas se ele descesse cantando baixinho, olhando cada um dos quadros, se você fosse esperto e se ocupasse com um dos quadros, ele não ficava nada infeliz e começava a conversar com você".

Karl Wilhelm Krause,[4] mordomo de Hitler de 1934 a 1939, confirma que Hitler gostava de passar grandes períodos do dia sozinho no quarto, e que ele não deixava sua sala, na chancelaria do Reich, muito antes da hora do almoço. De fato, Krause pinta um quadro de um homem obsessivo pela privacidade. Hitler exigia que Krause não entrasse em seu quarto pela manhã, mas deixasse os jornais e um resumo das notícias do mundo, preparado por Otto Dietrich, seu assessor de imprensa, numa cadeira, do lado de fora. Quando Hitler acordava, ele abria a porta, pegava o material deixado na cadeira e se fechava lá dentro por várias horas. Mas, apesar dessa rotina estranha, Krause, assim como Döhring, não tinham medo de seu chefe. "Eu me dava bem com ele. Ele não era um tirano. Às vezes, ficava zangado. Mas quem não fica?"

O desejo de Hitler de destrinchar seus problemas por conta própria e depois simplesmente apresentar os resultados a uma plateia, era um traço de sua personalidade, presente desde a juventude. Mas esse traço, em particular, foi demonstrado mais drasticamente na chancelaria do Reich, em Berlim, em 5 de novembro de 1937, durante uma das mais importantes reuniões do Terceiro Reich. A reunião tinha originalmente sido convocada para resolver a alocação de recursos entre os três serviços militares. O almirante Raeder, chefe da Marinha alemã, sentia que seu programa de engenharia naval estava ameaçado por falta de aço. Também havia uma tensão causada pelos papéis conflitantes de Göring com o Estado nazista, já que ele estava encarregado do Plano de Quatro Anos e também da Força Aérea. Mas a reunião de 5 de novembro ganhou maior importância porque Hitler decidiu usá-la como oportunidade de apresentar o que ele chamava de “fruto da deliberação e experiências de seus quatro anos e meio de poder”, para uma plateia composta por Göring, Konstantin von Neurath (ministro das Relações Exteriores), Werner Blomberg (ministro da Guerra), Erich Raeder (chefe da Marinha) e Werner Fritsch (chefe do Exército).

Embora todos os participantes da reunião apoiassem as diretrizes do Partido Nazista, de maneira geral, de forma alguma todos acreditavam no carisma de Adolf Hitler. Göring e Blomberg certamente não tinham fé nos “poderes” especiais do *Führer*, como – em menor escala – tinha Raeder, um oficial de carreira naval. Mas Neurath ainda era um oficial tradicional do Ministério das Relações Exteriores, e Fritsch era o arquétipo do oficial prussiano, sem predisposição para cair emocionalmente por um ex-soldado comum, como Hitler.

Hitler começou a reunião lendo um longo memorando que havia escrito. Esse era um modo incomum para um chefe de Estado anunciar uma diretriz importante, no mínimo, por não ter havido qualquer consulta prévia, aos presentes, quanto às questões que ele estava prestes a levantar. Hitler enfatizou a natureza vital de seu papel no Estado alemão e a importância dessa reunião, e disse que “pelo interesse da política alemã de longo prazo, essa explicação deveria ser considerada, no caso de sua morte, como seu último desejo e seu testamento". Então, ele reiterou sua visão já conhecida de que o problema alemão dizia respeito a como "resolver a necessidade de espaço". A novidade – chocante, para inúmeros dos presentes – foi a opinião de Hitler de como esse "problema" deveria ser resolvido. Em sua divagação sobre inúmeras possíveis "contingências" que poderiam ocorrer no futuro, Hitler deixou claro que estava decidido a forçar uma união com a Áustria e eliminar a Tchecoslováquia, no máximo, até 1943-45. Isso obviamente geraria um conflito potencial, não apenas com a França, mas também com a Grã-Bretanha.

A reação, particularmente de Fritsch, chefe do Exército, não foi a que Hitler esperava. Fritsch fez uma série de objeções ao plano – primeiramente, afirmando que a Alemanha não ganharia uma guerra contra ambas, Grã-Bretanha e França. Blomberg concordou e também mencionou a força e o poder das defesas tchecas ao longo da fronteira com a Alemanha. Neurath, por sua vez, discordou abertamente da suposição de Hitler de que a guerra irromperia em um futuro breve, entre a Itália, por um lado, e a Grã-Bretanha e a França, por outro, e afirmou que esse conflito seria vantajoso para a Alemanha.[5] Conforme colocado posteriormente por Hossbach, adjunto militar de Hitler, a formidável visão militar do *Führer* não ganhou "aplausos e aprovação" de seus líderes militares, mas uma "crítica sensata".[6]

Hitler argumentou com eles e, ao fazê-lo, demonstrou um lado diferente de sua liderança carismática que se diferenciava de um ditador como Stalin – pois teria sido potencialmente fatal discutir de modo tão voraz como o líder soviético. Porém, apesar das objeções dos que estavam presentes à reunião, Hitler continuou decidido a manter o cronograma que havia anunciado – talvez para agir até mais rapidamente, se as circunstâncias permitissem. Alguns acreditavam que a força de sua liderança – sua convicção – ali foi vista como fraqueza. Quaisquer fatos que eram inconvenientes para sua análise, Hitler simplesmente refutava ou negava. Ele concluíra que qualquer vantagem que os alemães possuíssem em relação ao armamento rapidamente seria perdida, já que outras potências europeias providenciavam seus próprios programas de armamento. Portanto, a hora de agir era agora. Para ele, era irrelevante o que qualquer outra pessoa pensasse.

Menos de três meses depois da reunião de novembro, dois dos participantes militares principais – Blomberg e Fritsch – já não estavam mais em exercício. Mas isso não foi resultado de algum grande plano elaborado por Hitler, e sim, uma consequência das circunstâncias. Em 12 de janeiro de 1938, Blomberg se casou com Margarethe Gruhn, uma mulher mais de trinta anos mais jovem que ele. Porém, alguns dias depois, a polícia descobriu que a srta. Gruhn tinha um passado notável – seis anos antes, ela havia posado para fotografias pornográficas. Blomberg não sabia nada disso – na verdade, ele não conhecia nada de sua noiva. Ela trabalhava como datilógrafa e apenas recentemente ele se apaixonara por ela. Ele era viúvo desde 1932 e, naquele momento, demonstrando talvez o mesmo tipo de entusiasmo emotivo impetuoso que estava por trás de seu apego ao carisma de Hitler, tinha cedido aos encantos da *Fräulein* Gruhn.

Diante do casamento controverso de Blomberg, Hitler pediu a Heinrich Himmler para reabrir a investigação sobre Fritsch, chefe do Exército. Himmler anteriormente apresentara a Hitler provas de que Fritsch era homossexual – provas que Hitler descartou. Porém, após as atitudes de Blomberg, Hitler quis ter certeza de que não havia fundamento na alegação.

As coisas foram acontecendo rapidamente. Blomberg foi convencido a renunciar, e Fritsch foi confrontado com uma testemunha que, na presença de Hitler, alegou ter tido relações homossexuais com ele. Fritsch deu a palavra de honra, alegando que a acusação era falsa. Mesmo assim, em seguida, ele foi retirado do cargo, embora Hitler tivesse concordado que as evidências contra ele fossem, a seu tempo, comprovadas no tribunal.

Então, aconteceu algo surpreendente. Blomberg, em sua reunião final, para se despedir de Hitler, sugeriu que ele próprio – em vez de algum dos colegas de Blomberg – deveria se tornar ministro da Guerra. Foi uma ideia calculada para agradar ao *Führer*. Hitler sempre compreendeu o valor de ter múltiplas funções, na hierarquia do poder. Por exemplo, ele não era somente o *Führer* do povo alemão e chanceler da Alemanha, mas também permaneceu como chefe da SA. Mas essa nova indicação proposta criaria uma estrutura hierárquica estranha, na qual Hitler, como ministro da Guerra, se reportaria a si mesmo, como chanceler. Em seguida, Hitler retificou a sugestão de Blomberg e se tornou chefe de comando das Forças Armadas, em vez de ministro da Guerra, cargo que foi extinto. As consequências de Hitler assumir esse papel foram extensas, principalmente quando Wilhelm Keitel – um oficial de pouca determinação, que Blomberg não considerou – foi indicado como chefe de equipe das Forças Armadas, reportando-se diretamente a Hitler. Numa tacada, o Führer já não precisava atuar – segundo sua visão – através de um labirinto de figuras restritivas do alto escalão militar, para conseguir as coisas que queria.

Por que Blomberg sugeriu que Hitler se tornasse chefe das Forças Armadas, e depois não contestou a indicação do bajulador Keitel, para assisti-lo? Um estudioso que analisou atentamente a história sugere que Blomberg estava "cheio de rancor de seus colegas"[7] por acreditarem que ele tinha desgraçado a honra da corporação dos oficiais com seu casamento recente; porém, talvez, mais provavelmente, Blomberg quisesse garantir que Göring não ficasse com o cargo. Pois, para muitos da elite das Forças Armadas, Hitler ainda continuava sendo o rosto "aceitável" do nazismo.

Hitler também tirou vantagem da partida de Fritsch. Não apenas porque ele agora podia pensar em indicar alguém mais ameno para o cargo de chefe do Exército, mas também porque combinou essa mudança com a aposentadoria de mais de uma dúzia de outros oficiais seniores e removeu Neurath do cargo de ministro das Relações Exteriores. Neurath passou a ser presidente de um comitê do Conselho Privativo, que nunca se reunia, e foi substituído, no cargo de ministro, por Joachim von Ribbentrop – um homem cujo objetivo primordial era agradar Adolf Hitler de todas as formas.

À primeira vista, a rápida reorganização parece semelhante ao expurgo que Stalin fez dos oficiais do exército na União Soviética, nos anos 1930 – ambos envolvem ditadores removendo influências obstrutivas na hierarquia do Exército –, mas há diferenças significativas. Ao contrário de Stalin, Hitler não agiu de forma proativa para trocar esse pessoal. Em lugar disso, ele reagiu ao apuro de Blomberg. Stalin, por outro lado, instigou, ele próprio, o Grande Terror dos anos 1930 – uma série de assassinatos em massa, nos quais cerca de 700 mil pessoas morreram. O destino dos generais e ditadores removidos dos cargos também foi bem diferente. Quando o marechal Mikhail Tukhachevsky, por exemplo, foi preso pela Polícia Secreta Soviética, em 1937, ele era o pensador mais brilhante do Exército Vermelho, responsável pela teoria inovadora das "operações profundas", por meio das quais unidades atacavam adentrando grandes extensões do território inimigo. Mas Stalin desconfiava dele – sem qualquer base de provas coerentes – e mandou torturá-lo, depois matá-lo com um tiro na cabeça. Em contraste, quando o marechal Blomberg caiu em desgraça, em 1938, ele não foi torturado nem preso, mas recebeu 50 mil marcos de ouro, como "despedida",[8] além de uma generosa pensão. Então, Blomberg e a esposa partiram numa viagem ao redor do mundo. Depois das férias luxuosas de um ano, eles se instalaram tranquilamente na casa de Blomberg, na estação de veraneio de Bad Wiessee.

É claro que, no fim das contas, os dois líderes promoveram assassinatos em massa, mas Hitler empregava técnicas de liderança carismática que Stalin não usava. Hitler, como a reunião de 5 de novembro demonstra, se sentia forçado a tentar persuadir seus líderes militares a aceitarem sua visão, enquanto Stalin preferia aterrorizar seus generais para cederem. Hitler sabia que dentro de alguns anos ele precisaria que as Forças Armadas agissem agressivamente em guerras de conquista, enquanto Stalin não tinha planos tão grandiosos. Seu objetivo principal era impedir que seus generais tramassem contra ele, na tentativa de depô-lo, numa revolução. E Stalin, como Hitler, era um ávido leitor de história, sempre lembrando como Napoleão havia suplantado os líderes da Revolução Francesa (ele até se referia a Tukhachevsky como

"Napoleonchick"[9]). Mais recentemente, ele se surpreendera com a facilidade que tivera o general Franco para fomentar uma rebelião contra a República Espanhola, em 1936.[10]

Na Alemanha, sem temer tortura ou assassinato nas mãos do Estado nazista, Ludwig Beck, chefe de equipe do Exército, vinha se juntando ao coro de vozes que protestavam contra as ideias que Hitler apresentara na reunião de 5 de novembro. Beck, que ao contrário de Hitler gostava de colocar as coisas no papel, escreveu uma crítica devastadora sobre o raciocínio de seu comandante supremo, indo longe a ponto de questionar a essência de sua política, base de todo o restante – *Lebensraum*: apesar de reconhecer que as nações integradas a uma rede de comércio internacional não eram "independentes", ele argumentava que "concluir o fato de que o único caminho adiante é a produção de mais espaço habitacional (*Lebensraum*) me parece ligeiramente leviano".[11]

No entanto, quando irrompeu a crise que tragou Blomberg e Fritsch, Beck ainda achava difícil acreditar que Hitler não fosse um homem honrado. O general Keitel havia deliberadamente mantido Beck no escuro quanto aos planos de Hitler em indicar um novo chefe para o Exército, para substituir Fritsch – embora o caso contra Fritsch ainda não tivesse sido julgado na corte do Exército. Keitel, confidencialmente, perguntou ao general Walther von Brauchitsch se ele estaria preparado para se tornar chefe do Exército – mas somente sob a condição de que ele endossasse as mudanças estruturais que Hitler estava fazendo e tornasse o Exército ainda mais complacente com o Estado nazista.

Ao descobrir, Beck recrutou a ajuda do distinto general Gerd von Rundstedt, na tentativa de intervir junto a Hitler e modificar as mudanças propostas, mas foi inútil. Hitler já tinha decidido. Toda a organização do topo do Wehrmacht seria reestruturada. Hitler seria comandante de todas as Forças Armadas, com o general Keitel como seu assistente escravo. O general Brauchitsch – figura bem mais moderada com os nazistas do que Fritsch jamais havia sido – se tornaria chefe do Exército. Assim, Hitler teve o que queria. Porém, de certa forma, os generais Keitel e Brauchitsch também tiveram o que queriam. Keitel foi elevado a uma posição de poder que, de outro modo, não poderia esperar conseguir (Blomberg havia falado com Hitler, em termos depreciativos sobre Keitel, dizendo que ele meramente "administrava seu escritório" para ele)[12] e Brauchitsch passou por cima de vários rivais para substituir Fritsch. Mais que um compromisso definitivo com Hitler, foi a ambição pessoal a principal motivação de ambos. Hitler, no entanto, estaria ciente de que esses dois generais alemães eram mais suscetíveis à sua liderança carismática do que Fritsch havia sido. Brauchitsch, em particular, tinha grande admiração por Hitler e geralmente ficava sem fala em sua presença. "Por favor, não use isso contra mim", ele diria mais tarde ao general Halder. "Eu sei que está insatisfeito comigo. Quando me vejo cara a cara com esse homem, é como se alguém estivesse me enforcando, eu não consigo dizer uma palavra."[13] Brauchitsch também – literalmente – ficaria em débito com Hitler, já que lhe foram dados 250 mil marcos, pouco após sua indicação como chefe do Exército, para que ele providenciasse o divórcio da esposa e se casasse com a amante, uma nazista fanática.

Ludwig Beck, chefe de equipe do Exército alemão, continuou indignado com o tratamento dado a Fritsch, mas ainda confuso quanto ao papel de Hitler na crise. Não suscetível à liderança carismática do líder, Beck o servira obedientemente, como chefe de Estado – porém, não sem se reservar o direito de questionar suas decisões. No entanto, após a dispensa de Fritsch, Beck lentamente percebeu que Hitler não poderia ser confiável. Depois de uma reunião, em 5 de fevereiro de 1938, ele disse a um colega sênior que Hitler havia quebrado sua promessa com ele. Hitler dissera que iria consultá-lo em qualquer proposta de reestruturação militar, no entanto, ele deixara de fazê-lo. O colega de Beck o chamou de "tolo" por acreditar na promessa e perguntou: "Quanto tempo você ainda vai continuar caindo nos truques de Hitler?"[14]

O caso Fritsch foi um marco importante na história da liderança de Hitler, o momento em que tradicionalistas como Beck finalmente abriram os olhos quanto ao caráter e a personalidade de seu chefe de Estado. Para soldados como Beck, a "palavra de honra" era uma promessa sagrada. E Hitler não somente havia quebrado sua promessa a Beck quanto a consultá-lo sobre mudanças de pessoal sênior no Exército, mas ele também se recusou a aceitar a palavra de honra de Fritsch, quando ele disse que as acusações contra ele, sobre homossexualidade, eram falsas. E Fritsch não era um oficial qualquer, era o chefe da corporação de oficiais, que valorizava a honra, acima de tudo.

"Eu o conhecia (Fritsch) muito bem", diz Johann-Adolf von Kielmansegg. "Ele era padrinho de um dos meus filhos e, portanto, havia um relacionamento humano. Fritsch era um oficial prussiano conservador, com um bom histórico, não apenas bom, mas no melhor sentido... há muitas boas qualidades prussianas e Fritsch as possuía." Ademais, no que dizia respeito a Kielmansegg, "Fritsch era o último obstáculo contra Hitler, e o Exército era o único capaz de fazer qualquer coisa (contra o regime nazista)".[15]

Beck agora ajudava a preparar a defesa de Fritsch contra a acusação de homossexualismo para o julgamento do tribunal do Exército, que se aproximava. Beck ainda acreditava no jeito "honrado", à moda antiga, de se fazer as coisas. E esse curso de ação parecia ser o correto, quando os colegas de Beck, que investigavam o caso, descobriram que um oficial júnior do Exército, o capitão von Frisch, tivera um envolvimento sexual com o homem que agora acusava Fritsch. Não era apenas a prova da inocência do chefe do Exército, mas uma possível explicação para todo o episódio. Talvez o incidente tivesse sido um caso de simples engano de identidade. Beck agora estava na expectativa da reabilitação de Fritsch.

Mas os acontecimentos já tinham progredido para Hitler. No mesmo momento em que foi aberta a investigação formal no caso de Fritsch, uma antiga ferida na política externa chegou a um momento de crise. Em 10 de março de 1938, Beck e seu assistente, von Manstein, foram chamados para uma reunião com Hitler e lhes foi dito que o Exército deveria ser preparado imediatamente para uma incursão na Áustria.

Desde sua juventude, Hitler ansiara pela *Anschluss* (união) entre a Alemanha e a Áustria, e os nazistas austríacos andavam agitados por esta fusão há anos. O que tornava a questão ainda mais urgente era a decisão de Kurt Schuschnigg, chanceler austríaco, de fazer um referendo em 13 de março sobre a questão da unificação com a Alemanha.

Hitler estava determinado a que o povo austríaco jamais tivesse a chance de votar o referendo de Schuschnigg. Porém, em resposta à exigência de Hitler para a ação militar contra a Áustria, Beck expressou grande ansiedade. Somente depois que Hitler deixou clara a sua absoluta determinação de invadir a Áustria que Beck, relutantemente, saiu para fazer o planejamento para que o Exército cumprisse as ordens do *Führer*.

Beck não estava só ansioso em relação às consequências políticas de qualquer incursão alemã na Áustria. O general Keitel, agora assumindo o novo papel de coordenador de serviços conjuntos, no quartel-general de todas as Forças Armadas, o OKW, descreveu a noite de 10/11 de março de 1938 como um "martírio".[16] Ele recebeu vários telefonemas de figuras do primeiro escalão do Exército – incluindo até mesmo Brauchitsch –, quase implorando-lhe que Hitler "renunciasse" ao seu plano de invadir a Áustria. Keitel, que já estava bem ciente das sensibilidades de seu novo chefe, não mencionou nenhuma dessas ligações a Hitler. Ele sabia que Hitler ficaria indignado com essa cautela de seus chefes do Exército, e "quis poupar" todos os envolvidos "dessa experiência".

Diante das ameaças de Hitler, Schuschnigg cancelou o referendo e renunciou. Mas o *Führer* ainda ordenou que a invasão fosse adiante, em 12 de março. E, ao contrário das ansiedades dos generais alemães, a incursão à Áustria foi um sucesso esmagador. As tropas alemãs foram recebidas com uma chuva de flores pelos austríacos acolhedores, em meio a cenas de quase êxtase. "A *Anschluss* austríaca foi como uma maçã madura, no momento de cair do pé",[17] conta Reinhard Spitzy, um nazista nascido na Áustria que voltou para a pátria-mãe com Hitler.

Enfraquecidos pela depressão econômica não muito diferente da que a Alemanha tinha sofrido seis anos antes, milhões de austríacos abraçavam as tropas alemãs. "Eu tive a sensação de que nós realmente pertencíamos à Alemanha",[18] conta Susi Seitz, que era uma adolescente à época. Ela tinha sido ensinada que aos austríacos tinha sido negado o direito de se unir à Alemanha, após a Primeira Guerra, e havia testemunhado pessoalmente os efeitos da depressão econômica dos anos 1930. "Nós vimos a necessidade das pessoas, e eu ficava terrivelmente deprimida quando caminhava pela nossa rua principal e via, em cada esquina, alguém erguendo as mãos, com um pratinho, pedindo algum dinheiro... Havia crianças lá, e elas pareciam famintas... Ao final de 1937, as pessoas costumavam bater à porta dos apartamentos e pedir comida. Eu via muita gente vindo, e sempre tinha que dar um prato de sopa, um pouco de pão, uma casca de pão."

À medida que entraram na Áustria, alemães, como o oficial de Relações Exteriores Herbert Richter, ficaram atônitos com a dimensão da acolhida que receberam. "No dia da *Anschluss*, eu estava de carro com minha esposa, com a capota abaixada, passando pelo Tirol austríaco. E descobrimos que nossas placas de Berlim já estavam provocando entusiasmo em meio aos austríacos. E nós almoçamos num restaurante em Schwaz, cidadezinha que fica um pouco antes de Innsbruck, e lá havia um agricultor tirolês, conduzindo seu gado, e ele tinha pendurado bandeirinhas com a suástica, presas no meio dos chifres... Eu me lembro disso claramente. O entusiasmo foi a esse ponto. A Áustria estava numa situação econômica muito ruim na época. E eles estavam torcendo por uma melhora na economia. Mas, de qualquer forma, o entusiasmo foi imenso."[19]

Para um nazista dedicado como Bruno Hähnel, esse momento foi de imensa alegria: "Durante os meus dez anos das conferências ou comícios do partido, junto com Adolf Hitler, eu certamente presenciei minha cota de entusiasmo, mas o grau de empolgação que prevalecia na Áustria, naquele tempo, não somente nos surpreendeu como também era um tanto inacreditável. Essa era a impressão que tivemos do primeiro ao último dia. Quando eu contava às pessoas como eu tinha presenciado aquilo, costumava dizer que os austríacos corriam até o terceiro andar de suas casas, de puro entusiasmo!"[20]

Foi um sucesso comovente para Hitler, especialmente porque nenhum dos problemas externos que Beck e seus colegas temiam jamais ocorreu. Hitler recebera a bênção de Mussolini, pouco antes da invasão, e a Grã-Bretanha e a França jamais pareciam que iriam à guerra, por conta da *Anschluss*. O comportamento na Grã-Bretanha foi resumido por Sir Frank Roberts, diplomata inglês: "Eu suponho que muita gente na Inglaterra diria 'bem, afinal, eles são alemães (na Áustria), e se é o que realmente querem...,"[21] E essa foi a visão colocada diante de um sentimento mais amplo, como se talvez a Alemanha tivesse sido maltratada anteriormente. "A visão geral na Bretanha", conta Sir Frank, "era de que os franceses tinham imposto e nós, obviamente, tínhamos sido coniventes com um acordo excessivamente duro com a Alemanha, em 1918, e que isso deveria ser corrigido. E nesse sentindo havia uma ligeira sensação que 'nós deveríamos ter agido melhor'. Se você chamar isso de sentimento de culpa, tudo bem. Mas não tenho certeza se era bem isso".

Pouco antes das 16 horas, Hitler entrou de carro, triunfante, em sua terra natal, a Áustria, em 12 de março de 1938. Ele passou pelo local onde havia nascido, Braunau am Inn, depois seguiu lentamente até Linz, agradecendo a vasta saudação das multidões, ao longo do caminho. Naquela noite, ao falar da sacada da Prefeitura de Linz para uma multidão extasiada, na praça principal, ele disse: "O fato de que a Providência um dia me chamou desta cidade para a liderança do Reich deve ter significado que estava me dando uma missão especial, e esta só pode ter sido a missão de restituir meu amado lar ao Reich alemão!"[22] No dia seguinte, ele assinou uma proclamação anunciando que a Áustria agora havia sido unificada à Alemanha e, em 15 de março, declarou, num discurso em Viena, que "esta terra é alemã" e que ela havia "entendido sua missão".[23]

Esse foi um momento divisor de águas na evolução da atração carismática de Hitler. Foi, de longe, seu maior triunfo estrangeiro até aquele ponto – e feito ainda mais prazeroso para ele, pela ligação emocional com sua terra natal. Quase tão importante, ele impeliu adiante o seu plano de invasão da Áustria, apesar de muitos oficiais seniores terem expressado graves receios em relação à ideia. "O resultado", escreveu Franz von Papen, "foi que Hitler se tornou impenetrável aos conselhos de quem desejasse que ele exercesse moderação em sua política externa".[24]

Hitler recebeu a adulação direta de centenas de milhares de austríacos que o acolheram como um herói. As cenas em Viena, particularmente, tiveram uma dimensão monumental. É quase impossível testemunhar que cerca de um quarto de milhão de pessoas gritando "*Sieg Heil!*" e "*Ein Volk, Ein Führer!*" não tenha reforçado a crença de Hitler em sua própria "missão" e seus próprios poderes carismáticos. Sua jornada foi, de fato, notável. Ele tinha deixado Viena 25 anos antes, sem nenhuma qualificação, sem perspectiva, aparentemente sem esperanças, e agora regressava como o líder que havia unificado a Alemanha e a Áustria.

Quanto aos que estavam nas praças de Linz, ou Viena, e ouviram Hitler falar, muitos jamais se esquecerão das emoções que vivenciaram. "Acho que nós choramos, a maioria", conta Susi Seitz, que fez parte da multidão em Linz, na noite da chegada, em 12 de março. "As lágrimas corriam em nossos rostos, e quando olhávamos para os que estavam ao lado, era a mesma coisa."

Seitz conseguiu presentear Hitler com flores e se deleitou com o brilho que sentiu em sua presença. Ela afirma que esse encontro a inspirou a se tornar uma pessoa melhor. "E, em meu coração, eu prometi que tentaria de tudo para ser boa, ajudar os outros e jamais fazer algo que fosse desonesto. Todo o meu tempo livre, fora da escola, eu dedicava ao trabalho, porque ele nos convocou – 'Vocês todos', e nos disse 'Vocês todos precisam me ajudar a construir meu império e será um bom império, com gente feliz que está pensando e prometendo ser gente boa'."[25] Ela pôde abraçar a sua nova vida no Reich com alegria: "Tudo antes da guerra e, claro, mesmo nos primeiros anos de guerra, foi a melhor época da minha vida. Com tantos outros tão entusiasmados, nós estávamos felizes em ajudar... Todos os objetivos para o futuro que nos haviam sido ensinados: família saudável, gente saudável, um país saudável, e gente que trabalha com prazer e entusiasmo; isso era algo que julgávamos valer a pena. Então, claro, nós achamos aquela época uma época boa".

Hoje em dia, as pessoas costumam perguntar: "Por que tantos alemães e austríacos aderiram a Hitler e aos nazistas nos anos 1930?" Mas o testemunho de Suzi Seitz é um lembrete de que essa talvez seja a pergunta errada. Uma pergunta melhor é: "Por que tantos alemães e austríacos *abraçaram* Hitler e o nazismo, nos anos 1930?". E, nesse sentido, o testemunho de Seitz nos oferece muitas pistas. Não apenas a característica emocional que ele apresenta, mas também a ligação que ela vivenciou, entre o público e o líder que discursava. Ela sentiu que Hitler quase se tornou um cântaro que os austríacos empolgados podiam encher com seus próprios anseios. No linguajar contemporâneo dos consultores políticos, Hitler foi bem-sucedido quando "falou ao encontro das necessidades" de seu público.

Todos os componentes do carisma de Hitler que examinamos até agora, nessa história, estavam presentes de forma manifesta, ou nos bastidores – durante seu progresso triunfante pela Áustria: sua missão de unificar todos os alemães sob seu regime; sua habilidade de estabelecer uma ligação por meio da oratória e expressar o que o público estava querendo e sentindo; seu regresso "heroico" à terra natal, como um austríaco; sua visão da sociedade sem "classes"; a esperança que ele oferecia aos austríacos, na crise econômica; sua convicção de que tudo teria um bom desfecho para as duas nações, agora que estavam unidas; sua afirmação do próprio posicionamento nesses grandes acontecimentos, não como um líder comum, mas como o que havia sido escolhido pela "Providência" para uma tarefa especial; e sua habilidade de atuar inteiramente segundo sua própria intuição, dado que a decisão de seguir para a Áustria havia sido sua e de mais ninguém.

A parte do carisma de Hitler que atraía muitos de seus mais dedicados partidários também era evidente – seu desejo de isolar grupos vulneráveis e persegui-los como inimigos de Estado. Um número imenso de judeus foi tratado brutalmente, logo após a tomada da Áustria pelos nazistas, e muitos oponentes políticos dos nazistas foram encarcerados em campos de concentração – o ex-chanceler Schuschnigg, por exemplo, foi detido instantes depois de os nazistas adentrarem o país. Mas, para a maioria dos austríacos, tudo isso era irrelevante diante do "renascimento nacional" que Hitler ofereceu.

O contraste entre a quase histeria na Áustria e a reação de inúmeros generais alemães ainda sóbrios, como Ludwig Beck, não poderia ter sido melhor. Beck sentia aversão pelo comportamento dos nazistas na Áustria, revoltado pelos "abutres de carniça do partido, que se escondiam atrás do escudo impoluto do Exército".[26] Ele também estava horrorizado com a resolução do caso de Fritsch. Em 18 de março, quando o foco da vasta maioria dos alemães estava nos acontecimentos da Áustria, Fritsch foi finalmente inocentado de qualquer mau procedimento – ficou demonstrado que o caso da Gestapo contra ele havia sido fabricado. Mas isso não o beneficiou muito. Hitler, com o recente triunfo austríaco, não reintegrou Fritsch, agora que Brauchitsch, mais complacente, estava no cargo.

Fritsch e muitos outros oficiais do alto escalão, que tinham sido forçados a se aposentar, pagaram a penalidade por terem abraçado o governo de Hitler. Eles colaboraram com o regime – haviam jurado lealdade ao *Führer*, adotaram a suástica em seus uniformes, retiraram os colegas judeus de seus grupos, frequentaram aulas de "higiene racial", mas isso não foi suficiente para protegê-los.

Capítulo 10

O entusiasmo da libertação

A pré-condição ímpar mais importante para a criação do carisma de Hitler era sua habilidade de se conectar aos sentimentos, esperanças e desejos de milhões de seus companheiros alemães. Na essência dessa natureza residia a força de seu carisma. E depois de vários anos de mandato, ficava cada vez mais hábil em, por meio desse elo, oferecer aos seus seguidores uma sensação poderosa de libertação. Não apenas a libertação da perda traumática da Primeira Guerra e a humilhação causada pelo Tratado de Versalhes, como ele fazia nos primeiros anos de chancelaria, mas a libertação da limitação de todas as restrições convencionais.

Hitler, por exemplo, disse à esposa de Albert Speer, nos anos 1930: "Seu marido vai erguer edificações para mim, que não são criadas há quatro mil anos."[1] Não é difícil imaginar a sensação de libertação que esse tipo de observação deve ter gerado em Speer – que já era um arquiteto vorazmente ambicioso. Hitler ofereceu a Speer uma chance de não somente se tornar famoso na Alemanha, não apenas no mundo, mas famoso na história. Assim como as pirâmides haviam sido lembradas, também seriam os prédios de Speer. Este depois até frisou, com desprezo pelo sofrimento dos judeus, obrigados a trabalhar em campos de concentração: "Afinal, os judeus já estavam fazendo tijolos, abaixo dos faraós."[2]

Mas foi a profissão médica alemã que, nos anos 1930, mais vivenciou uma sensação de libertação, por conta da presença de Adolf Hitler. Quase metade dos médicos alemães era membro do Partido Nazista, e não admira que muitos deles aprovassem as diretrizes de Hitler. Em particular, eles apoiavam seu desejo de introduzir a esterilização compulsória daqueles que os nazistas consideravam "indesejáveis". A Alemanha não foi o primeiro país a introduzir tal legislação. A Suíça havia aprovado uma lei permitindo a esterilização forçada em 1928,[3] e até a metade da década de 1930 cerca de trinta Estados americanos permitiram a esterilização compulsória de algumas categorias de doentes mentais. Mas foram os nazistas que abraçaram a esterilização forçada em uma escala que apequenou todas as outras.

Em julho de 1933, apenas cinco meses depois de se tornar chanceler, Hitler providenciou a aprovação da "Lei da Prevenção de Prole com Hereditariedade Enfermiça". Isso permitiu que a "Corte de Saúde Genética" ordenasse a esterilização forçada não apenas dos que sofriam de uma variedade de doenças mentais, como esquizofrenia, mas também de pessoas surdas ou cegas, como resultado de um gene hereditário, e até dos que eram alcoólatras crônicos.

A desumanidade básica dessa prática é demonstrada pelo caso de Paul Eggert, de Dortmund. Ele era o mais velho de doze irmãos, cujo pai havia servido na Primeira Guerra e naquela época andava "entornando todas... bem, ele costumava bater em minha mãe e não havia nada para comer."[4] Como irmão mais velho, ele era mandado para mendigar comida dos agricultores locais. "E se eu trouxesse algo para casa, ficava tudo bem, mas, se não, eu apanhava." Depois, "as pessoas acabaram ficando fartas daquilo... e disseram ao serviço social, e eles nos mandaram embora. Cada um para um local diferente".

Paul foi mandado para um hospital em Bielefeld, onde, sem que ele soubesse, na época, foi classificado como "delinquente". Então, aos onze anos, lhe foi dito que ele passaria por uma cirurgia de hérnia. Somente anos depois ele descobriu que não tinha sido operado de hérnia, e sim esterilizado. A sensação de violação que ele sentiu quando recebeu a notícia continua mais forte do que nunca.

"Passo pela mesma experiência, todo ano, no Natal, na casa da minha cunhada... Todos eles têm filhos, eles correm pela casa, e eu fico sentado no andar de cima, com minha esposa, sem filhos correndo em volta, não é agradável."

Os médicos alemães não eram forçados a esterilizar crianças como Paul Eggert. Eles não precisavam ser forçados, já que muitos profissionais médicos abraçaram as oportunidades que o Estado Nazista lhes ofereceu. Como diz o professor Richard Evans: "Na cultura alemã, como um todo, a medicina havia alcançado uma fama enorme, no final do século XIX, com homens como Robert Koch descobrindo a causa da tuberculose, cólera e uma imensa variedade de outras doenças. Ele foi o Louis Pasteur da Alemanha, não tão conhecido como Pasteur, mas eu acho que deveria ser. A medicina havia dado grandes passos na Alemanha e o prestígio da profissão era imenso. Acrescentando-se o fato da noção racista nazista da higiene racial, de que a medicina tinha que estar à frente do expurgo dos elementos degenerados da raça alemã, a profissão passou a ser, de longe, a que liderava, nos anos 1930. Até 1939, mais de metade de todos os alunos das universidades alemãs estudava medicina. Isso é extraordinário. Há inúmeros cargos no Exército, nas Forças Armadas, na SS, na área médica. Institutos de higiene racial são montados por toda parte e há um tipo de arrogância quanto à crença de que eles podem fazer experimentos no que veem como pessoas racialmente sub-humanas, ou pessoas que sejam, de alguma forma, inferiores às outras, como criminosos, ou detentos de campos de concentração. Eles acreditam que têm o direito de fazer isso pelo futuro da raça alemã."[5]

Foi com base nisso que mais de 200 mil pessoas foram esterilizadas compulsoriamente no Estado nazista (há estimativas de que chegam a 350 mil).[6] Esse número imenso só foi possível por conta da interação entre os profissionais da área médica que estavam dispostos – e frequentemente entusiasmados –, e das visões bem divulgadas de um chefe de Estado que abraçava a seleção racial e um controle social brutal, como alicerces da existência. Em *Mein Kampf*, Hitler dissera explicitamente que "um Estado que nessa época de envenenamento racial se dedica a cuidar de seus melhores elementos raciais tem de se tornar o soberano da Terra, um dia".[7] Como consequência, os médicos perceberam que sua profissão, sempre importante, se tornara ainda mais vital. O racismo era uma religião substituta para Hitler e, portanto, os médicos eram quase sacerdotes.

Por conta do lugar de destaque que a raça detinha em sua visão de mundo, ganhar o apoio entusiasta dos profissionais médicos era quase tão prioritário para Hitler quanto respaldar o Exército. Saliente-se o fato de que com a cúpula de medicina, Hitler não tinha nenhum dos problemas que havia com oficiais proeminentes do Exército, como Fritsch e Beck. Claro que havia inúmeros médicos que faziam objeções à interpretação nazista da ética da medicina, porém, a vasta maioria certamente aderiu à introdução da esterilização forçada[8] e à supervisão de sua profissão pela "Câmara Médica do Reich". Claro que era do interesse econômico dos médicos alemães "arianos" abraçar a ideologia nazista, em parte porque isso abria oportunidades de ascensão para eles, à medida que os nazistas progressivamente baniam os médicos judeus de exerceram a profissão na Alemanha – processo que foi finalmente concluído em 1939, depois de uma série de medidas restritivas impostas desde 1933.

Isso não significa dizer que a maioria dos médicos alemães necessariamente apoiava a ação de evitar que os "indesejáveis" raciais tivessem filhos, até eliminá-los de vez. No entanto, esta era a diretriz que Hitler queria seguir. É impressionante que ele não tenha feito segredo algum quanto ao seu compromisso – em teoria – com a ideia de destruir membros menos produtivos da sociedade alemã. "Se a cada ano a Alemanha tivesse um milhão de filhos", disse ele em um discurso no comício de Nuremberg, em 1929, "e eliminasse de 700 mil a 800 mil dos mais fracos, o resultado final provavelmente seria um aumento da força nacional".[9] Mas Hitler sabia que a reorganização racial nessa escala era impraticável – no mínimo, pela massa potencial de famílias afetadas e pela Igreja.

A ideia básica, no entanto, de que poderia ser legítimo matar algumas pessoas em benefício do restante da sociedade, não era nova

– nem a ideia de matar os deficientes mentais, sonhada pelos nazistas. Em 1920, um livro intitulado *Die Freigabe der Vernichtung lebensunwerten Lebens* (*Permitindo a destruição da vida inútil*) foi publicado, em parceria entre um dos maiores juristas alemães, professor Karl Binding, e um dos psiquiatras mais proeminentes, professor Alfred Hoche. A preocupação deles era o fato de que após a Primeira Guerra grande número dos assim chamados "inúteis" estavam vivendo na Alemanha, e eram um "fardo" para o Estado; eles chamavam essas pessoas de *Ballastexistenzen*, aqueles que existem literalmente como "contrapeso". Tanto Binding quanto Hoche rejeitavam a ideia de matar alguém que pudesse expressar, consciente e racionalmente, o desejo de não ser morto. Mas os que estavam em estado vegetativo, ou que eram doentes mentais graves, certamente poderiam ser mortos sem consentimento. "Nós vamos encerrar o tratamento de doentes com enfermidades físicas ou mentais extremas", escreveu o professor Hoche, "contanto que não haja qualquer perspectiva de mudança progressiva em seu estado; porém, um dia, podemos amadurecer a ideia de que a visão de eliminação dos que estão mortos mentalmente não seja um crime, nem um ato imoral, nem uma crueldade emocional, mas um ato permissível e benéfico".[10]

Por trás dessa discussão sobre quem poderia ou não ser morto, segundo um "ato benéfico", está a noção central da visão de mundo de Hitler – a primazia da nação racial, ou *Volk*, acima do indivíduo. Conforme relembra Franz Jagemann, que cresceu na Alemanha, nos anos 1930: "Isso foi incutido em nós, da Juventude Hitlerista, que 'a Alemanha precisa viver, mesmo que tenhamos que morrer'."[11] Consequentemente, os doentes mentais graves *precisam* ser mortos, não porque morreriam, se pudessem escolher, mas por serem inúteis à nação.

O primeiro passo desse caminho já tinha sido tomado por um grande número de médicos que haviam optado por realizar cirurgias como a esterilização forçada, que não era necessária para o bem-estar do indivíduo. Nesse ponto, eles haviam claramente ultrapassado um limite na ética médica. E a forma como podiam racionalizar suas ações era transferir sua responsabilidade de cuidados com o indivíduo para o cuidado com a nação. Assim como Hitler, eles agora agiam como se a saúde do *Volk* – povo alemão racialmente puro, como um todo – fosse muito mais importante do que a saúde do indivíduo.[12]

Hitler, entretanto, percebia que precisava agir cautelosamente no sentido de uma política de assassinato dos alemães deficientes selecionados. Ele precisava do consentimento proativo de ao menos alguns médicos, e – preferencialmente – um elemento de apoio em meio ao público também. Com essa finalidade, o documentário *Opfer der Vergangenheit* (Vítimas do passado) foi lançado nos cinemas da Alemanha, em 1937. O filme mostrava imagens de crianças com doenças crônicas e deficientes, enquanto o narrador descrevia quanto custava para mantê-las vivas. Ele terminava afirmando: "Ao cessar essas vidas infelizes e inúteis, nós estaremos seguindo a lei de nosso Criador, de seleção e ordem natural."[13]

Os nazistas já vinham sistematicamente reduzindo o montante de capital que poderia ser gasto com pacientes deficientes e, como resultado, as condições em hospitais de doentes mentais eram cada vez piores.[14] Formadores de opinião locais eram encorajados agora a visitar os hospitais e ver as alas dos deficientes – deliberadamente expostos de modo a fazê-los terem a aparência do maior "contrapeso" possível. Bruno Hähnel, nazista dedicado, visitou o hospital de doentes mentais em Aplerbeck, próximo a Dortmund, e formulou sua opinião: "A coisa mais chocante, que nunca esqueci, e que sempre vejo diante dos meus olhos, repetidamente, foi a ala dos esquizofrênicos. Era uma sala onde havia, digamos, umas quarenta caminhas; porém, não eram realmente camas, mas simplesmente placas de madeira. E sobre essas quarenta camas, havia gente nua definhando... e o professor disse que esse era o estágio final da esquizofrenia e que a doença poderia nos acometer amanhã, por meio de alguma mutação no cérebro. Isso me preocupou terrivelmente, o fato de que poderia realmente acontecer e, mais que tudo, deixei aquele local com o entendimento de que a coisa certa a fazer era matar pessoas naquele estado, não mantê-las vivas, não da forma como a Igreja cristã ensina que cada pessoa é valiosa... Em minha opinião, para tais pessoas viver não tem mais valor. Foi isso que levei daquela ala do hospital."[15]

Claro que os nazistas já tinham criado condições chocantes, nas quais esses pacientes passaram a ser obrigados a existir. Como resultado, não surpreende que muitos visitantes se impressionassem com a aparência deles. Isso foi decorrente de uma profecia que se cumpriu, truque habitual dos nazistas. Os nazistas posteriormente utilizaram uma técnica semelhante no contexto dos judeus poloneses. Ao criarem ambientes populosos, imundos e repletos de doenças nos guetos poloneses, os nazistas puderam então indicar a forma angustiante em que viviam os judeus, como prova para respaldar seu próprio preconceito contra eles.

Enquanto isso, apesar do apoio de nazistas como Bruno Hähnel à ideia de matar os doentes mentais severos, Hitler estava cauteloso em implantar essa diretriz em tempos de paz – embora ele conseguisse enxergar um meio, adiante. Em 1935, ele disse ao dr. Gerhard Wagner, "líder da saúde do Reich", que adotaria tal política assim que a guerra começasse, pois, no contexto da luta de vida e morte pelo futuro da nação, tal ação seria prontamente aceita.[16]

Esse é um comentário revelador, porque demonstra como Hitler entendia que não há absolutos na política. Nunca era correto dizer que determinada diretriz era impossível de ser implementada, podia ser meramente impossível de ser realizada naquele momento. Conforme as circunstâncias mudaram, também mudou a percepção da população a qualquer nova medida, e diretrizes radicais poderiam ser introduzidas em tempos também radicais. Esse entendimento foi mais extensamente alinhado a dois *insights* relacionados que Hitler possuía. O primeiro era que – primordialmente por meio do trabalho de Joseph Goebbels – ele tinha o poder de tentar sistematicamente alterar a visão da população alemã quanto à aceitação de qualquer programa de "eutanásia". O caminho preparado por *Opfer der Vergangenheit*, por exemplo, seria mais desenvolvido quatro anos depois, com o filme *Ich klage an* ("Eu acuso"), que abordava as ações de um marido que matou a mulher que sofria de esclerose múltipla incurável.

Hitler também percebeu que o termo "opinião pública" poderia levar a uma opinião errada, já que mascarava o fato de que há diversos pontos de vista circulando pela sociedade. Geralmente, a opinião individual não é preta ou branca, em questões como a eutanásia; existem outros tons neutros. Ele poderia interpretar um papel pessoal importante, incentivando os indivíduos a seguirem gradativamente um caminho, até que eles aceitassem sua visão, como se fosse a deles próprios. Nesse sentido, como líder carismático, Hitler atuava como um legitimador, um provedor, um concessor de permissões, quase como uma figura paterna que dizia aos seus seguidores: "Sim, busque esses sonhos – esqueça as convenções da chamada sociedade civilizada". E agora, seja de forma implícita ou explícita, muitos médicos estavam seguindo as instruções de Hitler para rejeitarem um "humanitarismo sentimental moderno".[17]

Só foi necessária uma centelha para causar a introdução formal de uma política de assassinatos nos hospitais psiquiátricos. Essa centelha veio por volta do final de 1938 (ninguém tem certeza da data exata), quando Philipp Bouhler, que administrava o escritório de chancelaria do *Führer*, encontrou, em meio a uma porção de cartas e petições endereçadas a Hitler, o pedido do pai de um menino severamente debilitado, física e mentalmente, para que permitisse que os médicos matassem seu filho. Hitler autorizou seu próprio médico, Karl Brandt, a investigar o caso. Brandt viajou até Leipzig para consultar os médicos da criança, depois lhes disse que podiam matar o menino. E assim começou a "ação de eutanásia infantil".

Com frequência visto como um exemplo clássico do que o professor Sir Ian Kershaw memoravelmente chamou de "Trabalho Rumo ao *Führer*"[18] – a noção de que os seguidores de Hitler iniciavam ações esperando agradá-lo –, é também um exemplo do poder da liderança carismática de Hitler. Porque, apesar de ser verdade que os ambiciosos administradores nazistas agiam de forma semelhante a Bouhler, que exploraram essa petição particular, sabendo tratar-se de assunto de interesse de seu chefe, é difícil imaginar como o pai do menino com sérias deficiências buscava qualquer coisa como saída para uma situação terrível. O pai não estava "trabalhando rumo ao *Führer*", mas buscando uma solução para um problema aparentemente intratável – e quem melhor para ofertar uma solução do que o paternal chefe do Estado nazista? Todo o impulso da propaganda de Goebbels, nos anos 1930, tivera o intuito de criar uma atmosfera na qual o julgamento do *Führer* fosse considerado infalível e, dessa forma, esse pai deve ter achado que a única pessoa a saber o que fazer com seu filho, e que poderia "legitimar" sua morte e libertá-lo do sofrimento, seria Adolf Hitler.

Depois que essa criança foi morta a pedido do próprio pai, Hitler autorizou que outros casos semelhantes fossem tratados da mesma forma. De modo a administrar esse "desejo do *Führer*", uma nova organização foi criada – separada da estrutura de administração da saúde já existente, chamada "Comitê do Reich para Registro Científico de Doenças Hereditárias Sérias e Congênitas". Parteiras foram contratadas para relatar quaisquer crianças nascidas com suspeita de defeitos congênitos. Três médicos diferentes depois as examinavam, detalhando quaisquer defeitos e separadamente decidiam se a criança deveria viver ou morrer. Os que eram escolhidos para morrer eram levados de seus pais (os pais eram "convencidos" a entregar seus filhos aos cuidados de médicos de uma "clínica especial") e assassinados em um dos cerca de trinta diferentes centros espalhados pela Alemanha. Por exemplo, o Hospital de Aplerbeck, perto de Dortmund, era um desses centros de matança, e ali as crianças eram mortas com injeções letais, ou eram obrigadas a engolir tabletes de Luminal (fenobarbital).

Hitler ordenou que a "ação de eutanásia" infantil fosse conduzida em segredo. Porém, embora os médicos pudessem se recusar a participar, e alguns se recusavam – nunca faltaram profissionais dispostos a tomar parte nos assassinatos. E, fazendo jus à sua palavra, quanto a essas ações serem conduzidas no contexto da guerra, Hitler assinou uma autorização para a ação somente em outubro de 1939, depois que a guerra tinha começado – e, ainda mais importante, ele pré-datou o documento para primeiro de setembro, exatamente o dia em que os alemães invadiram a Polônia.

Dessa forma, houve uma progressão suave desde a introdução da esterilização até o esquema de assassinatos infantis por eutanásia. Por causa disso, as pessoas que descobrem essa história geralmente se surpreendem com o fato de que, em grande contraste, a política nazista de antissemitismo não demonstra qualquer progressão sistemática. Isso não ocorreu por não haver indivíduos profundamente antissemitas dentro do Partido Nazista, que ansiassem por serem "libertados" das "correntes" da convenção, de modo a buscar uma solução verdadeiramente radical para o que viam como o "problema judeu". Os soldados, como vimos, atuaram contra muitos judeus alemães, em 1933, e a acelerada legislação antissemita das Leis de Nuremberg, em 1935, em parte, teve como intuito legitimar a perseguição aos judeus, que já estava ocorrendo. Porém, ainda assim, somente uma minoria de judeus alemães teria deixado a Alemanha, até o final de 1937. Se a política de Hitler havia sido a de expulsar todos os judeus alemães, depois de cinco anos de chancelaria, isso havia notoriamente fracassado. No entanto, ele sabia que muitos nazistas do estilo linha-dura – como Julius Streicher – estavam apenas esperando um pequeno sinal para se soltarem da coleira e agirem sem nenhuma restrição.

Em um discurso revelador feito aos oficiais do Partido Nazista em abril de 1937, Hitler expôs como pretendia que o partido e a nação tratassem a questão dos judeus. No processo, ele deu pistas valiosas de como administrava o efeito de seu próprio carisma. Embora tenha dito que o objetivo máximo da política nazista relativa aos judeus estivesse "claramente cristalina para todos nós", afirmou que "minha preocupação principal é sempre evitar dar um passo que mais tarde eu tenha de recuar, ou um passo que poderia nos prejudicar, de alguma maneira. Vocês precisam entender que eu sempre vou até onde me atrevo a ir – não mais longe. É vital ter um sexto sentido que sempre lhe diga, abertamente: 'O que ainda posso fazer, ou que não posso?'."[19]

Hitler, portanto, novamente enfatizou a importância para qualquer líder carismático de projetar uma aura de convicção. Tanto que ele disse que o desejo de não aparentar fraqueza era "tudo" que o preocupava. Ele disse que "não é que eu queira imediatamente desafiar meu inimigo à luta". Em vez disso, ele preferia ser antagonista e debochar do oponente, gritando: "Eu quero destruí-lo". Somente depois de encurralar o inimigo num "canto", Hitler "dava o golpe fatal".

Em análise, essa é uma estratégia estranha. O objetivo de longo prazo de Hitler pode ser suficientemente claro, mas não havia mecanismo político coerente ligando as questões de curto prazo àquela meta de longo prazo. Ao simplesmente gritar com seu oponente, não estava oferecendo nenhuma orientação aos seus seguidores em relação à maneira de alcançar sua finalidade. Mas o discurso explica por que Hitler queria, por exemplo, que seus generais fossem como "cães *bull terriers* presos em correntes."[20] Era imensamente útil para Hitler ter um bloco de apoio em que ele parecia estar "restringindo" a ação radical. E embora Hitler também frisasse que seus generais o decepcionavam porque ele tinha de incentivá-los, em lugar de restringi-los, o ponto crucial permanece.

Essa "restrição" contra os judeus foi abolida drasticamente, em seguida a *Anschluss*, com a Áustria, em março de 1938. Walter Kämmerling, na época um estudante judeu de 15 anos, se lembra da catástrofe da chegada dos nazistas – lojas foram destruídas, os judeus foram violentamente molestados e tiveram seus negócios expropriados. "Você estava totalmente sem direitos", conta ele, "não havia qualquer proteção de lugar algum. Qualquer pessoa podia se aproximar de você e fazer o que quisesse e pronto".[21]

A violência e perseguição na Áustria, na primavera de 1938, foi em escala diferente do que jamais foi visto na Alemanha. Havia dois motivos principais para isso. Primeiro, proporcionalmente, havia muito mais judeus na Áustria do que na Alemanha (cerca de 4% da população da Áustria, contra 0,76%, na Alemanha) e, segundo, a Áustria, embora em breve fosse fazer parte do Reich, ainda não era território alemão. Esse país foi o primeiro exemplo do que viria a ser um fenômeno comum no Estado nazista: os atos de maior violência talvez tenham inicialmente ocorrido fora das fronteiras do velho Reich, mas as consequências do novo radicalismo viriam a ser frequentemente sentidas da Alemanha.

Esse certamente foi o caso em 1938. Em seguida à perseguição aos judeus austríacos, os nazistas voltaram sua atenção à terra natal. Em 26 de abril, seis semanas após os nazistas terem entrado na Áustria, Hermann Göring ordenou que todos os judeus alemães registrassem suas propriedades, e que qualquer uma que valesse mais de 5 mil marcos alemães só poderia ser vendida com a permissão das autoridades nazistas. Foi um passo preliminar óbvio para o roubo completo dos bens dos judeus. Outras medidas logo se seguiram – médicos, advogados, dentistas e veterinários judeus foram impedidos de trabalhar para clientes "arianos", e todos eles foram forçados a acrescentar determinados nomes aos seus, de modo a serem facilmente identificados, como, por exemplo, "Israel", para homens e "Sarah", para as mulheres.

Após a perseguição dos judeus alemães e austríacos, o presidente americano Franklin Roosevelt decidiu participar ativamente do problema. Ele convocou uma conferência internacional para discutir o que poderia ser feito, e, em julho de 1938, representantes de mais de trinta países se reuniram no Hotel Royal, Évian-les-Bains, na França. Em público, Hitler ofereceu aos membros da delegação seu apoio cínico: "Eu só posso esperar que o outro mundo, que tem tão profunda solidariedade por esses criminosos (os judeus), seja ao menos generoso e converta essa compaixão em ajuda prática. Nós, de nossa parte, estamos prontos para colocar todos esses criminosos à disposição desses países, até em navios de luxo."[22]

No fim das contas, a Conferência de Évian teve o pior desfecho para os judeus alemães e austríacos, que haviam tido a esperança de que o restante do mundo lhes abriria as portas. Dos trinta e poucos países representados, somente a República Dominicana ofereceu a possibilidade de aceitar um número substancial de judeus. O restante

– a maior parte – ofereceu palavras compreensivas, mas pouca ajuda prática. Parecia a confirmação das palavras de Chaim Weizmann, ditas a um jornal britânico anos antes: "O mundo parecia dividido em duas partes: os lugares onde os judeus não podiam viver e os locais onde eles não podiam entrar."[23]

Golda Meir, que mais tarde se tornaria primeira-ministra de Israel, observou o transcorrer da reunião. "Sentada ali, naquele salão esplendoroso, e ouvindo os 32 membros das delegações levantando--se, um por vez, para explicar o quanto eles gostariam de acolher um número substancial de refugiados, e como infelizmente eles não podiam, foi uma experiência terrível. Acho que ninguém que não vivenciou aquilo pode entender o que eu senti em Évian – uma mistura de tristeza, ódio, frustração e horror. Eu queria levantar e gritar a todos eles: 'Vocês não entendem que esses "números" aos quais se referem são seres humanos, pessoas que podem passar o resto da vida em campos de concentração, ou perambulando pelo mundo, feito leprosos, se vocês não os acolherem?'"[24]

A visão nazista de Évian foi clara. "Ninguém quer ficar com eles", era a manchete no *Völkischer Beobachter*.[25] E Hitler em seguida expressou desprezo por toda a abordagem das nações democráticas à questão da emigração dos judeus. Em um discurso no comício de Nuremberg, em 12 de setembro de 1938, ele ridicularizou a postura dos "países democráticos" que condenavam os alemães por tentarem se "livrar" do "elemento judaico". Ele ressaltou que "não ouviu nenhuma palavra desses países democráticos sobre substituir essa lamentação hipócrita por boas ações e auxílio. Não, ao contrário, tudo o que se ouve é um raciocínio frio, alegando que nesses Estados lamentavelmente também não há espaço... Nossa, nada de ajuda... Mas quanta moral sobrando!"[26]

Assim, a Conferência de Évian fez muito pouco para lidar com a condição dos judeus, apesar de alimentar as fantasias de Hitler quanto ao domínio judaico, já que boa parte do restante do mundo – incluindo os Estados Unidos – era contra a Alemanha nazista nessa questão crucial. Segundo o professor Adam Tooze, Hitler estava "fundamentalmente convencido de que, em minha opinião, a conspiração do mundo judeu assumiu uma nova personalidade agourenta. Isso começa no verão de 1938, com a Conferência de Évian, na qual os Estados Unidos passam a se envolver nos assuntos europeus, por conta da questão da emigração organizada de judeus do Leste Europeu. E isso, claro, ocasionou a incrível violência que os alemães desencadearam na Áustria, após a *Anschluss*. E isso, na mente de Hitler, transforma o foco de a conspiração judaica mundial, segundo seu ponto de vista, ser o inimigo supremo da Alemanha, de Moscou, anteriormente alinhada com o comunismo, em uma alegação muito clara, no começo de 1939, de que o verdadeiro epicentro da conspiração judaica mundial é Washington, Wall Street e Hollywood. Isso, claro, fundamentalmente muda sua avaliação do panorama estratégico, pois, por trás da Inglaterra e da França, como na Primeira Guerra, está a potência máxima da economia americana de armamentos".[27]

Em 9 de novembro de 1938, assassinos nazistas antissemitas foram soltos atrás dos judeus e cometeram uma série de atrocidades durante o que ficou conhecido como a *Reichskristallnacht* ("noite dos cristais"). Dois dias antes dos ataques, Herschel Grynszpan, um judeu de 17 anos, nascido na Alemanha, de pais poloneses, tinha ido até a embaixada alemã, em Paris, e atirado em um oficial júnior chamado Ernst vom Rath. Ele tinha dirigido até lá para cometer esse crime, pela situação de seus pais, Sendel e Rivka. Eles estavam entre os mais de 12 mil judeus poloneses que viviam na Alemanha e que tinham acabado de ser levados pelos nazistas e jogados na fronteira com a Polônia. Os poloneses se recusaram a permitir que eles entrassem em seu país e, portanto, esses judeus estavam largados, sem pátria, entre dois regimes que não queriam ter nada a ver com eles. Era uma ilustração forte e prática das consequências, tanto da perseguição nazista como do fracasso da comunidade internacional em Évian. Os nazistas queriam expulsar seus judeus, mas "ninguém queria ficar com eles".

Em 9 de novembro, vom Rath finalmente morreu, em decorrência dos ferimentos. Esse já era considerado um dia "sagrado" para todo o movimento nazista – aniversário do *Putsch* (golpe) do Beer Hall, 15 anos antes. Hitler e o restante da liderança nazista havia se reunido em Munique para a comemoração anual, e foi ali que Joseph Goebbels, sempre um antissemita linha-dura, pediu a Hitler que permitisse uma ação violenta contra os judeus alemães, em vingança pelo assassinato de vom Rath. Já houvera ataques esporádicos em propriedades judaicas naquela noite, porém, agora, as atrocidades seriam cometidas contra judeus alemães, numa escala sem precedente, sob o regime nazista. Mais de 20 mil homens judeus foram encarcerados em campos de concentração e mais de mil sinagogas foram destruídas. Centenas de judeus perderam a vida. Em Nuremberg, Rudi Bamber, então com 18 anos, observava aterrorizado quando soldados irromperam pela porta da frente de sua casa, destruindo tudo o que encontravam. Então, um segundo grupo chegou e o espancou. Depois que eles seguiram em frente, Rudi encontrou a mãe chorando, água esguichando dos canos quebrados pelo chão. Conforme ele seguiu em meio aos destroços dos móveis quebrados, e os cacos de louça e vidro pelo chão, achou seu pai moribundo. Os soldados o haviam assassinado. Rudi só foi poupado porque o líder dos soldados resolveu ir para a casa, pois teria que trabalhar pela manhã, e os outros "ficaram muito irritados com isso e não iam perder mais tempo, portanto, me deram um chute e disseram 'saia do caminho', ou algo parecido, e saíram, me largando lá".[28] Rudi resume sua própria experiência horrenda, nas mãos dos nazistas, dizendo: "Não faz sentido, essa história toda, realmente. É um absurdo."

A violência da *Kristallnacht* foi instigada tanto por uma iniciativa de baixo, quanto por uma orquestração de cima. Como as iniciativas que levaram ao esquema de eutanásia infantil, havia provas de nazistas líderes sugerindo e depois desenvolvendo ações que eles achavam ser de agrado de seu chefe. Philipp Bouhler queria aumentar seu próprio poder e do escritório de chancelaria do *Führer*, e Joseph Goebbels estava ansioso para se redimir aos olhos de Hitler, depois do constrangimento de seu caso com a atriz tcheca Lida Baarová, e suas consequentes dificuldades no casamento.

Os nazistas viviam em um mundo onde, segundo as palavras do dr. Günter Lohse, do escritório de Relações Externas da Alemanha, "todos queriam ser próximos dele (Hitler). Simplesmente ter seu favorecimento, estar em sua presença, fosse para o almoço, ou uma conversa, não importava. Estar perto dele, apenas uma vez. Esse era o grande acontecimento para o indivíduo... Eu ouso dizer que cada proposta que chegava à Chancelaria do Reich, independentemente de que lado viesse, tinha por trás o desejo de provar ser de um apoiador leal de Adolf Hitler."[29]

Porém, apesar dessa verdade, isso não explica completamente as ações dos soldados que arrasaram tudo na casa de Rudi Bamber e assassinaram seu pai, em Nuremberg. Eles também estavam ávidos para surrar e matar judeus, e destruir suas propriedades, por conta de suas próprias convicções profundas. Com o passar do tempo, essas convicções podem ter sido apoiadas e até nutridas pela propaganda nazista e a estrutura do Estado nazista, mas, fundamentalmente, eram convicções que inúmeros antissemitas infames já tinham, mesmo antes que Hitler entrasse em cena. O que Hitler oferecia a eles era a libertação e o poder de agir sem restrições.

Mesmo antes da violência da *Kristallnacht*, a *Das Schwarze Korps*, revista oficial da SS, tinha publicado artigos que davam voz ao ódio extremo contra os judeus. E uma semana após os horrores de 9 e 10 de novembro, um artigo intitulado "Esse bando é pior!" evocava abertamente retaliações coletivas contra os judeus, e revelava uma mentalidade que mais tarde ajudaria a criar os campos de concentração: "Ai dos judeus, se apenas um deles, ou um de seus cúmplices contratados e cheios de ódio como eles, sequer erguer a mão assassina contra um alemão! Não apenas um (dos judeus) será responsável por um alemão morto ou ferido, mas todos serão. Isso é o que devem saber os que não entenderam a mensagem de nosso alerta moderado (a *Kristallnacht*). Nós jamais nos envolveremos em façanhas de aritmética sem importância sobre a culpa ou inocência de indivíduos. Porque não estamos envolvidos numa guerra com os judeus, segundo a lei internacional... judeus e alemães não são parceiros iguais nisso. Nós não vamos ser mencionados na mesma fala que eles. Só existe um direito, o nosso direito, nossa defesa pessoal, e somente nós iremos decidir como e quando será sua redenção."[30] Outro artigo, de dezembro de 1938, foi até mais explícito sobre o destino potencial dos judeus: "No dia em que uma arma assassina judia, ou trazida por um judeu, se erguer contra um dos líderes da Alemanha, não haverá mais judeus na Alemanha! Esperamos ter sido claros!"[31]

A *Das Schwarze Korps* também insistia que a perseguição deveria ser imediatamente intensificada contra os judeus alemães. "Porque é necessário, porque não podemos mais ouvir o clamor do mundo, e porque nenhum poder na Terra pode nos impedir de levar a questão judaica à sua total solução. O programa é claro: total expulsão, separação completa! O que isso significa? Significa não somente a eliminação dos judeus da economia alemã, a qual eles confiscaram, com seus ataques assassinos e por incitarem a guerra e o assassinato. Os judeus devem ser removidos de nossos lares e nossos bairros, e serem colocados em ruas e blocos onde possam estar entre eles, com o menor contato possível com os alemães."[32]

As obsessões de Hitler agora eram abertamente alegadas como as paixões da SS. Isso era bem radical e não apenas revelava um coquetel poderoso de ódio e ambição, mas demonstrava como a SS estava pronta para a guerra. Mas os *bull terriers* estavam sem coleira.

Capítulo 11

Transformando a visão em realidade

Em 31 de agosto de 1939, véspera do dia em que os soldados do Wehrmacht marcharam adentrando a Polônia e iniciaram a Segunda Guerra, o jornalista americano William L. Shirer escreveu sobre o clima, na Alemanha: "Todos são contra a guerra. As pessoas estão falando abertamente (sobre isso). Como pode um país entrar numa grande guerra, com a população terminantemente contra?"[1] A opinião de Shirer sobre o profundo sentimento antiguerra na Alemanha era compartilhada por oficiais da SD, divisão de inteligência da SS. Eles haviam escrito um relatório confidencial, no ano anterior, mencionando que o clima na Alemanha era "frequentemente sombrio, por conta do futuro" e que "existem blocos mais amplos da população com grandes preocupações quanto à possibilidade de, mais cedo ou mais tarde, a guerra matar a prosperidade econômica e ter um final terrível para a Alemanha".[2] Outro relato da SD afirmava que no interior da Alemanha "havia uma grande sensação de tensão e inquietação, por toda parte, e um único desejo: 'Por favor, guerra, não!'"[3]

A guerra, no entanto, estava a caminho. E embora houvesse inúmeras causas, como acontece com qualquer grande acontecimento histórico, o motivo principal da guerra que estava para acontecer era porque Hitler queria – e sua liderança carismática ajudou-o a transformar isso em realidade.

De fato, é a presença de Hitler na história que torna tão extraordinário o período desde o início de 1938 até a explosão da guerra. Políticos convencionais, como o primeiro-ministro britânico Neville Chamberlain, trabalhavam com base no fato de que ninguém *queria* a guerra. Por outro lado, Adolf Hitler percebia que, de modo a obter o que ele desejava, a guerra era inevitável. Ernst von Weizäcker, secretário de Estado das Relações Exteriores da Alemanha, tentou explicar a estranheza da situação ao embaixador britânico, Sir Nevile Henderson: "Eu disse a Henderson, mais uma vez, que isso não é um jogo de xadrez, e sim, o mar se erguendo. Não se pode fazer o mesmo tipo de suposição como se fosse uma época normal, com motivos normais e gente normal."[4]

Mas não eram apenas os britânicos que tinham problemas para compreender que Hitler não era um estadista "normal". Alemães poderosos também estavam cometendo o engano de achar que seu *Führer* daria ouvidos a um argumento sensato. Ludwig Beck, por exemplo, ainda se atinha à crença equivocada de que Hitler pudesse ser persuadido a cair em si e ser pragmático, no contexto dos objetivos e ritmo de sua política externa. Beck continuava a querer as "boas" coisas que sentia terem sido trazidas à Alemanha pelo carisma e instinto político de Hitler – em particular, o ressurgimento do orgulho nacional e um exército em constante crescimento – sem as coisas "ruins", como a perseguição violenta dos que não se adequavam à imagem nazista do alemão ideal e a ocupação temerária do novo império nazista. Porém, Beck, assim como tantos membros inteligentes da elite alemã, acabara tendo somente a si mesmo para culpar por esse julgamento equivocado. Pois, como disse em outro contexto Frederick Douglass, abolicionista americano, ele era o tipo de homem que queria "o oceano sem o terrível rugir das ondas".[5]

Beck e inúmeros de seus colegas do alto escalão do Exército alemão logo descobririam a extensão de seu erro, conforme Hitler voltava os olhos para a vizinha Tchecoslováquia. Como a Tchecoslováquia era uma democracia, e também uma criação dos acordos oriundos do final da Primeira Guerra, Hitler já estava predisposto a odiá-la. Mas também havia motivos práticos para que ela fosse um problema para a Alemanha. Era impossível para Hitler contemplar um deslocamento ao Leste sem, de alguma forma, neutralizar os tchecos – eles estavam geograficamente no caminho de qualquer expansão. Ademais, dentro da Tchecoslováquia viviam mais de três milhões de alemães étnicos, a maioria na região fronteiriça conhecida como Sudetos.

Günther Langer, com 24 anos em 1938, era um dos alemães de Sudetos que se sentia perseguido na Tchecoslováquia: "Os negócios alemães foram boicotados e foi por isso que acabamos em um estado tão terrível..." Em seu vilarejo, onde a maioria era de alemães de origem étnica, "nós tínhamos um carteiro tcheco, um professor tcheco, tínhamos um encarregado (autoridade local) tcheco, e os tchecos limpavam as ruas – portanto, esses postos foram todos perdidos para os alemães. Os alemães ocupavam esses cargos antes, entende... Isso não foi tudo o que eles fizeram (as autoridades tchecas), porque eles também exploraram as terríveis necessidades dos alemães e, com promessas, tentaram as crianças alemãs a estudarem em escolas tchecas. Isso foi a então chamada 'cilada das almas alemãs'".[6]

Durante alguns anos, os nazistas vinham apoiando os alemães de Sudetos, em sua evocação para uma independência maior, dentro da Tchecoslováquia, e apenas alguns dias depois da *Anschluss*, Hitler se reuniu com Karl Frank e Konrad Henlein, do Partido Alemão de Sudetos. Ele lhes disse para fazerem uma série de exigências ao governo tcheco, que ele sabia que seriam inaceitáveis.

A princípio, parecia que Hitler não estava com pressa para forçar a situação de Sudetos a uma crise. Mas, depois que os britânicos e franceses alertaram o governo alemão a não tomar ações militares contra os tchecos (ironicamente seguindo um relato equivocado sobre as intenções alemãs), Hitler convocou uma reunião em Berlim, em 28 de maio de 1938, na qual anunciou que resolver essa questão havia se tornado uma prioridade. "Estou profundamente determinado", disse Hitler, "a varrer a Tchecoslováquia do mapa".[7] O próprio adjunto de Hitler, Fritz Wiedemann, disse que ficou "muito chocado"[8] com essas palavras. Porém, isso não foi nada em relação ao efeito que surtiu em Ludwig Beck.

Beck já tinha enviado um memorando para Brauchitsch, chefe do Exército, em 5 de maio, frisando que "não há esperanças de resolver a questão tcheca por meios militares sem envolver a Inglaterra e a França".[9] E agora, logo depois que Hitler revelara suas intenções, em 28 de maio, Beck voltava à escrivaninha para compor outro memorando. Ele novamente enfatizou que a Alemanha estava levando ao risco de "uma guerra europeia, talvez mundial", como consequência da invasão à Tchecoslováquia, e essa guerra "será perdida pela Alemanha".[10] Mas a oposição de Beck ao plano de Hitler foi enfraquecida por dois fatos cruciais. Em primeiro lugar, Beck concordou que a própria existência da Tchecoslováquia era um grande problema para os planos futuros da expansão alemã. No último mês de setembro, ele havia afirmado: "Já que a seção tcheca geograficamente se insere na Alemanha, ela será incapaz de suportar a guerra"[11] O outro problema que Beck enfrentava eram os ecos intrigantes da crise de Strasser, ocorrida em 1932. Assim como Gregor Strasser, Ludwig havia professado sua imunidade ao carisma de Adolf Hitler. Ainda assim – também como ocorreu com Strasser –, Beck agora salientava estar aborrecido por não ter acesso direto a Hitler. No memorando elaborado após a reunião com Hitler, em 28 de maio (enviado a Brauchitsch, em 30 de maio), Beck ainda agia como se – segundo ele disse em seu memorando, seis semanas depois – "essa luta está sendo pelo *Führer*".[12] Como diz Manfred von Schröder, que na época era diplomada de Relações Exteriores, "até Weizsäcker (então secretário de Estado das Relações Exteriores) acreditava que falar sozinho com Hitler rendia resultados melhores... Todos achavam que se podia tratar com Hitler a sós melhor do que quando todos aqueles governadores e outros do partido estavam por perto, mas pessoas sensatas, você sabe".[13]

Assim, apesar de ter ouvido, em 28 de maio, que em breve Hitler pretendia "varrer a Tchecoslováquia do mapa", Beck continuou a achar que a solução não era a rápida remoção de Adolf Hitler, mas uma mudança administrativa que criasse "uma demarcação clara e o cumprimento das respectivas responsabilidades".[14] E embora Beck não estivesse declaradamente afetado pelo carisma de Hitler, uma interpretação de seu comportamento é que – assim como Strasser – ele estava implicitamente afetado. O fato de Beck estar satisfeito com muito do que Hitler havia realizado, e de ter concordado com os objetivos gerais dos futuros planos de expansão de seu líder, o cegou para a realidade de que, no fim das contas, não havia "luta" nenhuma a ser realizada "em nome do *Führer*". Ele ainda não estava pronto para admitir abertamente que o problema não era a falta de acesso a Hitler, mas o próprio Hitler.

Como Strasser, Schacht e Fritsch, antes dele, Beck não conseguiu entender por completo que Hitler não era suscetível à crítica inteligente e sensata aos seus planos. A ideia de que alguém podia encabeçar o poderoso e sofisticado Estado alemão – tendo já alcançado tanto em apenas cinco anos no poder – e, ainda assim, não estar preparado para aceitar conselhos dos especialistas simpatizantes aos seus objetivos, simplesmente não fazia sentido.

E também havia a questão da atmosfera política e militar, na qual Beck enfocou sua preocupação. Para alguém como Beck, no topo da hierarquia militar, era fácil subestimar os efeitos de cinco anos de propaganda nazista sobre a opinião de oficiais de patentes menores. Como o próprio Hitler disse em sua declaração famosa de novembro de 1933: "Quando um oponente declara 'não vou passar para o seu lado', eu calmamente respondo 'seu filho já nos pertence... O que você é? Você vai passar. No entanto, os seus descendentes agora estão em novo território. Em pouco tempo, eles não conhecerão nada, exceto essa nova comunidade'".[15]

Todos esses oficiais mais jovens haviam se formado em escolas de um sistema militar de treinamento que não apenas enfatizava o estreito relacionamento entre o Exército e o Estado nazista, mas alardeava a genialidade de Adolf Hitler. Além disso, todos esses oficiais juniores e de patente intermediária sabiam que suas próprias carreiras dependiam menos de oficiais à moda antiga, como Beck, e mais da avaliação de uma nova estirpe de líderes militares politicamente atentos, mais suscetíveis à visão de Hitler.

Isso, em parte, explica a reação mista à tentativa de Beck, em uma conferência militar, em junho de 1938, de explicar aos seus colegas oficiais os riscos de uma invasão à Tchecoslováquia. Edgar Röhricht, na época um tenente-coronel, escreveu mais tarde que Beck simplesmente pareceu "falar contra a guerra, em meio à sua própria equipe". Ele também registrou que quando seus camaradas se reuniram no Hotel Esplanade, em Berlim, ponderando sobre o que tinham ouvido, o major Rudolf Schmundt disse que Beck claramente não entendia "o dinamismo do novo regime" e se o seu conselho fosse seguido, "quem ouvisse provavelmente ainda seria um requerente ridículo, sentado numa mesa de conferência em Genebra". Hans Jeschonnek, oficial da Luftwaffe, ainda com trinta e poucos anos, foi mais longe, dizendo que Beck não havia dado nenhuma credibilidade ao poder da nova Força Aérea alemã: "Schlieffen (arquiteto do plano de invasão da Alemanha, na Primeira Guerra) também estava 20 anos atrás em desenvolvimento tecnológico – na Batalha de Marne, nós tivemos nossa recompensa. E para Beck, nossos esquadrões não são nada além de um acréscimo de interferência. Mas todos vocês terão o choque de suas vidas!"[16]

Embora alguns oficiais presentes naquele dia simpatizassem com a posição de Beck, ficou claro para todos que a visão dele o colocava cada vez mais na periferia do poder. Um tenente-coronel, que havia sido próximo de Fritsch, observou que os acontecimentos das últimas semanas tinham "aberto seus olhos" para o fato de que líderes do Exército alemão não formavam uma "comunidade unida", mas eram meramente "servidores públicos", e "substitutos" poderiam ser encontrados para cada um deles – e, na verdade, já havia até um presumivelmente "disponível" para Beck. Mas esse tipo de conversa cínica não atraía oficiais ambiciosos como o tenente-coronel Röhricht, ou o major Schmundt, ou o tenente-coronel Jeschonnek, e eles todos chegariam à alta patente. Até 1945, Röhricht era general de infantaria, servindo no 17º Pelotão do Exército, no *front* Leste, e no ano anterior, Schmundt – nessa época, também já general e chefe de

Recursos Humanos de todo o Exército alemão – tinha sido morto em 20 de julho de 1944 por uma bomba destinada a assassinar Hitler. Jeschonnek também morreu no quartel-general do *Führer*, em 1943, quando, sendo chefe geral de pessoal de Luftwaffe, cometeu suicídio porque achou que havia decepcionado Hitler.

Enquanto isso, Beck ainda estava determinado a convencer seus colegas a não seguirem um plano de ataque, que ele estava certo de levar a Alemanha ao abismo. E, novamente, é possível ver na forma como Hitler conseguiu neutralizar Beck, durante o verão de 1938, a importância de seu carisma nessa história – pois sem a habilidade dele para persuadir o restante dos generais a seguirem sua liderança, muitas vezes contra objeções lógicas, fica difícil enxergar como a Alemanha teria seguido por um caminho tão destrutivo.

Em 16 de julho, Beck entregou a Brauchitsch o último de uma série de memorandos. Foi o mais direto, quase convocava um motim. "Considero meu dever levantar o pedido urgente para que o comandante-geral do Wehrmacht (Hitler) prontamente abandone os preparativos para a guerra, por ele ordenados."[17] Pouco depois, quando Beck encontrou Brauchitsch, ele disse que todo o alto-comando militar deveria demitir-se, se Hitler não mudasse seus planos. Depois de alguns dias, após se consultar com colegas simpatizantes, Beck disse a Brauchitsch que a tarefa à mão era nada menos que alterar a natureza do regime nazista. Beck ainda persistia em ver o problema menos como sendo Hitler do que a influência perniciosa da Gestapo e da SS. "Possivelmente pela última vez", escreveu Beck, "o destino nos oferece uma oportunidade de liberar o povo alemão, assim como o próprio *Führer*, do pesadelo da polícia secreta... Não pode haver qualquer dúvida quanto a essa luta ser pelo *Führer*".[18] E ele não apenas buscou argumentar que qualquer "esforço" contra a guerra deveria ser considerado por Hitler, como até sugeriu que um possível "mote" para o plano de ação proposto fosse "Pelo *Führer* – contra a guerra".

Beck deve ter reconhecido que qualquer tentativa para ganhar o consentimento dos cabeças do Exército numa conspiração direta contra o chefe de Estado seria, no mínimo, arriscada. Dessa forma, ele preferiu dizer, contra provas diretas em contrário, que Hitler não estava, ele próprio, conduzindo os acontecimentos, mas era indevidamente influenciado por instituições como a SS e a Gestapo. Beck compartilhava o objetivo de Hitler de eliminar a Tchecoslováquia, como obstáculo para a expansão da Alemanha, só discordando do momento; e ele reverenciava o antigo sistema de governo imperial e um chefe de Estado que respeitasse os conselhos dos militares. "Por que Hitler não podia ser um pouco mais parecido com o Kaiser?" era uma pergunta que quase certamente povoava a mente de Beck. É bem provável que Beck quisesse Hitler reduzido ao *status* de testa de ferro que o Kaiser tinha antes da Primeira Guerra.

Mas o que Beck não compreendia inteiramente era que Hitler não era um líder político convencional, que pudesse ser abalado por discussões sobre memorandos. Conforme colocou o professor Adam Tooze:[19] "Ele não é um estadista no sentido normal da palavra, fazendo cálculos racionais e diretos, e sempre presumindo que terão uma alta probabilidade de sucesso. Esse é um homem para quem a política é um drama, um drama trágico que pode não ter um final feliz. Portanto, ele está disposto a assumir riscos que julga inescapáveis, mesmo quando as probabilidades estão altamente contra a Alemanha."

Não se sabe qual foi a resposta exata de Brauchitsch aos apelos de Beck, mas ele certamente não ofereceu apoio imediato à ideia de uma renúncia conjunta. No entanto, numa conferência de oficiais seniores, em 4 de agosto, Brauchitsch perguntou aos colegas o que eles achavam do plano de invasão da Tchecoslováquia proposto. Muitos apoiaram Beck e falaram dos problemas práticos envolvidos – principalmente, a probabilidade de que a Inglaterra e a França fossem puxadas para o conflito. Brauchitsch concluiu a reunião admitindo abertamente que seguir o organograma de Hitler para a guerra levaria à destruição da Alemanha.[20]

Aquele foi um momento vital na história do Terceiro Reich. Se os generais tivessem sido leais uns aos outros, unidos em sua rejeição aos planos de Hitler, eles teriam precipitado a crise no Estado nazista. Mas os generais não eram unidos. Em vez disso, o general Walther von Reichenau foi até Hitler e lhe disse o que havia acontecido na reunião. Reichenau era um em uma porção de generais alemães que parecia verdadeiramente ter fé total em seu *Führer*. Servindo com o general Blomberg, no Leste da Prússia, a primeira vez que encontrou Hitler foi em 1932 e, desde então, acreditou que ele provaria ser o salvador da Alemanha. Portanto, não foi nenhum acaso que tenha sido Reichenau a contar a Hitler sobre a reunião de 4 de agosto.

A reação imediata de Hitler foi previsível – a mais intensa ira. Ele ordenou que Brauchitsch viesse a uma reunião em Berchtesgaden, onde gritou com o chefe do Exército por mais de uma hora. Depois, convocou uma conferência para 10 de agosto, com todos os generais que haviam estado presentes na reunião do último dia 4. Como de costume, isso não era para discutir os méritos de sua proposta com os especialistas militares, mas para fazer-lhes um sermão sobre sua convicção de que estava certo. Quando um general se atreveu a questionar a segurança de Westwall – as defesas alemãs contra a França –, Hitler berrou que ele estava errado. Após um exercício militar em Jüterbog, durante outro discurso, cinco dias depois, Hitler criticou os que – Beck, implicitamente – enfraqueceram e enfatizou que a decisão de invadir a Tchecoslováquia primordialmente envolvia análises políticas, não militares.

Era outro desempenho confiante de Hitler diante de seus generais; demonstração apoiada no conhecido componente de sua liderança – sua convicção absoluta de que estava certo. E como o julgamento de Hitler havia se provado correto em circunstâncias semelhantes do passado recente – pelo fato de que Beck e outros haviam alertado que a incursão à Áustria talvez resultasse em guerra –, Hitler agora sugeria que pouca importância deveria ser dada aos alertas mais recentes. Consequentemente, apesar de todos os motivos práticos pelos quais os generais estavam certos em se preocuparem quanto às consequências da invasão da Tchecoslováquia, muitos deles estavam preparados para apoiar Hitler. Essa rota de menor resistência foi resumida pelo general Erich von Mastein,[21] que disse a Beck que ele deveria deixar a política por conta de Hitler e se concentrar em destrinchar a prática para derrotar os tchecos em batalha.

Havia, entretanto, muito mais por trás do atrativo bem-sucedido de Hitler do que meramente a insistência de seus generais para seguirem suas ordens. Ele também estava oferecendo algo especial – a chance de glória, de heroísmo, de êxito militar que os tornaria famosos na história da Alemanha. É claro que os riscos eram imensos, mas Hitler deixara claro que ele assumiria toda a responsabilidade pela decisão de invadir a Tchecoslováquia. Foi um exemplo clássico do que o dr. Fritz Redl chamou de "mágica do ato de iniciação"[22] – a noção de que líderes, quando suficientemente carismáticos, podem assumir o fardo de um risco e da culpa potencial de qualquer plano de ação que iniciem. Como resultado, eles são capazes de criar um tremendo senso de libertação em seus seguidores.

Nesse caso, no entanto, não todos os seguidores. Beck continuava não convencido, assim como inúmeros outros generais, como von Hase e von Wiltzleben. O almirante Canaris, chefe do Serviço de Inteligência, o *Abwehr*, também parecia flertar com essas figuras opostas às ações de Hitler, embora ele fosse tão dado a intrigas que é provável que tenha sido um agente duplo, com ligações com Heydrich e Himmler. Hans Oster, agente de Canaris, era mais comprometido com a causa oposta, assim como Hjalmar Schacht. Por meio de intermediários, esses cavalheiros, junto com outros, conseguiram abordar o Departamento de Relações Exteriores Britânico em agosto de 1938. "Dali em diante, Beck e aquele grupo de alemães – de forma alguma eles representavam todos os generais – mantiveram contato conosco por meios clandestinos, e eles costumavam chegar por meu intermédio", conta Sir Frank Roberts, à época um diplomata que servia no Escritório das Relações Exteriores em Londres. "E foi algo como 'se ao menos vocês e os franceses enfrentarem Hitler, nós faremos algo a respeito', e nós preferimos dizer 'bem, se vocês fizerem algo em relação a ele, talvez possamos ajudá-los'. Mas é claro que Hitler prosseguiu obtendo um êxito atrás do outro, e a influência desse grupo de generais alemães foi diminuindo cada vez mais."[23]

Enquanto Beck, seus conspiradores e os britânicos tremiam, Hitler fez um discurso, no início de setembro de 1938, atacando fervorosamente não apenas o governo tcheco, mas a maneira como a Tchecoslováquia havia sido formada, após a Primeira Guerra: "A maioria de seu povo simplesmente foi forçada a se submeter à estrutura construída pelo Tratado de Versalhes, sem que ninguém perguntasse sua opinião. Como verdadeira democracia, esse Estado imediatamente começou a oprimir a maioria de seu povo, a abusar dele e de seus direitos inalienáveis".[24] Quanto aos alemães de Sudetos, sua situação tinha se tornado "insuportável". Hitler alegou que "em um contexto econômico, essa gente está sendo arruinada metodicamente e está sendo submetida a um extermínio lento e contínuo. A miséria do povo alemão de Sudetos está além de qualquer descrição".

Foi outro exemplo da técnica de liderança confessa de Hitler de gritar "cada vez mais alto", depois observar como seus adversários reagiam. Os britânicos e os franceses já tinham colocado pressão no governo tcheco para um acordo com Hitler, porém, depois de seu discurso em Nuremberg, ficou claro que a situação estava ficando perigosamente delicada.

Graças à jornada feita por Ewald von Kleist-Schmenzin, membro da roda de oposição de Beck, em Londres, no meio do verão, Chamberlain ficou bem ciente dos membros-chave da elite alemã e sentiu que Hitler estava tentando levar a Alemanha à guerra. Mas quando o Gabinete Britânico de ministros discutiu a política externa alemã, em 30 de agosto de 1938,[25] eles ficaram mais analíticos do que convictos em relação aos seus pontos de vista. Outros agentes da inteligência – como o embaixador britânico em Berlim, Sir Nevile Henderson – argumentaram contra Hitler estar determinado a causar outro conflito europeu. Mas o que permeia os minutos do encontro é a sensação de que articuladores políticos sofisticados como Neville Chamberlain e seu secretário de Assuntos Externos, lorde Halifax, simplesmente não conseguiam acreditar que um chanceler da Alemanha, consequentemente líder de uma nação europeia culta, pudesse de fato *querer* outra guerra.

Eles também sentiam que, se os britânicos ameaçassem ir à guerra por conta da ocupação alemã dos Sudetos, por causa da percepção que tinham da personalidade instável de Hitler, isso talvez o provocasse ainda mais. Para Chamberlain e Halifax, ambos com lembranças claras do sofrimento da Primeira Guerra, a perspectiva de outro conflito europeu era horrenda – sobretudo dado o novo perigo de bombardeios aéreos da Luftwaffe.

Foi para tentar evitar essa catástrofe que Chamberlain decidiu tomar uma decisão drástica e pegar um voo para encontrar Hitler na Alemanha – e, no processo, "inventou a cúpula internacional moderna".[26] Tendo deixado Londres por volta de 8h30 de 15 de setembro, Chamberlain chegou a Munique pouco após o meio-dia. Cerca de 17h, ele estava subindo os degraus do Berghof, casa de Hitler, acima de Berchtesgaden. Durante a discussão subsequente, Chamberlain anunciou que ele estava pessoalmente bem preparado para que os alemães dos Sudetos deixassem a Tchecoslováquia e ingressassem no Terceiro Reich, mas queria garantias de que Hitler não teria exigências adicionais – como conquistar a Tchecoslováquia inteira. Hitler assegurou a Chamberlain que esse não era o caso e, no dia seguinte, Chamberlain voltou à Inglaterra. Ele havia passado menos de quatro horas na presença de Hitler, mesmo assim, formara uma opinião clara sobre ele. Longe de possuir quaisquer poderes carismáticos, segundo escreveu, Hitler era "totalmente indistinto. Você jamais o notaria numa multidão, e ele poderia ser visto como o pintor de paredes que havia sido um dia".[27] Além disso, conforme Chamberlain posteriormente afirmou ao Gabinete Britânico, Hitler era o "cachorrinho mais comum que eu já vi".[28]

Chamberlain não era o primeiro membro da elite política britânica a ter a opinião de que Hitler certamente não era um "cavalheiro". Uma delegação britânica liderada por lorde Halifax havia visitado Hitler no Berghof um ano antes e chegara a uma conclusão semelhante. Um dos oficiais estrangeiros presentes, Ivone Kirkpatrick, achou que Hitler se comportou como "uma criança mimada emburrada" durante o almoço. Pior que isso, depois que eles haviam comido, Hitler disse a Halifax que os britânicos deveriam resolver quaisquer problemas que tinham com a Índia dando um tiro em Gandhi, "e se isso não resolver, nem fizer com que eles (os indianos) se submetam, matem uma dúzia de membros do Congresso; e se não adiantar, matem uns duzentos, até que a ordem se restabeleça". Kirkpatrick relembra que, enquanto Hitler sugeria ao lindamente educado lorde Halifax que os britânicos cometessem assassinato em massa na Índia, o lorde olhava para Hitler "com um misto de espanto, repugnância e compaixão".[29]

Halifax e muitos outros na Inglaterra eram, consequentemente, imunes ao carisma de Hitler. Eles eram inteligentes o suficiente para reconhecer que milhões de alemães haviam sucumbido ao seu atrativo, mas ainda sentiam que, pessoalmente, Hitler era muito mais um comerciante do que um semideus. Ele ainda era perigoso e possivelmente desequilibrado, mas continuava sendo uma figura quase desprezível – a antítese de todos os valores que eles mais estimavam.

A postura de Halifax em relação a Hitler foi muitíssimo semelhante à primeira impressão que a elite de políticos alemães, tais como von Papen e Hindenburg, teve dele. Eles também o acharam um agitador das massas mal-educado, quando o encontraram pela primeira vez. Na verdade, von Papen e lorde Halifax eram incrivelmente parecidos, em aspectos-chave de suas personalidades e crenças. Ambos eram aristocratas e possuíam profundo senso de virtude e obrigações da classe patrícia, à qual pertenciam; e ambos eram profundamente religiosos – Halifax foi apelidado de "Holy Fox" (Raposa Sagrada) por Churchill por seu amor à caça de raposas e sua religiosidade. Apesar disso, claro, certamente não era o caso de todos os alemães aristocratas e religiosos serem imunes ao carisma de Hitler, e de nada valeu que membros centrais da conspiração contra Hitler, que culminou na trama da bomba de julho de 1944, também vivessem segundo os valores da aristocracia e religiosidade.

Deve ser lembrado, no entanto, que havia inúmeros membros da elite britânica que encontraram Hitler durante esse período e sentiram que ele possuía, sim, um certo carisma. Não somente os membros todos da classe superior, como Unity Mitford, mas políticos experientes, como o ex-primeiro-ministro Lloyd George, que em 1936 escreveu que acreditava que Hitler era um "líder nato dos homens. Uma personalidade magnética e dinâmica, com uma determinação obstinada, uma vontade resoluta e um coração intrépido".[30]

Ainda acreditando que Hitler não queria a guerra, em 18 de setembro, Chamberlain se reuniu com uma delegação francesa encabeçada pelo primeiro-ministro Édouard Daladier. Juntos, o britânico e o francês pressionaram o governo tcheco para abrir mão de Sudetos em favor da Alemanha. Relutantes e reconhecendo a impotência de sua posição se não concordassem, os tchecos sucumbiram. Chamberlain então voou de volta à Alemanha em 22 de setembro e se encontrou com Hitler novamente, desta vez, em Bad Godesberg, ao Sul de Bonn, no rio Reno. Chamberlain transmitiu o que Hitler queria ouvir e acreditava ter evitado a guerra.

Porém, em resposta, Hitler exigiu que a questão fosse totalmente solucionada até 1º de outubro – menos de dez dias depois – e que a nova fronteira fosse reconhecida ali, na hora. Não haveria nada de supervisão pacífica internacional da entrega das terras, como a Inglaterra propusera. Chamberlain ficou pasmo. Esse não era um comportamento "sensato". Ele regressou à Inglaterra em 24 de setembro, sem saber se Hitler ia ou não moderar suas exigências.

Enquanto isso, a postura de Chamberlain em relação a Hitler começou a preocupar Duff Cooper, primeiro lorde do Almirantado. Ele ouvira atentamente o ponto de vista de Chamberlain e chegara à conclusão de que Hitler havia "enfeitiçado"[31] o primeiro-ministro. "Afinal", escreveu Cooper, em seu diário, em 24 de setembro de 1938, "as realizações de Hitler não são decorrentes de seus dotes intelectuais, nem de seu poder de oratória, mas em virtude da influência extraordinária que ele consegue exercer sobre os seus semelhantes". E Cooper não estava só ao pensar que Hitler havia, de algum modo, subornado o primeiro-ministro britânico. Sir Alexander Cadogan, secretário permanente de Relações Exteriores, oficial-chave que fora excluído das viagens relâmpago de Chamberlain a Berghof e Bad Godesberg, escreveu, em seu diário, em 24 de setembro: "Fiquei completamente horrorizado porque ele (Neville Chamberlain) estava um tanto calmo para uma rendição total. Mais horrorizado ainda ao descobrir que Hitler evidentemente o hipnotizara a esse ponto."[32]

Será que Hitler realmente "hipnotizara" ou "enfeitiçara" Chamberlain? Será que o primeiro-ministro britânico deixou-se levar pelo carisma de Hitler? Chamberlain certamente qualificara sua primeira impressão negativa de Hitler, confidenciando, no Gabinete, que "era impossível não ficar impressionado com o poder do homem".[33] Exatamente da mesma forma que outros membros educados da elite alemã tinham descoberto no passado, Chamberlain tinha aprendido que não se podia lidar com Hitler como se fazia com qualquer outro estadista normal, e o primeiro-ministro britânico tinha claramente ficado confuso, pela exposição direta às ações e personalidade do chanceler da Alemanha. Hitler não agia dentro dos limites da conduta diplomática. Berros, crises de pirraça, mudanças súbitas de humor, emburramentos – todas estas técnicas estavam unicamente à disposição dele, durante esses encontros. Conforme Chamberlain disse de Hitler no ano seguinte, "eu não gostaria de tê-lo como parceiro em meu negócio".[34] Portanto, se Chamberlain não era vítima do carisma de Hitler, ele por certo ficava meio desnorteado por seus humores, enquanto desesperadamente procurava um meio de chegar a um acordo com o chanceler alemão.

Esses dias devem ter representado um tormento para Chamberlain. Ele se perguntava como era possível que Hitler tivesse recebido a oferta de tudo que disse que queria e ainda procurava impor condições impossíveis para essas exigências? Claro que Hitler nunca esperava que os britânicos e franceses conseguissem entregar Sudetos à Alemanha, e agora ele próprio estava confuso quanto à melhor forma de avançar, já que seu motivo para a guerra lhe fora arrancado. Chamberlain disse, em seu famoso pronunciamento no rádio, em 27 de setembro de 1938: "Como é horrível, fantástico, incrível que nós tenhamos que cavar trincheiras e experimentar máscaras aqui, por conta de uma briga em um país distante, sobre o qual nada sabemos. Parece ainda mais impossível que uma briga já tenha sido estabelecida, em princípio, como motivo da guerra..."[35]

Lorde Halifax, no entanto, agora estava contra ceder por completo a Hitler – como, naturalmente, também estavam os tchecos. Com as mudanças de humor, tanto os britânicos quanto os franceses disseram aos alemães que, se a Tchecoslováquia fosse invadida, então eles iriam à guerra. Porém, ainda assim, Chamberlain se ofereceu a ir mais uma vez à Alemanha e conversar com Hitler, e uma conferência para discutir a crise foi realizada em Munique, em 29 de setembro. A reunião foi no escritório do chanceler, apenas a alguns metros de dois "templos de honra" que continham os restos mortais dos "mártires" mortos durante o *Putsch* do Beer Hall, 15 anos antes.

Ali, um acordo foi intermediado entre os britânicos e franceses, de um lado, e os alemães, de outro. Mussolini havia sido convocado a auxiliar na facilitação para a saída do impasse – inteiramente originado pela própria incerteza de Hitler quanto a continuar, ou não, a aumentar suas exigências, a ponto de causar a guerra. Nesse evento, à Alemanha foi concedido Sudetos, e os britânicos e franceses conseguiram forçar uma tentativa de salvar a dignidade, insistindo em um território ligeiramente menor a ser transferido aos alemães em um tempo um pouco mais longo do que o inicialmente exigido por Hitler (mas ainda com o processo a ser concluído em menos de duas semanas). Aos olhos modernos, foi estarrecedor que os tchecos, representantes da nação diretamente afetada, não fossem convidados às conversas. O acordo seria efetivamente imposto a eles – e como poderiam recusar, se todas as grandes nações europeias agora se voltavam contra eles? Não seria a última vez que os britânicos concordariam em dar territórios sem estarem presentes na reunião os representantes do país afetado – eles viriam a fazer o mesmo com os poloneses, nas conferências de Teerã e Ialta, menos de sete anos depois.

O acordo de Munique foi muito bem acolhido na Inglaterra. Quando Chamberlain aterrissou de volta de Munique no aeroporto de Heston, em 30 de setembro, ele foi saudado pelo conde de Clarendon, o lorde Chamberlain, que o convidou para viajar direto ao Palácio de Buckingham para uma audiência com o rei. Houvera até mesmo uma sugestão de que o rei deveria encontrar Chamberlain no aeroporto, de modo a parabenizá-lo por seu feito.[36]

Alguns dias depois, alemães de Sudetos, como Günther Langer, olhavam maravilhados, conforme o Wehrmacht chegava. "Eles simplesmente saíram da floresta", ele conta. "Ao passo que eles chegavam, todos nós clamávamos de alegria, estávamos encantados, nós os convidamos a entrar, oferecemos comida, bebida, conversamos com eles, estávamos felizes. A alegria de nossa redenção era imensa e foi acolhida por todos. Eu vou lhe dizer uma coisa: quando se ouvia o quanto os alemães estavam indo bem, comparados a nós, não era de se admirar, não acha? As pessoas diziam, graças a Deus, agora as coisas vão mudar pra nós... Porque nós sabíamos que estávamos sendo salvos do jugo tcheco. Todos estavam exultantes. E os poucos que diziam o contrário, não era verdade, todos estavam encantados com tudo. Mas é claro que ninguém poderia imaginar que uma coisa daquelas resultaria na Segunda Guerra Mundial."[37]

Hitler ainda sentia uma sensação de urgência. Nos meses recentes, ele vinha fazendo inúmeras afirmações sobre sua idade. Como o professor Richard Evans mencionou, ele estava preocupado com o fato de "não ter muito tempo pela frente".[38] E assim como esses medos pessoais quanto à expectativa de vida, ele também tinha deixado claro, em reuniões em maio anterior, que era interesse da Alemanha agir agora, antes que a França e a Inglaterra concluíssem seu rearmamento. No entanto, ao longo das três tentativas de Chamberlain, nas idas e vindas da diplomacia, Hitler também ficou sabendo que alguns de seus principais camaradas nazistas estavam aflitos quanto a um verdadeiro conflito com a Inglaterra e a França. Göring, por exemplo, tentou convencer Hitler a não entrar na guerra, e Goebbels percebeu que a oferta de Chamberlain em abrir mão de Sudetos eliminou a finalidade de propaganda para qualquer conflito. Goebbels achou que seria difícil persuadir a população alemã a ir à guerra, tecnicamente por acordos da transferência de Sudetos para o Reich.[39] Goebbels também – na presença de vários outros líderes do regime – alertou Hitler quanto à notória ausência de entusiasmo no país, como um todo, em relação à guerra.[40] A Itália, potencial aliado militar de Hitler, tampouco ansiava pelo conflito com o Ocidente, como evidenciado pelo desejo de Mussolini de participar das negociações de paz, em Munique. Portanto, Hitler aguardou.

Ao recuar em relação à guerra, Hitler – intencionalmente ou não – impediu um potencial motim. O grau de seriedade de alguma trama contra ele é um assunto que vem sendo debatido entre historiadores há muitos anos.[41] Talvez, surpreendentemente, em virtude de seu comportamento passado, Ludwig Beck não tenha sido o instigador da conspiração. Em meados de agosto, ele havia renunciado como chefe-geral de Pessoal, embora tenha sido solicitado por Hitler a manter sua decisão confidencial, por ora. Beck foi substituído pelo general Franz Halder, e foi este que manteve discussões com colegas simpatizantes sobre a possibilidade de resistir à ordem de Hitler de invadir a Tchecoslováquia, de modo a impedir uma guerra com a França e a Inglaterra. Após a conferência de Munique, esses planos – se é que eram planos formais – ruíram. No entanto, por causa do domínio que Hitler tinha da SS e do restante da estrutura nazista e do número de soldados juniores no exército alemão que lhe eram leais e confiavam em seu discernimento, é difícil enxergar como a intenção de Halder, de deter Hitler, poderia ter êxito – a menos que o matasse. Mas isso, em 1938, teria sido um passo além da conta para muitos dos conspiradores.

Tendo desistido da possibilidade imediata de guerra com a Inglaterra e a França, Hitler estava diante de algo que para os políticos ocidentais aparentava ser uma escolha difícil – seguir o caminho de uma coexistência pacífica com outros países europeus ou continuar na busca de uma expansão política que só poderia resultar em conflito. Para Hitler, no entanto, não havia escolha, ele sempre seguia em direção à guerra.

Chamberlain, no entanto, demonstrava todos os sinais de que acreditava que Hitler estava sendo sincero, quando ele assinou o famoso "pedaço de papel", na manhã de 30 de setembro, no qual alegava que estava muito interessado, assim como Chamberlain, em "assegurar a paz da Europa". Em parte, claro, Chamberlain apenas esperava pelo melhor. A ideia de que Hitler era falso era simplesmente horrenda demais para imaginar. A noção de que o chefe de Estado alemão concordaria publicamente com algo oposto à sua verdadeira intenção era um anátema para Chamberlain. (E Chamberlain não foi o último primeiro-ministro britânico a ser enganado por um ditador. Depois da Conferência de Ialta, em fevereiro de 1945, Winston Churchill regressou e disse a seus ministros: "Pobre Neville Chamberlain que acreditou que podia confiar em Hitler. Ele estava errado. Mas acho que eu não estava errado sobre Stalin."[42] A história posterior mostrou que Churchill estava errado sobre Stalin tanto quanto Chamberlain estivera sobre Hitler.)[43]

Em uma reunião em 14 de outubro de 1938, na sede da Força Aérea, em Berlim – pouco mais de duas semanas depois da Conferência de Munique –, Hitler, por meio de seu fiel serviçal Hermann Göring, deixou perfeitamente claras as suas intenções. Göring disse que, por conta da "situação do mundo", o *Führer* o instruíra a "prosseguir com um programa gigantesco (de construção bélica) comparado ao qual realizações anteriores eram insignificantes".[44] Era um planejamento de expansão surpreendente, quase assustador. "Eles planejam um plano drástico, no outono de 1938, estabelecendo uma frota aérea de 20 mil aeronaves", conta o professor Adam Tooze, "que é do tamanho da frota da Força Aérea americana, ao final da Segunda Guerra, o maior armamento aéreo que já foi visto até aquele momento. Portanto, é um programa extraordinariamente ambicioso para um pequeno país europeu ter de manter, muito maior que qualquer coisa que a Força Aérea Real conseguiu montar até 1945. Em termos de orçamento anual, teria consumido algo em torno de um terço do produto interno bruto alemão, em épocas de paz, antes do início da guerra, enquanto o gasto militar habitual teria sido de cerca de dois, três ou quatro por cento do PIB, portanto dez vezes o que a Otan, por exemplo, exigia de seus membros nas décadas de 1970 e 1980".[45] Além disso, Tooze calculou que, para manter sua nova frota voando, "a Alemanha precisaria adquirir combustível, no início dos anos 1940, a uma proporção de três milhões de metros cúbicos por ano, duas vezes o nível de produção mundial".[46]

Não surpreende que agora toda a economia alemã estivesse quase ruindo, sob a extenuação dos alvos de rearmamento de Hitler. "A situação financeira do Reich está catastrófica", escreveu Goebbels em dezembro de 1938. "Não pode continuar assim".[47] Hitler tinha levado a Alemanha a uma posição inviável. Ele pretendia a guerra, independentemente dos acordos que fossem assinados. Mas a dimensão desse novo plano de expansão de armamentos era ridícula. O próprio Göring chegou a admitir o seguinte: "Quase se pode chegar a uma conclusão: *non possumus* (não é possível)", ele disse ao Conselho de Defesa. No entanto, Göring então afirmou que quando se deparou com uma situação semelhante, no passado, ele "nunca tinha desistido" e "sempre acaba encontrando uma saída".[48]

Hitler tentava persuadir os alemães de que ele não era o agressor, mas só estava agindo em resposta a um grupo pavoroso de inimigos – que crescia cada vez mais, a cada dia. Em um discurso feito a trabalhadores da construção, em 9 de outubro de 1938,[49] ele frisou os motivos pelos quais a Alemanha precisava se rearmar: "Em minha opinião, é mais barato o armamento antes de determinados acontecimentos do que enfrentá-los despreparados e ter de pagar tributos depois... No minuto em que outro homem assumir o poder na Inglaterra e substituir Chamberlain – alguém como o sr. Duff Copper (que tinha renunciado ao Gabinete, por conta da questão de Munique), o sr. Eden ou o sr. Churchill –, nesse minuto nós saberemos que seria a ambição desses homens que daria vazão a outra guerra mundial, e imediatamente. Eles são um tanto abertos quanto a isso, eles não fazem segredo sobre isso". Hitler então fez uma referência especial aos judeus – sua retórica contra eles aumentou após o fracasso da Conferência de Évian e apenas um mês antes das atrocidades da *Kristallnacht*: "Ademais, nós sabemos que o demônio judeu internacional paira ameaçadoramente por trás das cenas principais e isso acontece hoje, como aconteceu ontem".

Claro que Hitler estava usando sua velha tática de exagerar as ameaças potenciais à Alemanha. Ele tinha visto a falta de desejo da população alemã por outra guerra e, portanto, agora buscava exagerar o possível perigo de outros, como um motivo para que a Alemanha se preparasse para o conflito. Então, ao longo dos meses seguintes, mesclou algumas de suas retóricas, dando combustível à sensação de indignação presente em algumas regiões do país em relação a todas as "injustiças" de Versalhes que ainda não haviam sido acertadas – principalmente a devolução do território alemão perdido para os poloneses, ao final da Primeira Guerra. Em busca dessa diretriz, ele era ajudado por uma confiança enorme que agora muitos alemães depositavam nele. "À época, as pessoas realmente estavam entusiasmadas", diz o professor Norbert Frei, "e agora elas tinham a experiência de alguns dos bons anos sob o nazismo – se você não fosse judeu, nem um oponente político dos nazistas, então tinha uma experiência um tanto boa. E as pessoas adoravam Hitler; a essa altura, a maioria dos alemães o adorava, não porque ele pretendesse ir à guerra, mas porque ele havia realizado todas aquelas coisas sem ir à guerra... os alemães daquela época até falavam de Hitler como o 'general sem sangue', um militar que conseguia realizar tudo isso sem derramar sangue".[50]

Para os nazistas fiéis, como Bruno Hähnel, os acontecimentos do outono de 1938 só serviram para reforçar sua crença no julgamento de Hitler. "As pessoas acompanharam todos esses acontecimentos com grande interesse, é claro", conta ele, "mas, enquanto isso, nós tivemos que adotar uma atitude por meio da qual se dizia que o *Führer* daria conta. O *Führer* faria o certo. E as pessoas também estavam orgulhosas do fato de que os líderes políticos europeus vieram a Munique. Novamente, nós vimos isso como uma vantagem, e nossa convicção de que Adolf Hitler tinha alcançado uma importância no mundo havia se fortalecido."[51]

Hitler sabia que essa postura de confiança – que ele "faria a coisa certa" – era baseada na fé em sua liderança carismática. Mas muito dessa confiança fluía de sua habilidade percebida em aumentar a influência e o poder da Alemanha, enquanto evitava a guerra. Portanto, agora ele se deparava com a difícil tarefa de transferir a percepção pública mais em direção da aceitação do conflito militar, enquanto mantinha intacta a fé em seu carisma. Em um discurso aos jornalistas mais importantes de Munique, em 10 de novembro de 1938, ele listou – de forma notavelmente franca e aberta – tanto o problema que enfrentava quanto a possível solução. Admitiu que, "durante décadas, as circunstâncias me forçaram a falar quase que exclusivamente de paz". E o problema é que isso talvez tenha levado os alemães a acreditarem que o "presente regime" estivesse determinado a "manter a paz, a qualquer custo" – algo que ele confessou que seria uma "avaliação incorreta" dos objetivos do nazismo. Portanto, o desafio para o regime e para esses jornalistas era agora criar uma postura perante a população geral de que "há coisas que, se não podem ser garantidas por meios pacíficos, têm de ser garantidas por meios violentos". E o sentimento que tinha de ser criado em meio aos alemães comuns era de que "se as coisas não podem ter um entendimento amigável, a força terá de ser usada, mas, de qualquer maneira, as coisas não podem continuar assim". Para chegar a esse objetivo "era necessário enfocar certas diretrizes políticas externas, de modo que a voz interna do povo alemão naturalmente clamasse pelo uso da força".[52]

Hitler disse que se orgulhava de "triturar lentamente os nervos" de seus oponentes – principalmente as autoridades na Tchecoslováquia. Se tivesse a chance de fazer isso, a implicação era clara, pois ele possuía uma grande convicção de si mesmo. E, consequentemente, além disso, para Hitler, a "autoconfiança" do povo alemão era crucial, em virtude do que estava por vir. "Todo o povo alemão", disse ele, "precisa aprender a acreditar na vitória final com tanto fanatismo que, mesmo se ocasionalmente fôssemos derrotados, a nação teria uma noção geral de que isso é uma fase temporária: a vitória será nossa no fim!" Hitler então anunciou como achava que esse objetivo poderia ser alcançado. A chave era consistentemente que "a liderança está sempre certa!" E embora Hitler aceitasse que os líderes da Alemanha "precisavam de permissão para cometer enganos", era importante perceber que "todos nós só podemos sobreviver se não deixarmos o mundo ver nossos erros..." Quando uma decisão era tomada, Hitler exigia que "a nação inteira tem de apoiar essa decisão. Tem de haver um *front* unido e algo que não esteja certo quanto à decisão será compensado pela determinação da nação que está por trás..."

Hitler fez esse discurso revelador em Munique, no dia após as atrocidades de *Kristallnacht* – portanto, era relevante que ele escolhesse não mencionar os ataques. De fato, até onde mostram os registros históricos, ele nunca discutiu isso em público, ou em particular. Como ocorreu com o boicote judeu, em 1933, Hitler intuitivamente percebeu que sua autoridade talvez fosse arranhada se os alemães que não eram judeus fizessem objeções ao verem seus vizinhos judeus sendo surrados, encarcerados em campos de concentração e até assassinados, e ligassem essas atrocidades ao seu nome. No entanto, nenhum desses acontecimentos teria acontecido se ele não quisesse.

Mas apesar da tentativa de Hitler de agir como se as atrocidades de 9 e 10 de novembro de 1938 não tivessem acontecido, a *Kristallnacht* ainda marcou um momento decisivo, tanto na história do Terceiro Reich quanto na percepção de Hitler como líder – na Alemanha e em outros lugares. Menos de uma semana após a *Kristallnacht*, em 16 de novembro de 1938, Ludwig Beck afirmou, em conversa particular, que agora sentia que Hitler era um "psicopata completo" e que "eu tenho alertado repetidamente (aos generais alemães) e finalmente estou só".[53]

Em Londres, a *Kristallnacht* alterou drasticamente a visão de lorde Halifax, o secretário de Assuntos Externos da Inglaterra. Tendo concordado anteriormente com as ações de Chamberlain, em Munique, e seu comunicado de que o acordo representava a "paz de nossa era",[54] Halifax agora disse, numa reunião com o Comitê de Política

Externa, que os acontecimentos recentes demonstravam que "pessoas loucas" tinham conseguido "assumir o controle" da Alemanha. Ele sentiu que "o objetivo imediato (do governo britânico) deveria ser a correção da falsa impressão de que nós éramos inescrupulosos e sem postura, e poderíamos ser chutados impunemente".[55]

Halifax, que mais tarde admitiu, em particular, que era um tanto "antissemita",[56] ficou pasmo com as ações dos nazistas contra os judeus. Ele sentiu que um limite havia sido ultrapassado. Neville Chamberlain, no entanto, não. Embora não mencionando a violência da *Kristallnacht*, ele não via esses acontecimentos como especialmente relevantes para a segurança da Inglaterra, ou das intenções da política externa alemã. Ele investira um bocado de sua autoridade pessoal ao confiar em Hitler e não estava disposto a admitir que estava errado – ao menos, ainda não.[57]

O quanto Hitler estava perto de expor a verdadeira dimensão de suas ambições ao povo alemão ficou claro no discurso pronunciado no Reichstag, em 30 de janeiro de 1939. Com mais de duas horas, o discurso é famoso pela "profecia" que Hitler fez sobre os judeus, algo que ecoava as visões transmitidas na *Das Schwarze Korps*, revista da SS, meses antes.[58] "Se a *judeuzada* financeira internacional prosperar", disse Hitler, "tanto dentro como além da Europa, lançando a humanidade a outra guerra mundial, então, o resultado não será a bolchevização da terra e vitória da *judeuzada*, mas a aniquilação da raça judia da Europa".[59]

O discurso também é notável pela afirmação de Hitler quanto à sua segunda obsessão – *Lebensraum*. Ele disse que a Alemanha enfrentava uma escolha simples, diante do crescimento excessivo da população: ou continuava exportando os bens manufaturados alemães, de modo a gerar dinheiro para comprar alimento importando, ou ganhava mais território, e ele deixou óbvio que esta última era sua opção. Ele só não disse, com todas as letras, como esse *Lebensraum* seria obtido – embora Hitler também tivesse dito que a Alemanha tinha relações pacíficas com as nações do Oeste, Sul e Norte, e, ao omitir o "Leste" da lista, ele apontou a direção para onde rumava sua ambição.

Foi uma atuação notável de Hitler, com algum risco de sua liderança carismática e sua popularidade. Pois mesmo pontuando seu discurso com referências ao seu desejo de paz, a ameaça da guerra pairava sobre toda a sua apresentação. Ainda assim, o subtexto do discurso era fiel às táticas que ele havia mencionado aos jornalistas alemães, na manhã seguinte à *Kristallnacht* – Hitler estava de fato dizendo que "se as coisas não podem ser acertadas de maneira amigável, a força terá de ser usada, mas, de qualquer forma, as coisas não podem continuar assim". E Hitler ainda estava em alta, na confiança de milhões de alemães, em decorrência da resolução pacífica de Munique. Aliada a essa fé emocional no julgamento de seu *Führer*, ainda havia a ênfase recorrente de uma antiga e conhecida justificativa de ação: "o acerto das injustiças" do Tratado de Versalhes. Isso permitia aos alemães, como Karl Boehm-Tettelbach, oficial da Luftwaffe, sustentarem que Hitler "tinha algo bom em mente".[60] Boehm-Tettelbach perguntava por que motivo os aliados da Primeira Guerra – Inglaterra, França e Estados Unidos –, "depois de tantos anos, ainda consideram válido o Tratado de Versalhes? Isso é impossível!"[61]

Outro motivo, por vezes negligenciado, para que Hitler conseguisse pressionar em direção à guerra, com sua liderança carismática intacta, foi seu próprio comportamento passado, propiciando exatamente os perigos que ele agora alegava motivarem suas ações – muito semelhante ao descontentamento em relação aos pacientes mentais, oriundo das condições sórdidas sob as quais eles passaram a viver, resultantes do corte de verba nazista para hospitais psiquiátricos.[62] Hitler disse, por exemplo, que queria que a Alemanha se rearmasse pesadamente porque outras nações eram uma ameaça; no entanto, a escala de rearmamento da Alemanha foi o que levou essas outras nações a quererem se rearmar. Ele disse que a imprensa americana era solidária aos judeus e, no entanto, foi ele quem criou essa solidariedade, pela forma como os judeus alemães eram tratados.

Ao alienar os poderes ocidentais, atiçando um potencial desmoronamento financeiro na Alemanha, pela busca do programa de rearmamento, criando uma atmosfera na qual a guerra só poderia ser impedida se a Alemanha perdesse prestígio – algo que Hitler nem podia pensar –, ele tornou a guerra inevitável. Até a data do seu discurso no Reichstag, em 30 de janeiro de 1939, Hitler tinha ganhado mais do que qualquer um poderia julgar possível – ele tinha criado uma Alemanha maior, desde a Caríntia, ao Sul, até Flensburg, ao Norte. De Aachen, no Oeste, até Königsberg e Viena, no Leste. Mas não era suficiente.

Mas existiam dentro da Alemanha alguns obstáculos ao desejo de Hitler pelo conflito. Até janeiro de 1939, qualquer oposição dentro do Exército alemão tinha sido varrida. Em 18 de dezembro de 1938, por exemplo, Brauchitsch escreveu instruções de como os oficiais alemães deveriam ser treinados e que "Adolf Hitler, o *Führer* brilhante que transformou o ensinamento profundo da 'camaradagem da linha de frente' (*Frontkämpfertum*) em ideologia do socialismo nacional, havia construído e assegurado o Novo Grande Reich para nós... Há uma mudança tremenda em todas as áreas. Um novo homem alemão cresceu no Terceiro Reich, cheio de ideais... Por todas as classes, uma nova comunidade nacional (*Volksgemeinschaft*) foi criada, à qual nós pertencemos – o povo, o Wehrmacht e o Partido. A firmeza é nossa lealdade, nossa confiança no homem que criou tudo isso, que causou esse milagre com sua fé e determinação".[63]

No entanto, apenas quatro meses antes, em setembro de 1938, o general Alfred Jodl, do alto-comando do Wehrmacht, escreveu em seu diário: "É profundamente triste que o *Führer* tenha todo o povo atrás dele, mas não os generais líderes do Exército. Em minha opinião, somente por meio da ação eles podem compensar pelo que pecaram, pela falta de obediência. É o mesmo problema de 1914. Só há uma desobediência no Exército, a dos generais – e isso acaba resultando de sua arrogância. Eles não podem mais acreditar e obedecer, porque não reconhecem a genialidade do *Führer*, em quem alguns deles certamente ainda enxergam o cabo da guerra, mas não o maior estadista desde Bismarck".[64]

Da recusa em "reconhecer a genialidade do *Führer*" à lealdade "firme" a um líder que criou um "milagre", há uma jornada e tanto, em quatro meses. E isso só foi possível pelo acordo de Munique, combinado ao poder da liderança carismática do *Führer.* Hitler dissera que tinha certeza de que tudo ficaria bem – e tudo tinha saído melhor do que seus generais poderiam esperar. Agora, tudo o que restava, como deviam sentir muitas figuras do Exército, era fazer o que milhões de alemães já estavam fazendo – ter "fé" no discernimento do *Führer.*

Hitler se aproximava mais da guerra. Ele mostrava todos os sinais da aflição – apesar de ter recebido Sudetos – pelo fato de que a Tchecoslováquia ainda existia. Por intermédio de Joachim Ribbentrop, Hitler pressionou os eslovacos a declararem sua independência do restante do Estado Tcheco – e o Parlamento Eslovaco prontamente o fez, em 14 de março de 1939. O que tinha restado da Tchecoslováquia – principalmente a Boêmia e a Morávia – agora estava imensamente vulnerável à agressão nazista. Em virtude da secessão eslovaca, as garantias dadas pelos britânicos e franceses quanto à integridade da Tchecoslováquia, na Conferência de Munique, agora eram apenas insignificantes. O país que eles tinham concordado em defender já não existia mais.

O novo governo tcheco, sob a presidência de Hácha, tentara não ofender Hitler, desde a Conferência de Munique e a perda de Sudetos, mas não havia nada que pudessem fazer – exceto sua própria destruição – que deixasse o chanceler feliz. Em 14 de março, o presidente Hácha e seu ministro das Relações Exteriores, František Chvalkovský, chegaram a Berlim para fazer um apelo a Hitler, para que não ordenasse a invasão alemã ao que restava das terras tchecas. Hitler os recebeu na nova e vasta chancelaria do Reich, projetada por Albert Speer, aberta dois meses antes. Hitler tivera a intenção de que esse prédio intimidasse estadistas estrangeiros. Os visitantes precisavam caminhar por um mármore escorregadio, no *hall* de recepção, numa extensão duas vezes mais longa do que o Corredor de Espelhos, em Versalhes, para chegar ao seu escritório. Uma vez em sua presença, eles notavam o entalhe de sua escrivaninha que, conforme Speer relembra, mostrava "uma espada pela metade para fora da bainha". "Bom, bom", Hitler dissera, quando viu o desenho, "quando os diplomatas sentados à minha frente, junto a essa escrivaninha, virem isso, eles vão aprender a estremecer".[65]

Quando Hitler finalmente consentiu em se encontrar com Hácha, à uma hora da madrugada – depois de ter assistido a um filme de comédia –, ele lhe disse que em um período de cinco horas as tropas alemãs invadiriam o restante das terras tchecas. Hácha desabou e teve que ser reanimado por Theodor Morell, médico de Hitler. Às quatro horas da madrugada, de modo a evitar um derramamento de sangue, ele concordou em entregar o que restava das terras da Tchecoslováquia às mãos alemãs.

Tchecos como Anna Krautwurmowa ficaram aterrorizados. Eles se lembraram de como os cidadãos tchecos fugiram de Sudetos, diante da agressão alemã: "Os que estavam regressando das terras fronteiriças nos disseram que foram atacados e surrados com coronhadas de rifles. As pessoas tiveram que fugir com suas criancinhas. Foi assim, eles eram cruéis. Eram verdadeiramente cruéis, impiedosos, e xingavam nosso povo, sem nenhum motivo."[66]

Essas terras tchecas remanescentes não tinham maiorias de língua alemã. Não se tratava de recuperar alemães, ou territórios alemães perdidos no fim da Primeira Guerra. Isso era agressão imperialista. "Por que eles deveriam ter o direito (de invadir)?", pergunta Anna Krautwurmowa. "Aquilo era a República Tcheca. A Tchecoslováquia. Por que eles deveriam ter algum direito sobre outro país?" Nos dias que se seguiram à invasão alemã a Praga, tomando os tchecos sob sua "proteção", essa era uma pergunta que muitos outros estavam fazendo – incluindo os que tinham posições poderosas –, como Sir Alexander Cadogan, do Escritório de Relações Exteriores. "Receio que tenhamos chegado a uma encruzilhada", ele escreveu em seu diário, em 20 de março de 1939. "Eu sempre disse que, contanto que Hitler pudesse fingir que estava incorporando alemães ao Reich, nós poderíamos fingir que tínhamos um argumento. Se ele passasse a devorar outras nações, seria hora de dizer 'Pare!'"[67]

Até o final de março, a Inglaterra tinha garantido proteger três países contra quaisquer agressões futuras por parte da Alemanha

– Grécia, Romênia e Polônia. Isso foi um revés para Hitler, porque ele ainda se agarrava à esperança de que a França e a Inglaterra pudessem, de alguma forma, ser convencidas a dar uma ajuda no Leste Europeu. Sua ambição era – como sempre havia sido – ganhar terras a oeste da União Soviética. Com essa finalidade, ele vinha testando a reação polonesa a alguma forma de acordo com a Alemanha – um acordo que transformasse a Polônia em um país dominado pelos nazistas, mas sem a necessidade de uma invasão alemã, semelhante ao acordo recém-obtido com a Eslováquia. Ele já tinha demonstrado "boa vontade" com os poloneses, pensou Hitler, permitindo-lhes ganhar territórios da Tchecoslováquia e ao redor de Teschen, na época da crise de Sudetos. Porém, agora, armados com as garantias britânicas, os poloneses não iam deixar que os nazistas os provocassem.

A "visão" de política externa de Hitler permanecia a mesma – guerra com os "criminosos manchados de sangue" da União Soviética –, mas as realidades da geografia europeia o haviam derrotado. Havia um número excessivo de países problemáticos entre a Alemanha e a União Soviética, impedindo que esse fosse um sonho fácil de ser realizado. A guerra com a Polônia parecia inevitável, e, muito provavelmente, a guerra com a Inglaterra e a França também. Ironicamente, no empenho de proteger seu exército de mais guerras de longo prazo, em dois *fronts*, Hitler concluiu um pacto de não agressão com a União Soviética, assinado por Ribbentrop, em Moscou, nas primeiras horas de 24 de agosto de 1939.

Para Hitler, em muitos aspectos, isso era uma lambança e tanto. Ele estava prestes a lutar contra o adversário errado – a Inglaterra –, tendo feito um pacto com o país errado, a União Soviética. E isso demonstra, em termos claros, uma das grandes falhas de sua liderança. Ele tinha clareza de visão necessária a todos os líderes carismáticos e a habilidade de reagir a problemas de curto prazo de que todos os políticos precisam, mas não tinha a habilidade de juntar essas duas partes, formando um todo coerente. Cinco anos antes, em um discurso no comício de Nuremberg, gravado em *Triunfo da vontade*, Hitler havia invocado o Partido Nazista a ser "imutável em sua doutrina", mas "flexível e adaptável em suas táticas". Mas Hitler havia sido excessivamente "flexível e adaptável em suas táticas" para alcançar os objetivos que sua doutrina "imutável" exigia.

De qualquer modo, é quase certo que a ideia de Hitler de uma aliança com a Inglaterra havia sido equivocada desde o início. Uma das fraquezas de Hitler como líder era o fato de que ele construía sua "visão" do modo que sentia que o futuro da Alemanha deveria ser, sem inteligência adequada sobre os pontos de vista de seus potenciais adversários. "Suas ilusões e desejos eram fruto direto de um modo irrealista de trabalhar e pensar",[68] escreveu Albert Speer. "Na verdade, Hitler nada sabia sobre seus inimigos e até recusava informações disponíveis. Em vez disso, ele confiava em suas inspirações." No que dizia respeito às intenções da Inglaterra, as "inspirações" de Hitler eram simplesmente erradas. Como diz a professora Anita Pražmowska, os britânicos fizeram uma franca "avaliação estratégica", na primavera de 1939, e chegaram à conclusão de que "o equilíbrio do poder na Europa" estava "tombando perigosamente contra os interesses britânicos".[69] Isso, ao contrário de qualquer grande preocupação ideológica ou humanitária, foi o que os levou a pensar na guerra. De fato, é difícil enxergar como qualquer governo britânico teria permitido que a Alemanha criasse um império gigantesco na Europa Central e Leste.

Hitler ficou furioso ao saber que Chamberlain tinha expedido garantias à Polônia, depois da ocupação pela Alemanha das terras tchecas, em março de 1939, e percebeu que ele não continuou a agir conforme seu comportamento, na época de Munique, simplesmente concordando com as exigências alemãs. Hitler não parece ter percebido o quanto tinha mudado o comportamento alheio em reação ao seu. Chamberlain confiara em Hitler, e este não cumprira sua palavra, portanto, não seria confiável novamente. A própria auto-obsessão de Hitler, seu foco em sua própria "determinação", o cegou para o fato de que as pessoas com quem ele lidava eram capazes de mudanças radicais quanto à visão que tinham dele.

Contudo, Hitler agora tinha o controle sobre a única instituição que poderia tê-lo impedido de conduzir a Alemanha à guerra: o Exército. Era um domínio que foi inteiramente revelado numa conferência, em Berghof, em 22 de agosto de 1939. Hitler disse aos seus generais que "fundamentalmente, tudo depende de mim, de minha existência... Provavelmente, jamais haverá um homem com mais autoridade do que eu".[70] Ele ordenou que seus comandantes militares da guerra vindoura "endurecessem" seus "corações" contra o inimigo.

No entanto, mesmo dentro da elite nazista, havia alguns – mais notoriamente Göring – que agora travavam uma batalha interna entre sua "fé" na liderança carismática de Adolf Hitler e sua ansiedade quanto às consequências práticas da guerra. Göring era um sujeito mais complexo do que a caricatura de fanfarrão e provocador comumente apresentada, e sua avaliação quanto à estrada que Hitler estava trilhando também eram complexas. Não que Göring fosse contra a agressão nazista, muito pelo contrário. Ele tinha incentivado Hitler a prosseguir com a *Anschluss* e se deleitara ao descrever para o presidente Hácha exatamente o que os seus bombardeiros causariam, se liberados sobre Praga. O que preocupava Göring – assim como aos generais de Hitler – era um conflito abrangente que envolvesse a Inglaterra, a França e potencialmente os Estados Unidos, bem como a União Soviética. Göring era feliz no casamento com a atriz Emmy Sonnemann e era pai de uma menina, Edda, que tinha acabado de fazer um ano. Eles viviam em esplendor épico, em sua vasta propriedade, em Carinhall, na floresta de Schorfheide, e em sua majestosa casa em Berlim. A vida era boa para Göring. Por que ele iria querer ajudar a começar uma guerra que talvez colocasse tudo isso em risco? Havia demonstrado sua ansiedade na famosa discussão com Joachim Ribbentrop, nos tempos de Munique, dizendo ao beligerante ministro que ele, Göring, entendia de guerra, e que se ela eclodisse, e ele estivesse a bordo da primeira aeronave rumo à batalha, insistiria para que Ribbentrop estivesse sentado ao seu lado.[71]

Por outro lado, Göring – como já vimos muitas vezes nessa história – era absolutamente crente no carisma de Adolf Hitler. Em uma de suas últimas observações feitas em público, no Reichstag, após o discurso de Hitler de 30 de janeiro de 1939, havia prometido seguir Hitler "cegamente", por ser um homem que ele disse ter "recuperado a vida digna de ser vivida, uma vida esplêndida e magnífica".[72]

Porém, apesar de sua promessa de seguir Hitler "cegamente", Göring ainda queria evitar a guerra. Por essa razão, surgiu em cena, no começo de julho de 1939, um diplomata amador entusiasta chamado Birger Dahlerus. Há anos que Göring conhecia Dahlerus, um negociante sueco de 49 anos. Naquele momento, Dahlerus, amedrontado pela possibilidade da guerra e com amigos influentes na Inglaterra, abordou Göring e se ofereceu para tentar trabalhar pela paz entre os governos alemão e britânico. Göring agarrou a oportunidade de usar Dahlerus e se reuniu com sete negociantes britânicos importantes, em uma casa, ao Norte da Alemanha, em 7 de agosto. Várias reuniões se seguiram, com o calmo e moderado sueco por fim discutindo as intenções alemãs – depois de ter sido resumidamente instruído por Göring – com Neville Chamberlain, lorde Halifax e Sir Alexander Cadogan, no final de agosto, em Londres.

A missão estava condenada, desde o início. Os britânicos não concordariam em pressionar os poloneses a cederem território aos alemães – por causa da ocupação alemã das terras tchecas, outro evento como o de Munique era inconcebível –, e Hitler estava disposto a tomar não apenas Danzig e o corredor polonês, como também ganhar o *Lebensraum* no Leste. Göring sabia de tudo isso. Ele até ouvira Hitler afirmar, com ousadia, que "haverá uma guerra",[73] em uma conferência militar que se passou em maio. Então, por que Göring estava gastando tanto tempo com Dahlerus? Uma possibilidade era que ele se sentia excluído pela presença de Ribbentrop ao lado de Hitler, e via essa fuga como meio de se infiltrar novamente no centro dos acontecimentos. Mas, pelo relato que Dahlerus fornece daquele verão, parece mais provável que Göring, na verdade, estivesse tentando fazer o que podia para evitar uma guerra com os britânicos. Essa também foi a impressão transmitida a respeito da cena bizarra que Sir Alexander Cadogan descreveu em 30 de agosto,[74] com Dahlerus, no escritório de Relações Exteriores, ao telefone com Göring, que o interrogava sobre a possibilidade de um compromisso entre a Alemanha e a Inglaterra – algo que obviamente não aconteceu.

Göring devia seu poder, fama e riquezas à sua posição no Estado nazista – uma posição que só havia sido possível por sua crença na liderança carismática de Adolf Hitler. Agora, Göring estava experimentando o lado ruim dessa crença – pois se você segue um líder exclusivamente pela fé cega, você passa a ter poucas opções se depois temer que a crença vá levá-lo a um lugar em que você não quer estar.

Göring arranjou um encontro entre Dahlerus e Hitler, na chancelaria do Reich, nas primeiras horas de 27 de agosto, na qual Dahlerus entregou, em mãos, uma carta de lorde Halifax, expressando o desejo de paz dos britânicos. O fato de Göring acreditar que esse lenitivo pudesse mudar alguma coisa demonstrava o quanto ele estava desesperado para evitar a guerra com os britânicos, e o quão estava ansioso para agradar a Hitler, demonstrando sua influência com figuras poderosas do governo britânico.

Dahlerus foi levado até o escritório de Hitler pelo mesmo caminho majestoso através da nova chancelaria do Reich, que Hácha havia percorrido alguns meses antes. Quando Hitler encontrou Dahlerus, ele o encarou intensamente, depois começou um monólogo sobre a história alemã. Dahlerus notou como o líder nazista se lançou em um estado de empolgação – aparentemente, sem estímulo externo. "Ele tinha um modo sedutor de apresentar seu ponto de vista sob uma luz muito favorável", escreveu Dahlerus, "mas ele sofria de uma incapacidade lamentável para enxergar ou respeitar o ponto de vista alheio".[75] Hitler se gabou do poder das Forças Armadas alemãs, e quando mencionou a força da Luftwaffe, Göring – que até então estivera sentado quieto – "deu uma risadinha contente".

A essa altura, Dahlerus tinha formado sua opinião de que Hitler tinha um "equilíbrio mental evidentemente instável" e, portanto, quando conseguia dar uma palavra, ele falava suavemente, no intuito de acalmar o líder alemão. Mas quando Dahlerus mencionou que a Inglaterra e a França também eram nações militarmente poderosas, a reação foi instantânea. Hitler "subitamente se levantou e, se tornando muito agitado e nervoso, andava de um lado para o outro dizendo, como que para si mesmo, que a Alemanha era invencível e poderia derrotar seus adversários com uma guerra rápida. Subitamente, ele parou no meio da sala e ficou olhando. Sua voz saiu embolada e ele passou a se portar como uma pessoa totalmente anormal. Ele dizia as frases separando as sílabas e ficou claro que seus pensamentos estavam concentrados nas tarefas que o aguardavam, no caso de uma guerra. "Se houver uma guerra", disse ele, "*dann werde ich U Boote bauen, U Boote bauen, U Boote, U Boote, U Boote*" ("então eu vou construir submarinos, construir submarinos, submarinos, submarinos, submarinos"). Sua voz ficou mais indistinta e finalmente não era mais possível entendê-lo. Depois, ele se recompôs, levantou a voz como se falasse a uma multidão e deu um gritinho: "*Ich werde Flugzeuge bauen, Flugzeuge bauen, Flugzeuge, Flugzeuge, und ich werde meine Feinde vernichten*" ("Eu vou construir aviões, construir aviões, aviões, aviões, e vou destruir meus inimigos"). Ele parecia mais um fantasma de um livro de histórias do que uma pessoa de verdade".[76]

A reunião terminou com Dahlerus tentando descobrir exatamente o que Hitler queria dos poloneses. Mas, como muitos outros antes, ele viu que era impossível fazer com que Hitler articulasse condições detalhadas. Dahlerus foi embora, pasmo tanto pelo comportamento de Hitler como pela forma como Göring se rebaixava diante de seu *Führer*.

Embora como fato político-histórico não seja difícil explicar esse encontro notável – Hitler deve ter sentido que deveria explorar até a mais ínfima chance de a Inglaterra ser persuadida a se manter fora de qualquer conflito com a Polônia, embora ele soubesse o quão improvável seria esse desfecho –, como um *insight* da personalidade carismática de Hitler ele é muito mais intrigante. Dahlerus, que nunca o havia encontrado antes, não o achou "carismático": na verdade, escreveu que ele "não tinha visto nenhum traço do extraordinário fascínio que ele popularmente parecia exercer em todos".[77] Na verdade, Dahlerus achou que Hitler não tinha o juízo perfeito.

Hitler, é claro, perdia a calma habitualmente e nunca tivera a habilidade de conduzir negociações normais por um longo período, de forma educada e detalhada. Da mesma forma, ele já havia utilizado sua habilidade para gerar a própria raiva como tática em discussões diplomáticas. A ocasião mais notável se deu quando o chanceler austríaco Kurt Schuschnigg visitou Berghof, em 12 de fevereiro de 1938. Hitler discutiu ruidosamente com Schuschnigg, pela manhã, depois, instantaneamente, passou a se portar como um anfitrião social, ao sentar-se para almoçar com a delegação austríaca. O dr. Otto Pirkham, um diplomata austríaco presente nesse dia, notou que Schuschnigg estava "muito deprimido"[78] no almoço, após ser açoitado por Hitler – e apresentava quase um estado de choque.

Mas Hitler não parecia estar usando sua arenga como uma trama consciente de negociação com Dahlerus. Nesse caso, Dahlerus parece ter encontrado um aspecto importante do verdadeiro Hitler. Nós já vimos como uma parte central da personalidade de Hitler era sua capacidade ilimitada de odiar, e aqui isso estava aliado a uma emotividade que tinha recebido total liberdade, a ponto de parecer fora de controle. A habilidade para sentir os acontecimentos emocionalmente e demonstrar essa emoção aos outros era uma parte crucial de seu atrativo carismático, e antes que a plateia de Hitler sentisse emoção, ele tinha de senti-la primeiro.

Porém, cada vez mais, as demonstrações emocionais de Hitler levavam outros estadistas e diplomatas europeus a acharem que ele era – como disse Dahlerus – "evidentemente instável". A essa altura, Nevile Henderson, o embaixador britânico em Berlim, por exemplo, achava que Hitler era "um tanto louco" e "havia ultrapassado o limite da sanidade".[79] No entanto, ainda assim, Hitler era o líder incontestado da Alemanha. De fato, Göring havia presenciado a declamação de Hitler diante de Dahlerus com tranquilidade.

Os motivos para que Göring – junto com inúmeros outros alemães – tenha respaldado Hitler durante seu período decisivo oferecem *insights* na forma como eles assimilavam sua liderança. Em primeiro lugar, Göring presenciara as fervorosas arengas de Hitler durante anos. E embora os estrangeiros talvez pensassem que o chanceler era "louco", Göring e o restante da elite nazista não estavam predispostos a notar quando a linha entre o fervor e a instabilidade perigosa era ultrapassada. Manfred Schröder, por exemplo, era um jovem diplomata alemão e membro do Partido Nazista que testemunhou o comportamento de Hitler em primeira mão, na chancelaria do Reich, imediatamente após o presidente Hácha ser forçado a concordar em abrir mão das terras tchecas. Hitler estava "falando o tempo todo"[80] e "ditando para duas secretárias, ao mesmo tempo". À época, Schröder interpretou seu comportamento hiperativo como o sinal de um "gênio trabalhando", mas "hoje, em retrospectiva, tenho a visão clara dele sentando e levantando, como um maníaco completo". De "gênio" carismático a "maníaco completo" – essa foi a interpretação de Hitler feita pela mesma pessoa, alterada somente pelo tempo e a experiência.

Outra crença familiar de que muitos que apoiavam Hitler podiam bater em retirada em momentos de ansiedade era a noção de que ele era indevidamente influenciado por consultores selvagens e radicais. Assim como Goebbels tinha concluído, na conferência de Bamberg, em 1926, que a crítica de Hitler aos planos de Gregor Strasser era por ele ter caído nas garras de líderes nazistas repugnantes da Baviária, igualmente, inúmeras pessoas agora culpavam Ribbentrop, o negociante de guerra e secretário de Estado, pela pressa da Alemanha rumo ao conflito. Porém, segundo Manfred von Schröder, a pergunta no Escritório de Relações Exteriores Alemão era: "Como podemos nos livrar de Ribbentrop e ter contato direto com Hitler?" Paradoxalmente, essa percepção de que Hitler, de alguma forma, estava sendo desviado, podia coexistir com a sensação opressora de que ele, no fundo, sabia o que era melhor para a Alemanha. Mais uma vez, essa crença repousava tanto na vasta e aparentemente inabalável convicção que Hitler sempre demonstrava ter do seu próprio discernimento, e no fato de que suas aventuras recentes na política externa tinham terminado bem para a Alemanha. "Quaisquer dúvidas que eu poderia ter foram dirimidas pela convicção pessoal que

Hitler demonstrava", escreveu Albert Speer. "Naquele tempo, ele me parecia um herói ou mito do tempo antigo que, sem hesitar, em plena consciência de sua força, poderia entrar e habilmente passar no teste das incumbências mais incríveis."[81]

Nevile Henderson também desconfiava que a chave do sucesso de Adolf Hitler talvez fosse sua autoconfiança sem limites, respaldada por seu senso intuitivo do que fazer a seguir. Henderson, como Dahlerus, nunca o achou carismático e matutou, durante seu tempo em Berlim, "onde estava a grandeza de Hitler, por que meios ele havia obtido êxito em se tornar o líder incontestável de um povo tão bom e o que era – para mim – a fonte oculta de sua influência sobre seus seguidores e uma total subserviência a ele".[82] Uma resposta que Henderson descobriu foi a confiança dos seguidores do *Führer* em sua intuição. "Eu constantemente perguntava aos que tinham um contato mais próximo com Hitler no que consistia sua principal qualidade. E me falavam, quase unanimemente, do seu *Fingerspitzengefuehl* (sensação da ponta do dedo)".[83]

Aliado de perto à fé em Hitler havia um senso de que o *Führer*, de algum modo, estava "destinado" a liderar a Alemanha para onde quer que ele escolhesse. "Esse homem – Hitler – é o destino da Alemanha para o bem ou para o mal", disse Werner von Fritsch, depois de ter sido obrigado a renunciar como chefe do Exército alemão. E Fritsch tinha pouca dúvida do rumo para o qual Hitler conduzia a Alemanha, alertando que ele agora "nos arrastaria a todos" rumo "ao abismo".[84]

No entanto, no verão de 1939, muitos alemães ainda acreditavam que Hitler poderia evitar que a guerra contra a Polônia se tornasse um conflito mais abrangente. "Nós tivemos muitos exemplos de potências ocidentais que haviam deixado Hitler sozinho, incluindo Munique, incluindo a ocupação de Praga",[85] diz Ulrich de Maizière, na época um jovem oficial do Exército. E quando chegaram as notícias do pacto nazista-soviético de não agressão, em 24 de agosto de 1939, deu a impressão que, do nada, Hitler havia, mais uma vez, alcançado um triunfo de política externa. Agora, independentemente do que acontecesse, parecia que os alemães não enfrentariam a mesma guerra de dois *fronts*, encurralados entre a Inglaterra e a França, no Oeste, e a Rússia, no Leste, como tinha acontecido 25 anos antes.

O Wehrmacht invadiu a Polônia em primeiro de setembro de 1939, e dois dias depois, a Inglaterra e a França declararam guerra contra a Alemanha. Tudo o que Ulrich de Maizière podia conjecturar naquele momento era que "prever com convicção (o que aconteceria agora) de modo algum era óbvio".[86]

Terceira parte

Risco e recompensa

Capítulo 12

A jogada de grande risco

Apesar de décadas de pesquisa histórica, inúmeros mitos sobre Hitler e o nazismo ainda persistem na consciência popular. Um dos mais difundidos é que a vitória alemã sobre os franceses, em 1940, foi possível por conta da superioridade da artilharia alemã – crucialmente, que o Wehrmacht tinha mais tanques, o que lhes permitiu o pioneirismo das táticas de *Blitzkrieg*. Mas esse não é o caso. Na verdade, os alemães tinham *menos* tanques que os aliados do *front* ocidental, e um estudo do período decisivo desde o início da guerra até a derrota dos franceses – de setembro de 1939 até o verão de 1940 – revela um manancial muito mais complexo de razões para o sucesso de Hitler, no qual seu carisma teve um papel vital. A visão de Hitler, sua convicção, sua oratória, sua habilidade de liberar as ambições sem limites de seus seguidores e criar uma atmosfera de intensa empolgação pela possibilidade de fazer história – tudo isso teve um significado para garantir a vitória da Alemanha.

Acima de tudo, esse é um período de grandes riscos. E ali também confrontamos outro mito popular – o de que o maior risco para Hitler, na época, foi sua decisão de invadir a União Soviética. Mas, na realidade, sua decisão de atacar os franceses foi considerada muito mais arriscada – tanto que a ofensiva alemã no *front* ocidental, na primavera de 1940, foi vista como um dos maiores riscos militares da história. Segundo o conhecimento da época, o ataque alemão não deveria ter sido bem-sucedido.[1] Ademais, durante esse período, Hitler não apenas precisou persuadir seus generais a acatar sua ordem de atacar o Oeste, como também decidir sobre a natureza da guerra contra a Polônia e de como seria a forma da ocupação nazista.

No entanto, não há nada misterioso quanto à destruição militar da Polônia, promovida pelos alemães em semanas. Varsóvia pode ter caído somente em 28 de setembro, mas o destino na Polônia já estava claro, 11 dias antes, quando o Exército Vermelho, atuando segundo consultoria dos alemães, marchou adentrando o Leste da Polônia para tomar sua porção do território polonês. Encurralados entre Hitler e Stalin – que estavam atuando como aliados no desmembramento da Polônia, sob o protocolo secreto do pacto nazista-soviético de não agressão –, os poloneses não tiveram a menor chance.

Mas se a ação militar foi direta, a política nazista dentro da Polônia ocupada não o foi nem um pouco. Um oficial alemão sênior, como o general Johannes Blaskowitz, ainda podia sustentar o que sentiu durante aquela época, no depoimento dado em 1947, dizendo que "a guerra era para varrer a perda político-econômica resultante da criação do Corredor Polonês, e para diminuir a ameaça à Prússia Leste, separada e cercada pela Polônia e Lituânia, a guerra era vista como tarefa sagrada, embora uma necessidade triste".[2] Na verdade, ele alegou que estava lutando a guerra pelo "acerto das injustiças de Versalhes".

Uma guerra com essa finalidade também tinha o apoio incondicional de alemães étnicos, que tinham ficado encurralados ao final da Primeira Guerra, quando o território que já era alemão há gerações teve de ser entregue à Polônia. "Bem, para nós, que vivíamos lá, o Tratado de Versalhes foi uma experiência difícil e dura, porque significou que fomos cortados do Reich", conta Charles Bleeker Kohlsaat, membro de uma proeminente família étnica alemã do Oeste da Polônia. Ele esperava que Hitler fosse criar uma nova Alemanha e incluir nela todos os alemães étnicos. "Quando os discursos do *Führer* eram transmitidos no rádio, ficávamos grudados no aparelho, ouvindo com interesse o que ele estava dizendo. Ao escutar seus discursos, acreditávamos se tratar de um milagre que ele estava realizando, e achamos que ele levaria o Reich a uma nova grandeza e nós estávamos cheios de entusiasmo quanto às realizações desse homem... E todos ficavam fascinados, contanto que você não olhasse os bastidores – você pensava, nossa! esse homem está realmente realizando algo, esse é um alemão de verdade".[3]

Consequentemente, para alemães como Blaskowitz, Kohlsaat e outros milhões, essa não era uma guerra "ideológica", mas parte da promessa de Hitler de recuperar o território e a honra alemães, após a humilhação de Versalhes. Até então, influenciados pelo carisma de Hitler, o apoio que davam era baseado, em grande escala, no compartilhamento desse ideal. Mas logo ficou claro que eles estavam equivocados. Essa não era uma guerra convencional para recuperar nenhum território perdido. Conforme dito pela professora Mary Fullbrook, que realizou um estudo especial desse período: "Se você olhar a invasão da Polônia, em setembro de 1939, verá, na primeira semana de guerra, as atrocidades em massa, contra civis, contra mulheres, crianças e idosos judeus... Se você tomar apenas a primeira semana de guerra e olhar para a parte leste superior da Silésia, verá os incêndios nas sinagogas, com gente dentro, morrendo sob as chamas. Verá atrocidades como o assassinato de homens, mulheres, crianças e velhos, em todas as casas que cercavam as sinagogas, em Bedzin (em 8 de setembro de 1939); isso é uma atrocidade em massa... estamos falando de várias centenas de civis queimados vivos ou alvejados, enquanto tentavam fugir, ou pulando no rio para apagar as labaredas do corpo e levando um tiro se colocassem a cabeça pra fora da água para respirar."[4] Embora esses ataques fossem em menor escala do que os assassinatos em massa que acompanhariam a invasão alemã à União Soviética no verão de 1941, eles eram, como diz Fulbrook, "de qualquer forma, um abuso que não é comum a conflitos armados e não era o tipo de coisa que vimos na Primeira Guerra, na qual houve violências, mas eram legitimadas pelo cunho militar, ao contrário do que aconteceu aqui. Isso aqui foi racial".

Soldados alemães como Wilhelm Moses, que era membro da unidade de transporte do Wehrmacht, ficaram chocados com o que viram. Ele testemunhou a SS germânica enforcando sete ou oito poloneses, numa praça pública, enquanto uma banda tocava. Isso, além dos outros horrores que viu, o levaram a "sentir vergonha de tudo... E eu não me sentia mais alemão... Eu já tinha chegado ao ponto de dizer: 'Se uma bala me atingir, eu não terei mais que me envergonhar de dizer que sou alemão, mais tarde, quando a guerra terminar'".[5]

No ano seguinte, 1940, Charles Bleeker Kohlsaat também viveu a experiência de um acontecimento que o fez perceber a verdadeira natureza da ocupação nazista na Polônia: "Estávamos sentados na varanda, num domingo, tomando café da manhã. De repente, uma carroça entrou pelo quintal... Quando olhei abaixo, vi os cavalos e reconheci o fazendeiro... Então, minha mãe disse: 'Vá ver o que ele quer.' Eu corri até o pátio e caminhei até o veículo, onde um colono que eu conhecia, pelo menos de vista, estava sentado. E a seu lado estava um homem que eu não conhecia. Ele ainda era jovem e eu dei uma olhada, enquanto ele falava sozinho. Era como se estivesse em estado de choque, tagarelando consigo mesmo".

"Quando me aproximei da carroça e olhei melhor o homem, notei que seus pés estavam amarrados. E ele dizia: 'Sou bom trabalhador, posso guiar os cavalos'. Então, eu perguntei ao colono: 'Quem é esse?'. Ele disse: 'É um judeu.'

"Então, voltei correndo e contei. Eu me senti muito importante, porque aquele foi o primeiro judeu vivo que eu tinha visto. Depois, minha mãe disse: 'Vá lá embaixo e fale com a empregada para fazer algo para ele comer'."

"Eu fui, e ela disse: 'Bem, eu só tenho uma refeição bem minguada'. Ela me deu uma panela azul, com um cabo, que tinha uma sopa de leite, com gosto meio azedo, e batatas."

"Quando saí da cozinha, claro que tive que contar a história. Isso levou um tempinho, mas eu tive que esperar a comida esquentar, então, quando estava saindo da casa, pela entrada lateral, eu ouvi vozes vindo da porta da frente. Quando me virei, vi minha avó, no topo dos degraus, e dois policiais, e eles disseram: 'Onde está o judeu?'

"E minha avó respondeu: 'Meu neto foi buscar algo para ele comer.' Então, um deles pegou o porrete e disse: 'Primeiro ele pode experimentar isso; (depois que o levarmos) ele vai ganhar mais, mas até lá, isso deve dar'. E, colocando as mãos nos quadris, minha avó disse: 'Digam, vocês não têm vergonha?' Mas ele só sacudiu os ombros e disse: 'Mas ele é só um judeu'. Depois, eles o levaram embora. Ele provavelmente foi enforcado naquele mesmo dia, eu não sei".

Os Bleeker Kohlsaat tentaram se conformar com as coisas terríveis que viram na Polônia – todas provocadas sob a liderança de um homem que acharam ser um "alemão de verdade" –, tentando se convencer de que todos aqueles poloneses que sofreram nas mãos das forças de ocupação só podiam ser culpados de algum delito. O homem que eles ansiavam por salvá-los, vir em seu socorro, certamente não poderia estar ordenando o assassinato de gente inocente, poderia? Como diz Kohlsaat: "As pessoas diriam 'minha nossa, o grande e glorioso Adolf Hitler não deve saber de nada do que essa gente anda fazendo por aqui, ou jamais deixaria que isso acontecesse! Nós ficamos profundamente envergonhados pelo comportamento de vários (alemães) que vimos pelas ruas; pela forma como demonstravam sua postura de raça superior, o jeito como se exibiam em seus uniformes, toda aquela sensação de que os poloneses eram um povo inferior, tudo aquilo também nos deixou profundamente deprimidos. Nós ríamos deles (dos poloneses), mas não os tratávamos mal, só debochávamos deles em segredo. Dizíamos coisas como: 'Olhe só aqueles bobões!' Mas isso não era motivo para tratá-los mal, não teríamos feito isso, não se faz isso, não era certo, e tudo tem a ver com a boa educação, não é? Um alemão não faz coisas assim, certo? Mas os alemães vieram e fizeram!"

Mesmo antes da invasão de setembro, os nazistas tinham feito planos para atingir determinados grupos poloneses. Em julho de 1939, a decisão tinha sido tomada para formar cinco (posteriormente ampliado para seis) grupos de tarefas especiais – *Einsatzgruppen* – que agiriam por trás da linha de frente, para destruir a classe dominante.[6] Reinhard Heydrich disse aos membros seniores da polícia secreta, em 7 de setembro, que a nata da liderança da Polônia tinha de ser "rendida ilesa".[7] Quanto aos dois milhões de judeus poloneses, eles estavam particularmente vulneráveis, com milhares de mortos nos primeiros meses da guerra e o restante sujeito a encarceramento nos guetos. O primeiro grande gueto – com 230 mil judeus – foi lacrado em Łódž, no final de abril de 1940. Tudo isso foi sancionado por Adolf Hitler que, segundo Goebbels, achava os poloneses "mais animais que seres humanos" e que "a imundície dos poloneses é inimaginável". O "julgamento" que Hitler fazia dos judeus, disse Goebbels, era "aniquilador".[8]

E as atrocidades na Polônia não eram unicamente cometidas pelos membros do Partido Nazista, a SS, ou o *Einsatzgruppen*. Elementos do Exército alemão também cometiam crimes. "As realizações e êxitos da campanha polonesa não podem negligenciar o fato de que alguns de nossos oficiais carecem de uma postura interior mais firme", escreveu Brauchitsch, em um decreto para todos os oficiais alemães, em outubro de 1939. "Um número alarmante de casos, tal como confisco equivocado, apreensão ilegal, enriquecimento pessoal, desfalque e roubo, abuso ou assédio de subordinados, participação em tumultos ou em bebedeiras, desobediência com consequências para soldados subordinados, estupro de mulheres casadas, etc., pinta o quadro dos modos mercenários que não podem ser firmemente condenados."[9]

Mas isso tem que ser colocado em contraste com inúmeros oficiais alemães – como o general Johannes Blaskowitz – que ficaram horrorizados com as atrocidades sistemáticas cometidas pelos funcionários nazistas. Como Beck, antes dele, Blaskowitz nunca sucumbiu ao carisma de Adolf Hitler. Mas ele fazia parte de um grupo substancial de oficiais do Exército que tinham sido afetados pelas consequências de Versalhes – em particular, Blaskowitz detestava o "corredor" polonês que separava a Prússia Leste, sua própria terra natal, do restante da Alemanha.

Blaskowitz era filho de um pastor protestante e ele próprio era cristão devoto. Ele também era culto e altamente sereno. Hitler não gostava dele, acreditando tratar-se, antes da guerra, de um general tímido. No entanto, Blaskowitz havia liderado o 8º Batalhão do Exército alemão com distinção na batalha de Bzura, a Oeste de Varsóvia, o maior combate da guerra polonesa. Mais de 150 mil soldados poloneses se renderam aos alemães, encurralados num cerco imenso. Porém, apesar de seu sucesso, Hitler ainda não se impressionou com Blaskowitz quando o conheceu na Polônia, em 13 de setembro. Posteriormente, o Führer frisou que Blaskowitz não parecia "ter entendido sua missão". Com essa observação enigmática, é muito provável que ele quis dizer que Blaskowitz era terminantemente da "velha escola", sem dúvida não um comandante para o futuro. "Estou à procura de homens duros", Hitler disse ao seu adjunto, naquele mesmo dia. "Preciso de Socialistas Nacionais fanáticos".[10] Sabendo que Hitler queria Blaskowitz retirado – e acreditando que as acusações contra ele eram injustas –, o general Halder, comandante do alto-comando do Exército alemão, apoiou um estudo de Blaskowitz que demonstrava o quanto ele havia se conduzido bem durante a invasão.[11] Hitler ainda não se impressionou, mas Blaskowitz permaneceu na Polônia.

Um conflito entre alguns dos oficiais da velha escola e os "homens duros" do Socialismo Nacional, sobre o tratamento aos poloneses, sempre foi provável. Um sinal inicial foi quando o general Halder registrou em seu diário, em 19 de setembro de 1939, que Reinhard Heydrich, da SS, havia dito que agora a "faxina" seria na Polônia, limpando os "judeus, intelectuais, clérigos e a nobreza". No entanto, Halder escreveu que "o Exército insiste que a 'faxina' seja adiada até que o Exército tenha se retirado e o país tenha sido devolvido à administração civil. Começo de dezembro".[12] (Claro que "faxina" era um dos muitos eufemismos que os nazistas passaram a utilizar durante a guerra para descrever suas atrocidades. E, como já vimos, essa "faxina" certamente não foi "adiada" até dezembro. Na verdade, estima-se que 50 mil poloneses tenham sido executados pelos alemães até o fim de 1939).[13]

Halder foi informado pelo general Eduard Wagner, depois de uma reunião com Hitler, que a Polônia viria a se tornar uma terra de "escravos baratos"[14] e que o Exército precisava se limitar às "questões militares". O objetivo era criar uma "desorganização total" dentro da Polônia. Halder chamou isso de "plano diabólico", em seu diário. É importante dizer que, no dia anterior desse registro de Halder no diário, em 17 de outubro de 1939, Hitler ordenara que a SS e outras unidades de segurança não armadas fossem consideradas como fora da jurisdição do Exército. Agora, se a liderança do Exército visse a SS fazendo algo na Polônia que eles não gostassem, já não tinham meios legais de ir ao encalço dos responsáveis.

O Oeste da Polônia, ocupado pelos nazistas – sem esquecer o Leste da Polônia, nas mãos dos soviéticos, que estavam em busca de seu "plano diabólico" próprio e reorganização ética – era para ser dividido em dois. Uma seção, "o Governo-geral", centralizado na Cracóvia e sob o controle do decidido nazista Hans Frank, deveria ser um tipo de lixão, onde seriam jogados os excluídos da vida no Reich, enquanto a outra viria a ser incorporada à Alemanha. Essa porção alemã viria a ser dividida em vários novos municípios, ou *Gaue*. Os dois maiores seriam Danzig, no Oeste da Prússia, governado por Albert Foster, e o Warthegau, sob a administração de Arthur Greiser. Esses homens, ambos *Gauleiters*, ou líderes distritais, além de seus alto comandantes da SS, foram acusados de reorganizar a Polônia racialmente, da forma mais brutal imaginável. O general Johannes Blaskowitz, comandante do Exército na Polônia, foi simplesmente deixado de lado.

Isso não impediu que Hans Frank passasse a ter uma intensa antipatia por Blaskowitz e sua liderança do Exército na Polônia. Quando Goebbels visitou Frank, em 2 de novembro de 1939, o governador nazista reclamou que o Exército da Alemanha na Polônia não estava "racialmente ciente"[15] e estava obstruindo seu trabalho. A antipatia era mútua. Helmuth Stieff, oficial de pessoal alemão, ficou horrorizado pelos efeitos do regime de Frank, segundo o Governo-geral, quando visitou Varsóvia em novembro de 1939. "A maior parte da população de milhões da cidade vive na miséria, de algum modo, em algum lugar", ele escreveu para a esposa, "não dá para imaginar como eles vivem. É uma tragédia indizível que está se desenrolando ali. E também não se tem ideia de quanto tempo isso vai durar... É uma cidade e uma população que estão condenadas... É deprimente, se você está num belo quarto de hotel, comendo ganso assado e, ao mesmo tempo, vê mulheres que tinham papéis importantes, apenas três meses atrás, se vendendo aos nossos soldados, por um pedaço de pão, para continuarem a viver suas vidas miseráveis por mais um tempinho... O extermínio de gerações inteiras de mulheres e crianças só é possível por desumanos que já não merecem o nome alemão. Eu me envergonho de ser um alemão".[16]

Ao final de sua carta, Stieff mencionou que havia se encontrado com o general Blaskowitz, que "abriu o coração para mim, me contando suas preocupações e angústias". Mas, a essa altura, parecia improvável que Blaskowitz culpasse Hitler pelos crimes que ele sabia estarem sendo cometidos na Polônia. Blaskowitz aparentava ter passado por uma trajetória semelhante de descoberta, como a que ocorreu com o general Beck, antes dele. Ao menos inicialmente, era muito mais fácil, tanto para Beck quanto para Blaskowitz – e menos ainda uma questão de se autorrepreender – agir como se a culpa dessas atrocidades fosse da SS e de outros fanáticos do Partido Nazista, em vez do chefe de Estado alemão. Mesmo que, em seu íntimo, eles talvez achassem o contrário.

Durante o outono de 1939, Blaskowitz juntou provas dos crimes que estavam sendo cometidos pela SS, na Polônia, e, finalmente, em 16 de novembro, ele apresentou um relatório ao chefe do Exército alemão, Brauchitsch. O documento então passou ao major Gerhard Engel, adjunto militar de Hitler. Não há cópias do relatório de Blaskowitz, mas nós sabemos qual foi a reação de Hitler a isso, porque Engel registrou sua resposta. "Em princípio, ele calmamente pega o papel, mas depois começa novamente a falar sobre as sérias alegações contra as 'atitudes infantis' na liderança do Exército. Não se conduz uma guerra com métodos do Exército da Salvação. E, também, uma aversão de longa data foi confirmada. Ele jamais confiou no general Blaskowitz. Também tinha sido contra sua indicação ao comando de um exército e julga correto retirar Blaskowitz, por ser incompatível com esse posto".[17]

Ainda assim, Blaskowitz não foi dispensado de seu comando. Halder e Brauchitsch simplesmente ignoraram as opiniões de Hitler. Blaskowitz pôde continuar em seu cargo na Polônia, diante da crítica estridente do homem que não era apenas chefe de Estado, mas também chefe de todas as Forças Armadas. Assim como antes da guerra, Hitler se sentia incapaz de exercer o tipo de controle sobre a agenda do Exército, como Stalin fazia.

O relatório de Blaskowitz acabou se tornando um dos momentos mais difíceis de Hitler com seus generais. As dificuldades vinham crescendo, desde uma reunião que ele tivera com seus comandantes militares seniores, menos de três meses antes, em 27 de setembro de 1939. Foi, no mínimo, um encontro tão dramático quanto o que ocorrera em novembro de 1937, no qual Hitler havia declarado que a guerra seria inevitável. Porque agora, Hitler anunciara que queria "planos imediatos"[18] a serem elaborados, para um ataque contra a França. Essa foi uma notícia devastadora para os comandantes do Exército. Apenas algumas semanas antes, eles vinham torcendo para que a Inglaterra e a França ficassem totalmente fora da guerra, e ainda temiam um ataque do Oeste. A Alemanha estava especialmente vulnerável nesse momento, por conta de grande parte das forças alemãs ainda estarem no Leste Europeu. E agora, em vez de pedir um período de entrincheiramento, e torcer para chegar a algum tipo de acordo pacífico com a Inglaterra e a França, Hitler estava lhes dizendo para que eles se preparassem para uma invasão à França, o mais depressa possível.

Hoje fica difícil entender o quão penosa essa ideia deve ter soado para esses generais. Porque todos sabemos no que acabou resultando – uma vitória dramática da Alemanha, na primavera de 1940. Há uma tendência de se ler a história ao contrário e pensar que, de alguma forma, uma invasão à França teria parecido uma opção sensata para os alemães da época. Não parecia. Os britânicos e os franceses não apenas possuíam mais tanques que os alemães, como também seus tanques eram melhores. Os franceses tinham tanques Char B, com canhões de 75mm e 60mm de munição, muito superiores a qualquer veículo de combate que os alemães usavam à época. Além disso, como diz o professor Adam Tooze, um estudo atento do programa de armamentos alemão em torno dessa época revela que o raciocínio de Hitler ainda era um tanto arcaico. "Se olharmos atentamente os primeiros meses de guerra, o fato extraordinário é que os programas que Hitler prioriza no começo não têm uma velocidade crescente para a construção de tanques, mas, na verdade, um programa gigantesco de munição, projetado para evitar a crise de munição que debilitou a ofensiva alemã, no outono de 1914. Portanto, ele é um soldado de infantaria da Primeira Guerra, e se lembra muito bem da crise de suprimento de munição que supostamente atolou o Exército alemão na primeira fase da Primeira Guerra. E esse é o desafio do *Führer*, em dezembro de 1939: não aumentar a produção de tanques, mas triplicar a produção de munição no próximo semestre. Portanto, o tipo de guerra que Hitler parece imaginar, mesmo nesse ponto, é uma luta árdua até o Canal da Mancha."[19]

Para o pessoal alemão – quase todos com uma experiência individual amarga da última "luta árdua no Canal" – era, portanto, difícil de acreditar que Hitler pudesse imaginar uma invasão rápida à França. Os oficiais seniores do Exército concordavam, entre eles, que isso era simplesmente impossível – ofensiva anterior semelhante que podia ser analisada era a de 1942.[20]

Nessa avaliação, eles compartilhavam a opinião de seus inimigos. Os franceses, em particular, estavam profundamente confiantes na vitória sobre os alemães, com alguns até pensando que o regime nazista logo iria ruir, sem a necessidade de intervenção externa. Um relato contemporâneo de especialistas militares sobre o *Deuxième Bureau* (agência francesa de inteligência externa) disse que "segundo boas fontes do serviço de inteligência, o regime de Hitler irá se manter no poder até a primavera de 1940 – depois será substituído pelo comunismo".[21]

A crise se aprofundou quando Hitler, enfurecido pela falta de entusiasmo demonstrada por seus generais em relação a um ataque à França, mais uma vez lhes fiz um sermão, em 10 de outubro. Exatamente como fizera na famosa reunião de novembro de 1937, ele leu um longo manuscrito. Mais uma vez, ele estava demonstrando um estilo extraordinário de liderança; decidira inteiramente sozinho o que era melhor para a Alemanha, e a tarefa de seus generais era meramente de implementação. Não houve nenhuma consulta prévia aos seus especialistas militares, antes que chegasse à sua decisão, nenhuma análise lógica para ver se o seu objetivo era até mesmo possível.

Em determinado nível, essa técnica de liderança era eficaz. Servia para demonstrar que Hitler acreditava ser um "gênio ímpar", um líder carismático que não precisava de informações de outrem. Também derrubava a confiança de qualquer um que discordasse dele – eles eram continuamente forçados a reagir às opiniões de Hitler, em lugar de participar previamente da política decisória. No entanto, isso também era de grande risco. Nesse estágio da guerra, Hitler recorria, em grande parte, ao poder de suas próprias técnicas persuasivas para controlar o alto-comando de seus militares. E quando não conseguia convencer sua plateia de que estava certo, encontrava dificuldades que outros ditadores menos carismáticos nunca tiveram de enfrentar.

Sem conseguir convencer seus generais de que um ataque à França era sensato, Hitler agora enfrentava uma oposição crescente. Um vislumbre do estado mental do general Halder é dado por um registro em seu diário, em 14 de outubro de 1939. Após uma reunião com Brauchitsch, ele escreveu: "Três possibilidades: atacar, esperar, mudar".[22] Com "mudar", Halder e Brauchitsch se referiam a uma mudança na liderança – no afastamento, ou até remoção completa de Adolf Hitler. Houve um precedente recente para esse tipo de ação. Durante a Primeira Guerra, dois comandantes seniores alemães

– Ludendorff e Hindenburg – haviam assumido o controle de todas as decisões militares estratégicas, deixando o Kaiser Guilherme II à margem do poder. E houve outro general – Wilhelm Groener – que havia dado a notícia ao Kaiser, em novembro de 1918, de que ele deveria abdicar. Mas Halder e Brauchitsch também reconheciam que nenhuma dessas opções era ideal – principalmente se eles optassem pela "mudança", já que "isso é essencialmente negativo e tende a nos deixar vulneráveis".[23]

Halder e Brauchitsch não achavam que a invasão à França estava fora de questão, com base moral ou legal. Eles simplesmente achavam que o Exército alemão não estava à altura da tarefa, no futuro imediato. Portanto, a objeção não era contra lutar uma guerra agressiva no Oeste – mas meramente perdê-la. E eles não estavam sozinhos ao pensar assim. Em 3 de novembro, Halder escreveu: "Nenhum dos membros do alto escalão (do quartel-general) acha que a ofensiva ordenada pelo OKW (*Oberkommando der Wehrmacht – alto-comando da Wehrmacht* – que trabalhava diretamente com Hitler) tem qualquer possibilidade de sucesso."[24] Apesar de relutantes, agora, Brauchitsch e Halder pensavam num golpe contra Hitler.

Enquanto isso, muitos dos rostos conhecidos na tentativa de golpe abortada no ano anterior, incluindo Ludwig Beck, também tramavam para impedir que Hitler levasse a Alemanha a uma guerra desastrosa contra os franceses. Uma ideia era que as unidades leais aos conspiradores marchassem até o quartel-general de Hitler e o prendessem, depois que fosse lançado um ataque ao Oeste. Hitler seria retirado, e Beck assumiria como chefe de Estado alemão.[25]

Quando Brauchitsch viu Hitler, em 5 de novembro, ele tentou convencê-lo de que o Exército não estava pronto para um ataque à França, e disse que a invasão à Polônia havia revelado inúmeros problemas de disciplina. Ele até comparou a postura do Wehrmacht, em 1939, com o Exército alemão, no fim da Primeira Guerra. Hitler – como era de se esperar – perdeu a calma. Ele ameaçou viajar imediatamente ao *front* e a verificar, ele mesmo, o que estava acontecendo. Ainda mais preocupante para Brauchitsch era a análise de Hitler quanto ao Exército carecer de determinação para ingressar na batalha que ele desejava. Hitler falou sobre o "espírito de Zossen"[26] (a sede do Exército, durante a época de guerra, ficava próxima do vilarejo de Zossen, Sul de Berlim) e disse que iria eliminar esse derrotismo. Arrasado diante do ataque de Hitler, Brauchitsch disse, após a reunião, que não faria parte de golpe algum. Halder, preocupado que Hitler desconfiasse que oficiais seniores estivessem tramando contra ele, também desistiu da ideia de liderar um movimento contra o *Führer.*

Esse foi um momento revelador. Brauchitsch nada tinha ouvido durante a reunião de 5 de novembro com Hitler, que o deixasse menos ansioso quanto à proposta da ofensiva. Na verdade, a situação para Halder e Brauchitsch piorou naquele mesmo dia, já que a ordem de invasão à França foi expedida por Hitler, logo após a reunião – com o ataque a ser iniciado em 12 de novembro. No entanto, agora, mesmo sabendo que Hitler havia marcado o dia do lançamento dessa campanha maciça, apesar de sentirem que os alemães iam perder, eles não agiram.

O julgamento equivocado por parte deles havia sido achar que qualquer ação contra Hitler teria sido análoga ao afastamento e eventual remoção do Kaiser, 21 anos antes. Ao contrário do Kaiser, Hitler ainda era considerado um líder confiável por milhões de alemães. Embora os alemães estivessem em guerra com os britânicos e franceses, e houvesse incerteza e apreensão quanto ao desfecho dessa guerra, o *Führer* também havia orquestrado a rápida derrota dos poloneses e a reincorporação de Danzig e do Corredor Polonês ao Reich, assim como todos os territórios perdidos para a Polônia, com o Tratado de Versalhes. Como resultado, alguns – como Walter Mauth, na época com 16 anos – acharam: "Quando a guerra com a Polônia terminou, em três semanas... nós achamos que fôssemos invencíveis."[27]

Provas adicionais da popularidade de Hitler entre a população alemã foram demonstradas naquele mês de novembro, como resultado dos acontecimentos em Munique. Três dias depois de sua reunião conturbada com Brauchitsch, Hitler chegou a Munique para o 16º aniversário do Beer Hall Putsch. Ele fez um discurso no Bürgerbräukeller e voltou depressa para a estação de Munique, para pegar o trem para Berlim. Cerca de dez minutos depois que ele deixou o Bürgerbräukeller, explodiu uma bomba que estava escondida numa pilastra. Durante vários meses, Georg Elser, um carpinteiro, conseguira trabalhar secretamente, durante a noite, no porão da cervejaria, e escondera a bomba bem atrás da tribuna onde Hitler iria falar. Elser, um ex-partidário do Partido Comunista Alemão, estava zangado com a guerra e concluíra que a única forma de melhorar a situação da Alemanha era matar Hitler e outros líderes nazistas.

Elser era um assassino solitário, que agira sem ajuda de ninguém. Hitler teve sorte de escapar e novamente atribuiu o fato à Providência. Porém, o fato relevante é a reação do público em relação à notícia de tentativa de assassinato a Hitler. Um relatório compilado pela SD, braço de inteligência da SS, revelou que "a tentativa de assassinato em Munique fortaleceu ainda mais a noção de união em meio à população alemã" e que "o amor pelo *Führer* cresceu ainda mais..."[28] Outro relatório, de dezembro de 1939, dizia que "desde a deflagração da guerra e, principalmente, após a tentativa de assassinato em Munique, muitos donos de lojas passaram a colocar imagens do *Führer* em suas vitrines. Em alguns casos, esse tributo ao *Führer* ainda é demonstrado de forma um tanto desagradável. Uma vitrine de uma loja de bebidas em Kiel, por exemplo, exibia a imagem do *Führer* em meio a inúmeras garrafas de bebida, com o slogan "Jamais vamos nos render!"[29]

De certa forma, esse apoio entusiasta a Hitler não surpreende. Por mais de seis anos, a propaganda de Goebbels vinha martelando a mensagem de que Hitler era uma figura quase mística, cuja presença era essencial para o sucesso e a segurança futuros da Alemanha. Isso, junto com a sucessão de triunfos antes da explosão da guerra, tinha um efeito duradouro. Muita gente continuava reverenciando Hitler e ainda estava aflita quanto à guerra e aos efeitos das medidas econômicas – como o recente Decreto de Economia de Guerra –, que afetaram seus ganhos materiais.

O que fica menos óbvio é por que tantos grupos menores de conspiradores não entendiam claramente que – ao contrário do Kaiser – Hitler ainda contava com uma carga imensa de confiança e reverência.

A liderança carismática é fortalecida e garantida pelo sucesso, e Hitler ainda não tinha fracassado. Essa foi a lição que o general Wilhelm Ritter von Leeb havia aprendido, quando tentou angariar apoio para um golpe contra Hitler, em seguida à desmoralização de Brauchitsch, na reunião de 5 de novembro. A data que Hitler marcara para a invasão, 12 de novembro, havia sido adiada por conta de novas informações quanto ao clima e preocupações relativas aos deslocamentos das tropas aliadas – na verdade, ela teve de ser reprogramada, depois adiada muitas vezes mais, antes de começar, em 10 de maio de 1940.

No entanto, no final de 1939, o conflito com a França ainda parecia iminente. Von Leeb chamou de "louco" o plano de atacar o Oeste.[30] Ele também ficou indignado com as atrocidades na Polônia. Protestou junto a Halder, dizendo que as ações da "polícia" alemã na Polônia "não eram dignas de uma nação civilizada".[31] Von Leeb tentou recrutar a ajuda dos colegas generais Bock e Rundstedt para a preparação do golpe, mas nenhum dos dois se interessou. E, finalmente, foi um dos próprios oficiais de Leeb, o comandante general Geyr von Schweppenburg,[32] que frisou que era possível que os soldados rasos e oficiais juniores simplesmente se recusassem a ir contra Hitler. Esse julgamento foi confirmado, após a guerra, por outro oficial sênior do Oeste, Walther Nehring, que disse que teria sido "inútil" ordenar que esses homens se voltassem contra o regime, pois "em meio à maioria dos soldados jovens, o prestígio de Hitler já estava entranhado demais".[33]

Em 23 de novembro, Hitler se dirigiu a cerca de 200 líderes militares seniores, na chancelaria do Reich, na última tentativa de uma série, para entusiasmar seus generais quanto ao conflito vindouro no Oeste. Era uma competição aberta que tinha, de um lado, a visão de Hitler e, de outro, as pessoas nas quais ele sabia ser necessário inocular sua visão. E Hitler sabia que essa era uma batalha que ele precisava ganhar.

Mais uma vez, todas as suas conhecidas técnicas de persuasão ficaram evidentes. Era crucial a noção de que ele, como indivíduo, fosse a única pessoa que realmente importasse. "O destino do Reich depende só de mim",[34] disse ele, se retratando como um rei da guerra enviado à Alemanha. E, como antes, ele anunciou que viera diante de seus generais "para dizer-lhes" as suas decisões.

Seu discurso continha uma lição de história – elaborado para demonstrar como ele estivera certo e ficara provado pelos acontecimentos, embora outros tivessem duvidado dele – e superficialidades de sua própria filosofia brutal: "No combate, eu vejo o destino de todas as criaturas. Ninguém pode evitar a luta, se não quiser perecer". Ele disse que sua missão estava clara: obter *Lebensraum* para o povo que desesperadamente precisava dele.

Era o tipo de conversa que levou Hugh Trevor-Roper a concluir, em seu ensaio intitulado *The Mind of Adolf Hitler*, que para Hitler "o propósito da vida humana" era "meramente que os alemães fossem os maiorais do mundo" e que "para ele, era simplesmente uma questão de um pedaço maior do bolo para os alemães e menos bolo para quem não fosse alemão".[35] Mas isso é subestimar o atrativo de Hitler em relação aos seus generais. Ele não ofereceu apenas um objetivo prático – os alemães tinham de conquistar mais território –, mas uma justificativa filosófica: que a vida é uma luta permanente e que todos somos animais que precisamos lutar ou morrer. Era uma evocação para libertar a fera escondida em todo ser humano. O discurso é repleto da palavra "aniquilar" – Hitler disse que buscava "aniquilar todos os que se opõem a mim... quero aniquilar o inimigo". Muito antes de anunciar o que é geralmente considerada sua "guerra de aniquilação" contra a União Soviética, Hitler é visto ali, querendo praticar a "aniquilação" no Oeste. Ademais, seu discurso também foi um chamado pela busca de refúgio na convicção de absolutos. "Tenho de escolher entre a vitória ou a aniquilação", disse ele. "E escolho a vitória." Como já vimos, essa proposta de "ou isso, ou aquilo" era uma das táticas comuns de Hitler, assim como sua ameaça de se matar, caso os acontecimentos fossem contra ele: "Eu jamais sobreviverei à derrota do meu povo".

Hitler obviamente sentiu que seu discurso longo não foi suficiente para motivar Brauchitsch e Halder, então, chamou-os ao seu escritório depois da reunião para reafirmar seu descontentamento com a postura da liderança do Exército, mais uma vez se referindo ao "espírito de Zossen".[36] Brauchitsch "se ofereceu para renunciar",[37] mas Hitler lhe disse para ficar e fazer seu "dever".

Enquanto isso, Halder e seus colegas vinham relutantemente planejando a invasão do Oeste – embora eles acreditassem que não tinham chance de sucesso. Estavam certos em serem tão negativos. Se os alemães tivessem invadido, seguindo os planos existentes no começo de novembro, o resultado teria sido sua derrota imediata, o tipo de empate forçado que secou a Alemanha, no *front* ocidental, durante a Primeira Guerra. No entanto, aos poucos, os planos começaram a mudar. Mais recursos passaram a ser dedicados ao Grupo A do Exército, sob comando de von Rundstedt, unidade que sempre fora encarregada de proteger o flanco sudeste do Grupo B do Exército, sob comando de Bock, conforme se deslocava para dominar a Holanda e atacar a Bélgica. Entretanto, à época da conferência de Hitler, em 23 de novembro, "Caso Amarelo" (*Fall Gelb*), como foi chamado o ataque, ainda era um novelo, sem que nenhum dos grupos do Exército fosse designado como força prioritária.

O general Erich von Manstein agora argumentava que a única forma de ter uma chance de derrotar os aliados na França – ao contrário de criar um período de impasse – era tornar o Grupo A do Exército a força ofensiva dominante. Ele propôs que o Grupo B, de Bock, invadisse a Bélgica, no intuito de convencer os aliados de que eles eram a principal força de ataque alemã, enquanto unidades armadas do Grupo A, no Sul, se deslocariam pela floresta de Ardennes, atravessariam o rio Meuse e dariam uma arrancada rumo à costa do Canal da Mancha, onde o rio Somme encontra o mar. Grandes números de soldados britânicos e franceses ficariam encurralados no movimento de pinça dos dois grupos, A e B. No entanto, o professor Adam Tooze explica que "essa é uma operação de risco lógico sem precedentes e dá aos oponentes da Alemanha – Inglaterra, França, Bélgica e Holanda – a chance, se forem suficientemente organizados, de montarem um contra-ataque arrasador para a Alemanha e o movimento de pinça que se deslocava pelo Norte da França. E, por esse motivo, os alemães compreendiam inteiramente que, se esse plano falhasse, eles perderiam a guerra... O risco mostra a possibilidade de uma vitória total... Mas também há o risco de uma derrota catastrófica, da qual eles têm plena consciência".[38]

Apesar – ou mais provavelmente por conta – do risco imenso, esse se tornou o plano de preferência de Hitler, depois que Manstein pessoalmente fizera *lobby* sobre ele. A ideia de unidades armadas operando em velocidade havia sido desenvolvida pelo general Guderian em seu livro *Achtung Panzer!*, publicado dois anos antes, e Halder havia visto na Polônia o quanto era importante para as unidades armadas liderarem o ataque. Portanto, havia várias diretivas em desenvolvimento, para a versão final do Plano Amarelo – e a casualidade também teve seu papel, quando os aliados encontraram uma cópia do plano de ataque original convencional, depois que uma aeronave alemã colidiu na Bélgica, em janeiro de 1940. Como resultado, os alemães acharam prudente mudar a natureza da ofensiva futura.

Ainda assim, o motivo fundamental para que essa abordagem revolucionária da invasão da França fosse adotada foi a vontade de Adolf Hitler. Hitler sempre formulava uma opinião – nesse caso, "invadir o Oeste" – e depois buscava, com outras pessoas, ideias detalhadas de como implementar. Mas o que ele também fizera, foi demonstrar, repetidamente, sua atração pelo jogo de tudo ou nada. A ocupação da Renânia, o *Anschluss*, a crise de Munique – tudo isso colocou em risco o destino da Alemanha. Hitler via sua habilidade de correr riscos como outro sinal da grandeza de sua liderança e tinha desprezo pelos que escolhiam opções seguras na vida. "Os homens de Munique", disse ele em agosto de 1939, "não vão correr o risco".[39] Era precisamente o quase vício de Hitler ao risco que tanto perturbava oficiais tradicionais como Ludwig Beck. No entanto, havia outros que sentiam que era exatamente essa qualidade que significava que Hitler era aberto a novas ideias.

Outra característica da liderança de Hitler que escorava todas essas discussões sobre a invasão da França ficaria bem mais óbvia depois da vitória triunfante dos alemães. Hitler ofereceu aos alemães não somente a empolgação e a chance de fazer história, mas ligou isso à ideia de que eles deveriam agir agora, nesse momento. Hitler sempre mencionava o fato de que só tinha uma vida breve para alcançar todos os seus objetivos – e temia não chegar à idade madura. Ele tinha pressa e transmitia essa sensação de urgência a todos que estavam à sua volta. E isso foi exacerbado por sua falta de crença na vida após a morte. O subtexto de muitos de seus discursos por volta desse período é claro – você tem uma vida, você irá morrer e ser extinto para sempre, se passar o tempo correndo riscos grandes e empolgantes, com a intenção de mudar o mundo, ou trabalhando quietinho, em um escritório. Você decide: uma vida tediosa ou uma emocionante – ambas levam à eternidade ou ao nada. Era óbvia a estrada que Hitler havia escolhido percorrer. Como ele disse, no final do discurso aos seus generais, em 23 de novembro: "Decidi viver minha vida de modo a não me envergonhar quando eu tiver de morrer".

Além disso, o plano apelava ao desejo de Hitler de surpreender seu inimigo. "O fator surpresa é metade da batalha",[40] Hitler disse depois. "Por isso que não se pode ficar repetindo uma operação indefinidamente, apenas porque já foi bem-sucedida." E Hitler reconheceu que ainda em outubro de 1939, muito antes de ter ouvido falar do plano de Manstein, seus oponentes no Oeste eram particularmente vulneráveis ao inesperado. "O *Führer* enfatiza que nós não devemos cair nas táticas de batalhas lineares da Primeira Guerra", escreveu o general von Bock em seu diário, em 25 de outubro, "que precisamos forçar o inimigo rapidamente, com ataques certeiros e deslocamentos velozes, de unidades motorizadas e tanques, operando rapidamente, (algo) que não é da natureza sistemática dos franceses e dos ponderados ingleses".[41]

Foi essa perspicácia que se provaria vital na batalha por vir. A subsequente manobra militar do plano Manstein, no quartel-general do Exército alemão, em Zossen, confirmou que toda a ofensiva se voltava para uma questão: com que rapidez os aliados reconheceriam que a linha principal de ataque não era através da Bélgica, mas pelo Ardennes? Se os alemães não atravessassem o rio Meuse, no Leste da França, em quatro dias, então os britânicos e franceses teriam tempo para perceber o que estava acontecendo e desviar tropas substanciais para impedi-los. No estágio de planejamento, já estava claro que a cidade de Sedan, que abrigava o Meuse, seria crucial. Seguindo por Sedan e rapidamente atravessando o Meuse, não haveria obstáculo natural insuperável a ser enfrentado pelo Grupo A do Exército, até a costa francesa, na baía de Somme. Ali, no contexto da decisão da liderança alemã de abraçar essa versão radical do Plano Amarelo, a história também teve o seu papel. As Forças Armadas alemãs existiam à sombra da Primeira Guerra e o plano Manstein era a chance de vingar essa perda – não apenas derrotar os franceses, mas humilhá-los.

No fim das contas, Hitler achava que não importava se os aliados possuíam mais tanques que os alemães – contanto que esses tanques permanecessem no lugar errado. Esse, é claro, era o aspecto da jogada de risco de imensa recompensa. Os aliados estavam transbordando confiança quanto à luta por vir, e esse excesso de confiança provaria ser o que os derrubaria. Tão arrogantes que o general Maurice Gamelin, comandante das Forças Armadas francesas, dissera aos seus oficiais, em setembro de 1939, que se os alemães atacassem na primavera de 1940, seria vitória certa.[42]

Igualmente confiante na vitória estava Adolf Hitler. Realmente, um dos muitos aspectos notáveis do planejamento do ataque à França foi o fato de que ao longo de todas as variações de táticas e estratégias, Hitler sempre tinha convicção de que tudo sairia bem. O general Halder registrou em seu diário, em 17 de março, que Hitler estava "claramente confiante no sucesso"[43] – e isso se dava em contraste a um contexto de profunda ansiedade de muitos comandantes alemães. Em 14 de fevereiro, Halder escreveu que os generais Guderian e von Wietersheim "simplesmente demonstram falta de confiança"[44] na operação, e em 25 de fevereiro ele começou sua reunião com Fedor von Bock, que viria a comandar o Grupo B do Exército no ataque, com uma única palavra: "Preocupações".[45]

Antes que o Plano Amarelo prosseguisse, Hitler fez outra surpresa aos aliados – os alemães invadiram a Dinamarca e a Noruega. Hitler sabia que seria essencial, para a saúde da máquina de guerra alemã, proteger as reservas de ferro da neutra Suécia, que chegavam à Alemanha, em grande parte, pelo porto norueguês de Narvik. Há muito havia boatos sobre um possível ataque de aliados na Escandinávia e, quando isso vazou, a ação alemã, iniciada em 9 de abril, coincidiu quase exatamente com a tentativa dos britânicos de minarem as águas norueguesas.

Por terra, os alemães triunfaram na Dinamarca, em algumas horas, e fizeram avanços rápidos na Noruega, mas, por mar, a *Kriegsmarine* perdeu mais de uma dúzia de navios de guerra. Porém, apesar desse sucesso da Royal Navy, os soldados aliados não conseguiram derrotar os alemães na Noruega, e a posterior controvérsia sobre o fracasso da campanha norueguesa levou à renúncia de Chamberlain e à indicação de Winston Churchill, como primeiro-ministro britânico, em 10 de maio de 1940 – coincidentemente, no mesmo dia em que começou a invasão alemã à França e aos Países Baixos.

O Wehrmacht atacou os aliados com 112 divisões, menos de 10% deles armados e, no começo, os britânicos e franceses acharam que eles estavam se portando exatamente conforme o esperado. O deslocamento precoce do Grupo B do Exército, sob comando de Bock, adentrando a neutra Bélgica, confirmou ao general Gamelin que sua avaliação da principal investida de ataque ao Norte estava correta. Um oficial francês que o viu naquele dia relembra que Gamelin andava de um lado para o outro cantarolando, com uma expressão contente no rosto.[46] Para os franceses e britânicos, parecia lógico que os alemães fossem atacar a Bélgica e a Holanda, de modo a obterem bases aéreas das quais pudessem atacar a Grã-Bretanha.

As forças aliadas avançaram, conforme planejado, adentrando a Bélgica para cercar o inimigo. Até 14 de maio, nas batalhas de Hannut e Breda, os franceses já tinham sido mais do que suficientes contra os alemães. No entanto, já havia sinais de ação esperada em outros lugares. Até 12 de maio, houve relatos de avanços significativos do Grupo Alemão A, atravessando a floresta de Ardennes e chegando aos aliados, embora isso tivesse inicialmente sido descartado como manobra de flancos para apoiar a principal região de conflito na Bélgica. Mas logo ficou óbvio que os alemães estavam ameaçando Sedan e pretendiam atravessar o rio Meuse. Em 13 de maio, Gamelin ficou sabendo que algumas unidades alemãs já haviam atravessado o Meuse, ao Norte de Sedan, através do açude de Houx. Naquele mesmo dia, a Luftwaffe lançou um bombardeio intenso e concentrado em Sedan. E em 14 de maio, os alemães tinham conseguido atravessar o Meuse, em vários pontos ao longo do rio. Essa foi uma notícia devastadora para os franceses. Um oficial presenciou o comandante do *front* nordeste, general Alphonse-Joseph Georges, cair em prantos, ao dizer "houve algumas falhas"[47] em Sedan. No dia seguinte, o primeiro-ministro da França, Paul Reynaud, ligou para Winston Churchill, às 7h30 da manhã. Churchill pegou o telefone da cabeceira da cama para ouvir Reynaud dizer, "evidentemente sob estresse", as palavras: "Nós fomos derrotados... estamos arrasados, perdemos a batalha".[48]

Foi um momento extraordinário na história militar. Quase como foi descrito por Paul-Emile Caton, no título de seu livro sobre a batalha pela França, *Une guerre perdue en 4 jours*: "Uma guerra perdida em 4 dias".[49] E nem dá para exagerar na descrição do efeito que esse rápido triunfo sobre os aliados causou na psique coletiva alemã. Erwin Rommel, que havia pedido a Hitler permissão do comando de uma divisão da Panzer no ataque, comentou que o acontecido era "quase inconcebível". Tanques de sua 7ª divisão Panzer, uma unidade de liderança do Grupo A do Exército, "irromperam e adentraram o território inimigo. Não foi apenas um belo sonho. Foi realidade".[50]

Esse "belo sonho" teria sido possível não apenas pela insistência de Hitler na adoção do arriscado plano Manstein e uma série de falhas dos aliados, mas pelo uso de um método de comando inovador – anteriormente desenvolvido pelo Exército prussiano, e que agora mesclava com perfeição a forma como Hitler agia à luz da sua própria liderança. O Exército prussiano, como diz o professor Robert Citino, desenvolveu uma "certa cultura militar" que surgiu da "geografia da Prússia, de suas tradições e posição dentro da Europa, e de sua relativa falta de recursos. Portanto, esse era um Estado que quase sempre tentava o chamado combate 'curto e intenso' nas guerras, um termo que, na verdade, foi cunhado por Frederico, o Grande, no século XVIII". Guerras "curtas e intensas" que foram traduzidas em vitórias relativamente rápidas sobre as forças principais do inimigo, com algo em torno de seis a oito semanas de combate... Acho que isso é o que sempre distinguiu a Alemanha de seus vizinhos, pois ela era um Estado espremido em um ponto relativamente desconfortável na Europa Central, com uma base relativamente baixa de recursos e, certamente, uma população menor do que a coalizão de inimigos que a Alemanha poderia potencialmente combater".[51]

Em compensação, essa necessidade de lutar guerras "curtas e intensas" significava que os comandantes do campo de batalha jamais poderiam recorrer às táticas defensivas já experimentadas e testadas. Como diz Citino, "Frederico, o Grande, no século XVIII, abordou a doutrina tática prussiana no sentido vigoroso: o Exército prussiano sempre ataca. Ele tinha uma ordem de comando para que sua cavalaria sempre fosse a primeira a fazer uma investida, e não esperar ser atacada pelo inimigo. Esse tipo de agressão ao estilo *bulldog*, mesclada à rapidez de manobras, vinha sendo uma tradição alemã há muito tempo".

Paralelamente a essa abordagem "*bulldog*" de guerra, o Exército alemão desenvolveu um conceito de *Auftragstaktik*, ou comando de missão. Bem mais que seus oponentes, o Exército alemão praticava a delegação. Comandantes de campos de batalha recebiam metas a serem cumpridas, mas, depois disso, permitiam um nível de independência na tomada de decisão, do qual não se ouvia falar nos Exércitos britânico e francês. As próprias ações de Rommel, durante a invasão à França, exemplificam perfeitamente o método alemão de fazer guerra. Unidades da 7ª Divisão Panzer de Rommel estavam dentre as primeiras a atravessar o rio Meuse, em Houx, no dia 12 de maio – para espanto dos aliados, já que ao redor da vila de Houx, o Meuse corre por uma passagem estreita e funda, ideal para o território defensivo. Os soldados do 9º Exército francês tinham escavado a margem oposta, prontos para a luta. Porém, uma série de decisões tomadas por Rommel e seus homens, na hora – desde atear fogo a várias casas para criar uma cortina de fumaça, até organizar um sistema de corda e roldana acima do rio – ajudou a tornar a travessia do Meuse mais possível. Acima de tudo, Rommel estava seguindo a doutrina prussiana de atuar com rapidez e de surpresa. Os comandantes franceses esperavam ter vários dias para preparar suas defesas, tendo explodido todas as pontes sobre o Meuse. Graças à velocidade de deslocamento de Rommel, eles só tiveram horas.

Rommel, embora um general excepcional, na realidade, só estava fazendo o que era esperado de todos os comandantes alemães de campo de batalha – até os oficiais não comissionados. Conforme escreveu o general Manstein, depois da guerra: "O método alemão está realmente enraizado na personalidade alemã que – ao contrário de toda essa bobagem falada sobre 'obediência cega' – tem uma veia forte de individualidade e, possivelmente, como parte da herança germânica, encontra um certo prazer em correr riscos."[52]

Embora em inúmeras ocasiões nós tenhamos visto como os generais alemães ficavam inicialmente horrorizados pela extensão dos riscos que Hitler se propunha a correr com a magnitude de suas estratégias – como demonstrado tanto na reunião de Hossbach, em 1937, quanto com sua decisão de invadir a França –, paradoxalmente, em nível operacional, o Exército alemão valorizava a habilidade do comandante individual de assumir riscos calculados em batalha, a partir de sua própria iniciativa. De fato, *Auftragstaktik* – no sentido de "comando de missão" – também havia sido um princípio essencial da própria liderança de Hitler, no campo doméstico. "Eu nunca tive uma conferência com Schacht (ministro alemão da Economia, nos anos de 1930)", disse Hitler, "para descobrir que meios havia à nossa disposição. Eu me limitava a simplesmente dizer: 'Isso é o que eu preciso e isso é o que tenho que ter'".[53] Uma parte essencial da liderança carismática de Hitler era, portanto, seu desejo de que seus subordinados escolhessem o meio que quisessem para realizar sua grande visão – a essência da doutrina militar de *Auftragstaktik*.

Tudo isso fazia um contraste gritante, em maio de 1940, com a forma como alguns dos soldados do Exército aliado eram liderados. Edward Oates, por exemplo, estava servindo com os engenheiros reais britânicos, na França, e experimentou, em primeira mão, a falta de *Auftragstaktik* durante o recesso: "Eu me lembro de alguns belgas, eles usavam capacetes de latão e havia um bocado deles, e eles diziam: 'Nós queremos um oficial. Se pudermos ter um oficial, iremos lutar, mas não sabemos o que fazer'... Eu (também) fiquei um pouquinho surpreso, eu acho, porque o Exército francês desistiu tão depressa, mas eu nem tinha pensado nisso. Éramos apenas simples soldados e fazíamos o que nos mandavam fazer. Não tínhamos nenhuma estratégia, ou ideias sobre onde se travavam batalhas, ou nada assim, apenas estávamos lá".[54]

Porém, embora no nível estratégico mais amplo Hitler fosse ávido por correr riscos e adotar o conceito da surpresa, havia sinais de que se os acontecimentos do campo de batalha não transcorressem exatamente como ele esperava, ele podia ser tímido ou indeciso. Goebbels, como já observamos, era um dos vários líderes nazistas que haviam identificado essa característica em Hitler, antes da guerra.[55] Agora, os seus generais testemunhavam os mesmos traços. Durante a operação norueguesa, por exemplo, o general Walter Warlimont sentiu que Hitler tinha demonstrado "uma fraqueza de personalidade verdadeiramente assustadora",[56] após os acontecimentos não transcorrerem como planejado, e então, em 17 de maio, quando Hitler anunciou que o Grupo A do Exército estava vulnerável a um ataque pelos flancos, Halder registrou: "O *Führer* está terrivelmente nervoso. Assustado com seu próprio sucesso, ele teme correr qualquer risco e, portanto, prefere puxar nossas rédeas".[57] Na manhã seguinte, Hitler esbravejou, gritou e ordenou que parassem o avanço rumo ao Oeste, somente para mudar de ideia, às seis da tarde. "Então, a coisa certa a fazer está sendo feita, no fim das contas", escreveu Halder, "mas numa atmosfera e sensação ruim..."[58]

À primeira vista, essas duas características de Hitler – correr riscos e a indecisão, aliadas a uma aparente timidez – pareciam se contradizer. Certamente foi assim que Halder viu. Em 6 de junho de 1940, já no fim da campanha da França, ele escreveu que Hitler achava que os planos do alto-comando eram "perigosos" demais e que ele queria agir "em total segurança". Halder tinha dificuldade em conciliar essa postura com sua experiência anterior com Hitler, como o jogador de tudo ou nada: "[...] simplesmente não há uma centelha no espírito que apostaria tão alto, numa única jogada".[59] Mas Halder estava errado. Esses dois aspectos da liderança de Hitler não eram polos opostos, mas ambos eram consequências de seu processo de tomada de decisão. Como já vimos, Hitler decidiu por uma política de forma que hoje seria um sacrilégio para muitos dos que estão no poder. Em vez de consultar as partes interessadas, revisando opções e depois chegando a uma decisão, Hitler se fechava sozinho em seu quarto e esperava por inspiração. "O espírito de decisão não significa agir a qualquer custo", disse ele. "O espírito de decisão consiste em simplesmente não hesitar quando uma convicção interior lhe dá o comando para agir".[60] Uma vez que sua "convicção interior" lhe tenha dito para fazê-lo, Hitler usava todos os seus poderes de persuasão para convencer os que estivessem à sua volta de que aquela era a maneira correta e lógica para seguir em frente. Porém, um dos muitos problemas com essa forma de decidir o que fazer era a incompatibilidade com a estrutura de reuniões diárias, em que incontáveis pequenas decisões precisavam ser tomadas. Como poderia Hitler esperar que sua "convicção interior" se revelasse em questões como o exato deslocamento de uma divisão específica do Exército alemão? Claro que a solução teria sido Hitler deixar que

Halder e os outros do alto-comando dos quartéis-generais tomassem essas decisões, enquanto ele trabalhava na visão geral que tinha estabelecido por meio dessa sua "convicção interior". Mas ele não conseguia fazer isso. E o motivo não é difícil de descobrir – sua falta de confiança na capacidade de tomada de decisão deles. Afinal, esse punhado de gente que agora tentava dirigir a campanha no mais alto nível, sobretudo Halder e Brauchitsch, não haviam sido justamente os que eram contra a invasão da França?

Diante dos fatos, é irônico que o exemplo mais popular de microadministração e timidez de Hitler durante esta campanha – a decisão de frear as forças alemãs diante de Dunquerque, em 24 de maio –, não tenha sido decisão de Hitler. Conforme nos conta o professor Sir Ian Kershaw, Hitler, "na verdade, estava concordando com a sugestão apresentada pelo comandante das forças alemãs do Oeste, o general – que rapidamente passou a marechal de combate – von Rundstedt, que então quis preservar os tanques, pelo que eles viram como uma necessidade maior, que era destruir as tropas francesas com o deslocamento ao Sul, indo contra elas. E Göring havia prometido a Hitler que, de qualquer jeito, as tropas britânicas seriam bombardeadas em pedacinhos pelos ataques aéreos. Portanto, durante vinte e quatro horas, Hitler concordou com essa decisão, depois percebeu se tratar de um equívoco e então recuou, mas já era tarde demais, e os britânicos estavam se distanciando de Dunquerque. Mas, na verdade, era Hitler que, nessa fase, ainda concordava com o conselho de seus generais, sem passar por cima, conforme passou a fazer cada vez mais, à medida que a guerra avançava".[61]

Como resultado do atraso alemão em avançar rumo a Dunkirk, mais de 800 embarcações civis – barcos pesqueiros, navios a vapor de passeio, rebocadores – chegaram para ajudar a transportar as tropas da Marinha Real ao outro lado do Canal da Mancha, até a Inglaterra. No total, mais de 330 mil soldados dos aliados foram resgatados. O governo britânico inicialmente achou que apenas 40 mil pudessem ser salvos. Mas, ainda assim, a situação parecia desanimadora para os aliados. A França não tinha apenas caído para os alemães, em seis semanas, com o armistício assinado em 22 de junho, mas os britânicos tinham sido forçados a recuar com pouco mais que a roupa do corpo. "Todos os seus veículos tinham sido deixados na praia", conta o professor historiador Geoffrey Wawro. "A maior parte da artilharia campal que eles possuíam, armas antitanques, munição, estoque de combustível, tinha sido toda deixada para os alemães. Portanto, levaria um bom tempo para serem construídas e, na verdade, você verá veículos velhos e antiquados circulando pelo Deserto Oeste, porque as coisas boas tinham sido deixadas pra trás, em Dunquerque."[62]

Em junho de 1940, Hitler estava desfrutando do ponto alto de toda a sua carreira. Franceses, noruegueses, dinamarqueses, belgas e holandeses estavam todos sob o regime alemão – e essa conquista tremenda havia sido refeita em questão de semanas. Mais de 1,2 milhão de prisioneiros de guerra haviam sido capturados, e os alemães tiveram uma perda de pouco mais de 50 mil mortos.[63] Como resultado de todo esse sucesso, Keitel agora passara a chamar Hitler de *Grösster Feldherr aller Zeiten* – "O maior líder militar de todos os tempos". Agora, Hitler só enfrentava um problema: os britânicos. Eles se recusavam a fazer o que ele queria e isso viria a testar sua liderança carismática como nunca ocorrera antes.

Capítulo 13

Carisma e excesso de confiança

Em 6 de julho de 1940, Hitler seguiu de carro, de volta a Berlim, depois de supervisionar a capitulação da França, diante de cenas de alegria que beiravam a histeria. Centenas de milhares de berlinenses se espremiam pelas ruas para saudá-lo. Meninos de escola subiam em postes para ver seu *Führer*. Flores eram arremessadas diante de seu carro. Um mar de bandeirinhas com suásticas perfilava sua rota. Todo esse júbilo, todo esse êxtase, estava focado em um único indivíduo. Se antes Hitler não achava que era uma figura infalível enviada pela Providência para ganhar grandeza para a Alemanha, nesse momento, ele certamente acreditava nisso.

Nós podemos ter um vislumbre da mentalidade de Hitler em seguida à queda da França pelas opiniões que ele expressou algumas semanas antes, durante um passeio por Paris. Depois de visitar os pontos turísticos mais importantes – incluindo o Panteão, a Ópera e o túmulo de Napoleão –, Hitler disse a Albert Speer que "ele sempre pensava se teria de destruir Paris", pois a cidade era linda e, portanto, uma rival de Berlim. Mas agora ele tinha decidido não aniquilar a capital francesa, porque, um dia, a grandeza de Berlim tornaria Paris 'apenas... uma sombra', em comparação. Speer achou que essas palavras demonstravam que Hitler "tinha uma porção de 'eus', desde uma pessoa profundamente ciente de suas responsabilidades até um niilista cruel e avesso à humanidade".[1] Porém, uma visão melhor talvez seja o fato de que esse incidente mostrou Hitler chafurdando na imensidão de seu poder individual. Ele – e somente ele – agora podia decidir se uma das cidades mais gloriosas da Terra continuaria a existir.

A autoconfiança de Hitler, sua convicção pessoal, era simplesmente presunçosa. Tanto que ele se sentiu apto a anunciar, em uma reunião com seus comandantes militares, no fim de julho de 1940, que já que a posição da Inglaterra era "desesperadora", então "a guerra foi vencida por nós".[2] Esse é um momento que agrega perfeitamente as vantagens e as desvantagens da liderança carismática. Pois exatamente as características que permitiram a Hitler um papel tão fundamental na vitória sobre a França agora seriam os mesmos traços que ajudariam a garantir que a Alemanha escorregasse para a derrota. Ao longo dos meses seguintes, Hitler viria a demonstrar onde o excesso de confiança originado pela liderança carismática pode levar.

O problema central que os alemães agora enfrentavam era que a Inglaterra não aceitava que a guerra estava perdida. Em um discurso ao Reichstag, em 9 de julho, Hitler fez um "apelo à razão", à Inglaterra, alegando que ele não via "motivo convincente"[3] para que a guerra continuasse. Mas foi um "apelo" que os britânicos estavam destinados a rejeitar. Durante uma série de reuniões do Gabinete de Guerra, realizadas várias semanas antes, no ponto mais baixo da sorte britânica, quando se pensava que muito menos soldados escapariam da França do que de fato ocorreu, Churchill discutira com seus colegas qual deveria ser a posição da Inglaterra, depois orquestrou a decisão de lutar contra a Alemanha. A lógica persuasiva de Churchill havia sido que sob qualquer tratado de paz assinado imediatamente após a derrota da França, Hitler exigiria o desarmamento da Inglaterra e, como resultado, o país estaria "completamente à sua mercê". Consequentemente, disse Churchill, "nós não devemos ter condições piores do que temos agora, se continuarmos lutando, mesmo se formos derrotados".[4]

Hitler agora tivera discussões[5] com o grande almirante Raeder sobre a possibilidade de uma invasão por mar, pela costa Sul da

Inglaterra, mas as provas mostram que os dois homens duvidavam que tal ação fosse factível. E estavam certos em terem essas dúvidas. Conforme diz o professor Adam Tooze, "eles (os alemães) não tinham começado a pensar em guerra contra a Inglaterra, muito menos numa invasão, até maio de 1938. O programa de armamentos navais não engrenou até janeiro de 1939. Durante os cinco anos anteriores, a Inglaterra vinha gastando mais que a Alemanha em equipamentos navais, portanto, em 1933, a diferença entre as marinhas dos dois países era grande e crescia a cada ano. Assim, quando eles perderam a vasta maioria de sua força naval moderna no combate da Noruega, que, sob o ponto de vista alemão, foi uma catástrofe, eles essencialmente não tinham uma marinha de superfície que os protegesse de uma invasão, no verão de 1940".[6]

Diante disso, a "Diretiva de Guerra Nº 16", de Hitler, que ordenava a preparação para a "Operação Leão-marinho" (*Unternehmen Seelöwe*) – invasão à Inglaterra –, é um projeto de otimismo quase ridículo. Ele afirmava que, antes do ataque, a Força Aérea Real precisava estar tão danificada que não apresentasse qualquer ameaça à invasão, e que os Estreitos de Dover teriam de ser "lacrados" por minas para evitar um ataque da Royal Navy aos alemães, quando eles atravessassem o canal. Porém, como diz André Roberts, "mesmo no caso de a Força Aérea Real (RAF) ser neutralizada... Eu não creio que os alemães conseguiriam uma invasão bem-sucedida, em 1940. Acho que os planos necessários, de levar o Exército à travessia do canal, simplesmente não foram feitos. Não havia um número suficiente de barcos de fundo plano, eles não eram navegáveis e, se a Marinha Real entrasse no meio deles, teria sido um massacre".[7] É claro que nada disso é para difamar o sacrifício feito por "alguns" durante a Batalha da Inglaterra, naquele verão e no começo do outono, mas só para reconhecer que tanto Hitler quanto o grande almirante Raeder sempre souberam que uma invasão à Inglaterra, em 1940, não era uma opção digna de crédito. Na verdade, somente em 22 de julho de 1940, Hitler explicitamente disse a Brauchitsch que ele achava que a travessia do canal era "muito perigosa" e deveria ser realizada apenas se "não houvesse outro jeito" de lidar com a Inglaterra.[8]

Tudo isso levou a um momento de grande paradoxo. Em julho de 1940, por um lado, Hitler estava no pico de seu atrativo para o povo alemão, como rei carismático da guerra. Como conta Walter Mauth, à época com 17 anos: "Em todos os lugares a guerra durou três ou quatro semanas e tudo funcionou com precisão. Obviamente, ninguém podia deter os soldados alemães. E, por causa dessa situação, todos nós estávamos – para ser honesto – entusiasmados, até os que antes tinham uma postura diferente em relação ao regime como um todo. De repente, levando-se em conta que tudo funcionou tão bem, e ninguém conseguia nos deter, nós subitamente éramos todos nacionalistas. Em qualquer lugar que houvesse soldados alemães, ninguém mais conseguia pôr o pé. Era realmente assim."[9]

Mas, por outro lado, o carismático rei da guerra, que tinha liderado a Alemanha até essas realizações militares, não podia terminar a guerra com a Inglaterra, como ele desejava. A Inglaterra – como Hitler via –, cujo exército insignificante e ineficaz havia desmoronado e depois fugido das praias de Dunquerque.

Por que agora os britânicos não admitiam a derrota? As provas apontam para o verdadeiro espanto de Hitler com a intransigência da Inglaterra. Conforme Halder registrou, em 13 de julho, Hitler continuava "imensamente intrigado"[10] pela "indisposição persistente" da Inglaterra para fazer as pazes. Hitler pode ter sido recebido com arrebatamento pelos berlinenses em 6 de julho, ele talvez tenha levado a Alemanha à "maior e mais gloriosa vitória de todos os tempos", mas ele não conseguiu fazer a Inglaterra deixar o conflito. Isso, não obstante o fato de que lorde Halifax, numa transmissão de rádio, em 22 de julho, tenha deixado claras as razões da rejeição da Inglaterra ao "apelo de Hitler pela paz". "Ele (Hitler) diz que não tem o desejo de destruir o Império Britânico, mas em seu discurso não havia qualquer menção de que a paz seria baseada na justiça, nenhuma palavra de reconhecimento de que outras nações da Europa tivessem qualquer direito à autodeterminação, princípio que ele frequentemente evoca para os alemães. Seu único apelo foi baseado no instinto de medo, e seus únicos argumentos foram ameaças... E ninguém tem qualquer dúvida de que, se Hitler obtivesse êxito, seria o fim para muitos, além de nós, o fim de todas as coisas que, como dizemos, tornam a vida digna de ser vivida. Nós temos consciência de que a luta pode nos custar tudo, mas só pelo fato de que as coisas que defendemos são dignas de qualquer sacrifício, é um privilégio nobre sermos os defensores de coisas tão preciosas."[11]

Hitler passaria o restante da guerra imaginando por que os britânicos não fizeram as pazes nesse momento. Ele não conseguia entender que havia gente na Inglaterra que verdadeiramente acreditava que "as coisas que estavam defendendo eram dignas de qualquer sacrifício". Sua postura é ainda mais surpreendente já que ele próprio abraçava a abordagem do "tudo ou nada" que os britânicos estavam adotando. Era como se ele atribuísse a si mesmo os motivos de princípios e honra e esperasse dos outros um comportamento pragmático.

As atitudes de Hitler no verão de 1940 também ilustram uma fraqueza gigantesca na forma como operava sua liderança, em termos práticos. Ao confiar em sua "convicção interior", Hitler teve pouco empenho em tentar entender o desenvolvimento do ponto de vista de seus inimigos. Ele não assimilou que a resistência britânica tinha suas raízes na destruição da crença de que se podia confiar no líder alemão quanto a manter sua palavra. Essa foi a base do que Churchill viria a dizer, em março de 1940, quando ainda era o primeiro lorde do almirantado: "Há mundanos insensatos e frívolos obtusos que às vezes nos perguntam: 'Pelo que a Inglaterra e a França estão lutando?' A isso, eu respondo: 'Se nós deixássemos de lutar, você logo descobriria'."[12]

Também há sinais de preocupação para Hitler de que a Inglaterra seria apoiada pelos Estados Unidos, na batalha futura. "Essa não é uma guerra comum", disse o presidente Franklin Roosevelt, falando em 19 de julho de 1940, na Convenção Nacional Democrata. "É uma revolução imposta à força, por armas que ameaçam os homens, em todos os lugares. É uma revolução que propõe não libertar os homens, mas reduzi-los à escravidão, reduzi-los à escravidão pelos interesses de uma ditadura que já mostrou a natureza e extensão da vantagem que espera obter. Esse é o fato que domina nosso mundo e que domina as vidas de todos nós, cada um de nós. Diante do perigo que confronta nosso tempo, nenhum indivíduo detém ou espera deter o direito da escolha pessoal, da qual os homens livres desfrutam em tempos de paz."

Dessa forma, é gritante o contraste entre a fé imensa que muitos alemães agora tinham na capacidade de liderança de Hitler, para levá-los à vitória, e sua completa incapacidade de convencer os britânicos, e seus amigos americanos, de que a Alemanha já tinha ganhado a guerra. Como resultado, a pressão sobre Hitler era enorme. Ele, e somente ele, teria que decidir um meio de sair dessa situação. O alto-comando Alemão, gozando do sucesso histórico pela vitória sobre a França – Hitler tinha recentemente condecorado oito generais por seus papéis na campanha, elevando suas patentes para marechais de campo –, agora precisava que lhe dissessem o que fazer a seguir.

Uma opção era invadir a Inglaterra. Mas essa ação não era apenas considerada extremamente arriscada, e Hitler estava incerto quanto a destruir o Império Britânico, que ele via como um contrapeso útil ao domínio americano e asiático dos mares, ou ocupar a Inglaterra, que – assim como a Alemanha – era uma nação de excesso populacional relativo incapaz de se alimentar sozinha, sem importar alimentos. Outra opção era engajar as forças britânicas no Mediterrâneo, ocupando Gibraltar e o Canal de Suez, ao mesmo tempo em que os ataques de submarinos do Atlântico, em comboios da América, fossem aumentados, na tentativa de deixar os britânicos famintos e forçá-los à mesa de negociação. E havia uma última opção, à primeira vista, a mais bizarra de todas: romper o pacto de não agressão e se voltar contra Stalin. "Hitler tinha essa noção", diz o professor Sir Ian Kershaw, "que parece muito estranha hoje, mas a ideia era a seguinte: nós derrotamos Londres por meio de Moscou, derrubamos a União Soviética numa guerra-relâmpago (*Blitzkrieg*), levamos quatro ou cinco meses, até o fim do ano destruímos a União

Soviética; a Inglaterra então ficará privada de seu único aliado potencial na Europa, e os americanos ficarão em seu próprio hemisfério. Portanto, por outra rota, nós teremos vencido a guerra".[13]

Claro que foi essa a opção finalmente adotada pelos alemães, quando eles entraram na União Soviética, na maior invasão da história, em 22 de junho de 1941. E é essa decisão que ainda é frequentemente vista como o exemplo mais poderoso do regime carismático de Hitler. Argumenta-se que, de qual outra forma Hitler teria convencido seus generais a fazerem algo tão maluco quanto declarar guerra a Stalin? Afinal, segundo a famosa afirmação do marechal de campo Montgomery, a "regra número um" da guerra é "não marche sobre Moscou".[14] O general Halder também nutriu essa ideia quando disse, depois da guerra, em uma reunião com Brauchitsch, em julho de 1940, que Hitler era um "tolo"[15] por querer um conflito com a União Soviética. Mas isso não representa apropriadamente o pensamento da época. Independentemente de quaisquer receios que Halder poderia ou não ter em 1940, longe de protestar contra a invasão da União Soviética, assim como havia protestado contra a invasão da França, no ano anterior, ele tinha começado a considerar, por conta própria, os méritos de tal aventura, poucos dias após o término da campanha na França.[16] Nem os alemães necessariamente acreditavam que fosse uma "regra" de guerra não marchar sobre Moscou. Pois a assimilação de Montgomery da história era incompleta. Embora fosse verdade que a campanha de Napoleão tinha terminado em desastre, houve invasões bem-sucedidas na Rússia. Tokhtamysh, por exemplo, descendente de Genghis Khan, herói de Hitler, havia entrado em Moscou em 1382 e comandado a morte de mais de 20 mil moscovitas. E os generais de Hitler sabiam que havia um exemplo em sua própria época que podia servir de modelo de como uma guerra contra a União Soviética poderia ser gerida. O Tratado de Brest-Litovsk, entre os alemães e o Estado soviético nascente, em março de 1918, deu à Alemanha grandes áreas territoriais no Leste, incluindo a Bielorrússia, a Ucrânia e os Estados Bálticos. Os alemães tinham perdido seu território em acordos maiores, ao final da Primeira Guerra, mas a lembrança dessa conquista territorial soviética ainda permanecia. Como diz o historiador alemão Golo Mann, "Brest-Litovsk já foi chamado de paz esquecida, mas os alemães não se esqueceram. Eles sabem que derrotaram a Rússia e, às vezes, olham para isso orgulhosamente, como a verdadeira, mesmo que não recompensada, realização da guerra".[17]

A decisão de Hitler de considerar uma invasão da União Soviética fazia bem mais sentido aos seus companheiros militares, quando comparada com as várias outras opções apresentadas. Hitler discutiu tudo isso com eles, numa reunião em 31 de julho de 1940, em Berghof.[18] A primeira metade da conferência foi tomada por um relato sombrio e demorado do grande almirante Raeder, sobre os prospectos de uma invasão da Grã-Bretanha. Na frente de Hitler, Raeder ousou propor o adiamento de qualquer invasão até o ano seguinte – mesmo antes de se tornarem conhecidos os resultados de um ataque Luftwaffe. Hitler, habitualmente furioso pela falta de entusiasmo de seus líderes militares, nessa ocasião verbalizou seu próprio "ceticismo" quanto à possibilidade de uma invasão. Ele prosseguiu dizendo que se uma decisão fosse tomada para não preparar uma invasão da Inglaterra, então, "nossa ação deve ser dirigida para eliminar todos os fatores que levam a Inglaterra a esperar uma mudança na situação". E isso, por outro lado, significava que a Rússia – Hitler persistia em chamar a União Soviética de "Rússia", embora a Rússia fosse apenas uma entre mais de uma dúzia de repúblicas soviéticas – tinha de ser "esmagada". Planejar uma ofensiva contra a União Soviética agora prosseguia em paralelo com tentativas desanimadas de montar um plano coerente de invadir a Inglaterra, interrompido somente quando a "Operação Leão-marinho" foi finalmente adiada, em setembro de 1940.

A ideia de invasão da União Soviética fazia sentido prático para muitos dos que trabalharam para Hitler. No mínimo, porque havia provas da fraca atuação do Exército Vermelho durante a invasão da Finlândia, no inverno anterior, quando as forças soviéticas fizeram de tudo menos ser excelentes, enfraquecidas pelos expurgos dos anos de 1930. Como já vimos, Hitler nunca tentou uma tal remoção abrangente de oficiais do Exército que não apoiassem totalmente os nazistas. Na verdade, segundo Goebbels, Hitler achava que Stalin era "provavelmente doente do cérebro",[19] por matar ou dispensar alguns dos mais experientes oficiais do Exército Vermelho por mera suspeita de não confiabilidade política.

Tudo isso significava que oficiais alemães, como Peter von der Goeben, sentiam que não somente podiam abordar, confiantes, qualquer conflito com a União Soviética, mas que a base de raciocínio por trás do ataque era sensata. "Em meu ponto de vista, ela (a invasão da União Soviética) era, de certa forma – acima de tudo, sob a perspectiva militar –, quase inevitável. Qual era a situação? A França havia sido derrotada. A tentativa de derrubar a Inglaterra com a famosa Operação Leão-marinho havia falhado, porque não tinha sido possível ganhar supremacia aérea – ao contrário, ocorreram perdas para a Força Aérea inglesa. Estava claro que no futuro próximo, dentro de dois anos, a América entraria na guerra, ao lado de um dos nossos oponentes. É sabido que Roosevelt estava determinado a empreender essa guerra, desde o princípio. Portanto, surgiu a questão do que poderia ser feito para enfrentá-los, enfrentar essa ameaça. E, do outro lado, estava a Rússia, extremamente instável, com exigências cada vez maiores... Haja vista que – em minha opinião – surgiu a necessidade absoluta de remover a ameaça russa, antes que os Estados Unidos entrassem em ação... As pessoas, e entre elas os líderes militares, pensavam que seria relativamente fácil eliminar o Exército russo com um golpe curto e potente. Baseado na informação que eu conhecia, que nós tínhamos sobre o Exército russo, eu também acreditava que não seria um grande problema."[20]

É claro que invadir a União Soviética também daria a Hitler a oportunidade de buscar o alvo básico da *Lebensraum* que ele descrevera, em *Mein Kampf*, 16 anos antes. E lá se iam os laços do pragmático pacto de não agressão feito com Stalin. Hitler finalmente lideraria os alemães contra o "quartel-general", como o via, da "conspiração mundial judaico-bolchevista".[21] E não surpreende que esses homens da SS, como Walter Traphöner, que sempre acreditaram na propaganda nazista, acolhessem a ideia do conflito com a União Soviética. "Nós queríamos impedir que o bolchevismo regesse o mundo, entende... E estávamos comprometidos em evitar que eles se espalhassem ainda mais pela Europa".[22]

Porém, mesmo assim, no que dizia respeito a Hitler e seus camaradas, havia motivos práticos e ideológicos para que agora fizesse sentido levar em conta um ataque à União Soviética. Havia uma falha óbvia na lógica deles. Hitler disse, em 31 de julho, que "a Rússia é o fator sobre o qual a Inglaterra mais se apoia" – mas esta análise simplesmente não era verdade. Figuras-chave do governo britânico sempre tiveram desconfianças em relação à União Soviética e a maioria certamente não confiava em Stalin. Chamberlain, lorde Halifax e Churchill, todos haviam demonstrado aversão aos comunistas. Ainda recentemente, em 31 de março de 1940, Churchill tinha declarado publicamente que sentia que os soviéticos tinham demonstrado, na Finlândia, a "devastação" que o comunismo – "aquela doença mental e moral" – causa "na fibra de qualquer nação".[23] Ademais, a estratégia de Stalin até agora havia sido manter-se fora da guerra, de modo a deixar que os alemães e seus aliados ocidentais sangrassem mutuamente, até secar. E embora fosse verdade que havia restrições crescentes no relacionamento dos nazistas com Stalin – no mínimo pela ocupação soviética dos Estados Bálticos, no verão de 1940 –, ainda não havia sinais de que o estadista soviético quisesse a guerra com a Alemanha.

Não era com a Rússia que a Inglaterra contava para prosseguir lutando na guerra, mas a América. Em 20 de maio de 1940, um dos dias mais sombrios da Batalha pela França, Churchill escreveu ao presidente Roosevelt, dizendo: "Se esse país fosse deixado à própria sorte, pelos Estados Unidos, ninguém teria o direito de culpar os então responsáveis, se criassem as melhores condições possíveis para a sobrevivência de seus habitantes".[24] Churchill, como nos lembra o professor David Reynolds, "sempre teve os Estados Unidos como referência. Ele era meio americano e há muito argumentava que a Inglaterra deveria formar uma aliança com os Estados Unidos e trazer a América para dentro dos assuntos europeus; portanto, para ele, isso era relevante de uma forma que não importava tanto para Halifax ou Chamberlain. Tendo dito isso, e em virtude da forma como a guerra mudou tão drasticamente, no verão de 1940, qualquer líder britânico teria que começar a olhar para a América de outra forma, porque essa era sua única fonte de apoio expressivo".[25]

Muito antes de entrarem na guerra, em dezembro de 1941, após o ataque japonês a Pearl Harbor, os americanos estavam oferecendo apoio militar aos britânicos. Um fato mais famoso ocorreu em dezembro de 1940, depois que Roosevelt foi reeleito presidente e comprometeu os Estados Unidos com o programa *Lend-Lease* para proverem equipamento aos britânicos, sem esperar pagamento imediato em retorno. Porém, mesmo antes daquela data, os americanos estavam apoiando o empenho de guerra britânico. De fato, em julho de 1940, Churchill sabia que os americanos planejavam prover os britânicos com mais de 10 mil aeronaves, por um ano e meio.[26] Isso, além de 15 mil aviões que os próprios britânicos estavam produzindo, no mesmo período, significava que os britânicos estavam expandindo a RAF com mais rapidez que os alemães aumentavam a Luftwaffe.

A única forma prática de impedir o fluxo de produtos da América seria afundar navios mercantes, conforme eles atravessassem o Atlântico. E ali também os alemães enfrentavam problemas. O programa de submarinos tinha sido negligenciado durante anos, enquanto a ênfase tinha sido dada ao programa de construção naval de longo prazo, para criar um gigantesco navio de batalha de superfície. Até o começo da guerra, a Marinha alemã tinha menos de três dúzias de submarinos capazes de desafiar os comboios mercantes aliados, no Atlântico Norte. E somente 20 submarinos extras tinham sido construídos, até a época da queda da França, em junho de 1940.[27]

Em discussões com seus generais, Hitler tentou lidar com a ameaça da América através de lógica, o que – até para ele – era uma tortura. Ele argumentou que a Rússia tinha sido derrotada e isso permitiria aos japoneses um enfoque mais fácil em sua própria expansão territorial, na Ásia e no Pacífico, causando dessa forma, um conflito entre os americanos e os japoneses. Os americanos, consequentemente, estariam ocupados protegendo seus interesses do outro lado do mundo. Hitler afirmou que, mesmo que os americanos quisessem lutar na Europa, eles levariam vários anos para estarem prontos para a batalha, quando os nazistas já estariam no controle do continente europeu, se beneficiando de materiais extraídos de seu novo império Leste, invencíveis ao ataque.[28]

Era uma estratégia construída na esperança. Hitler esperava que os americanos fossem incapazes de apoiar a campanha de guerra dos britânicos se, como ele torcia, os japoneses forçassem um conflito com eles, no Pacífico. Simultaneamente, ele esperava que os britânicos assumissem um compromisso de paz, uma vez que os soviéticos fossem derrotados. Esperança, em cima de esperança, em cima de esperança. Nem Hitler conseguia esconder o fato de que ele não podia realmente fazer nada disso acontecer. Ele não podia ordenar ao exército alemão que atravessasse o Atlântico para derrotar os americanos; aparentemente, ele não podia sequer ordenar que eles atravessassem o Canal Inglês, para derrotar os ingleses. Além disso, como um nativo da Europa Central, por nascimento e inclinação, Hitler nunca demonstrou qualquer sinal de querer abraçar as conquistas navais. Ele acreditava que a Alemanha deveria se expandir no continente europeu.

No entanto, ninguém questionou seriamente a análise de Hitler, no verão de 1940. A aura carismática ao redor dele havia se intensificado – agora, qualquer um que se aproximasse dele, o fazia sabendo de seu recente sucesso. Hitler dissera que a Alemanha podia derrotar a França e, aos que haviam duvidado, ficou provado que estavam errados. Agora, ele alegava que a Inglaterra e a América poderiam ser derrotadas, por meio de um ataque à União Soviética. E, segundo relatos confidenciais da SD, de monitoramentos da opinião pública, já no fim dos anos de 1940, boa parte da população geral – ainda que ignorasse os planos de Hitler para o futuro – estava feliz em depositar fé em seu discernimento. "Quando o *Führer* fala, todas as dúvidas somem...",[29] foi uma das afirmações feitas por um cidadão de

Schwerin, nordeste da Alemanha, avaliada como "típica", pela SD. Outro relato, do verão de 1940, dizia que o discurso de Hitler, após seu regresso da França, "foi recebido com emoção (*Ergriffenheit*) e entusiasmo por toda a parte", com uma das pessoas expressando o clima com as palavras: "O discurso do *Führer* pareceu uma tempestade purificadora."[30]

Tal postura também foi possível pelo senso de superioridade que vinha sendo martelado nos alemães, uma sensação confirmada pela vitória sobre a França. "Nós tínhamos sido ensinados que somente os alemães eram seres humanos valiosos", um aluno da época lembrou mais tarde. "Havia um livreto intitulado '*Inventores alemães, poetas alemães, músicos alemães*'; nada mais existia. E nós o devorávamos e estávamos absolutamente convencidos de que éramos os maiores. E escutávamos os noticiários e ficávamos incrivelmente orgulhosos e isso costumava levar muita gente às lágrimas, de tanto orgulho. Você tem que imaginar – não consigo entender isso hoje, mas foi bem assim... até meu pai cético disse 'nós', ele subitamente disse 'nós'. Quando nos contava histórias da guerra, etc., ele usava 'eu', mas, agora, subitamente, era 'nós'. 'Nós' somos sujeitos esplêndidos!"[31]

A decisão de Hitler de se virar contra os soviéticos se assemelhava a um misto de memórias, praticamente um romance – uma combinação potente que Hitler sabia como manipular. Desde que os Cavaleiros Teutônicos haviam conquistado terras nos Estados Bálticos, no século XIII, eram contadas sobre as conquistas dos alemães no "Leste" histórias de cavalarias e conquistas. Mais recentemente, os alemães que tinham lutado no Exército, em território soviético, na Primeira Guerra, e os *Freikorps*, nos Estados Bálticos, logo após a guerra, tinham formado sua própria opinião sobre esse vasto espaço, para comparar com os antigos. "Mais a fundo na Rússia, sem uma noção da *Kultur* (cultura) da Europa Central, Ásia, estepes, pântanos, um submundo claustrofóbico", relembrou um soldado alemão, "e uma terra lodosa abandonada".[32] Outro via os alemães como uma força civilizadora desse cenário selvagem, como "pioneiros da *kultur*", e, "consequentemente, consciente ou não, o soldado alemão se torna um professor na terra do inimigo".[33] Além disso, os atuais planejadores militares alemães sabiam que dependiam de importações da União Soviética – particularmente de combustível e grãos – para conseguirem continuar na guerra. E se Stalin ameaçasse interromper o suprimento desse material vital? Em vez disso, por que não lutar para ganhar acesso permanente e seguro a esses materiais, de uma vez por todas?

A chegada de Vyacheslav Molotov, ministro das Relações Exteriores soviético, a Berlim, em 12 de novembro de 1940, só serviu para tornar essa opção ainda mais atraente para Hitler. Molotov havia sido convidado para discutir o relacionamento entre a União Soviética e a Alemanha, 15 meses depois de assinar o pacto de não agressão. O estilo de liderança do ministro soviético era oposto ao de Hitler. Ele era tão adepto de ficar sentado em reuniões intermináveis que recebeu o apelido de "rabo de ferro". Ele lidava com questões práticas do dia a dia e era desconfiado de gente com imaginação ambiciosa. A antítese do carisma em pessoa, Molotov era a última pessoa do mundo a se abalar pelas visões grandiosas de Hitler. E isso se provou, na reunião que tiveram, na chancelaria do Reich, em 12 e 13 de novembro.

Hitler começou enfatizando seus comentários iniciais a Molotov, que queria falar sobre "descrições arrojadas" do relacionamento entre a União Soviética e a Alemanha. Hitler consequentemente tentou evitar "considerações momentâneas insignificantes". Ele então levantou o "problema da América", dando a entender que a ajuda americana à Inglaterra era, na realidade, parte de uma trama cínica para "prosseguir com seus próprios rearmamentos e reforçar o poder militar, adquirindo bases".[34] Mas somente nas décadas de 1970 ou 1980, a América estaria em posição de "seriamente ameaçar" outras nações. Nesse ínterim, Hitler sugeriu que talvez a União Soviética pudesse participar do Pacto Tripartite, acordo recentemente assinado por Alemanha, Itália e Japão.

Mas Molotov demonstrou que "considerações momentâneas insignificantes" eram justamente o que ele estava interessado em falar. Ele rechaçou o desejo de Hitler de falar em termos mais amplos e tentou focar a conversa nas questões práticas imediatas, como as intenções alemãs em relação à Finlândia. Hitler, tendo lidado rapidamente com essa questão ("a Finlândia permanecia na esfera de influência da Rússia"), imaginou um mundo futuro "após a conquista da Inglaterra", quando o "Império Britânico seria aquinhoado como uma gigantesca propriedade mundial falida, de 40 milhões de quilômetros quadrados. Nessa propriedade falida haveria livre acesso da Rússia ao mar aberto livre das geleiras". Mas Molotov não poderia estar menos interessado no futuro desmembramento dos bens de um país que ainda teria de ser derrotado – e talvez jamais fosse. Em uma reunião posterior, na mesma viagem à Berlim, ele disse claramente a Ribbentrop que sabia que os planos alemães para o futuro estavam baseados na "suposição" de que a guerra contra a Inglaterra "já estava ganha".

A rejeição de Molotov – quase um deboche – em relação ao carisma de Hitler era previsível, não apenas por sua própria personalidade, mas também pelo desprezo de Stalin por esse tipo de liderança. Stalin tinha vencido pelo menos dois rivais "carismáticos" na corrida para suceder Lenin – Zinoviev e Trotsky – e tinha alcançado seu sucesso pela astúcia e o exercício do poder bruto. Hitler vicejava na retórica – essa era a base de seu atrativo –, enquanto Stalin tinha uma visão totalmente diferente de liderança. "Deve-se desconfiar de palavras", disse ele. "Feitos são mais importantes que palavras."[35] Não surpreende que as conversas com Molotov tenham sido um fracasso, e em 18 de dezembro de 1940, pouco depois que as conversas cessaram, Hitler expediu uma diretiva formal para a Operação Barbarossa (*Unternehmen Barbarossa*) – a invasão da União Soviética.

Enquanto isso, os acontecimentos na Polônia continuavam a demonstrar como o relacionamento entre Hitler e seus seguidores podia criar imenso dinamismo e destruição. Pouco antes da guerra, a falta de definições precisas por parte de Hitler foi um fator-chave na liderança de seus apoiadores ideológicos. Nas palavras do professor Norbert Frei: "A chave para isso era ser vago... Você não tem um quadro consistente, mesmo que esteja no topo da hierarquia".[36]

Como disse Joseph Goebbels, em 5 de abril de 1940, durante um resumo confidencial à imprensa alemã: "Hoje, quando alguém lhe pergunta como nós concebemos a nova Europa, temos que dizer que, nós não sabemos. Certamente temos uma ideia. Mas se vestirmos com palavras, isso irá imediatamente criar inimigos e aumentar a resistência... Hoje nós dizemos '*Lebensraum*'. Todos podem imaginar o que eles querem. Nós saberemos o que nós queremos, quando for a hora certa."[37]

Entre os novos governantes da Polônia, essa forma de liderança era a receita para o nível mais estarrecedor de violência e caos. Por exemplo, Arthur Greiser, governante da nova área criada na Polônia chamada Warthegau, e Arthur Forster, chefes nazistas de Danzig/Oeste da Prússia: ambos exerciam enorme poder pessoal sem referência a qualquer outra autoridade. Ambos eram "*Gauleiters*", ou líderes distritais (o Reich foi dividido em "*Gau*" ou "distritos", cada um com seu "*Gauleiter*"). Esses homens – e todos eles eram homens – eram indicados diretamente por Hitler e se reportavam diretamente a ele. Muitos haviam estado com ele desde o começo do movimento nazista. Albert Forster, por exemplo, tinha se tornado um soldado nazista em 1923, quando tinha 21 anos. Forster e Greiser tinham juntos ouvido de Hitler que "eles tinham dez anos para lhe dizer que a *alemanização* de suas províncias estava completa e ele não faria perguntas sobre seus métodos".[38] Como resultado, já que ambos se sentiam livres para completar suas tarefas do jeito que quisessem, cada um abordava a função de forma diferente. Greiser, um associado próximo de Himmler, utilizava métodos nazistas aprovados, na determinação de quem era "alemão" em sua região da Polônia e quem não era. Forster, igualmente brutal, mas um tanto mais *laissez-faire* em seus métodos, achou que seria mais veloz determinar quais vilas pareciam germânicas, e depois "alemanizar" os habitantes em massa. Em ambos os casos, as consequências para os que não eram considerados "alemães" podiam ser catastróficas – deportação ao Governo-geral, inanição e morte eram o destino que aguardava muitos deles.

A situação da Polônia era considerada ainda mais caótica pela chegada de centenas de milhares de alemães étnicos que, pelo acordo com Stalin, puderam emigrar ao "Reich", vindos de áreas como os Estados Bálticos dentro da recém-expandida União Soviética. Para muitos deles, foi um choque descobrir que o "Reich", no qual lhes foi dito que eles teriam seu lar, não estava dentro das fronteiras alemãs anteriores à guerra, mas nos novos territórios incorporados e que até recentemente faziam parte da Polônia. A alguns dos novos imigrantes simplesmente foram dados apartamentos e lojas desapropriadas dos poloneses que haviam sido deportados, ou judeus que agora estavam encarcerados em guetos. No entanto, a maioria dos alemães étnicos não encontrou novos lares, mas definhou em campos de recepção, esperando que as autoridades nazistas resolvessem a questão.

Quem presidia todo esse tormento humano era Heinrich Himmler. Ele, em conjunto com outros legisladores nazistas da Polônia, como Forster e Greiser, tinha recebido total liberdade de Hitler para usar quaisquer métodos que achasse necessários para reorganizar a Polônia, com base racial. E Himmler sabia muito bem que Hitler apoiaria a adoção de medidas violentas e radicais para cumprir a tarefa. Himmler, com apenas 39 anos no verão de 1940, já era um veterano do movimento nazista. Ele havia participado do Beer Hall Putsch, em 1923, depois se voltou contra o seu antigo chefe, Ernst Röhm, na Noite das Facas Longas, em 1934.

Além disso, Himmler também era um crente fervoroso na importância primordial da "raça" na história da humanidade. "Nós precisamos ser claros quanto a uma coisa", ele disse a um grupo de *gauleiters* nazistas, em fevereiro de 1940, "estamos firmemente convencidos, eu acredito nisso, assim como acredito em Deus, acredito que nosso sangue, o sangue nórdico, é, na verdade, o melhor sangue dessa terra... Em mil séculos, esse sangue nórdico ainda será o melhor. Não há outro. Nós somos superiores a tudo e a todos. Uma vez liberados de nossas inibições e restrições, não há ninguém que possa nos superar em qualidade e força".[39]

Na busca do "melhor sangue", Himmler tinha sido indicado como "Comissário do Reich para o Fortalecimento da Nacionalidade Alemã" por Hitler, em outubro de 1939. Nessa competência, ele vinha tentando uma das maiores reorganizações étnicas de seres humanos da história. Ou, como Goebbels expõe, ao escrever em seu diário, em janeiro de 1940: "Himmler está no momento mudando as populações. Nem sempre com sucesso".[40]

Não surpreende que uma precondição necessária à liberdade com que Himmler exercia as ações violentas no Leste tenha sido o fato de Hitler confiar na lealdade dele e no endosso da sua "genialidade carismática". Em janeiro de 1923, e até mesmo antes, ele tivera experiências pessoais lidando com Hitler, e Himmler escreveu: "Ele é verdadeiramente um grande homem e, acima de tudo, verdadeiro e puro".[41] Mas, não obstante a confiança de Hitler na lealdade de Himmler, o líder da SS ainda teve de forçar as mudanças que desejava contra outros interesses de poder nazistas que competiam na Polônia. Quando, por exemplo, Himmler fez objeção à maneira frouxa como Albert Forster implementou a seleção racial em Danzig/Oeste da Prússia, ele descobriu que podia fazer pouca coisa para garantir sua vontade, já que Forster, como um *gauleiter*, tinha acesso direto a Hitler. Himmler também tinha problemas com Göring, que buscou objeções de Hans Frank, o administrador nazista do Governo-geral, depois que Frank reclamou junto a Göring, em sua função como chefe do Plano de Quatro Anos, sobre o efeito das deportações em massa para sua região da Polônia, por conta da reorganização racial de Himmler.

Mas Himmler era especialista em articular seu caminho através desse labirinto de cargos e ambições conflitantes. Ele sabia que Hitler não gostava de ler memorandos e geralmente queria que seus subordinados antecipassem suas necessidades, prestando atenção às dicas verbais. Afinal, foi assim que Himmler tinha entendido o que se pedia dele, tanto como indivíduo, quanto da SS como um todo, à época do ataque a Röhm e da liderança da SA. Mas Himmler também sabia que muito ocasionalmente era benéfico colocar propostas por escrito diante de Hitler. Ele sabia que isso só deveria ser feito quando houvesse uma necessidade expressa por uma decisão clara do *Führer* e quando o momento para a abordagem fosse propício. Em maio de 1940, ele sentiu que essas condições se apresentavam, quando escreveu um longo memorando para Hitler, intitulado "Algumas ideias sobre o tratamento da população estrangeira no Leste". Havia uma necessidade óbvia de orientação por parte de Hitler, quanto à forma que a política racial deveria ser implementada na Polônia, e o memorando foi programado para chegar a Hitler no instante em que os alemães estivessem fazendo progresso na batalha pela França.

Himmler não ia a Hitler com problemas que ele queria resolvidos. Em vez disso, ele estava oferecendo um jeito de desenvolver o que ele sabia que era a visão de Hitler para o Leste. Ele propôs que a população "não alemã" dos territórios do Leste fosse mantida como escravos ignorantes a quem seria ensinado somente o seguinte: "Aritmética simples, a não mais que 500, escrever o nome, uma doutrina de que há um mandamento divino para obedecer aos alemães, serem honestos, trabalhadores e virtuosos. Eu acho que ler não é necessário."[42] Enquanto isso, a terra seria arada para crianças do "nosso sangue", que seriam tomadas e levadas para serem criadas na Alemanha.

Era exatamente o tipo de plano radical e racista calculado para agradar Hitler – e agradou. Ele disse a Himmler que considerou o memorando "*gut und richtig*" ("bom e correto"). "Essa é a maneira de tomar decisões", diz o professor Christopher Browning. "Hitler não monta um plano elaborado, assina e passa adiante. O que se tem é um incentivo a Himmler de lutar por isso, com os outros, e a habilidade de agora invocar a aprovação de Hitler, se eles não cederem. E Hitler ainda pode recuar depois, é claro. Ele está reservando suas opções, mas está incentivando Himmler, que já esperava que esse fosse o tipo de coisa que Hitler iria gostar."[43]

O sistema de uma "visão do alto", que depois foi deixado aos subordinados para que o definissem e colocassem em ação, criou uma tendência para que esses subordinados prometessem muito mais do que jamais poderiam entregar. Ao contrário dos generais que tinham, por exemplo, criado objeções solenes ao plano de Hitler para invadir a França, aqueles que acreditavam fielmente no seu carisma, como Himmler e Göring, procuravam agradar seu chefe oferecendo garantias que eram quase impossíveis – às vezes, realmente impossíveis – de serem realizadas. Até o verão de 1940, Göring já tinha demonstrado essa propensão muitas vezes: no campo econômico, ao estipular alvos não realistas no Plano de Quatro Anos, e na área militar, garantindo a Hitler que a Luftwaffe poderia destruir as tropas aliadas reunidas nas praias de Dunquerque. Himmler também demonstrou que não poderia realizar seus planos ambiciosos para a reorganização racial. O deslocamento maciço de poloneses dentro da Polônia não apenas causou um caos administrativo e econômico, como também centenas de milhares de alemães étnicos, que haviam chegado ao novo Reich cheios de esperança no futuro, agora eram forçados a viver em acampamentos transitórios, porque não havia nenhum outro lugar para onde ir. No entanto, nesse memorando de 15 de maio, Himmler ignorou todos esses problemas e, em vez disso, argumentou a favor de uma expansão ainda maior da reorganização racial do Leste. Himmler, assim como Göring, sabia que, acima de tudo, Hitler gostava de planos que transpirassem otimismo e radicalismo.

Outra consequência desse aspecto da liderança carismática de Hitler era a forma como seus subordinados imediatos passaram a imitar a tendência de seu *Führer* de ignorar problemas práticos que obstruíam o caminho de um objetivo. Himmler demonstrou essa qualidade inúmeras vezes, porém, de forma mais óbvia durante sua primeira visita ao campo de concentração de Auschwitz, na primavera de 1941. Auschwitz, nessa época em desenvolvimento, era um campo de concentração destinado a provocar o terror da população polonesa do Alto da Silésia. Quando o campo foi aberto, em junho de 1940, os primeiros internos eram prisioneiros políticos poloneses. Embora muitos tenham morrido ali, por conta dos maus tratos horrendos, ainda não era um lugar de extermínio sistemático. Himmler decidiu visitar o campo porque sabia que o gigantesco conglomerado químico IG Farben estava interessado em abrir uma nova fábrica nas redondezas. Ele esperava que Auschwitz pudesse prover alguns trabalhadores para esse complexo proposto de borracha sintética, ou "*Buna*".

Em 1º de março de 1941, Himmler se encontrou com o comandante de Auschwitz, Rudolf Höss, e com outros nazistas locais, incluindo o *gauleiter* do Alto da Silésia, Fritz Bracht. Himmler anunciou que o campo agora seria ampliado em três vezes e descartou uma série de objeções aos seus planos – como o problema de drenagem – com as palavras: "Cavalheiros, o campo será ampliado. Meus motivos para isso são muito mais importantes do que suas objeções".[44] Foi uma frase que poderia ter facilmente vindo de Hitler, e era uma coisa – sob qualquer reflexão – sem sentido, já que as objeções práticas aos planos de Himmler permaneceram, independentemente do quanto ele as quisesse forçar. Mais tarde, naquele mesmo dia, Rudolf Höss tentou mais uma vez convencer Himmler da seriedade dos problemas que ele enfrentaria, tentando expandir a capacidade do campo de 10 mil para 30 mil internos. "Não quero mais ouvir falar em dificuldades!", disse Himmler, em resposta. "Para um oficial da SS, não há dificuldades! Quando elas surgirem, é sua função se livrar delas. Como você faz isso, é problema seu, não meu!"

Embora esse fosse – é preciso dizer – um sistema administrativo verdadeiramente bizarro, havia motivos implícitos para que ele continuasse a funcionar – por mais tempo do que se poderia imaginar. Durante anos, Hitler havia enfatizado que objetivos podem ser alcançados primordialmente pela determinação e pela fé – e ele alegava ter demonstrado essa realidade, ele próprio, por meio de realizações como a tomada nazista do poder e a vitória sobre a França. Porém, mais importante, era que as pessoas que sofreriam pelo fracasso em alcançar esses objetivos ambiciosos, geralmente eram aquelas com quem os nazistas não se preocupavam, ou, na verdade, até queriam ver sofrendo. No caso dos poloneses, os milhares que morreram nos trens, enviados ao Governo-geral, ou morreram de fome, depois de chegarem e não encontrarem nada para comer, nem lugar algum para ficar, podiam ser descartados pelos nazistas como uma parte insignificante da "classe trabalhadora sem líderes".

Essa tendência de estabelecer objetivos ridículos e depois descartar os sofrimentos consequentes, quando eles não eram alcançados, ficava mais aparente no contexto da política nazista em relação aos judeus. Até o final de setembro de 1939, os nazistas tinham um grande número de judeus poloneses sob seu controle – quase dois milhões – e a "visão" em relação a eles seguia naturalmente os objetivos anteriores à guerra, de perseguição e expulsão. Milhares de judeus poloneses foram alvejados por forças-tarefas especiais – *Einsatzgruppen* –, mas muitos outros foram enviados para guetos, antes de sua deportação. E o potencial de os comandantes individuais usarem seu próprio discernimento no trabalho deles foi inserido no plano logo no início. Reinhard Heydrich, numa lista de instruções para líderes de *Einsatzgruppen*, escreveu: "É óbvio que as tarefas pela frente não podem ser determinadas daqui, detalhadamente. As instruções e diretrizes a seguir só têm o propósito de urgir os líderes do *Einsatzgruppen* a refletirem por si mesmos quanto às considerações práticas".[45]

Em 29 de setembro, Hitler disse que queria que os judeus fossem removidos para o canto sudeste do novo império nazista, entre os rios Bug e Vístula,[46] uma região remota, próxima à fronteira com a área polonesa ocupada pelos soviéticos, onde eles seriam forçados a trabalhar nos campos. Adolf Eichmann, um capitão (*Hausptsturmführer*) da SS de 33 anos, e que havia sido fundamental na organização da deportação dos judeus da Áustria, depois da *Anschluss*, ouviu essa ideia e imediatamente tentou instituí-la. Não há provas de que Eichmann tenha recebido ordens para fazê-lo. Em vez disso, ele decidiu por iniciativa própria, para ver se conseguia organizar as deportações que acreditava que seus superiores desejavam. Em 6 de outubro, Eichmann se encontrou com o chefe da Gestapo, Heinrich Müller, que era a favor de algumas deportações experimentais, para ver se o sistema funcionava. Ao longo de alguns dias, Eichmann superou essa orientação e começou a planejar a deportação de judeus de locais tão distantes quanto Viena. Incrivelmente, dado o curto período envolvido, o primeiro trem contendo quase mil judeus deixou o Sudeste da Polônia, de onde agora é Ostrava, na República Tcheca, em 18 de outubro, apenas três semanas depois que Hitler deixou claros os seus desejos.[47] Em 20 de outubro, um trem deixou Viena com aproximadamente o mesmo número de judeus.

Buscando deportar judeus de Viena, Eichmann também estava tentando resolver um "problema" que os nazistas tinham criado para si mesmos, após a *Anschluss* e o vasto programa de *arianização* que eles haviam imposto antes da guerra. Ao fecharem ou se apropriarem dos negócios dos judeus, os nazistas tornaram impossível para muitos deles ganharem a vida. Se os judeus não podiam emigrar, eles se tornariam um "fardo" para o Estado nazista. Mesmo antes da guerra, um planejador nazista chamado Walter Rafelsberger[48] tinha proposto que os judeus que permanecessem deveriam ser forçados a ingressar nos campos, onde trabalhariam em projetos de construção. Agora, nas condições de guerra, ideias semelhantes às de Rafelsberger devem ter parecido alcançáveis.

No entanto, não surpreende que o plano de Eichmann tenha mergulhado no caos, criando um sofrimento esmagador, uma vez que os judeus chegaram à cidade de Nisko, na região de Lublin, na Polônia. Não havia acomodações para eles – eles receberam ordens para construírem suas próprias cabanas –, e muitos foram levados em direção à fronteira da Polônia ocupada pelos soviéticos e lhes disseram que fossem embora e nunca mais voltassem. Em novembro de 1939, mais transportes de judeus foram banidos e o esquema foi abandonado, embora alguns continuassem a definhar no acampamento provisório de Nisko, até a primavera de 1940.

Havia sido Himmler quem ordenara que a iniciativa de Eichmann fosse cancelada – não por causa do sofrimento dos judeus encurralados nessa aventura, mas porque sua prioridade atual era organizar o transporte dos alemães étnicos que estavam chegando do território soviético. O projeto Nisko de Eichmann estava desviando recursos.

Himmler também tinha seus próprios planos para deportar os judeus poloneses para o Governo-geral. Foram os problemas administrativos gigantescos causados por esse esquema improvisado que levaram às reclamações feitas à Göring e ao posterior memorando de Himmler feito a Hitler, em maio de 1940.

Por menos que tenha durado o esquema Nisko, entretanto, ele é revelador quanto à natureza do sistema de liderança nazista – principalmente quando relacionado à questão judaica. Hitler quase não estava envolvido; no entanto, sua própria sanção era crucial. Tal era a natureza de sua liderança que uma mera indicação de que ele aprovava um curso específico de ação – independentemente das dificuldades de implementação – já era o bastante para incitar um de seus subalternos a agir, mesmo alguém júnior como Adolf Eichmann. De fato, como demonstrado depois, pelo desenvolvimento das diretrizes antissemitas nazistas, era tão forte a noção emanada de Hitler que sonhos loucos podiam ser considerados possibilidades práticas, a ponto de o *Führer* não precisar ele mesmo despertar essas visões – que outros, já sabendo do tipo de mundo que ele queria, podiam trabalhar por ele. Hitler tinha criado uma atmosfera na qual, conforme Himmler disse em seu discurso de fevereiro de 1940, os nazistas podiam ser "libertados de inibições e limitações".

Até o verão de 1940, não apenas o plano Nisko de Eichmann se provara impossível de implementar, como isso também ocorrera com a ideia de Himmler de despachar os judeus poloneses para o Governo-geral. Enquanto isso, os judeus poloneses estavam confinados em guetos, em cidades maiores como Varsóvia, Lodz e Cracóvia, onde muitos já estavam morrendo de doenças e desnutrição. Estera Frenkiel, por exemplo, que havia sido encarcerada com sua família em um gueto de Lodz, na primavera de 1940, conta que as condições eram tão ruins que "só se pensava em como sobreviver aquele único dia".[49] Os guetos, que originalmente não passavam de uma medida temporária, antes que os judeus fossem deportados, agora serviam como prisões de longo prazo. O sofrimento era imenso. Um polonês que viu as condições em um gueto de Varsóvia, em

1941, escreveu em seu diário: "A maioria é de silhuetas de pesadelo, fantasmas de ex-seres humanos, desamparados miseráveis, restos patéticos da humanidade... Pelas ruas, as crianças estão chorando em vão, crianças que estão morrendo de fome. Elas uivam, imploram, cantam, gemem, tremem de frio, sem roupas de baixo, sem vestimentas, sem sapatos, em farrapos, sacos, reduzidos a trapos em seus corpos esqueléticos, crianças inchadas de fome, desfiguradas, meio inconscientes, já completamente adultas com cinco anos de idade, sombrias e cansadas da vida."[50]

Nazistas seniores como Heinrich Himmler e Hans Frank não eram apenas indiferentes a esse sofrimento, mas, na verdade, queriam que ele ocorresse. "Dê aos judeus um tempinho. Que prazer, finalmente, lidar com a raça judia fisicamente. Quanto mais morrerem, melhor",[51] disse Hans Frank, em novembro de 1939, no contexto do plano condenado de mandar os judeus a leste do rio Vístula.

Isso foi uma tentativa de realizar a ideia original de expulsar os judeus, que um oficial do escritório de Relações Exteriores alemão, Franz Rademacher, propôs, no verão de 1940, com a solução estranha e radical de mandar os judeus à colônia francesa de Madagascar, uma ilha ao sudeste da costa da África. A ideia de mandar os judeus para um lugar distante da Europa não era nova. Paul de Lagarde, um alemão antissemita[52] do século XIX, primeiro havia proposto mandar os judeus para Madagascar – não para o bem deles, claro, já que ele era a favor de sua destruição, de um jeito ou de outro[53] (Lagarde também abraçava várias outras ideias, muito antes que os nazistas as adotassem – como o ódio do liberalismo e um desejo que a Alemanha ganhasse território adicional). Mais recentemente, Himmler também mencionara, em seu memorando de maio de 1940, que ele esperava "ver o termo 'judeu' completamente eliminado, pela possibilidade de migração em larga escala de todos os judeus para a África ou alguma outra colônia".

Mas foi Rademacher que agora trazia a ideia de Madagascar à tona. Rademacher não era apenas um diplomata de carreira, mas também um nazista dedicado, e recentemente havia sido indicado como chefe da Seção Judaica (*Judenreferat*), dentro do Departamento Alemão de Relações Exteriores. Ele acreditava que a derrota da França – junto com a iminente capitulação da Inglaterra e, consequentemente, o fim das hostilidades na Europa, segundo ele supunha – abria um possível novo caminho para novas opções. Uma delas era a de que os "judeus ocidentais" fossem "removidos da Europa para Madagascar, por exemplo".[54] O memorando de Rademacher, sugerindo essa opção, foi escrito ao seu chefe, subsecretário Martin Luther, e datado de 3 de junho de 1940. Mas apenas três semanas depois, Reinhard Heydrich, sabendo do intuito de Rademacher de envolver o Departamento de Relações Exteriores no que ele considerava assunto seu, disse a Ribbentrop, secretário de Estado Alemão, que queria fazer parte dessas discussões. Como resultado, seis semanas depois, Eichmann apresentou uma extensa proposta para enviar quatro milhões de judeus para Madagascar, onde eles viveriam – e na hora certa morreriam – sob supervisão da SS.

Que Hitler tenha endossado tais propostas, é certo. Ele contou a Mussolini, naquele verão, sobre o plano de Madagascar, e Goebbels registrou em seu diário, em 17 de agosto, após reunião com Hitler: "Depois, nós queremos transportar os judeus para Madagascar".[55] A notícia chegou até os judeus aprisionados no gueto de Lodz. "Depois, houve uma conversa sobre Madagascar", conta Estera Frenkiel, que até o verão de 1940 estava trabalhando como secretária na administração do gueto. "Eu mesma ouvi sobre isso, na época, como Richter, da Gestapo, disse a Rumkowski (o encarregado judeu do gueto): 'Nós devemos mudar todos vocês para Madagascar, e lá você será Rei dos Judeus, ou presidente...'"[56] Na verdade, os judeus quase certamente teriam sofrido um destino catastrófico se tivessem sido mandados para Madagascar – a análise pré-guerra feita pela comissão polonesa Lepecki relatou que menos de 10 mil famílias poderiam ser acomodadas em Madagascar,[57] enquanto os nazistas pretendiam mandar quatro milhões de judeus para lá.

O Plano Madagascar durou um pouco mais que o fiasco de Nisko, de Eichmann. Isso sempre dependeu de a Inglaterra fazer o acordo de paz – os judeus jamais poderiam ser transportados para a África, a menos que as rotas marítimas fossem seguras. Mas sua história breve é, no entanto, expressiva, já que demonstra até onde os crentes ideológicos em torno de Hitler estavam preparados para pensar, em termos extremos, quanto ao destino dos judeus.

O planejamento da guerra futura contra a União Soviética estava se desenrolando paralelamente ao aumento dessas ideias radicais sobre o tratamento dos judeus, em particular, e a população polonesa em geral. Todos esses elementos funcionavam juntos, para produzir uma notável efusão de propostas assassinas – na verdade, genocidas. Pesquisas pioneiras realizadas por estudiosos alemães, ao longo das duas últimas décadas, demonstram como os "secretários de Estado" (oficiais semelhantes aos subsecretários permanentes do modelo governamental britânico), do sistema nazista, teorizavam em termos amplos e abrangentes, sobre a potencial remoção e inanição de milhões de pessoas. Em parte, eles eram motivados pela crença de que simplesmente já havia gente demais nessa região do planeta. Mais tarde, Werner Conze, um professor na Universidade do Reich, em Posen, escreveu, pouco antes da guerra, que "em regiões extensas da Europa Central, o excesso de população rural é um dos mais sérios problemas sociais e políticos da atualidade".[58] Influenciado pelas teorias de cientistas sociais como Paul Mombert, esses planejadores nazistas achavam que a "população ideal" poderia ser calculada para qualquer território específico. Como consequência, eles argumentavam que havia um excedente populacional maciço em áreas que os nazistas já tinham ocupado, no Leste, e nas que buscavam ocupar. Entre 1932 e 1933, Stalin havia liderado uma escassez na Ucrânia que resultara na morte de pelo menos seis milhões.[59] Os estudiosos debatem quanto a Stalin ter desejado que esse número de ucranianos morresse, na arrancada rumo à modernização soviética, mas o certo é que quando a Segunda Guerra explodiu, os nazistas tinham, diante deles, um exemplo claro de como a população do Leste da Europa poderia ser drasticamente reduzida pela fome, em um curto período de tempo.

Para esses planejadores nazistas, a guerra certamente era uma liberação. Dr. Dietrich Troschke, um jovem economista que trabalhava no Governo-geral, escreveu em seu diário, em abril de 1940: "Os que estão a serviço no Leste se encontram numa situação ímpar. Cada indivíduo é confrontado com oportunidades extraordinárias. Ninguém jamais poderia imaginar um despacho que oferece tanto a mais em termos de desafios, responsabilidade e campo de iniciativa, mais que qualquer outra coisa que já fizeram em sua vida inteira".[60]

Como expõe o professor Christopher Browning, os planejadores nazistas sentiam-se "meio inebriados por estarem fazendo história... as pessoas se entorpecem com a noção de que estão indo além do que qualquer outro já foi, que estão fazendo história, de um modo empolgante e que não tem precedentes. O que se tem é uma estranha mistura de gente com ótimas habilidades tecnocráticas e *expertise* em planejar, que também tem essas visões utópicas que são inebriantes. E é essa combinação de utopia inebriante e *expertise* tecnocrática que os nazistas mesclam de forma a produzir essa destruição extraordinária, nesse caso, planos para uma destruição extraordinária".[61]

Como já vimos, para Hitler, a guerra era "ideológica", desde o momento em que as tropas alemãs entraram na Polônia, em setembro de 1939, mas as consequências desse raciocínio ideológico estavam prestes a serem vistas com mais intensidade e em maior escala na guerra contra a União Soviética. Hitler deixou esse desejo explícito em um famoso discurso que ele fez aos oficiais alemães seniores, em 10 de março de 1941, quando afirmou que a guerra futura contra a União Soviética era uma "guerra de aniquilação".[62] Ele especificamente evocou a "aniquilação dos comissários do bolchevismo e da inteligência comunista".

Um oficial júnior do Exército alemão, que sabia da decisão de matar oficiais políticos soviéticos (os "comissários") antes da invasão da União Soviética, e aceitou isso, mais tarde relembrou seu raciocínio à época: "A diferença (entre lutar contra os soviéticos e lutar no *front* ocidental) era que o povo russo ou o soldado do Exército Vermelho era considerado uma pessoa inferior e isso era uma ação em massa, ou seja, havia uma multidão de soldados russos. E essa força, essa superioridade quantitativa de gente tinha de ser modificada... Eles (os líderes nazistas) disseram que não havia tempo restante, nós tínhamos de lutar, tínhamos de pressionar, e não importava se mais gente russa morresse no caminho. Era um grupo inferior de pessoas... essa gente inferior que, na verdade, nos deu moral para destruí-la, exterminar parte dela, para que não fosse mais um perigo para nós... O bolchevista sempre foi retratado com uma faca ensanguentada entre os dentes, como alguém que só destrói, atira nas pessoas, surra até matar, e tortura e deporta para campos na Sibéria... Esses eram bolchevistas capazes de qualquer atrocidade e violência, eles jamais poderiam ter um papel de liderança no mundo".[63]

Foi com este desejo de Hitler como cenário de fundo de uma "guerra de aniquilação" contra um "grupo inferior de gente" que um conjunto de secretários de Estado, oficiais do Exército e outros oficiais se reuniu, em 2 de maio de 1941. A opinião que eles formaram na reunião foi expressa nos dois primeiros pontos do memorando conclusivo: "1. A guerra só pode continuar se o Wehrmacht inteiro se alimentar da Rússia durante o terceiro ano de guerra. 2. Como resultado, x milhões de pessoas indubitavelmente morrerão de inanição, se isso for necessário, que nós extraiamos da terra".[64] Com o "terceiro ano de guerra", esses oficiais se referiam ao período entre setembro de 1941 e agosto de 1942. E a figura de "x" milhões foi mais tarde revelada como "30 milhões".[65]

Esse extraordinário documento com o "plano de inanição" – documento que, no contexto do subsequente compreensível foco nos horrores do Holocausto, não recebeu a atenção que merecia – não figurou nessa reunião casualmente, mas como resultado de uma cadeia de causas que levavam a Hitler. A única figura sênior do governo que participou da reunião, Alfred Rosenberg, tinha uma discussão planejada com Hitler, naquele dia, para falar sobre "as questões do Leste, mais detalhadamente"[66], e sem dúvida queria poder fazer propostas concretas que atraíssem seu *Führer.* Também havia a consequência estrutural de Hitler não querer seus ministros seniores reunidos para discutirem diretrizes – a última reunião de gabinete havia ocorrido em 1938 –, o que significava que as reuniões em nível *abaixo* de ministros de Gabinete, nível de secretários de Estado, se tornaram cruciais"[67] (não foi acidental que uma das reuniões mais famosas da guerra inteira – a discussão na Conferência Wannsee, em janeiro de 1942, sobre o destino dos judeus – também tinha sido conduzida como a reunião da "fome", de 2 de maio, nesse nível de secretários de Estado). Também houve uma parte importante da liderança de Hitler, tanto em conteúdo quanto em forma, que influenciou aqueles homens em 2 de maio a proporem a morte por inanição de milhões de pessoas. Hitler não somente já anunciara que essa deveria ser uma guerra de "aniquilação", mas ele havia demonstrado, incontáveis vezes, como ele queria que seus seguidores buscassem soluções "radicais".

Como resultado, há todos os motivos para supor que os homens ao redor da mesa de reunião, em 2 de maio de 1941, acreditassem que estavam servindo tanto aos interesses de seu líder quanto de seu país, ao planejarem que 30 milhões de pessoas morressem de fome. Em particular, eles relembraram como os aliados haviam obstruído a Alemanha, na Primeira Guerra, no intuito de deixar o país passar fome até a rendição. Como consequência, o professor Adam Tooze diz "o que você vê na retórica de 1940-42 é essa espécie de ação invertida, em que eles dizem 'alguém vai morrer de fome, mas, desta vez, não seremos nós'". E, ao contrário das decisões sobre o Holocausto, que eram frequentemente comunicadas em eufemismos (pessoas a serem mortas, por exemplo, eram mencionadas como submetidas a *Sonderbehandlung*, ou "tratamento especial"), o Plano de Fome foi "explicitamente documentado em instruções expedidas às forças de ocupação alemãs. Portanto, os comandantes de guarnições alemãs nas áreas de retaguarda têm instruções claras que dizem que, se você se sentir preocupado em distribuir comida aos russos famintos, lembre-se, e aos seus subordinados, de que o que está em jogo ali é nada menos que a sobrevivência do Reich e a continuação da guerra, adentrando seu segundo, terceiro e quarto anos".[68]

É claro que esse tipo de lógica é uma aplicação da própria forma de Hitler olhar o mundo em termos de "ou isso, ou aquilo" – "ou aniquilamos o inimigo, ou seremos aniquilados". Essa forma simples, baseada em emoção, de reduzir questões complexas a alternativas absolutas, havia sido o componente-chave da liderança carismática de Hitler, desde seus primeiros discursos na cervejaria. Não surpreende que, portanto, apenas alguns dias antes da invasão da União Soviética, Hitler tenha falado em termos semelhantes com Joseph Goebbels: "O *Führer* diz que nós temos de alcançar a vitória, independentemente de fazermos de forma certa ou errada. De qualquer maneira, temos tanto a responder que temos de alcançar a vitória, porque, de outro modo, todo o nosso povo... será varrido."[69]

O plano da fome, assim como uma porção de outros planos nazistas anteriores, acabou provando ser infactível, na escala imaginada – as forças alemãs careciam de recursos para encarcerar milhões de pessoas em cada cidade soviética e deixá-las morrer de fome. Mas houve inúmeros lugares onde a ideia intrínseca do plano foi colocada em ação. O Exército alemão, por exemplo, sitiou Leningrado (hoje, São Petersburgo), entre setembro de 1941 e janeiro de 1944, com o resultado de 600 mil civis mortos – muitos por falta de comida. E o desejo de não "desperdiçar" comida valiosa com o inimigo foi um dos motivos-chave para a morte de mais de três milhões de prisioneiros soviéticos em cativeiro alemão. Também houve cidades pontuais, como Cracóvia, no Leste da Ucrânia, onde autoridades alemãs tentaram impor a política da fome. Cracóvia foi a cidade soviética mais populosa que o Exército alemão ocupou durante a guerra. Desde o momento em que chegaram, em outubro de 1941, até serem finalmente expulsos pelo Exército Vermelho, em agosto de 1943,[70] ficou claro que tomar o alimento dos locais era o que eles tinham em mente. "Um soldado correu até nosso quarto", conta Inna Gavrilchenko, então uma estudante ucraniana de 15 anos, "e começou a procurar. Ele correu por trás das estantes de livros, procurando ali, e jogando algumas coisas, jogando os livros... Depois encontrou um pouco de açúcar, nós tínhamos um pouco de açúcar".[71]

Depois de roubar os suprimentos dos habitantes de Cracóvia, os alemães bloquearam a cidade da melhor forma que puderam para impedir que os habitantes saíssem, depois só ofereciam comida aos poucos soviéticos que ajudavam a administrar a cidade. O restante – cerca de 100 mil cidadãos – foram deixados para morrer de fome. Inna Gavrilchenko viu o próprio pai morrer de fome – e passou a conhecer bem os sinais da inanição. "Primeiro, quando você está faminto, seu corpo carece de proteínas. E seu corpo começa a inchar. Mas não incha o corpo inteiro. Começa pelas mãos, os pés. Então, se você olha o braço, parece uma tora com uma luva de boxe. E você não consegue fechar o punho, porque os dedos não dobram, de tão inchados que ficam. O mesmo acontece com as pernas – as pernas parecem tocos – os pés ficam muito inchados. Depois é a barriga que incha, e há um inchaço bem específico no rosto. Somente algumas partes incham. E desfigura o rosto. E tem mais uma coisa, no estágio final da inanição, seus lábios ficam esticados e é o que chamam de 'sorriso faminto'. Você não sabe se a pessoa está sorrindo ou chorando. Mas os dentes ficam de fora. Depois, a diarreia, chamada de 'diarreia da fome'. Depois vem um gosto amargo na boca. E algumas erupções. Na língua e na boca – uma erupção vermelha."[72]

Alguns alemães se deleitavam com a destruição do povo de Cracóvia. Quando, por exemplo, Anatoly Reva, então um menino pequeno, se aproximou de um grupo de soldados alemães, implorando por um pouco de comida, lhe deram um saco cheio de excremento humano. "Eles não tinham nenhum sentimento humano", conta ele. "Eles não sentiam pena das crianças".[73] Mas outros alemães demonstravam alguma compaixão, como Inna Gavrilchenko relembra: "Eu estava caminhando pela rua e já estava bem tarde, no fim da tarde – passava das três, eu acho, e estava começando a escurecer. E eu sabia que depois das quatro, eu poderia levar um tiro (por estar na rua), mas não conseguia andar mais depressa e faltava um bom pedaço para chegar em casa. E eu vi um soldadinho alemão, lembro que ele era bem pequeno, e parei para perguntar que horas eram. Eu lembro que passava das três, era bem depois das três. E ele me perguntou: 'Para onde você está indo?' Eu respondi: 'Pra casa'. E ele 'É longe daqui?'. Eu falei: 'Bem longe'. E ele concluiu: 'Certo, então vou acompanhá-la até lá'. E me acompanhou, quase até minha casa, depois me olhou e eu lembro que ele tinha alguma coisa – um saco, ou algo assim – e ele me olhou, e eu fiquei parada, em silêncio, por um minuto. E ele mostrou um pedaço de salame. E me deu. Eu fiquei um tanto perdida, e ele saiu correndo... portanto, os alemães eram diferentes entre si. Alemães eram diferentes e não se pode dizer que os que eram da SS eram todos ruins, e os que não eram da SS eram bons. Não se pode dizer isso. Eles eram diferentes."[74]

Essas experiências contrastantes nas mãos dos alemães que ocupavam a Cracóvia ilustram uma questão mais ampla – pois uma coisa era se reunir em um escritório aquecido, em Berlim, e exigir que 30 milhões de pessoas fossem deixadas para morrer de fome, na União Soviética, e outra, bem diferente, era testemunhar pessoalmente o sofrimento de mulheres e crianças morrendo. Muitos soldados alemães conseguiam aceitar os motivos para que essas pessoas tivessem de morrer dessa forma, mas alguns, não. O plano de fome não levou em conta os sentimentos de quem deveria implementá-lo. E, como se pode ver, nem todo alemão era sem coração. Essa foi uma questão que Hitler falhou em não perceber. Na essência de seus discursos e suas ordens – de fato, na essência de sua natureza – havia uma ausência de compaixão. Uma crença de que os indivíduos não importavam, mas o "*Volk*" – o povo – sim. Ele presumiu que podia persuadir milhões de alemães a seguirem suas diretrizes com a mesma brutalidade que ele possuía. Ele frequentemente era bem-sucedido – mas, às vezes, não.

A guerra iminente com a União Soviética também ofereceu aos nazistas outras "soluções" possíveis para o "problema" que eles próprios tinham criado, os judeus. Hitler se encontrou com Hans Frank, administrador do Governo-geral, em 17 de março de 1941, e lhe disse que longe de ser o depósito de lixo para o Reich, seu objetivo era tornar o Governo-geral "livre" de judeus, "com o objetivo que essa área se tornasse uma terra puramente alemã, ao longo de 15 ou 20 anos".[75]

Outros documentos relacionados a esse período deixam claro que os judeus seriam mandados para o território soviético conquistado, uma vez que a guerra contra Stalin – que Hitler achava que só duraria algumas semanas – fosse vencida.[76] O Plano Nisko havia fracassado, o Plano Madagascar havia fracassado, mas, agora, a possibilidade de controlar as terras improdutivas da União Soviética oferecia um meio para que os nazistas removessem os judeus do Reich.

Essa deportação – como os outros planos de guerra que a antecederam – quase certamente terminaria em genocídio. Os nazistas não apenas já tinham planejado que 30 milhões de cidadãos soviéticos morreriam de fome no território para onde eles pretendiam enviar os judeus, como também Hitler disse ao general Jodl, em 3 de março de 1941, no contexto da invasão próxima, que "o serviço de informação judeu-bolchevista, que até agora oprimiu o povo, tem de ser eliminado".[77] Além disso, unidades especiais da *Einsatzgruppen*, sob a direção de Reinhard Heydrich, foram formadas para operar imediatamente atrás das tropas alemãs que avançavam, com a tarefa de fomentar massacres contra os judeus soviéticos e matar "judeus a serviço do partido do Estado".[78] Nesse estágio do plano, a maioria da liderança do Exército aceitava não apenas a existência da *Einsatzgruppen*, mas todas as consequências práticas dessa "guerra de aniquilação" – desde a decisão de matar os oficiais políticos soviéticos e imediatamente alvejar os partidários, até a imposição de represálias contra comunidades inteiras, no caso de resistência civil.

Hitler estava prestes a obter a guerra que sempre quisera: uma luta de morte, contra o que ele acreditava ser o regime mais perigoso do mundo. O fato de que ele queria conquistar o território no Oeste da União Soviética não surpreende – ele tinha afirmado isso em *Mein Kampf*, em 1924. O mais surpreendente é que tenha chegado a um ponto, na primavera de 1941, em que foi capaz de levar tanta gente consigo nessa jornada sangrenta. Como vimos, havia uma série de motivos para que ele conseguisse alcançar esse objetivo – desde os práticos até os ideológicos. Porém, o motivo mais expressivo para que milhões de alemães aceitassem essa nova guerra no Leste era a fé que tinham no discernimento de Adolf Hitler – uma fé baseada na combinação de seus êxitos passados e sua liderança carismática. No entanto, mesmo durante o estágio de planejamento, esse novo conflito parecia extremamente arriscado. Segundo o trabalho do general Georg Thomas,[79] por exemplo, ficou óbvio, no início de 1941, que o Exército alemão mal tinha combustível para dois meses de combate na União Soviética, e somente se eles chegassem ao petróleo do Cáucaso – a mais de duas mil milhas de Berlim –, o Exército poderia obter o combustível necessário para o futuro. Ainda assim, mesmo que os alemães conseguissem chegar ao Cáucaso suficientemente depressa, o que era duvidoso, ainda restava o problema de transportar esse combustível de volta, até onde fosse necessário, dentro do império alemão.

Numa proclamação ao povo alemão, em 22 de junho de 1941, Hitler alegou que tinha sido forçado a ordenar um ataque à União Soviética, porque os aliados ocidentais vinham secretamente tramando a destruição da Alemanha com Stalin e a liderança soviética: "Tornou-se necessária uma oposição a essa conspiração dos judeus anglo-saxões, esses fomentadores de guerra, e igualmente aos poderes governantes judeus, na estação de controle bolchevista, em Moscou".[80] Mas foi uma desculpa esfarrapada – uma parte óbvia do que Churchill chamou de "formalidades habituais de deslealdade".[81] A verdade era que Hitler havia iniciado o que ele chamou de "maior luta da história do mundo",[82] porque ele queria que isso acontecesse. E especificamente essa decisão, mais do que qualquer outra coisa, apressaria a derrota da Alemanha e a destruição de sua liderança carismática.

Capítulo 14

Falsa esperança e o assassinato de milhões

À medida que os primeiros soldados do Wehrmacht adentraram o território soviético, nas primeiras horas daquele domingo, 22 de junho de 1941, eles não somente iniciaram a maior e mais sangrenta invasão da história, mas o maior teste, até então, da liderança de Hitler – um teste que acabaria revelando a fragilidade de seu regime carismático.

O consenso em meio aos alemães – e não somente os alemães – era de que a União Soviética seria rapidamente derrotada. Conforme diz o professor Sir Ian Kershaw: "Na época, Hitler achou que cinco meses seriam o suficiente, Goebbels achou que seriam quatro meses, alguns generais acharam que seria menos que isso. Isso foi uma demência coletiva alemã, se você quiser ver nesse sentido. Mas a inteligência americana achou que terminaria entre três e seis semanas. Eles calculavam que o Exército Vermelho não estava em posição de suportar o Wehrmacht. E a inteligência britânica também achava que essa era uma conclusão predeterminada e os alemães ganhariam da União Soviética".[1]

Em retrospectiva, como sabemos agora a respeito dos imensos recursos industriais e humanos que a União Soviética conseguiu mobilizar para essa guerra, parece quase incompreensível que houvesse uma visão tão difundida – em meio aos aliados, assim como entre os alemães – de que o regime de Stalin iria ruir. Mas essa confiança numa rápida vitória alemã estava baseada no que parecia ser um cálculo racional. Como já vimos, era consenso que Stalin tinha enfraquecido gravemente o Exército Vermelho, pelos expurgos dos anos 1930, e que isso havia contribuído para a fraca atuação soviética durante a recente guerra finlandesa. Isso foi visto na aparentemente milagrosa vitória alemã, em pouco mais de seis semanas, contra a França. Porém, por trás de cada uma dessas visões aparentemente racionais, havia elementos de preconceito. Inúmeras figuras do alto escalão do Ocidente desprezavam o regime da União Soviética e estavam preparadas para imaginar o pior dela. Convenientemente esquecida por muitos dos aliados, na época das conferências "Big Three", em Teerã e Ialta, estava a retórica dúbia que o presidente Roosevelt inicialmente utilizara em apoio a Stalin, em junho de 1941. Um senador americano – Bennett Clark, do Missouri – chegou a dizer: "É um caso de cão comendo cão. Stalin é tão sanguinário quanto Hitler. Eu acho que nós não devemos ajudar nenhum dos dois."[2] Um general britânico escreveu em seu diário, em 29 de junho de 1941: "Eu evito a expressão 'aliados', pois os russos são um bando de bandidos assassinos traidores, da pior espécie".[3]

Quanto aos motivos por trás da vitória alemã na França, isso foi atribuído pelos aliados ao brilhantismo do Wehrmacht – essa "terrível máquina militar", como Churchill descreveu o Exército alemão em seu discurso de 22 de junho de 1941 – em lugar da incompetência dos britânicos e franceses. Nesse mesmo discurso, Churchill falou dos "exércitos mecanizados" que Hitler havia lançado na União Soviética, mas, como vimos, a verdade é que os exércitos britânicos e franceses estavam mais mecanizados do que os alemães, à época da invasão da França. Claro que é compreensível que a liderança dos aliados tenha preferido focar na força de seu inimigo do que em sua própria inaptidão anterior, mas a consequência foi exagerar a força material do Exército alemão.

Nos primeiros dias de guerra, conforme os alemães entraram na União Soviética em três grandes investidas – dos Grupos Norte, Centro e Sul, do Exército –, pareceu que a profecia de uma vitória fácil sobre o Exército Vermelho estivesse correta. Peter von der

Groeben, à época um jovem major, relembra que "nós achamos que tudo estaria acabado até o Natal".[4] Carlheinz Behnke, com a Divisão Wiking SS-Panzer, "presumiu", como seus camaradas, que a vitória "seria bem veloz, como tinha sido o caso na França, que decididamente conseguiríamos esticar até o Cáucaso, para depois lutarmos contra a Turquia e a Síria. Acreditávamos nisso, na época... E estávamos torcendo para sermos organizados em tropas, e em 22 de junho nós dissemos: 'Agora teremos nossa chance, agora vamos poder provar quem somos. No Leste, poderemos levar adiante o que nossos camaradas começaram, no início da guerra.' Portanto, o que esperávamos era um *Blitzkrieg*. No período, nós tínhamos 17, 18 anos, éramos jovens e entramos nessa guerra de um jeito bem despreocupado... agora tínhamos a chance de nos colocar à prova como soldados e queríamos demonstrar que possuíamos tanta capacidade quanto nossos predecessores... Bem, nós achamos que teríamos as coisas sob controle até a chegada do inverno, o que nos daria de quatro a cinco meses. Esse era o sentimento geral. E os êxitos iniciais provaram que estávamos certos. E logo no começo, quando os reforços da fronteira foram ultrapassados, nós capturamos centenas de milhares de russos como prisioneiros, e ali ficou claro que, no que nos dizia respeito, seria uma questão de semanas ou meses, até que esse imenso império desmoronasse, e nós teríamos alcançado nosso objetivo".[5]

Dentro de uma semana, os alemães estavam prontos para tomar Minsk, capital da Bielorrússia, e o 2º Grupo Panzer, de Guderian, parecia recriar o sucesso da França – na verdade, parecia até superar, já que em apenas cinco dias eles tinham percorrido quase duzentas milhas, adentrando a União Soviética. Na Alemanha, tudo isso parecia a confirmação de que a vitória seria fácil e rápida. "Nos periódicos semanais, víamos fotos gloriosas do Exército alemão com todos os soldados cantando, acenando e saudando", relembra Maria Mauth, estudante na época. "E era contagiante, claro, deve ter sido moleza! Nós pensávamos nesses termos e também acreditamos nisso por um bom tempo. Qualquer coisa que o *Führer* dissesse seria verdade. E eu estou convencida de que 90% das pessoas acreditavam. Eu também acreditei, por muito tempo. Acreditei, nossa!, que ele já tinha realizado tanta coisa! E era isso. Ele tinha realizado muito".[6]

O general Franz Halder, ao escrever em seu diário, em 3 de julho de 1941, estava igualmente entusiasmado e disse: "Provavelmente não é exagero dizer que a campanha da Rússia tenha sido ganha no espaço de duas semanas".[7] Mas mesmo em um registro pontuado pela arrogância como esse, Halder se sentia obrigado a acrescentar que ainda era importante negar "ao inimigo a posse de seus centros de produção, de modo a impedir seu soerguimento com um novo exército, com o auxílio de seu gigantesco potencial industrial e seus recursos de mão de obra inesgotáveis".

Os alemães sabiam que não bastava apenas conseguir a vitória sobre a União Soviética, era preciso fazer isso depressa. Eles precisavam tomar os recursos industriais da União Soviética, de modo a apoiar seus próprios esforços contra os adversários do Oeste, cada vez mais bem armados. Em 26 de junho de 1941, apenas uma semana antes da jactância vangloriosa de Halder – que disse: "A campanha russa já foi ganha" – o marechal de campo Erhard Milch, companheiro próximo de Göring e "inspetor geral aéreo", revelou, em uma reunião com outros comandantes militares, que "a produção conjunta (de motores de aeronaves) na Inglaterra e nos Estados Unidos ultrapassou a da Alemanha e Itália, já em 1º de maio de 1941, e no estágio atual da produção alemã, será duas vezes a produção alemã, até o final de 1942".[8] E, lembrem-se, Milch deu essa avaliação pessimista antes que a América tivesse formalmente ingressado na guerra.

Por volta do verão de 1941, Hitler e seus generais começaram a perceber que a confiança excessiva após a vitória sobre a França os deixara cegos para as dificuldades que encontrariam na luta contra o Exército Vermelho. Em 11 de agosto, Halder escreveu: "A situação toda deixa cada vez mais claro que nós subestimamos o colosso russo... O fator tempo os favorece, já que eles estão perto de seus próprios recursos, enquanto nós estamos nos distanciando cada vez mais dos nossos".[9] O problema de suprimento foi ficando tão ruim que, ao final de agosto, os alemães tinham sofrido mais de 400 mil baixas e tinham pouco mais que metade disso disponível para substituição.[10]

A situação foi exacerbada por uma disputa que irrompeu entre Hitler e seus generais, desde praticamente o primeiro momento da decisão de ingressar na União Soviética. O foco da controvérsia era saber até que ponto o avanço sobre Moscou era uma prioridade para o Wehrmacht. Halder e muitos de seus colegas achavam que deveria ser uma prioridade absoluta, enquanto Hitler preferia a destruição de Leningrado e o avanço rumo à Crimeia, depois ao Cáucaso, mais do que qualquer ataque à capital soviética. Em meados de agosto, Halder submeteu um memorando requerendo forçosamente que o Grupo Central do Exército seguisse para Moscou. Mas o general Alfred Jodl, chefe de operações de pessoal da OKW (oficiais do comando supremo das Forças Armadas) sentiu que era importante ter uma fé contínua no discernimento de Hitler. Quando, em 20 de agosto de 1941, um dos oficiais de Halder argumentou que ele deveria apoiar o avanço sobre Moscou, ele, Jodl, respondeu: "Nós não devemos tentar constrangê-lo (Hitler) a fazer algo contrário às suas convicções interiores. Sua intuição geralmente tem sido correta"[11] (a confiança nas "convicções interiores" e na "intuição" de um líder obviamente são manifestações de uma confiança na liderança carismática).

Em 21 de agosto, o veredicto de Hitler foi reafirmar que a vitória em Moscou antes do inverno não deveria ser o objetivo "principal" da campanha, mas, em vez disso, o foco deveria estar na ocupação da Crimeia e no avanço em direção aos campos de petróleo do Cáucaso. Halder estava furioso, escrevendo que a "culpa"[12] pela forma como a campanha estava prosseguindo era de Hitler, e que o alto-comando do Exército estava sendo tratado de forma "absolutamente indigna". Mas Halder estava se comportando de maneira ingênua. Ele havia estado pronto para compartilhar o crédito, antes, no começo de julho, quando achou que a campanha seria "ganha" em questão de semanas; no entanto, agora não assumia nenhuma responsabilidade por "subestimar" seu oponente. Hitler era o alvo óbvio e fácil para a culpa, quando os acontecimentos não transcorriam como esperado – mas a responsabilidade pelo fracasso não era só dele.

Heinz Guderian, comandante do 2º Grupo Panzer – também conhecido como *Panzergroup Guderian* –, estava igualmente zangado com a decisão de Hitler de não forçar rumo a Moscou, mas seguir ao Sul. Ele viu Hitler em 23 de agosto e pressionou para que o ataque à capital soviética prosseguisse. Ele usou todos os argumentos em que pôde pensar para persuadir Hitler. Mas foi inútil. Depois de deixar que Guderian falasse longamente, Hitler simplesmente explicou-lhe por que ele estava errado. As considerações econômicas eram supremas e conquistar a Ucrânia era mais importante do que atacar Moscou. "Ali, pela primeira vez, eu vi um espetáculo que viria a se tornar muito familiar", escreveu Guderian, depois da guerra. "Todos os que estavam presentes assentiam, concordando com cada frase que Hitler dizia, enquanto eu fiquei sozinho, com meu ponto de vista... Diante da oposição unânime da OKW às minhas observações, eu evitei quaisquer argumentos adicionais, naquela ocasião..."[13] Nem Brauchitsch nem Halder – figuras seniores da OKH, alto-comando do Exército – estavam presentes na reunião, e a sensação de isolamento de Guderian era total. Hitler havia criado uma estrutura da OKW, em sequência à crise de Blomberg/Fritsch, três anos antes, e esse sistema, além de seu domínio carismático sobre a equipe da OKW, tornava sua posição, no período, invencível. Líderes da OKW, como Jodl, agora nada eram além de animadores de torcida.

Ainda assim, o peso da guerra estava recaindo sobre Hitler. Quando Goebbels visitou o quartel-general de Hitler, no Leste da Prússia, naquele mês de agosto, ele achou que "o *Führer* estava com uma aparência desgastada e doente. Isso provavelmente foi por conta de sua disenteria, e também, provavelmente, porque as últimas semanas o haviam exaurido terrivelmente. Isso não surpreende. Hoje, a responsabilidade por um continente inteiro recai sobre seus ombros".[14]

No entanto, apesar das dificuldades da guerra contra a União Soviética, o amor de Hitler pelo conflito e derramamento de sangue não tinha arrefecido. Durante seus monólogos após o jantar, naquele outono, ele pediu uma guerra a "cada 15 ou 20 anos"[15] e exigiu o "sacrifício" (morte) de 10% dos alemães em batalha. A morte de tantos alemães no *front* Leste não significava nada para ele. A pressão meramente instigava seu desejo de mais carnificina e maior vingança. Seu niilismo fundamental foi novamente demonstrado algumas semanas depois, quando disse: "A Terra continua a girar, se o homem matar o tigre ou se o tigre comer o homem. O mais forte afirma sua vontade, é a lei da natureza. O mundo não muda; suas leis são eternas".[16] Era uma postura – uma forma de ver o mundo livre de toda a responsabilidade moral ou ética perante outras nações ou povos – que, como vimos, era a essência do motivo para que tantos de seus seguidores se sentissem "inebriados" pelas possibilidades que a guerra oferecia. O que as pessoas que abraçavam a visão de Hitler pareciam ter pensado – ao menos, até que os acontecimentos começassem a ir contra elas – era a lógica completa de sua filosofia: se você não ganha, então "merece" ser exterminado. No entanto, Hitler era um dos poucos nazistas que aceitaram inteiramente esse raciocínio, desde o começo. Ele até construiu um compromisso de vida ou morte com o programa do Partido Nazista, desde fevereiro de 1920, concluindo o documento com as palavras: "Os líderes do Partido prometem trabalhar implacavelmente – se necessário, à custa de suas próprias vidas – para estabelecer esse programa".[17] Agora, exigindo uma guerra de "aniquilação" contra a União Soviética, Hitler entendia que, segundo sua própria lógica, isso também significava um destino semelhante para a Alemanha, se a guerra fosse perdida. De fato, ele disse isso em janeiro de 1942, invocando o povo alemão a "desaparecer", a menos que estivesse preparado para dar "seu corpo e alma para sobreviver".[18]

Hitler não escondia nada acerca dessas crenças apocalípticas dos que estavam à sua volta. Mas, contanto que os êxitos parecessem garantidos, não era necessário que eles pensassem nas consequências do fracasso. E depois da ansiedade de agosto de 1941, pareceu, de fato, que tudo poderia dar certo para os alemães, no outono, quando

Guderian – apesar de sua convicção de que estrategicamente essa ação fosse um equívoco – liderou seu 2º Grupo Panzer ao Sul, do Grupo Central do Exército, para juntar forças com unidades do Grupo Sul, de Rundstedt. O resultado, até o fim de setembro, foi a maior ação de cerco da história, em que 650 mil soldados do Exército Vermelho foram encurralados, durante a Batalha de Kiev. Pareceu ser mais um triunfo do julgamento de Hitler.

Hitler assistiu no cinejornal a destruição de tantos soldados soviéticos e disse que estava "empolgadíssimo"[19] com a cena. Toda essa matança o fez lembrar-se da Primeira Guerra. Aquele conflito, segundo ele, havia sido responsável pela morte de seu "idealismo" sobre a guerra. Ele reiterou que a guerra nas trincheiras lhe havia ensinado que a vida é "uma luta cruel" e não tinha nenhum outro propósito exceto "a preservação da espécie". Ele prosseguiu aplicando essa lição no Leste, ordenando que Leningrado desaparecesse da face da Terra. O Exército alemão foi instruído a não aceitar a rendição dos habitantes da cidade cercada, já que alimentar e abrigar essa gente não era considerado uma responsabilidade alemã.[20]

Hitler então rapidamente regressou a Berlim para fazer um discurso no Sportpalast, em 3 de outubro de 1941. Ali, ele novamente repetiu sua fantasia de como a Alemanha havia sido forçada a entrar na guerra contra a União Soviética por causa de uma conspiração de Stalin para atacar o Reich. Mas ele garantiu ao povo alemão que, desde 22 de junho, "tudo havia transcorrido de acordo com o planejado".[21] Até mais que isso, ele anunciou que "esse oponente já tinha sido derrubado e jamais voltaria a se erguer". Seis dias depois, em 9 de outubro, diante das notícias de que cinco pelotões do Exército soviético haviam sido cercados na batalha gêmea de Vyazma/Bryansk, o chefe de imprensa do Reich, Otto Dietrich, anunciou que "a campanha no Leste havia sido decidida".[22] Ao longo dos dias seguintes, a imprensa alemã seguiu o exemplo: o *Münchener Zeitung's* (Noticiário de Munique) trazia como manchete "Soviéticos Derrotados!"; o *Hannoverscher Kurier's* (Mensageiro de Hanover), "A Europa está salva:

libertada de Stalin pela genialidade militar do *Führer*"; e o *Völkischer Beobachter* dizia "Sucesso à Campanha do Leste Garantido!"[23]

Mas o sucesso da campanha do Leste certamente não estava garantido e Hitler tinha arriscado um bocado, fazendo o discurso que fez, no Sportpalast. "Puro carisma", escreveu Max Weber, "não conhece qualquer 'legitimidade', fora a que flui de sua força pessoal, ou seja, a que está constantemente em prova"[24] – e foi potencialmente prejudicial para Hitler afirmar que a vitória havia ocorrido, quando não era o caso. Ademais, Hitler disse essas palavras sabendo que a guerra no Leste poderia muito bem prosseguir ano adentro – conforme Halder deixa explícito em seu diário, em 13 de setembro de 1941.[25]

Hitler agora concordava que o Exército alemão podia finalmente avançar rumo a Moscou, com a *Unternehmen Taifun* (Operação Tufão) e o Wehrmacht conseguiu lançar quase dois milhões de homens contra o Exército Vermelho, diante da capital soviética, numa última tentativa de lançar um golpe decisivo, antes da chegada do inverno. Enquanto o Grupo Central do Exército avançava naquele mês de outubro, o próprio Hitler ficou inebriado com a visão do que agora poderia ser obtido na União Soviética. Naquele mês, seus monólogos após o jantar, aos seus seguidores, no quartel-general do Leste da Prússia, mostravam Hitler em sua forma mais autêntica: com sua determinação de destruir a vida de milhões de cidadãos soviéticos ("só há um dever: *alemanizar* esse país pela imigração de alemães e olhar os nativos como índios"[26]); seu desejo de devastar as cidades ("não tenho sentimentos quanto à ideia de varrer Kiev, Moscou ou São Petersburgo"[27]); a intensidade de seu ódio contra os judeus ("não deixem que ninguém me diga que não podemos estacioná-los nas regiões pantanosas da Rússia!"[28]). Mas Hitler não restringia suas discussões apenas à guerra no Leste, ele também discursava sobre o cristianismo ("levado ao extremo lógico, o cristianismo significaria o culto sistemático ao fracasso humano"[29]); quanto à construção de acessórios de banheiro ("qual é o sentido de ter cem modelos diferentes de pias de lavabos?"[30]); sobre seu amor por guardar rancor e buscar vingança ("eu tenho inúmeras contas a acertar, sobre as quais não posso pensar hoje. Mas isso não significa que eu as tenha esquecido"[31]). Tudo isso revela Hitler, conforme escrito por Hugh Trevor-Roper, como o "mais rude e cruel, menos magnânimo conquistador que o mundo já conheceu".[32] Mas isso também demonstra, mais uma vez, elementos essenciais de sua liderança carismática – sua convicção, sua liberação da moral convencional e seu entusiasmo e júbilo pela vastidão de possibilidades por vir. E apesar de sua interferência quase diária nos detalhes da campanha militar – algo que enfurecia Halder –, Hitler ainda alegou, em outubro de 1941, que seus melhores subordinados tomavam 95% de suas decisões por ele,[33] intuitivamente sabendo o que ele gostaria.

Conforme Hitler disse essas palavras, houve um pânico crescente em Moscou. Stalin até pensou em fugir da cidade, mas acabou decidindo ficar e impor um estado de sítio na capital. Mas o sucesso do Exército alemão não foi sustentável. Seus suprimentos estavam acabando e logo novas unidades do Exército Vermelho chegariam, liberadas de bases na Sibéria, por conta da informação que chegava a Stalin sobre os planos do Japão, aliado de Hitler, de não atacar a União Soviética pelo Extremo Oriente.

Até o começo de dezembro de 1941, os soldados alemães estavam apenas a 12 milhas do Kremlin. Mas essa era a menor distância que eles chegariam do centro de Moscou, já que em 5 de dezembro de 1941 os soviéticos lançaram um contra-ataque com cerca de 70 divisões – mais de um milhão de soldados do Exército Vermelho – que ingressando na luta. Os alemães, já enfraquecidos pela falta de suprimentos – particularmente a falta de vestuário adequado e proteção contra o clima frio para suas armas e veículos –, tiveram dificuldades para conter a ofensiva soviética.

Esse talvez tenha sido o momento único, mais decisivo na história da guerra. Para o professor Adam Tooze, esse é "um ponto absolutamente crítico... É a primeira derrota em batalha sofrida pelo Exército alemão em muito tempo, desde o fim da Primeira Guerra";[34] para Sir Ian Kershaw é o "primeiro grande revés" dos alemães, aquele que significa que a "guerra será prolongada indefinidamente";[35] e para o professor Richard Evans é "a primeira vez que os alemães de fato são detidos e não sabem o que fazer".[36] Como resultado, a liderança alemã foi colocada numa posição em que se sentiu "completamente perdida".

Ulrich de Maizière, naquele momento um oficial servindo o *front* Leste, descreve essa época devastadora: "Você precisa imaginar o que se passa na cabeça de um jovem oficial de 29 anos, que em agosto (de 1941) está convencido de que tudo terá terminado em setembro, que acha que não vai passar de outubro e, em dezembro, percebe que vai durar mais três anos".[37] E, para Maizière, os acontecimentos de dezembro de 1941 também demonstraram a terrível falta de preparo da liderança alemã para uma guerra no inverno. "Em uma noite, nós perdemos quinhentos homens de uma divisão, eles morreram congelados..." Essas mesmas condições duras do inverno mostraram o poder de resistência dos soviéticos, que eram "muito capazes de suportar o apuro, muito modestos em termos de suas próprias necessidades. Eles foram muito corajosos, mas não muito imaginativos. Tinham um vigor incomum e muita capacidade para suportar o sofrimento. Conseguiam sobreviver duas ou três noites de inverno, a céu aberto, com algumas sementes de girassol no bolso, ou alguns grãos de milho. Ingeriam líquido da neve. Eu mesmo presenciei uma jovem que deu à luz uma criança, numa noite, sobre uma coberta de lã e um monte de feno, numa choupana de madeira, depois foi trabalhar no estábulo, no dia seguinte... Via-se a acomodação primitiva, os vilarejos primitivos, o jeito como eles viviam, e dá a impressão de que é um povo que não pode ser comparado aos países da Europa Central e Ocidental, em relação ao nível de desenvolvimento".

E então, esse povo "não muito imaginativo", vivendo em circunstâncias "primitivas", estava lutando com êxito contra os alemães. Os soldados que a propaganda nazista descreveu como "subumanos" pareciam derrotar os super-homens da "raça suprema". Mais que isso, os jornais alemães – sancionados pelo Estado – apenas algumas semanas antes tinham declarado que os soviéticos estavam "derrotados", e Hitler disse, inequívoco, que o Exército Vermelho "jamais se ergueria novamente". O otimismo insensato, quase histérico, dessas afirmações também se refletiu nas ordens dadas a Heinz Guderian, em 13 de novembro, apenas três semanas antes do lançamento da ofensiva contra a capital soviética. Disseram-lhe para levar seus *Panzers* por mais duzentas milhas a leste de Moscou, para separar a cidade de seus reforços. Foi um pedido impossível, que em nada refletia a realidade do solo – uma ordem tão alcançável quanto invadir a Lua. A natureza fantasiosa da vida no *bunker* de Hitler, em Berlim, nos últimos dias de guerra, era frequentemente citada. A fantasia do tipo de vida na sede do *Führer*, no Leste da Prússia, no outono e início do inverno de 1941, recebeu menos atenção, mas era no mínimo reveladora.

Hitler agora estava em negação. Pouco antes da ofensiva soviética, em dezembro, quando lhe foi dito que o Wehrmacht não poderia ter suprimentos com uma quantidade suficiente de aço, ele simplesmente se recusou a aceitar que "não havia matéria bruta disponível", porque "ele agora havia conquistado a Europa inteira".[38] E em 29 de novembro de 1941, quando informado por Fritz Todt, seu próprio ministro de Armamentos, que "a guerra já não pode ser ganha pelos meios militares", e que a única forma de parar o conflito era propor algum tipo de solução política, Hitler respondeu que não conseguia ver um meio de terminar a guerra de tal forma.[39]

Muitos dos componentes centrais do atrativo carismático de Hitler – sua convicção, força de vontade, sua recusa em admitir a derrota, sua fé no próprio destino – começavam a ser vistos como fraquezas perigosas por alguns daqueles que haviam depositado confiança nele. Uma ideia da tensão interior que inúmeros de seus militares seniores estavam vivendo, enquanto tentavam conciliar a realidade do que ouviam dos militares de menor patente com a intransigência de seu líder, pode ser dada pela lista de doenças e dispensas naquele inverno. O marechal Brauchitsch teve um ataque do coração em 9 de novembro de 1941.[40] A ansiedade e o estresse da campanha do Leste havia – tanto Hitler quanto Halder concordavam nesse ponto – contribuído para o colapso de sua saúde. Hitler tirou Brauchitsch do comando em 19 de dezembro de 1941. Na véspera, Hitler tinha concedido ao marechal von Bock o pedido de ser substituído como comandante do Grupo Central do Exército. Bock tinha ficado indignado pela decisão de não seguir adiante, em Moscou. No entanto, ele escreveu em seu pedido de dispensa que o motivo era uma doença do estômago, da qual não havia se recuperado.

O estresse da luta no *front* oriental estava corroendo o espírito dos que eram incumbidos de exigências logísticas impossíveis. Em 17 de novembro de 1941, o general Ernst Udet cometeu suicídio. Como chefe de equipamentos da Luftwaffe, ele havia suportado a pressão adicional de trabalhar com Hermann Göring, um homem que constantemente fazia promessas inalcançáveis a Hitler. Durante a Batalha da Inglaterra, Udet havia pessoalmente passado pela experiência das promessas impossíveis de Göring, seguidas por decepções inevitáveis, e isso o afetara. Depois de garantir a Hitler que a RAF seria derrotada, Göring lidou com o fracasso da Luftwaffe colocando grande parte da culpa em Udet.

Hitler agora tinha uma série de decisões importantes a tomar, e a mais importante era quem deveria substituir Brauchitsch como chefe do Exército. Hitler precisava de alguém em quem ele pudesse confiar profundamente. Diante da lista de comandantes doentes e frágeis, ele deve ter sentido que precisava de alguém que fosse duro o suficiente para lidar com o estresse dessa guerra de aniquilação. E, a essa altura, o único homem que estava à altura disso, sob seu ponto de vista, era Adolf Hitler. Ele indicou a si mesmo como chefe do Exército alemão, acrescentando esse cargo à lista que crescia – que agora incluía Supremo Comandante de todas as Forças Armadas, chanceler, *Führer* do povo alemão e chefe de Estado.

A força de Hitler como líder carismático sempre fora estabelecer uma visão abrangente e deixar os detalhes por conta de seus subordinados. Porém, agora, os dias de ficar no quarto até meio-dia, depois fazer um longo almoço e caminhar pelas montanhas até a hora do chá, haviam passado. Sua reação à adversidade era acumular mais trabalho para si mesmo. Nesse processo, ele transmitia aos subordinados militares a mensagem clara de que ele sabia mais do que eles – não apenas em termos de visão, mas também em relação aos detalhes.

Essa nova realidade foi demonstrada durante uma de suas primeiras reuniões como chefe do Exército. Em 20 de dezembro de 1941, Hitler se reuniu com o general Guderian para uma conferência épica de cinco horas. Guderian viajou até a sede de Hitler acreditando que "nosso Supremo Comandante ouviria propostas sensatas, uma vez que fossem apresentadas por um general que conhecia o *front*".[41] Ele acreditava que sua unidade deveria elaborar um recuo tático diante da ofensiva soviética – na verdade, conforme Hitler descobriu nessa reunião, eles já estavam recuando. Hitler discordou veementemente, insistindo para que eles ficassem onde estavam. Ele sugeriu que eles explodissem buracos no solo para criarem abrigos. Guderian descartou a ideia e argumentou que grandes contingentes de seus soldados morreriam se eles não recuassem. A reação de Hitler foi reveladora. "Você acha que os lançadores de granadas de Frederico, o Grande, estavam ansiosos para morrer?", perguntou ele. E assim como Frederico, o Grande, Hitler argumentou: "E, também, tenho o direito de pedir a qualquer soldado alemão que dê sua vida". Guderian respondeu que todo soldado sabia que em época de guerra arriscava a vida, mas que "as intenções que ouvi levarão a perdas profundamente desproporcionais aos resultados que serão obtidos".

Buscando uma explicação para o comportamento de Guderian, Hitler parece ter encontrado a resposta no desejo do comandante de proteger seus homens. "Você ficou impressionado demais pelo sofrimento dos soldados", disse ele. "Sente pena demais deles. Você deveria se distanciar um pouco. Acredite, as coisas ficam mais claras quando observadas a uma distância maior."[42]

Guderian, não conseguindo convencer Hitler da pertinência do recuo tático, deixou o Leste da Prússia para o *front*. Menos de uma semana depois, ele foi despedido. E não foi o único general a perder o emprego. Cerca de três dúzias de generais seriam removidos após a crise de dezembro. Então, em 17 de janeiro, o marechal Walther von Reichenau, que havia sido o primeiro oficial a apoiar Hitler, no começo dos anos 1930, morreu de um derrame.

Hitler teria visto tudo isso como prova da seleção darwiniana; se os seus generais não eram duros o suficiente, paciência. Ele os substituiria por outros, por homens mais durões. De fato, a necessidade de "dureza" foi um tema de ordem que ele enviou ao Grupo Central do Exército, em 20 de dezembro. "A determinação fanática de defender a terra sobre a qual os soldados pisam precisa ser incutida neles, com todos os meios possíveis, mesmo os mais duros."[43]

Se a decisão de Hitler de manter o Exército no solo naquele inverno fazia ou não sentido tático, é algo que ainda está aberto para debate. Embora a crise já tivesse melhorado até a primavera, isso se deu, em parte, pelas decisões ineptas de Stalin, e porque os oficiais alemães recuaram suas tropas algumas milhas, para posições mais defensáveis, quando acharam necessário. No entanto, o que ficou claro é que isso marca o momento em que Hitler demonstrou que ele não era confiável para manter as promessas feitas ao povo alemão. O inimigo não tinha sido destruído, como ele havia jurado em outubro passado.

A situação em dezembro estava ainda pior para Hitler, pelo ingresso da América na guerra, como resultado do ataque japonês a Pearl Harbor, em 7 de dezembro. Quatro dias depois, Hitler – e, portanto, a Alemanha – declararam guerra à América. Ao fazê-lo, Hitler teria sentido estar fazendo mais do que formalizar um estado de conflito que já existia, extraoficialmente, havia meses. Os navios americanos já estavam protegendo os comboios britânicos no Atlântico, e Roosevelt deixara óbvio o seu compromisso de ajudar Churchill.[44] De qualquer forma, Hitler sentia que os americanos agora estariam envolvidos numa guerra no Pacífico e levaria algum tempo até que suas tropas pudessem lutar também na Europa. Consequentemente, o foco de Hitler permaneceu na guerra do Leste.

Mas não exclusivamente. Porque Hitler também vinha tomando decisões importantes em duas áreas da política secreta nazista – o esquema de eutanásia adulta e a perseguição aos judeus. Sua forma de lidar com essas duas questões durante esse período crucial nos diz muito não apenas sobre a crueldade gélida do Estado nazista, mas também como Hitler administrava com cautela sua reputação carismática diante de decisões potencialmente malquistas.

Até o começo do verão de 1941, a ação da eutanásia contra os deficientes sérios já estava em operação havia quase dois anos. Como médicos alemães não participavam do esquema sem algum tipo de aval oficial, Hitler havia sido forçado, em outubro de 1939, a assinar uma autorização a Phillip Bouhler, do Partido da Chancelaria, e ao seu próprio médico, Karl Brandt, para conduzirem matanças "piedosas". Hitler viu a guerra como disfarce ideal para cumprir a diretriz. Ele propositalmente antedatou como 1º de setembro o documento assinado em outubro, com a invasão à Polônia. Porém, apesar da existência do documento, ele queria manter o próprio nome o mais distante possível desse negócio. Hitler em seguida recusou, por exemplo, a aprovação da legislação que o associaria diretamente às matanças.[45]

Até 1941, vários centros de extermínio haviam sido estabelecidos dentro da Alemanha para assassinar pessoas deficientes – adultos e também crianças. O procedimento de matança que evoluiu em locais como o hospital psiquiátrico Sonnenstein, perto de Dresden, tinha semelhanças óbvias com a técnica utilizada posteriormente para assassinar judeus, nos campos de extermínio – era dito aos pacientes que eles se despissem, pois iriam tomar um "banho", e quando a sala de "banho" estava devidamente lacrada, eram asfixiados com gás. Os que estavam envolvidos no crime faziam o máximo para manter o processo em segredo – os pacientes eram frequentemente deslocados entre inúmeros sanatórios antes de finalmente chegarem a um centro de matança –, porém, como em muitos casos as vítimas tinham famílias que se importavam com seu bem-estar, e como as matanças eram conduzidas dentro da Alemanha, ficou difícil evitar que isso vazasse. Houve inúmeras ocasiões em que o acontecido ficara óbvio quando a notificação da causa fictícia da morte era informada aos parentes. Em um caso, por exemplo, a causa da morte foi relatada como apendicite, mas o apêndice do paciente já tinha sido removido, anos antes.[46]

O cardeal August Count von Galen, bispo de Münster, ficou conhecido por protestar publicamente contra a campanha de eutanásia, em 3 de agosto de 1941. Do púlpito, ele declamou que era óbvio que pacientes incuráveis estavam sendo mortos, e insultou toda a ideia de "vida inútil". Também frisou que uma vez que a ideia de matar pessoas mentalmente doentes fosse aceita, outras logo estariam em risco – como soldados que voltavam do *front* seriamente feridos. Ele também mencionou os bombardeios britânicos à Alemanha, deixando a possível conclusão de que isso havia sido algum tipo de reação divina.

Após as ações de Galen, e da publicação e distribuição de milhares de cópias de sua indignação eloquente, parecia que os nazistas estavam diante de um crescente movimento de protesto público. As autoridades nazistas já haviam visto descontentamento surgir em áreas católicas da Alemanha, como no começo de 1941, quando eles haviam instituído uma série de medidas restritivas – como a remoção das freiras do cargo de professoras. Os protestos posteriormente se consolidavam em torno da decisão de banir crucifixos das escolas. Isso resultou em petições e até manifestações de rua. Muitos dos manifestantes alegavam que estavam totalmente a favor de Hitler, mas que seus subalternos só podiam estar agindo contra o seu desejo, enquanto ele estava lutando na guerra. "Vocês usam camisas marrons por fora", escreveu um manifestante, falando sobre os oficiais do Partido Nazista local, "mas, por dentro, são bolchevistas e judeus, de outro modo, não poderiam agir pelas costas do *Führer*. Nosso *Führer* não ordena tais coisas. Ele se importa diariamente com seus soldados no campo, e não com crucifixos fora da escola..."[47] Outra carta de Maria Aigner, que vivia num vilarejo ao Norte de Munique, dizia: "Como mãe de oito, nosso *Führer* me premiou com a *Mutterkreuz* (cruz materna) de ouro. Para mim, é incompreensível que meu caçula, a quem levei pela primeira vez à escola na última segunda-feira, não deveria ver uma cruz ali, depois que sete de seus irmãos cresceram sob a luz do crucifixo. Dos meus cinco filhos, dois já cumprem seus deveres de soldado, e o crucifixo na escola certamente não os prejudicou, mas, para eles, é um exemplo do mais alto compromisso. Eu sempre penso e não consigo compreender o mistério, como tal medida pode sequer ser possível, já que nosso *Führer* apoia seus soldados no Leste e luta contra o bolchevismo."[48]

Já vimos o benefício positivo que Hitler colheu da crença de muitos alemães comuns de que os problemas cotidianos que eles enfrentavam nas mãos dos oficiais nazistas não eram trabalho direto de seu *Führer*, e que "se ele soubesse" o que estava acontecendo, acertaria as coisas. Porém, aqui nós vemos um lado mais problemático desse arranjo, no que diz respeito a Hitler, e uma explicação para que ele tenha tentado se distanciar das diretrizes que o pudessem tornar malquisto – embora ele desejasse sua implantação. Se Hitler apoiasse abertamente medidas como a remoção dos crucifixos de escolas, ou as mortes por eutanásia, ele sabia que muitos de seus apoiadores – particularmente, milhões de cristãos – ficariam desiludidos.

Portanto, apesar da absoluta aversão que Hitler expressava pelo cristianismo, em particular, os nazistas seniores se asseguraram de que o banimento dos crucifixos nas escolas fosse suspenso. Ademais, Hitler não somente não jogou o bispo Galen num campo de concentração por desafiar tão abertamente a política de eutanásia, como em 24 de agosto de 1941: ele parou o transporte de deficientes aos centros de matança. Mais de 90 mil pessoas já haviam sido assassinadas até então, durante a ação de eutanásia. Mas as mortes não cessaram completamente. O programa de assassinato que selecionava prisioneiros doentes de campos de concentração, sob um procedimento intitulado 14f13, prosseguiu, e sanatórios individuais continuaram a matar inúmeros pacientes. No entanto, tudo isso era bem mais fácil para os nazistas manterem em segredo, do que havia sido o deslocamento e transporte de pacientes aos centros de matança.

O que tudo isso demonstrava, era o poder latente da Igreja para mobilizar o protesto popular. Hitler reconheceu isso e falou em particular, no outono, sobre querer que o cristianismo morresse uma morte "lenta", embora entendesse os perigos óbvios de provocar descontentamento. "O principal", disse ele, "é ser inteligente nessa questão e não procurar briga onde pode ser evitada".[49]

Porém, embora evitasse desafiar diretamente a Igreja, durante 1941 Hitler aumentou as medidas contra os judeus. Não apenas o ódio de Hitler era quase visceral, diferente de seu descontentamento quanto aos cristãos, como também os judeus não podiam mobilizar protestos contra seu tratamento da maneira como milhões de cristãos podiam. Eles tinham alguns amigos dentro do Reich com coragem para defendê-los. Embora o bispo Galen tivesse protestado sobre o esquema de eutanásia, por exemplo, ele não fez qualquer menção sobre a perseguição aos judeus.

Além disso, ao contrário da ação de eutanásia, sobre a qual Hitler nunca falou em público, referindo-se ao seu desejo de ver os deficientes mortos, ele tinha falado explicitamente no Reichstag, em 30 de janeiro de 1939, sobre o destino que desejava aos judeus no caso de uma guerra, dizendo que se "os financiadores internacionais judeus" causassem uma guerra mundial, então, "a aniquilação da raça judia na Europa" viria a seguir.

Porém, até o começou de 1941, Hitler não havia instaurado essa diretriz. Os judeus haviam sido maltratados, perseguidos e encarcerados em guetos, na Polônia. Muitos milhares tinham morrido, mas não havia um plano sistemático para aniquilá-los. Um motivo era que Hitler queria, como já vimos, fazer as pazes com a Inglaterra e, no processo, evitar que a América interferisse – segundo sua percepção – nos assuntos europeus. Uma política de assassinato em massa dos judeus teria sido um obstáculo na direção desse objetivo. Mas a possibilidade de guerra contra a União Soviética oferecia novas possibilidades. Como diz o professor Omer Bartov, "a guerra na União Soviética fornece o disfarce perfeito para o genocídio, e eu me refiro ao disfarce em todos os sentidos. Para a comunidade internacional, para a própria população, até para as pessoas que estão praticando, porque se estão envolvidas numa guerra tão brutal, na qual tantas pessoas morrem, a matança de outro grupo não parece muito diferente. E eu tenho que dizer que, se você olha o genocídio no século

XX, irá perceber que geralmente ocorre em épocas de guerra, ou pelo menos é descrito como guerra, como se acontecesse dentro de uma guerra, mas é uma guerra pela existência, não uma guerra qualquer".[50]

Uma reunião entre Hermann Göring e Reinhard Heydrich, em 26 de março de 1941, demonstrou a precisão desse julgamento. Ali, o plano de deportar os judeus para locais desolados da União Soviética foi discutido e endossado. É certo que Hitler aprovou a ideia, já que ele pessoalmente disse a Hans Frank, em 25 de março, que o Governo-geral ia, ao longo do tempo, se tornar "livre de judeus".[51] Ficou claro que esses judeus seriam mandados para mais longe, ao Leste, para definharem e acabarem morrendo.

Paralelamente a essa política de expulsão para um local isolado, dentro do que em breve esperava-se ser uma nova esfera de influência nazista, seguia um plano mais imediato de matar judeus selecionados atrás das linhas, enquanto o Exército alemão avançava adentrando a União Soviética. A diretiva de Reinhard Heydrich, de 2 de julho de 1941, ao *Einsatzgruppen,* demonstra que ele queria que essas matanças ocorressem no contexto geral da guerra de aniquilação contra a União Soviética que Hitler havia declarado. A ação foi descrita como uma tentativa de eliminar a influência e o controle comunista e "judeu", e, assim, era mais fácil para muitos comandantes do Exército alemão aceitarem uma política direta de extermínio. A lembrança da tentativa de revolução comunista na Alemanha, após a Primeira Guerra, e a percepção de que as figuras judias a incitaram ainda estavam frescas. Para Carlheinz Behnke, da Waffen SS – alguém que ingressara na Juventude Hitlerista aos 11 anos, em 1933, e havia sido voluntário para a Divisão Panzer SS, em 1940 –, o elo entre o judaísmo e o comunismo era óbvio. "Os judeus eram simplesmente vistos como a classe de liderança, ou os que estavam firmemente no controle na União Soviética". Além disso, ele sentia que "eles estavam tentando, de alguma forma, ganhar o controle da nação alemã... Esse era o objetivo do bolchevismo, se espalhar em direção ao Oeste, em direção ao Atlântico e depois pela Europa. E eu não acho que esse objetivo possa ser descartado".[52]

A "solução" que Hitler então incentivou para lidar com a "classe de liderança" judia na União Soviética talvez tenha sido posteriormente vista pelos alemães como excessivamente radical ou arriscada, mas boa parte ainda aceitava que algum tipo de ação deveria ser tomado contra os judeus, na União Soviética, e sua inquietação só se relacionava ao grau de radicalismo envolvido. Afinal, o regime nazista vinha incutindo ódio e medo dos bolchevistas em meio à população alemã durante anos, antes do inesperado pacto de não agressão, de agosto de 1939, com Stalin. No entanto, Hitler também sabia que havia a probabilidade não apenas de haver oposição estrangeira à ideia de matar os judeus soviéticos a sangue frio, mas essas mortes serem algo que somente os antissemitas mais extremos provavelmente aprovariam. Portanto, da mesma forma como ele fizera com o boicote judeu em abril de 1933, e diante das consequências da *Kristallnacht*, em 1938, Hitler manteve seu nome e prestígio distantes dessas ações potencialmente prejudiciais.

Uma vez que o conflito tinha começado, Himmler ordenou que várias unidades da SS reforçassem o trabalho da *Einsatzgruppen*, na União Soviética, e a matança se estendeu até o verão e começo do outono de 1941, para incluir o assassinato de mulheres e crianças judias. Tudo isso aconteceu depois que Hitler se encontrara com Himmler, em 15 de julho, em sua sede do Leste da Prússia. Uma ideia do que passava pela cabeça de Hitler, na época, pode ser formulada a partir de um discurso que ele deu a uma seleção de líderes nazistas, no dia seguinte. Ele declarou que queria criar um "Jardim do Éden", no Leste, para os alemães, e isso seria alcançado "matando todo mundo que sequer (nos olhasse) de esguelha".[53] Durante o verão e o outono de 1941, Hitler também esteve falando sobre deixar as populações de cidades como Leningrado morrerem de fome, portanto, o aumento da intensidade das ações contra os judeus da União Soviética pode ser visto como parte de um objetivo maior, de destruir milhões de vidas no Leste.

A essa altura, também havia sérias considerações quanto a outro plano para a reorganização étnica radical do império nazista no Leste. Em 15 de julho de 1941, menos de um mês depois que a invasão tinha sido lançada, Himmler recebeu um esboço do *Generalplan Ost* (Plano Geral para o Leste), uma visão ampla para o assentamento de territórios do Leste que conceberam o desaparecimento de grandes números de populações indígenas. O professor Konrad Meyer-Hetling, um acadêmico especialista em planejamento rural e urbano, e também coronel da SS, teve um papel crucial na elaboração do documento. Como o plano passou por vários esboços posteriores, ficou claro que o número de pessoas a serem removidas quase certamente teria sido maior do que 40 milhões.[54] Nunca foi especificamente explicitado para onde essas pessoas seriam removidas, ou se e como seriam assassinadas. Muito provavelmente, elas também seriam embarcadas para os desertos ocupados no Leste da União Soviética e simplesmente abandonadas para morrer. Como os alemães não conquistaram a União Soviética como planejavam, o *Generalplan Ost* nunca foi estabelecido por completo, mas isso mostra o contexto no qual o destino dos judeus era urdido, no verão e outono de 1941. Também é outro exemplo de como pessoas altamente inteligentes, como Meyer-Hetling, se sentiram liberadas pelo regime para sonhar planos fantásticos, quase utópicos, que resultariam no sofrimento de milhões de pessoas (depois da guerra, após passar um curto período preso, Meyer-Hetling retomou sua carreira acadêmica como professor da Universidade Técnica de Hanover).

O fuzilamento de judeus na União Soviética também proveu o pano de fundo para as decisões do destino deles na Polônia, Alemanha e outros territórios a serem ocupados pelos nazistas. A ideia original havia sido deportar esses judeus para a União Soviética, uma vez que a guerra tivesse terminado. Mas agora, vários nazistas da liderança, como Joseph Goebbels, *Gauleiter* de Berlim e também ministro da Propaganda, e Karl Kaufmann, *Gauleiter* de Hamburgo, pediram a Hitler para considerar levar adiante aquele plano e deportar judeus alemães quase que imediatamente. Todos os envolvidos nesse processo sabiam que uma ação dessa importância só poderia ser tomada com a aprovação do Führer. Em resposta, Hitler disse a

Goebbels, em agosto de 1941, que sua "profecia" feita no Reichstag, em janeiro de 1939, para destruir os judeus, se eles "provocassem" outra guerra mundial, estava se tornando realidade. "No Leste, os judeus vão acertar a sua conta; na Alemanha, eles parcialmente acertaram e vão pagar ainda mais, no futuro".[55]

Em setembro de 1941, Hitler concordou em deportar os judeus alemães, e apenas algumas semanas depois, os de Hamburgo foram mandados para o Leste. Um alemão que não era judeu observou uma fila de judeus passando rumo à estação de trem de Hamburgo e relembra que cerca de um quinto das pessoas saudaram a sua partida, dizendo: "Graças a Deus que esses comedores inúteis estão desaparecendo",[56] mas a maioria só olhava em silêncio.

Os judeus de Hamburgo não foram mandados diretamente para a União Soviética ocupada, mas foram transportados ao gueto já superpopuloso de Lodz, na Polônia. A chegada deles criou uma crise que até dezembro de 1941 levou a um plano para assassinar judeus escolhidos no gueto, em vagões de gás, com base no centro de extermínio em Chelmno, a 120 milhas ao Norte de Lodz. Porém, a maioria dos 60 mil judeus deportados do "Velho Reich", entre outubro de 1941 e fevereiro de 1942, foram mandados diretamente para a área da União Soviética na qual o *Einsatzgruppen* operava. Alguns foram fuzilados logo na chegada, outros foram abrigados em guetos – e os judeus soviéticos foram assassinados para abrir espaço para eles.

O fato de que os judeus foram "mandados para longe" do Reich sem dúvida ajudou os alemães comuns a não pensarem em seu possível destino. Desde setembro de 1941, os judeus alemães foram obrigados a usar uma estrela amarela para marcá-los, e isso fez com que até alguns apoiadores do regime sentissem "pena"[57] de seus vizinhos judeus. Porém, uma vez que esses mesmos vizinhos judeus foram transportados ao Leste, muitas pessoas simplesmente deixaram de pensar neles.

Hitler parece ter agido durante aquele outono e inverno extravasando seus sentimentos viscerais de ódio contra os judeus, em vez de colocar em prática qualquer estratégia cuidadosamente pensada. Como já vimos, embora ele tivesse decidido, em setembro de 1941, que os judeus alemães deveriam ser deportados ao Leste, não havia plano detalhado quanto ao local exato para onde eles deveriam ir – Himmler teve de improvisar uma solução. Tudo que era certo era que o futuro desses judeus era extremamente desanimador.

Até o final de 1941, várias técnicas diferentes de assassinato estavam em desenvolvimento ou em operação: vagões de gás – nos quais as vítimas eram forçadas a entrar pela traseira de um vagão fechado, depois o monóxido de carbono do exaustor era usado para matá-las – estavam funcionando particularmente em Chelmno; o *Einsatzgruppen* continuou o fuzilamento em massa por trás da linha da União Soviética; começou a construção do primeiro campo de extermínio, em Belzec, no Sudeste da Polônia – Belzec começaria usando o exaustor dos poderosos motores à diesel para matar judeus "improdutivos" de guetos próximos; e no campo principal de Auschwitz, no Alto da Silésia, o comandante estava experimentando o uso de um inseticida poderoso chamado Zyklon B para matar prisioneiros de guerra soviéticos e doentes. Em alguns meses, essa técnica também seria usada para matar judeus das cercanias.

Não foi encontrada nenhuma ordem escrita de Hitler para matar os judeus naquele outono. Em vez disso, sua retórica continuava a estabelecer metas amplas e assassinas, enquanto o sistema fazia o restante. Naquele mês de dezembro, após o contra-ataque do Exército Vermelho e o ataque japonês à Pearl Harbor, a visão de Hitler para o destino dos judeus ficou ainda mais apocalíptica. Em seu discurso ao Reichstag, em 11 de dezembro, Hitler alegou que "a absoluta malícia satânica" dos judeus estava por trás da decisão de Roosevelt de embarcar em uma "mudança de rumo na política externa" – referindo-se ao apoio militar à Inglaterra. E como fizera em seus discursos no começo dos anos de 1920, Hitler alegava que os judeus estavam por trás das políticas da União Soviética comunista e também do capitalismo dos Estados Unidos.

No dia seguinte, em 12 de dezembro, Hitler se dirigiu aos líderes do Reich e, conforme registrado por Goebbels, disse que, já que os judeus tinham trazido uma guerra mundial, então "eles experimentariam seu próprio extermínio".[58] Quatro dias depois, em 16 de dezembro, Hans Frank, que tinha acabado de ouvir Hitler falar, disse, em uma reunião na Cracóvia, que "nós precisamos exterminar os judeus, onde quer que os encontremos". Em Berlim, acrescentou Frank, lhe disseram que os "liquidasse".[59] Um mês depois, em 20 de janeiro de 1942, ocorreu a infame Conferência de Wannsee, na periferia de Berlim. Ali, Reinhard Heydrich discutiu várias questões relativas ao destino dos judeus, incluindo a definição de quem deveria ser considerado "judeu", no contexto das deportações.

É fascinante ver tudo isso como uma corrente relativamente direta de causalidade. Em 12 de dezembro de 1941, Hitler anuncia uma decisão de exterminar os judeus, e então vários encarregados de executar sua decisão entram em ação. Mas isso está errado. Os comentários de Hitler em 12 de dezembro não resultaram no anúncio de um programa de extermínio englobando a Europa inteira e, ao contrário da crença popular, a questão de assassinar todos os judeus a gás *não* foi levantada na Conferência de Wannsee. Embora tenha havido uma discussão sobre um plano para matar os judeus mais rapidamente no Governo-geral (esses eram os judeus a quem Hans Frank tinha se referido em seu discurso "liquidá-los vocês mesmos", em 16 de dezembro), Heydrich quis que outros judeus com estatura suficiente fossem mandados ao Leste para construir estradas gigantes. Ali, grandes números ainda eram esperados para morrer, mas isso não era o grande plano do Holocausto, como nós conhecemos. Somente na primavera de 1942, dois meses após Wannsee, é que os primeiros judeus estrangeiros (provenientes da Eslováquia) chegaram a Auschwitz-Birkenau. Embora não fossem assassinados na chegada, muitos deles foram mortos posteriormente em câmaras de gás improvisadas, feitas das choupanas de camponeses. Os campos de morte de Sobibor e Belzec também começaram a funcionar por volta da mesma época – mas a maioria das pessoas mortas ali eram judeus poloneses, na verdade, judeus do Governo-geral. Somente no começo do verão que os judeus estrangeiros começaram a chegar.

Apenas no verão de 1942 ficou claro que a "Solução Final" significava absoluto "extermínio" de todos os judeus sob o controle nazista e que essa diretriz era para ser posta em prática já, não em algum momento "depois" que a guerra tivesse sido vencida. Até agosto, judeus do Oeste da Europa já não eram mais mandados aos guetos na Polônia, mas diretamente aos campos de extermínio – e somente um deles, Auschwitz, tinha a capacidade de "selecionar" qualquer número apreciável de judeus dos transportes que chegavam e colocá-los para trabalhar, antes que o resto fosse assassinado. Belzec, Sobibor e Treblinka eram todos exclusivamente campos de morte, onde os judeus que chegavam tinham mais de 99% de chance de serem assassinados com gás algumas horas após a sua chegada. A realidade prática e emocional dessa estatística nua e crua é relembrada por Toivi Blatt, um judeu polonês que foi mandado para Sobibor, em 1943. Ele foi um dos pouquíssimos escolhidos pelos nazistas para trabalhar no campo e, consequentemente, adiar a própria morte. Ele se lembra da chegada de "um transporte holandês, com cerca de 3 mil judeus" a Sobibor, "...nós os ajudamos com a bagagem pesada, depois nos disseram para separar as mulheres e crianças de um lado e os homens do outro... Eu estava com alguns outros jovens, gritando. Pedi que deixassem sua bagagem – às mulheres foi dito que deixassem suas bolsas, que apenas as jogassem de lado. A essa altura, eu percebi seus olhos – nos olhos das mulheres havia um tipo de ansiedade, elas estavam com medo. Por causa do que você carrega na bolsa – as coisas mais importantes. Uma mulher não queria deixar a bolsa e o alemão bateu nela com um chicote... Elas não sabiam que iam morrer em alguns minutos. Depois que os cabelos haviam sido cortados, lhes foi dito que fossem mais acima, nas barracas, por apenas alguns minutos, nas câmaras de gás. E eu tenho certeza de que essa foi uma armadilha perfeita, tenho certeza de que quando elas estavam nas câmaras e saiu gás dos chuveiros, em vez de água, elas provavelmente estavam pensando que era algum tipo de defeito. Eu lembro que outro transporte da Holanda chegou no meio da noite. Três mil pessoas chegaram e quando já estavam prontas para serem levadas para a câmara de gás e serem asfixiadas, eu me lembro de pensar que a noite estava linda, estrelada – e 3 mil pessoas morreram. Nada aconteceu. As estrelas continuaram no mesmo lugar".[60]

Toivi Blatt desafiou as estatísticas e sobreviveu a Sobibor porque conseguiu escapar numa grande fuga, em outubro de 1943. As matanças que ele presenciou viriam a se tornar – acertadamente – símbolos do regime de Adolf Hitler. Mas o processo de tomada de decisão que levou às câmaras de gás de Sobibor e outros campos de morte não foi nem simples nem direto. Não houve nem um único instante de decisão absoluta, mas uma série de pontos em escalada: no período da invasão da União Soviética; na deportação de judeus, no outono de 1941; nas reuniões de dezembro, entre líderes-chave do nazismo, após Pearl Harbor; na ação, em 1942, para estender a matança de judeus por todo o império nazista.

Era quase como se os nazistas estivessem descobrindo – passo a passo – apenas o quão radical eles podiam ser no tratamento aos judeus. Ninguém mais na história tinha percorrido essa rota. Ninguém jamais tentara passar um pente fino na Europa, de modo a exterminar um povo inteiro – homens, mulheres e crianças. Como diz o professor David Ceserani, "o que torna a 'Solução Final' tão extraordinária é que, ao descobrir ser impossível simplesmente remover os judeus e jogá-los fora, depois ignorar o que lhes pudesse acontecer, foi tomada a decisão de removê-los para lugares onde eles certamente seriam mortos e grandes esforços seriam enviados para assassiná-los. Não necessariamente todos de uma só vez, porque alguns serão preservados para o trabalho, mas eles acabariam todos mortos. Não morreriam simplesmente numa ilha na costa da África, na Sibéria, em uma reserva, de tifo, ou de fome, seja o que for. Eles seriam mortos. Isso é radical. Sem precedentes".[61]

Hitler foi responsável por tudo isso, não apenas porque ele quis que acontecesse. Ele foi responsável porque sua liderança carismática teve uma parte vital na legitimação de todo o esquema assassino de seus subordinados. Ao longo dos discursos, de registros em diários e outros documentos da época, pode-se encontrar referências da maior fonte de legitimação – o *Führer*. Em momentos de ansiedade, em momentos quando a dúvida permeava a determinação mais forte, sempre havia o consolo de que tudo isso estava sendo feito "segundo os desejos do *Führer*".[62] Conforme Goebbels escreveu, em seu diário, em março de 1942, no contexto da penalidade "bárbara" a ser "infligida" aos judeus, "o *Führer* é o pioneiro e porta-voz incansável para uma solução radical exigida pela natureza das coisas e que é inevitável".[63]

Uma vez que os seguidores de Hitler abraçaram sua visão e tiveram a garantia de que ele os apoiaria na busca da matança aos judeus, isso liberou uma onda de iniciativas de baixo. Assim, Hitler criou um sistema de destruição bem mais dinâmico do que outro que lhe exigiria autorizar cada detalhe. O que estava acontecendo ali era mais que apenas a aplicação da "Solução Final" do conceito de *Auftragstaktik*[64] – comando de missão – do Exército alemão. O Exército alemão permitiu o *Auftragstaktik* somente dentro de uma hierarquia restrita de comando, considerando que no contexto da matança dos judeus havia competição entre várias agências no Estado Nazista para resolver a "questão judaica". De fato, a Conferência Wannsee foi convocada por Reinhard Heydrich, em parte, no intuito de pôr fim a esse conflito e afirmar o controle da SS. E os que estavam envolvidos em papéis-chave no processo de matança também não chegavam meramente com ideias diferentes para estabelecer uma visão definida – como seria o caso, com a aplicação da *Ausftragstaktik*. A evolução até a "Solução Final" foi um processo genuinamente de duas vias, com iniciativas substanciais vindas de baixo, posteriormente aprovadas ou desencorajadas por decisões dos níveis mais altos. Era um sistema que até permitia que um funcionário de nível relativamente baixo, como o *Sturmbannführer* (major) Rolf-Heinz Höppner, da SS, sugerisse ao seu chefe, Adolf Eichmann, em julho de 1941, que a solução "mais humana" para a escassez iminente de alimento no gueto de Lodz talvez fosse "liquidar os judeus que não estivessem em boa forma física para o trabalho, com algum dispositivo de efeito rápido".[65]

Nazistas como Höppner se sentiam aptos a usar sua iniciativa e arranjar suas próprias "soluções" para o "problema" judeu, criado por eles mesmos. Isso, além de suas crenças antissemitas, levou a uma das consequências mais expressivas da liderança carismática de Hitler – a internalização da responsabilidade. Mais tarde, esses indivíduos estariam longe de afirmar que haviam meramente "cumprido ordens", quando haviam participado no processo de extermínio, pois achavam que haviam feito o "correto" na época. Adolf Eichmann, por exemplo, disse aos colegas, em 1945, que o fato de saber que ele tivera um papel na morte de milhões de judeus "lhe dava uma satisfação extraordinária, que o faria saltar para dentro de sua sepultura gargalhando".[66] Até bem mais adiante, na cadeia de comando, Hans Friedrich, um soldado da 1ª Infantaria da Brigada, que pessoalmente fuzilou judeus no outono de 1941, se sentia apto a dizer, mais de 60 anos depois, que ele "não" tinha sentimentos pelos judeus que matou porque seu "ódio aos judeus era grande demais".[67]

Por trás de tudo isso estava a figura de Adolf Hitler – autorizando, apoiando e endossando o processo de matança. Durante 1942, Hitler mostrou que estava preparado para se comprometer e atuar de forma pragmática em relação aos trabalhadores forçados no Leste – em abril, depois de representações de Albert Speer, Hitler concordou que as condições deles poderiam ser menos onerosas[68] – mas não em relação aos judeus. Eles estavam todos destinados a serem assassinados – independentemente de qualquer outra consideração de tempos de guerra. De fato, não é exagero dizer que nessa época Hitler via um *propósito* na guerra: os judeus deveriam morrer.

QUARTA PARTE

Sangue e morte

Capítulo 15

Última chance

Dezembro de 1941 representou um marco na guerra: daquele momento em diante, a derrota parecia, de longe, o desfecho mais provável para os nazistas. O fracasso do *Blitzkrieg* em garantir a vitória na União Soviética; a entrada da América na guerra; as gigantescas dificuldades de logística que os nazistas enfrentavam ao tentar reger um império no Leste, enquanto simultaneamente assassinavam milhões de habitantes – tudo isso era motivo para se ter certeza de que esse era o começo do fim.

Albert Schneider, que na época servia numa unidade alemã diante de Moscou, era um dos soldados que achava que, naquele momento, "a guerra já tinha sido perdida – que era, de fato, o fim de tudo... Embora, na época, eles ainda nem tivessem começado a recuar". E ele não sentia isso apenas por causa dos reveses militares que os alemães sofreram, mas por conta do comportamento das forças alemãs, nessas terras ocupadas. "O povo (cidadãos soviéticos) sofria sistematicamente o roubo de tudo... Todos que moravam no vilarejo (próximo) foram roubados, os celeiros eram vasculhados para ver se havia batatas e assim por diante, sem qualquer consideração quanto às próprias pessoas morrerem de fome... Eu sou da opinião que, se as pessoas tivessem sido tratadas decentemente, talvez nós tivéssemos ganhado a guerra".[1]

Com a ajuda de Goebbels, como sempre, Hitler culpava outras pessoas, principalmente seus generais, pelo fracasso em derrotar os soviéticos. Ele descreveu Brauchitsch, por exemplo, em março de 1942, como um "patife fútil e covarde que nem pôde avaliar a situação, muito menos dominá-la". Goebbels, que havia registrado as opiniões de Hitler em seu diário, depois escreveu, aparentemente com ironia: "Por sua interferência constante (de Brauchitsch) e sua desobediência consistente, ele estragou o plano inteiro para a campanha do Leste, já que ele havia sido descrito de forma cristalina pelo *Führer*".[2]

Hitler também foi ajudado pela forma inepta como Stalin agora estava agindo, como supremo comandante das forças soviéticas. Em 5 de janeiro de 1942, Stalin ordenou uma série de ofensivas quase simultâneas, ao longo do *front* inteiro. Foi uma ideia ridiculamente ambiciosa e ele a levou adiante, apesar das objeções de seus especialistas militares. O fracasso do Exército Vermelho em aproveitar os ganhos de dezembro de 1941, fora de Moscou, foi resumido pela ofensiva desastrosa em Cracóvia, em maio de 1942, quando várias unidades do Exército soviético foram cercadas e mais de 200 mil soldados foram feitos prisioneiros.

Mas, mesmo assim, as dificuldades fundamentais que os alemães enfrentavam ainda permaneciam. Em particular, a posição da Inglaterra tinha sido incrivelmente fortalecida pela entrada da América na guerra. "Nenhum americano irá pensar mal de mim", escreveu Churchill, quando ouviu falar do ataque japonês, em Pearl Harbor, "se eu proclamar que ter os Estados Unidos do nosso lado, para mim, é a maior alegria. Eu não finjo ter calculado precisamente a potência belicosa do Japão, porém, nesse momento, saibam que os Estados Unidos estão na guerra até o pescoço, até a morte. Portanto, nós ganhamos, no fim das contas!"[3]

Churchill estava certo. Hitler tinha sido incapaz de atravessar o canal, em 1940, para invadir a Inglaterra, e invadir a América estava fora de questão. Portanto, como *poderia* a Alemanha ganhar? Hitler ainda se agarrava à opinião de que se a União Soviética fosse derrotada, então, de alguma forma os aliados ocidentais poderiam ser contidos. E num exemplo notável da fé que ainda era depositada em sua liderança carismática, muitos dos que serviam no Exército alemão continuavam a acreditar nele. Carlheinz Behnke, da Waffen SS, por exemplo, estava convicto de que tudo terminaria bem: "Naquele tempo, nós estávamos preparados incondicionalmente para jurar lealdade ao *Führer*... Ainda havia fascínio, entende, quando o vimos em Berlim (no outono de 1942). Aquele foi o único momento em que eu o vi de perto, durante a guerra, o discurso aos oficiais cadetes, no Sportpalast. E na época nós ainda estávamos impressionados, ele estava vestindo um uniforme cinza, com a Cruz de Ferro de primeira classe como único adorno. Mesmo em retrospecto, eu tenho de dizer, quando ouço novamente aquele discurso, fico fascinado, não que eu queira (aquela época) de volta, mas naquele tempo era assim. E é difícil transmitir isso aos filhos, netos, se você não fez parte do período."[4]

Uma parte-chave de seu apoio contínuo a Hitler, durante 1942, era a crença de que os objetivos de seu líder não eram apenas corretos, mas inspiradores. "Ele desenvolveu uma visão inconcebível. Era uma visão utópica. Nós ficamos fascinados... O fato de que a *Lebensraum* estava se deslocando em direção ao Leste, numa Grande Europa comum. À época, eu achava que isso estava certo. Sem parar para pensar em todas as coisas relacionadas àquilo, a matança das pessoas e tudo o mais... E hoje em dia, nós dizemos, brincando, que podemos ficar felizes de termos perdido a guerra, porque, de outro modo, eu seria um comandante regional, um *Gauleiter*, e estaria cumprindo meu dever em algum lugar longe de casa... Acho que nós simplesmente nos sentíamos superiores, de alguma forma, entende? Superiores ao povo esloveno. Hoje parece ingenuidade quando se pensa nisso. Esse império imenso!"[5]

Joachim Stempel, então oficial da 14ª Divisão Panzer, também era cheio de confiança, em 1942. "Eu só posso dizer que nós éramos inspirados pela crença e a convicção de que triunfaríamos no que quer que fizéssemos." Ele e seus camaradas achavam que "não haveria nada que não pudéssemos realizar, apesar da dificuldade, carecendo de equipamentos, e sempre havia a convicção de que a liderança cuidaria de tudo".[6]

Em 1942, Wilhem Roes queria desesperadamente servir na Waffen SS. Ele tinha se inspirado em um pôster de recrutamento, com um homem louro da SS, com "um tipo de expressão que vinha de seus olhos". Mas por querer se alistar antes de fazer 18 anos, ele precisava do consentimento de seu pai. "Eu disse a ele (que sua aprovação era necessária) e ele ficou radiante por seu filho mais velho se tornar um soldado de verdade, na Waffen SS! Claro que ele assinou... em 1º de junho de 1942 eu fiz 17 anos, e em 8 de junho eu fui chamado."

Roes ingressou na SS *Leibstandarte* – unidade que o pai orgulhosamente lhe disse ser "a unidade de mais alta elite da Waffen SS". Ele ainda se lembra do "código de honra" da SS: "Nós não tínhamos permissão para trancar nossos armários, porque as pessoas da *Leibstandarte* não roubam". Ross também recebeu instruções ideológicas baseadas na educação que ele já tivera – desde 7 anos de idade – sob o controle dos nazistas. "O que mais nós tínhamos como propaganda? Nós tínhamos cursos de política... A história da vida de Adolf Hitler. Eu poderia recitar tudo hoje, o desenvolvimento do Partido Nazista, da SS. Naquela época, nos foi dito que a Segunda Guerra, na qual estávamos lutando, não teria sido possível sem a Primeira Guerra. O próprio Adolf Hitler havia sido soldado na Primeira Guerra, e seu partido não podia tolerar que territórios tão grandes tivessem sido tomados, e as colônias, que nós tínhamos que tomar de volta, para ser como era antes. Essa era nossa motivação. Nós nos alimentávamos disso, engolíamos isso. Eu era muito orgulhoso, extremamente orgulhoso."[7]

Quando de folga, Roes ostentava seu título do *Leibstandarte*. "Quando chegávamos a algum lugar, a um *pub*, ou algum outro estabelecimento, com nossos uniformes – com Adolf Hitler escrito ali (na manga), nossos uniformes eram fabulosos –, eu podia ver uma garota e dizer 'eu vou sair com ela'. Nós éramos do *Liebstandarte* – ooh! Estávamos na Itália, nunca vou me esquecer disso, e entramos num barbeiro, em Milão, um lugar dos anos 1920, com tudo cromado, nós nunca tínhamos visto algo assim. Caminhamos por lá e todos os assentos estavam ocupados. Os barbeiros italianos gritaram algo e todo mundo levantou, e todos nós sentamos em seus lugares. Não éramos soldados comuns, éramos a visão de algo muito especial. Claro que isso nos impressionava."

Quanto à missão da SS, de conquistar um império ocidental, e no processo confrontar um povo "inferior", Roes conta que ele "simplesmente acreditava no que a propaganda dizia. Portanto, se a propaganda dizia que aqueles eram russos subumanos, nós éramos mais valiosos, nós tínhamos que vencê-los, derrotá-los, para obter a terra que precisávamos para viver (então, nós acreditávamos). E aos 17 anos, eu não fazia ideia se tínhamos ou não terra suficiente. Eu não conseguia entender esse 'subumano'. Isso era dito e eu acreditava, não só eu, mas quase todo mundo. Os poucos que não acreditavam não se atreviam a dizer nada. É um problema de geração. Você não vai conseguir entender a mentalidade das pessoas (daquela época). Nós tínhamos 17 anos, estávamos acostumados a obedecer. Estávamos acostumados a acreditar no que nos diziam. No começo, estava certo o que nos diziam. Era isso, Hitler era um super-homem".

No entanto, já havia sinais de um número cada vez maior de soldados alemães – e seus parentes – que começavam a duvidar das qualidades sobre-humanas de Hitler. Uma indicação dessa tendência foi o comentário das notícias de morte, na imprensa alemã – com a frequência que os parentes mencionavam que seus filhos tinham morrido "pelo *Führer*", em vez de "pela Alemanha". No *Fränkischer Kurier*[8], por exemplo, jornal do Sul da Alemanha, Hitler tinha sido mencionado em mais de 40% das notícias de morte, no verão de 1940, mas isso caiu para apenas 12%, no segundo semestre de 1942. Ademais, começando na primavera de 1942, os registros mostram que houve um aumento do número de pessoas levadas à corte, em Munique, acusadas de fazer observações depreciativas sobre os nazistas.[9]

A mesma mudança de atitude da população alemã, de maneira geral, pode ser vista na reação ao discurso de Hitler, ao Reichstag, em 26 de abril de 1942 – a última vez em que o Reichstag se reuniria.

A tentativa de Hitler, de enfeitar os acontecimentos em seu discurso, teria animado apenas os nazistas obstinados. Ele culpou o inesperado clima ruim pelos problemas do *front* ocidental – o clima, disse ele, "até nessas áreas, só ficava tão ruim a cada cem anos"[10] – e os aliados, por começarem a guerra. O principal, que Hitler *não* disse, foi exatamente como a guerra seria vencida. Na verdade, havia uma névoa de preocupação da população alemã, pelo niilismo no discurso. "Nós, alemães, temos tudo para ganhar essa luta do 'ser ou não ser', porque perder a guerra, de qualquer forma, seria nosso fim."[11] E mais, o motivo ostensivo pelo qual Hitler queria se dirigir ao Reichstag – de modo a fazer com que o parlamento votasse para confirmar sua autoridade absoluta sobre o sistema legal – parecia irrelevante. Hitler já não tinha total autoridade sobre o Estado?

Ao encontrar Hitler, logo após o discurso, Goebbels sentiu que "ele estava muito feliz por ter tirado aquilo do peito".[12] Mas apenas dois dias depois, Goebbels escreveu: "A conclusão chegou (pela imprensa estrangeira), dizendo que o discurso do *Führer* representa, do jeito que foi, o lamento de um homem se afogando". Uma reação negativa foi vista até entre os ouvintes alemães. Um relatório secreto que Goebbels recebeu dizia que o povo alemão registrou "algum ceticismo sobre a situação militar. Acima de tudo, como o *Führer* falou de uma segunda campanha de inverno no Leste, as pessoas acreditavam que ele também não estava convencido de que a guerra contra a União Soviética pudesse ser concluída nesse verão".[13] A consequência do discurso foi uma "sensação de insegurança disseminada".

Essa sensação de que o carisma de Hitler estava enfraquecendo foi intensificada pela visita de Mussolini, em 29 de abril, apenas três dias após o discurso de Hitler. A atmosfera do encontro foi memoravelmente descrita pelos diários do ministro italiano de Relações Exteriores – e genro de Mussolini –, o resoluto e cínico conde Galeazzo Ciano. "Há muita cordialidade", escreveu ele, na chegada a Salzburg, "o que me deixa alerta. A cortesia dos alemães é sempre em proporção inversa à boa sorte deles".[14] No dia seguinte, descrevendo a reunião da delegação italiana com o *Führer*, ele diz: "Hitler fala, fala, fala. Mussolini sofre – ele, que tem o hábito de falar e que, em vez disso, praticamente tem de ficar quieto. No segundo dia, após o almoço, quando tudo já foi dito, Hitler falou, ininterruptamente, por uma hora e quarenta minutos... No entanto, os que têm menos pavor do calvário do que nós são os alemães. Pobre gente. Eles têm que aturar isso todo dia e eu estou certo de que não há um gesto, uma palavra, uma pausa, que eles não conheçam de cor. O general Jodl, depois de um esforço épico, finalmente dormiu no sofá".[15]

Hitler, é claro, sempre se portou dessa forma – mesmo quando, como já vimos, chegou a entediar seu colega de quarto, em Viena, antes da Primeira Guerra. A novidade era que a sensação de elo carismático que havia entre ele e seu público, que surgiu, pela primeira vez, nas cervejarias de Munique, há pouco mais de vinte anos, estava se deteriorando. E as razões para isso não são simples como se pode pensar. Não é necessariamente o fato de que a autoridade carismática enfraqueça pela falta de sucesso de um líder – Hitler e os nazistas eram terrivelmente malsucedidos à época do golpe (*Putsch*) do Beer Hall, por exemplo, mas a percepção do carisma de Hitler entre seus apoiadores, na verdade, aumentou, após seu julgamento por traição. Na verdade, o problema para um líder carismático vem com o desenvolvimento de um padrão de fracasso – principalmente quando aumenta a percepção de que não se pode confiar nas promessas dele.

No caso de Hitler, as dificuldades que ele enfrentava em abril de 1942 podem ser rastreadas de volta ao seu discurso anterior, em outubro, quando ele jurou que a guerra contra a União Soviética estava ganha. A essa altura, a população alemã sabia que seu líder estava espetacularmente errado. Não apenas isso, ele estava começando a parecer estar à mercê dos acontecimentos, em vez de dominá-los. Como, por exemplo, a Alemanha poderia derrotar a América, era um assunto do qual Hitler se esquivava – e as pessoas notavam. Isso certamente foi percebido por Ciano, que escreveu, em 30 de abril de 1942: "Em minha opinião, a ideia do que os americanos podem e vão fazer perturba todos eles, e os alemães fecham seus olhos para não ver. Mas isso não impede que os mais inteligentes e mais honestos pensem sobre o que a América pode fazer, e eles sentem um frio na espinha".[16]

No entanto, o testemunho de ex-soldados como Wilhelm Roes e Carlheinz Behnke, assim como a reação de muitos outros alemães da época, demonstra que ainda havia apoio expressivo para Hitler, como um líder carismático, em 1942. Tudo permanecia uma questão de fé, e pessoas diferentes teriam sua fé questionada em épocas distintas. Para os absolutamente convictos, era possível – conforme os acontecimentos foram se tornando sombrios – que sua fé permanecesse intacta. Afinal, como Göring dissera, em setembro de 1936, "por meio da genialidade do *Führer*, as coisas que pareciam impossíveis rapidamente se tornaram realidade".[17]

Mas era forte a tendência de que essa fé em Hitler criasse uma sensação irreal em relação à guerra. E essa sensação se espalhou chegando a Hitler, que só acreditava no que ele queria acreditar sobre a força do Exército Vermelho. Isso levou o general Halder a escrever, em desespero: "Essa tendência crônica a subestimar a capacidade do inimigo está lentamente atingindo proporções grotescas e se transformando em um perigo total. A situação está ficando cada vez mais intolerável. Não há espaço para trabalho sério algum".[18]

Mas quando a primavera se transformou em verão, em 1942, pareceu que, ao menos superficialmente, as coisas estavam melhorando para Hitler, após os reveses do inverno. No Extremo Oriente, os japoneses estavam envolvidos com os americanos, mesmo tendo acabado de perder porta-aviões cruciais, na Batalha de Midway, em junho de 1942; no Deserto Ocidental, Erwin Rommel rapidamente se tornava um herói alemão, principalmente quando o Afrika Korps tomou Tobruk, em 20 de junho, e fez 30 mil aliados prisioneiros. No mar do Ártico, no começo de julho, submarinos e aeronaves alemãs detonaram o comboio aliado PQ 17 e destruíram 24 dos 39 navios em rota, com suprimentos para a União Soviética – um desastre para os aliados, o que levou a uma suspensão temporária de todos os comboios no Ártico; e nas estepes do Sul da Rússia, a nova ofensiva do Exército alemão, intitulada *Fall Blau* (Operação Azul), estava fazendo um rápido progresso no Sudeste, rumo a Stalingrado e aos campos russos de petróleo, no Cáucaso. De fato, Hitler estava tão confiante naquele final de julho que ordenou às forças da Operação Azul que se dividissem. O Grupo A do Exército seguiria pelo Sul, rumo aos campos de óleo; e o Grupo B do Exército continuaria rumando a Leste, em direção a Stalingrado. Isso demonstrou uma confiança excessiva em grande escala – embora esse excesso de confiança nascesse do desespero de terminar logo a guerra no Leste – e, com ela, trouxe as sementes da calamidade que recairia sobre a 6ª Divisão do Exército alemão, em Stalingrado, em seis meses.

Um nível semelhante, quase bizarro, de excesso de confiança também era demonstrado por um dos mais antigos servidores de Hitler, Hermann Göring. A essa altura, Göring tinha se apropriado da recusa de Hitler de ouvir objeções práticas, a ponto de se sentir apto, em agosto de 1942, a dar um sermão em um grupo de nazistas seniores – incluindo comissários do Reich – como se ele fosse um diretor de escola falando com crianças que precisavam de uma bela bronca. "Deus sabe", disse ele, "que vocês não foram mandados para cá (aos países ocupados pelos nazistas) para trabalharem pelo bem-estar das pessoas de quem são encarregados, mas para tirar o máximo deles, para que o povo alemão possa viver. É isso que eu espero de seu empenho. Essa eterna preocupação com o povo estrangeiro precisa acabar agora, de uma vez por todas. Eu tenho, diante de mim, relatórios do que é esperado que vocês cumpram. Não é nada, quando considero seus territórios. Para mim, não faz diferença se nessa ligação vocês disserem que seu povo irá morrer faminto. Deixem-nos, contanto que nenhum alemão caia de fome".[19] Göring então exigiu um grande aumento na entrega de alimentos para a terra-mãe alemã – aparentemente mudando as cotas como se fosse por capricho. "Ano passado, a França entregou 550 mil toneladas de grãos", disse Göring, "e agora, eu exijo 1,2 milhão de tonelada. Em duas semanas um plano será submetido, sobre a forma como isso pode ser administrado. Não haverá mais discussões sobre isso".

No entanto, um apelo à "determinação" do indivíduo só tem chance de funcionar quando há uma possibilidade de sucesso. Não adiantava exigir matéria-prima quando simplesmente não havia nenhuma para ser entregue. Mas essa realidade não evitou que Göring, Himmler ou até Hitler exigissem o impossível. Em 11 de agosto de 1942, apenas cinco dias depois da reunião de Göring, Hitler se encontrou com Paul Pleiger, um industrial talentoso que agora era responsável por assegurar que houvesse carvão suficiente disponível para as necessidades de guerra alemãs. Pleiger explicou a Hitler que a extração de carvão estava declinando – ele precisava de mineiros experientes para serem alocados, mas no Leste só havia promessa de trabalho malnutrido. Hitler o ouviu, depois respondeu que, se houvesse escassez de carvão, então a produção de aço não poderia aumentar, e se isso acontecesse, a guerra seria perdida. Como é que Pleiger podia responder a uma afirmação dessas? Ele simplesmente disse que faria tudo que fosse "humanamente possível" para atender às necessidades de Hitler.[20]

Embora o comportamento de Hitler na reunião com Pleiger tenha sido ilustrativo dos imensos perigos de uma liderança carismática, no mínimo, demonstrou que ele ainda estava tentando agir como um líder carismático. Mas outras decisões por volta do mesmo período mostram que Hitler também teria dúvidas interiores quanto a ser ainda esse tipo de líder. Em 9 de setembro de 1942, Hitler retirou o marechal de campo List, do comando do Grupo A do Exército. Cada vez mais desesperado por um sucesso rápido, Hitler acreditava que List vinha se arrastando. Essa atitude em si não surpreende – Hitler já tinha retirado outros comandantes militares. A escolha do substituto é que foi muito expressiva – porque ele escolheu a si mesmo.

Essa foi a indicação mais estranha de Hitler, até então. Mesmo deixando de lado a nova cadeia absurda de comando, que significava que Hitler agora se reportava a si mesmo, repetidamente,[21] era impossível para ele exercer efetivamente o comando sobre soldados que estavam a mais de mil milhas de distância. Essa decisão, junto com o afastamento naquele mesmo mês do general Halder, do cargo de chefe de pessoal do Exército – cujos registros no diário afirmam "meus nervos estão em frangalhos"[22] – e sua substituição por Kurt Zeitler, um oficial conhecido por sua adulação, demonstravam um clima crescente de desespero no quartel-general do *Führer*.

Hitler certamente tinha um bom motivo para duvidar da capacidade prática do Exército alemão para ganhar essa guerra. Até o outono de 1942, a escassez de suprimentos do Exército alemão era tanta que o general Fromm, chefe dos Suprimentos e Armamentos do Exército escreveu, em um relatório, que Hitler deveria encontrar uma situação política imediata e acabar com a guerra.[23] Esse foi o pano de fundo para o início da obsessão de Hitler por uma cidade no *front* Leste – Stalingrado. Unidades da 6ª Divisão do Exército, parte do Grupo B do Exército, chegaram ao rio Volga, em agosto de 1942, e, até o começo de setembro, os alemães estavam lutando na cidade. "(Hitler) não estava alcançando o que queria no Cáucaso", diz Antony Beevor, que fez um estudo específico dessa batalha e, "assim, a 6ª Divisão do Exército recebeu ordens de capturar Stalingrado, e aí foi quando sua obsessão pela cidade que trazia o nome de Stalin se tornou uma cilada. Foi a isca e sempre é um grande desastre, numa guerra, quando um comandante se torna obcecado por um objetivo, em particular, e perde a noção do panorama geral".[24]

Stalingrado foi o marco da mudança na percepção da liderança carismática de Hitler. Para soldados da 6ª Divisão do Exército, como Joachim Stempel, esse foi o momento quando eles tiveram sua fé destruída. Como um jovem oficial da 14ª Divisão Panzer, ele tinha avançado pelas estepes russas naquele verão cheio de otimismo. Quando chegou a Stalingrado, cidade que ficava numa faixa estreita, ao longo da margem Oeste do Volga, o rio largo que dividia a Rússia europeia da Ásia, ele e seus camaradas acharam que seria "simplesmente uma questão de tempo, até que conseguissem empurrar o inimigo de volta à costa Leste".[25] Eles tinham ficado nas nuvens, por conta do sucesso dos alemães na Batalha de Cracóvia, quatro meses antes, e a calma relativa, com a qual eles haviam começado a investida na Operação Azul.

Porém, uma vez dentro de Stalingrado, eles enfrentaram uma resistência determinada das tropas soviéticas. "Havia atiradores disparando de todos os lados", conta Stempel, "de cada buraco, cada esquina, cada chaminé de uma casa incendiada, de cada monte de terra... (havia) montes de mulheres (soviéticas) de uniforme, que provaram ser excelentes atiradoras e que transformaram a nossa vida num inferno". Outro problema para os soldados da 6ª Divisão do Exército era que muitos dos que haviam atravessado as estepes em tanques eram estranhos à natureza mano a mano do combate, em meio às ruínas de casas e fábricas. "Não tínhamos familiaridade nenhuma com aquilo e tampouco havíamos recebido treinamento para aquilo... Você tinha de abrir seu próprio caminho até o *front*, agachado, ajoelhado, com tiros zunindo por todos os lados – da frente, de trás, de cima e de baixo. E à sua volta, o barulho da artilharia batendo nos restos das edificações das fábricas... Ver seu adversário é uma sensação indescritível, quando você subitamente se vê cara a cara, um com o outro. Você pensa: 'ele quer me matar, eu preciso matá-lo'. Não dá para descrever essa sensação. Não há hesitação, nem consideração do sentimento humano... Diziam-nos, repetidamente, 'mais 100 metros e vocês terão conseguido! (Terão chegado ao Volga)'. Mas como fazer isso se você simplesmente não tem força? E também foi terrível para o nosso pessoal trazer suprimentos, quando, encobertos pela noite, finalmente trouxeram a comida até o *front* em contêineres térmicos, embora já tivesse ficado completamente fria, e de súbito foram mortos por trás pelos russos. E nós estávamos esperando pela comida que nunca chegava, porque eles tinham sido pegos, levados prisioneiros ou alvejados pelos observadores russos, ou pelas patrulhas de reconhecimento, por trás de nossa retaguarda." Conforme cada dia passava, Stempel via que "cada ataque resultava em um número tão grande de baixas que era fácil calcular quanto tempo levaria até que não sobrasse mais ninguém".

As dificuldades da 6ª Divisão do Exército em Stalingrado foram aumentadas pela promessa feita por Adolf Hitler, em um discurso de 30 de setembro de 1942. "Podem ficar sossegados", disse ele, "não há ser humano que possa nos tirar desse lugar".[26] Foi uma afirmação ainda mais explícita do que a que ele havia feito, um ano antes, sobre a vitória na campanha na União Soviética. Agora – em condições inequívocas – Hitler dissera que o Exército alemão jamais recuaria de Stalingrado. Carlheinz Behnke, na época um oficial júnior da Waffen SS, ouviu Hitler fazer esse discurso e dizer: "Nós vamos tomar Stalingrado!" E ele e seus camaradas "não duvidaram de nada. Nada mesmo".[27]

Jamais saberemos, com certeza, qual foi a motivação de Hitler para prometer Stalingrado. Talvez sua decisão tenha sido influenciada pelo fato de que a cidade tivesse o nome de Stalin. Mais provavelmente era porque Hitler percebeu que precisava reconstruir a confiança nas suas promessas, depois do fiasco do ano anterior, e essa era uma promessa ao povo alemão que ele realmente achava que poderia cumprir. Além disso, como diz Antony Beevor, Hitler, "de alguma forma, acreditava que se o soldado alemão se mantiver firme, ele sempre estará certo. Essa era toda sua noção, 'o triunfo da vontade' e a ideia de que, de alguma maneira, uma decisão moral e o caráter decisivo podem superar tudo".[28]

Mas o outono virou inverno e ficou claro que a 6ª Divisão do Exército alemão não conseguiria remover da cidade os soldados da 62ª Divisão do Exército soviético. Sob o comando de Vasily Chuikov – um homem tão durão que costumava bater em seus próprios oficiais, se o descontentassem –, os soldados do Exército Vermelho se agarraram à margem ocidental do rio Volga, ou viveram no fundo dos destroços de prédios em ruínas. "Nosso princípio era: vamos cravar as garras na garganta do inimigo e segurá-lo bem de perto", diz Anatoly Mereshko, na época um jovem oficial soviético em Stalingrado, "para que você fique vivo. Essas eram as táticas de Chuikov".[29]

Enquanto a 62ª Divisão do Exército soviético se mantinha em Stalingrado, uma ofensiva estava sendo preparada para libertá-los, por dois dos mais brilhantes generais de Stalin – Zhukov e Vasilevskii. O plano – de codinome Operação Uranus – era fazer um cerco vasto. Para começar, os soldados do Exército Vermelho não atacariam Stalingrado em si, mas fariam pressão contra os flancos do inimigo, a cem milhas de distância a Oeste da cidade, e confrontariam as unidades romenas mais fracas que protegiam os suprimentos alemães. A operação, lançada em 19 de novembro de 1942, foi um sucesso espetacular – apenas quatro dias depois, o Exército Vermelho teve êxito e isolou completamente os alemães, em Stalingrado.

O sucesso da Operação Uranus trouxe à tona uma série de falhas na liderança de Hitler. Mais que qualquer coisa, mostrou as consequências de sua imensa arrogância: ele tinha subestimado grosseiramente a capacidade de resistência dos soviéticos. Especificamente, havia ignorado sua capacidade de aprender as táticas do Exército alemão com inteligência. Como as forças soviéticas se portaram de um jeito particular no passado – por exemplo, adentrando uma armadilha deixada pelos alemães, na Batalha de Cracóvia, na última primavera –, ele achou que eles se comportariam de forma parecida no futuro. Mas desde o nível mais alto do governo soviético – Joseph Stalin – até o soldado mais comum, a máquina militar soviética havia mudado. Nos últimos meses, Stalin tinha se tornado menos ditador em relação aos seus generais seniores – ele tinha, por exemplo, permitido que Zhukov e Vasilevskii começassem e desenvolvessem a Operação Uranus com liberdade –, enquanto avanços também eram feitos no treinamento e coordenação das unidades individuais. Mais importante, os soviéticos tinham desenvolvido técnicas de *maskirovka* (ilusão) para ocultar sua formação militar dos alemães.

A subestimação de Hitler em relação à capacidade do inimigo tinha passado aos seus comandantes. Em 23 de outubro de 1942, apenas algumas semanas antes do lançamento da Operação Uranus, um novo chefe-geral de pessoal, Kurt Zeitzler, tinha declarado que os soviéticos "não estavam em posição de montar uma grande ofensiva de qualquer objetivo de longo alcance".[30] No entanto, Hitler, mesmo diante do surpreendente sucesso soviético no cerco à 6ª

Divisão do Exército, ainda continuava a subestimar seus oponentes. A *Unternehmen Wintersturm* (Operação Tempestade de Inverno), a tentativa de Manstein de socorrer a acometida 6ª Divisão, nunca foi adequadamente fundamentada e a tentativa de resgate foi pedida, depois de menos de uma semana. Quanto à forma de Göring se gabar do fato de a Luftwaffe poder suprir adequadamente a 6ª Divisão por via aérea – isso acabou sendo mais um desejo ilusório. Como consequência da falha alemã em socorrer a 6ª Divisão, as condições dentro do cerco se tornaram cada vez mais severas. "Depois do Natal, as coisas pioraram rapidamente, em termos de moral e, não somente de moral, mas também havia a questão da (falta de) comida, suprimentos",[31] conta Gerhard Hindenlang, um comandante de batalha em Stalingrado.

Ainda assim, muitos soldados da 6ª Divisão esperavam pelo socorro. Eles ouviam, ou achavam ter ouvido, o ruído dos tanques chegando com os libertadores alemães. Conforme dito por um oficial preso no cerco de Stalingrado: "Eu acreditava que o *Führer* não desistiria de nós; que ele não sacrificaria a 6ª Divisão do Exército; que ele nos tiraria de lá".[32]

Eles estavam errados. Seu *Führer* havia desistido deles. Tudo que restava para Hitler era uma tentativa de elaborar um final wagneriano para a saga, promovendo o comandante da 6ª Divisão do Exército, Friedrich Paulus, a marechal de campo em 30 de janeiro de 1943, pouco antes da queda de Stalingrado. Como nenhum marechal de campo alemão jamais havia se permitido ser capturado pelo inimigo, esse era um sinal claro de que Hitler queria que Paulus se matasse. Mas Paulus decidiu não tirar a própria vida e foi capturado pelo Exército Vermelho. A reação de Hitler foi um misto de fúria e incredulidade. "Isso me dói muito",[33] disse, quando soube da notícia, "porque o heroísmo de tantos soldados é destruído por uma única fraqueza..."

A reprodução das palavras de Hitler, naquele dia, mostra um lado crescente de sua liderança – um lado que se revelaria ao mundo apenas dois anos depois –, o desejo de abraçar a morte na derrota. "O que significa 'vida'?", perguntou Hitler. "[...] O indivíduo tem de morrer. O que permanece vivo, além do indivíduo, é o povo. Mas como pode alguém temer esse momento – por meio do qual se pode libertar da infelicidade..."[34] Em vez de entrar na "imortalidade nacional",[35] Paulus havia "preferido" ir para Moscou, onde os "ratos irão comê-lo", na prisão de Lubyanka. Além disso, Paulus tinha aberto um precedente perigoso – agora, os oficiais do futuro talvez não lutassem até a morte. Hitler estava certo de como o fim chegaria: "[...] reúnam-se, montem uma defesa ao redor e se matem com o último cartucho. Se você imaginar que uma mulher, depois de ser insultada algumas vezes, tem orgulho suficiente para se trancar e atirar em si mesma imediatamente – então, eu não tenho respeito por um soldado (que prefere estar) no cativeiro".[36]

Desde que ingressara no Partido Alemão dos Trabalhadores, 23 anos antes, Hitler demonstrara ser um jogador pronto para correr grandes riscos, que poderiam perfeitamente ter qualquer resultado. Ele também dissera que havia presumido que a Batalha de Stalingrado terminaria de forma "heroica" – e com "heroica", ele se referia, se necessário, ao suicídio como último recurso. Nesse sentido, Paulus e muitos outros camaradas da 6ª Divisão do Exército o decepcionaram. Em breve, ele tentaria se assegurar de que milhões de alemães não o fizessem.

Capítulo 16

A morte do carisma

A vergonha de Stalingrado causou o enfraquecimento na crença em relação ao carisma de Hitler por todo o país. No entanto, o extraordinário é que Hitler se manteve líder da Alemanha por mais dois anos. Uma explicação que costuma ser dada a esse fenômeno é que o regime nazista tenha começado a recorrer mais ao terror e às ameaças para se manter no poder. Elementos de coação sempre existiram, mas agora se faziam mais presentes. Mas isso é apenas parte da história. O atrativo carismático de Hitler não desapareceu inteiramente e seu legado lançava uma sombra longa e destrutiva.

Hitler buscava limitar os danos causados pelos acontecimentos em Stalingrado, que arranharam seu prestígio de inúmeras maneiras. A mais óbvia é que ele simplesmente não aparecia em público durante a época de derrota. Foi Goebbels quem recebeu a tarefa de ler uma longa proclamação de Hitler, em 30 de janeiro de 1943, décimo aniversário de sua nomeação como chanceler. E ficou por conta de Göring falar no rádio, naquele mesmo dia, para articular o motivo para que o povo alemão continuasse tendo fé em Hitler. A razão que ele deu foi direta: a "providência" havia mandado Hitler para a Alemanha, para que esse "simples combatente" da Primeira Guerra ganhasse grandeza. Então, como se podia acreditar que o que estava acontecendo agora era tudo "insensatez"?[1] Era uma tentativa óbvia de apelar para que a "fé" no carisma de Hitler prosseguisse, ou até dobrasse. Essencialmente, era a mesma repreensão que a 6ª Divisão tinha recebido do quartel-general de Hitler, apenas poucos dias antes da rendição – que era para lembrar sempre de que "o *Führer* sabe mais".[2]

Havia dificuldades para seguir esse conselho. Pois não havia dúvida de que Hitler tinha quebrado a promessa feita em setembro anterior, de que "ninguém" jamais tiraria o Wehrmacht de Stalingrado. Além disso, como demonstrado por outros acontecimentos ocorridos no primeiro semestre de 1943, simplesmente incitou as forças armadas alemãs a continuarem lutando, diante das vantagens óbvias que o inimigo agora tinha, o que nem podia ser chamado de estratégia. Veja, por exemplo, o que estava acontecendo na batalha do Atlântico. Em maio de 1943, a Marinha alemã foi forçada a recuar todos os submarinos do Atlântico Norte – uma admissão explícita da derrota. Jürgen Oesten, um dos mais bem-sucedidos capitães de submarinos da guerra, explica por que, no seu ponto de vista, essa decisão teve de ser tomada: "Se um submarino localizasse um comboio, então, claro, ele enviava um sinal relevante e, então, os outros submarinos estariam em posição para ajustar seu curso de acordo, para que pudessem localizar o comboio também... e esse sistema estava funcionando razoavelmente bem, contanto que os barcos de escolta não estivessem em posição de detectar as outras embarcações à noite... (Porém), a partir da segunda metade de 1942, os barcos (britânicos) de escolta conseguiam encontrar a direção do sinal sem fio (do submarino), de modo que se um deles nas redondezas do comboio emitisse um sinal, os *destroyers* ficariam em posição de vir diretamente ao submarino. A segunda coisa era que o radar era bem mais veloz no lado britânico do que no alemão, e as embarcações de escolta estavam equipadas com radar, portanto, dali em diante, os barcos de escolta estavam em posição, também, para detectar as embarcações por meio de radar à noite e estavam em posição de encontrar a direção do submarino, assim que este enviasse um sinal sem fio. Nesses dois aspectos, os aliados eram superiores, portanto, nós tivemos que parar a guerra no Atlântico nos primeiros meses de 1943. Paramos todos os submarinos de guerra, no Atlântico Norte, porque os barcos já não eram mais seguros".[3]

Ao lado dos avanços dos aliados em tecnologia de radares, os decifradores de código, em Bletchley Park, Inglaterra, tinham decifrado os códigos navais alemães, e isso, além de uma defesa aérea melhor dos comboios do Atlântico, significava que a linha da vida atravessando o oceano, entre a América e a Inglaterra, não podia ser rompida. Isso simbolizava uma razão crucial para os nazistas estarem perdendo a guerra – eles não tinham tempo, nem recursos para inovar. Após eventual sucesso inicial que os alemães tenham tido, a iniciativa rapidamente passou aos adversários mais bem equipados e numerosos. Por todo o estardalhaço do novo ministro de Armamentos, Albert Speer, e todas as pistas das "armas maravilhosas" alemãs por vir, as consequências dessa realidade, em 1943, eram inescapáveis – a Alemanha não podia ganhar essa guerra. A Marinha alemã não tinha resposta aos avanços tecnológicos no Atlântico, e o Exército alemão não tinha resposta ao alerta estratégico crescente e à potência do Exército Vermelho, no *front* oriental.

Quanto à Força Aérea alemã, a inabilidade da Luftwaffe em proteger as cidades alemãs dos ataques era demonstrada para que todos vissem. Em março de 1943, um bombardeio extenso sobre a área industrial da região de Ruhr começou. E as explosões em Hamburgo, como resultado de ataques à bomba no fim de julho, mataram mais gente – 40 mil – do que as vidas perdidas em Londres, no curso inteiro de Blitz. Na guerra de bombardeio, assim como na batalha do Atlântico, foi essa mesma combinação de melhores inovações dos aliados que agora fazia os alemães sofrerem.

Pouco antes do bombardeio em Hamburgo, em 25 de julho, os italianos tinham demonstrado como estavam preparados para lidar com seu próprio líder carismático, Benito Mussolini, que havia inspirado Adolf Hitler e os nazistas, no começo dos anos 1920. Vendo o rumo que a guerra estava tomando, o Grande Conselho Fascista votou para retirá-lo do poder, e Mussolini foi preso ao deixar uma audiência com o rei. Pouco depois, os italianos romperam sua aliança com a Alemanha e tentaram deixar a guerra. "Certamente não foi muito honroso quando se trai um amigo, um aliado, mas isso acontece, acontece", diz Mario Mondello, na época um diplomata italiano e membro do Partido Nacional Fascista Italiano. "Às vezes, somos mais realistas que os alemães. É claro que sendo realistas nós não somos leais ao chefe presente, e assim por diante. Eu não digo que seja algo nobre, mas é nosso caráter."[4]

No entanto, era muito mais do que a percepção de qualquer variação no "caráter" entre alemães e italianos o que possibilitou a permanência de Hitler no poder quase dois anos a mais que Mussolini. Uma diferença importante entre os dois países era estrutural. Mussolini, ao contrário de Hitler, não havia desmantelado inúmeras instituições que podiam responsabilizá-lo. O rei italiano era chefe de Estado – não Mussolini –, e ainda era possível que os membros do Conselho Fascista se reunissem e declarassem, com seus votos, a falta de confiança em Mussolini. Nada disso poderia ter acontecido na Alemanha nazista. Hitler sempre fora mais alerta a qualquer possibilidade de desafio à sua autoridade – e indicou a si próprio como chefe de Estado, em 1934, deixando o Gabinete definhar e morrer, enquanto fórum político, antes da deflagração da guerra.

Enquanto isso, Hitler continuava a contar com seus atrativos pessoais para motivar seus generais. Alguns meses depois de Mussolini ter sido deposto, Peter von der Groeben, então chefe de operações do Grupo Central do Exército alemão, participou de uma reunião com outros comandantes seniores, na sede de Hitler, na Toca do Lobo, no Leste da Prússia. Von der Groeben observava enquanto Hitler e os generais "discutiram por duas horas, quanto à única divisão de tanques ter, ou não, sido corretamente organizada... Então, em pé, ao fundo, ia ficando cada vez mais desesperado... E, ao final de cada reunião, ele (Hitler) sempre virava diretamente para o marechal encarregado e dizia: 'Mas você não vai me abandonar' e pegava suas duas mãos e sacudia... Ele tinha uma habilidade imensa em manipular e influenciar as pessoas".[5] O aristocrata von der Groeben também revela que a conduta de Hitler durante esses encontros certamente não era a de um homem louco. "Só posso julgar tudo isso das reuniões que participei, mas ele sempre esteve acima de reprimendas, em todos os sentidos. Eu nunca presenciei nenhum tipo de comportamento abusivo, ou algo parecido."

Johann-Adolf Graf von Kielmansegg, um oficial da Equipe Geral Alemã, testemunhou o efeito motivador que Hitler continuava a possuir. Ele e seus amigos chamavam isso de "vírus do alto-comando do Wehrmacht", e sempre que um novo oficial chegava, eles se perguntavam: "Quanto tempo vai levar, antes que ele pegue o vírus?" Kielmansegg acreditava que se contraía esse "vírus" quando em contato muito próximo com Hitler. "A única vez que eu estive sob o efeito, por assim dizer, foi quando Hitler me deu uma ordem pessoal para o marechal Antonescu, líder romeno naquele tempo. Éramos apenas três. O chefe-geral de pessoal, à esquerda; Hitler no meio, e eu, à direita. E eu estava ali. E o chefe de pessoal disse (para Hitler): 'Quer dar uma ordem pessoal ao conde Johann-Adolf Kielmansegg'. Eu era seu emissário, pode-se dizer. Então, Hitler se virou e me olhou. E, naquele momento, eu tive uma sensação forte: 'Esse homem sabe exatamente o que você está pensando'. Essa foi a sensação que eu tive."[6]

Nicolaus von Below, adjunto de Hitler na Luftwaffe, relembra que Hitler "nunca deixou transparecer um sinal de fraqueza, nem indicou que via uma situação como insolúvel... Eu ficava fascinado ao ver como ele sempre conseguia dar um valor positivo aos reveses, e até convencia os que trabalham perto dele".[7] Em parte, Hitler alcançava esse efeito usando os mesmos métodos há anos – encarando os olhos da pessoa, por mais tempo que o normal, dando uma sensação de imobilidade ao momento, uma ausência absoluta de dúvida, e um atrativo pessoal e direto à lealdade. Porém, a essa altura, todo oficial que ficava diante de Hitler também sabia estar na presença de um homem que, ao longo dos últimos três anos, havia conduzido a Alemanha a grandes vitórias – e esses êxitos não tinham sido esquecidos, mesmo agora, diante de derrotas recentes. Talvez, apenas talvez, o *Führer* ainda soubesse "mais".

Oficiais seniores como Karl Dönitz, seguidores fiéis de Hitler, eram particularmente suscetíveis a esse seu aspecto atrativo. Jürgen Oesten, por exemplo, relembra ter acompanhado Dönitz a uma reunião com Hitler na época da guerra. Antes de entrar na sala para encontrar o *Führer*, Dönitz dissera a Oesten como ele iria expressar suas dúvidas sobre a habilidade da Marinha em realizar o que Hitler queria. Então, Dönitz entrou na sala para ver Hitler. Mas quando voltou, Dönitz estava transformado. Ele estava cheio de confiança quanto ao caminho a seguir e, Oesten conta, "flutuando num mar de emoção".[8]

"Passei por algumas experiências assim", confirma Ulrich de Maizière que, no papel de oficial da Equipe geral, esteve presente em reuniões com Hitler já no final da guerra, "de homens que vinham lhe dizer que não podiam mais seguir adiante – e até diziam isso a ele. E ele falava por uma hora, e, então, eles diziam: 'Eu quero tentar novamente'... Bem, ele tinha uma determinação muito forte, sabe, e poderes de persuasão que podiam contornar quaisquer argumentos racionais... Se ele ordenasse um ataque ao Cáucaso, e o especialista em logística lhe dissesse que não havia combustível suficiente, ele diria: 'Então, simplesmente, tome o combustível. Não me interessa, isso será feito'".[9]

Assim como antes, os poderes de Hitler só funcionavam naqueles que eram predispostos a sucumbirem a eles. Por exemplo, Günther von Below, um coronel que havia sido capturado em Stalingrado, não era suscetível. "Para mim, Hitler nunca foi superior, ou uma personalidade de liderança opressora. Eu nunca tive essa sensação. Ele nunca me causou uma impressão muito forte. Talvez você pense que essa é minha postura 50 anos depois do acontecido, mas eu sei, com certeza, que nunca senti isso em relação a ele. Ele nunca me fascinou."[10] Mas o motivo para que von Below não tenha se dobrado ao atrativo pessoal de Hitler não é tão difícil de descobrir – ele nunca ficou perplexo por ninguém que tivesse conhecido. "Eu mesmo sempre fui bem casual, minha vida inteira", ele admite. "E, uma vez, minha esposa disse: 'Você é sempre tão despreocupado, droga'".

Para os que eram inclinados a se deixar levar por um "mar de emoção", após um encontro com Hitler, as consequências eram consoladoras – porém, geralmente, de curto prazo. Pois havia motivos óbvios para que o carisma de Hitler ainda fizesse efeito – afinal, quem, no alto-comando Alemão *queria* acreditar que a guerra estava perdida? Era preciso possuir considerável poder de autoenganação para fingir que as promessas de Hitler por um futuro melhor ainda pudessem ser cumpridas. Em junho de 1944, por exemplo, o general Kurt Zeitzler, que há muito era visto como um homem que compartilhava do otimismo de Hitler, simplesmente não conseguia mais suportar a pressão. Ele teve um colapso nervoso e deixou o cargo como chefe de pessoal do Exército alemão.

Mas a inquestionável habilidade de Hitler, para persuadir muitos dos que conhecia a "tentar mais uma vez", tem de ser vista em contraste com outros motivos poderosos para prosseguir na luta e tinha pouco a ver com quaisquer poderes carismáticos que ele ainda poderia ter. Primeiro era o conhecimento dos crimes que haviam sido cometidos desde o início da guerra – particularmente, desde a invasão à União Soviética. Esse podia ser um fator motivador poderoso, como Heinrich Himmler conheceu tão bem. Tanto que ele deliberadamente disse, com todas as letras, o que a SS andou fazendo, quando falou em Posen em 6 de outubro de 1943, numa reunião de nazistas seniores. Ele lhes disse explicitamente que o extermínio dos judeus estava ocorrendo e que até o fim do ano a "questão judia" teria sido "resolvida". Além disso, ele disse que havia sido necessário matar mulheres e crianças judias, assim como homens, para evitar "vingadores" da raça em número crescendo e buscando uma retaliação no futuro. Quando chegava ao fim de seu discurso, Himmler disse à sua plateia: "Agora, vocês sabem a respeito".[11]

Compartilhar o conhecimento de assassinato em massa, de milhões de pessoas, com a elite nazista, foi um meio de criar um senso de responsabilidade comum de lutar até o amargo fim. O quanto essa atitude foi potente é algo que pode ser estimado pelas dificuldades que a presença de Albert Speer nessa reunião de 6 de outubro lhe causaram adiante. Afinal, como ele poderia se retratar como um "bom nazista" sendo alguém que buscou mitigar a ordem de Hitler para destruir a infraestrutura alemã nos últimos dias de guerra, quando, no outono de 1943, lhe fora dito tudo sobre o extermínio dos judeus? Não surpreende que Speer tenha vorazmente – mesmo que não convencendo – persistido, até o último suspiro, que deixara a reunião cedo, e não tinha ouvido as palavras de Himmler em Posen.

É claro que o conhecimento das atrocidades cometidas no Leste não se restringiu à elite nazista. Peter von der Groeben, por exemplo, sabia exatamente o que estava se passando, quando coordenava um recuo tático, como comandante do Grupo Central do Exército. Um oficial da SS o abordou e disse: "Ouvi dizer que quer evacuar o território por lá". Von der Groeben disse que estava correto, apenas para ouvir o homem da SS responder: "Não, isso não será possível". E quando von der Groeben perguntou o motivo, lhe foi dito que "lá estão localizados os túmulos em massa". O homem da SS tirou um punhado de fotografias do bolso e mostrou o que pareciam "canteiros de nabos", mas que na verdade era o local onde a SS havia enterrado suas vítimas. "Em circunstância alguma isso pode cair nas mãos dos russos", disse o oficial da SS. "Bem, meu caro camarada", disse von der Groeben, "providencie para que isso seja removido".

"Essa foi a primeira vez", conta von der Groeben, "que eu fiquei sabendo o que aquela gente andava fazendo... Não havia motivo para que eu lhe desse um sermão naquele momento, sabe. Eu não estava em posição de fazer isso. Sim, eu fiquei horrorizado, horrorizado – até onde posso me lembrar. Digamos que fiquei profundamente horrorizado e abalado, o que não me lembro. O que eu deveria ter feito? O que eu poderia ter feito? Então, eu poderia ter ido ao meu marechal e relatado o que tinha acabado de descobrir? Não me lembro do que de fato disse a ele. Do contrário, eu também poderia ter ido para casa e dito: 'Bem, eu não vou mais concordar com isso'. Mas isso estava totalmente fora de questão. O que você teria feito? Você me diz".[12]

Von der Groeben também revela outra razão para que, apesar das matanças em massa, ele sentisse que deveria prosseguir servindo Hitler da melhor forma que pudesse: "Aqueles (alemães) que estavam lutando na Rússia ainda mantinham a ideia de que, sob quaisquer circunstâncias, eles precisavam evitar que os russos entrassem na Alemanha – e também no Leste da Prússia, de onde eu sou. E, por esse motivo, é claro, apesar de todas as dúvidas e rejeições fundamentais, tentou-se pelo maior tempo possível fazer o melhor para evitar isso por meios militares". Ansiedades como essas contrastavam com o aumento da coação e o uso do terror pelas autoridades nazistas; e nesse contexto, não foi acidental que Heinrich Himmler fosse indicado ministro do Interior, em agosto de 1943.

Porém, não havia grau suficiente de ameaça, culpa ou medo que pudesse alterar o fato de que a Alemanha estava perdendo a guerra. O fracasso da *Unternehmen Zitadelle* (Operação Cidadela), ofensiva alemã durante o verão, nos arredores de Kursk, em 1943, marcou o fim da pretensão de que o Wehrmacht poderia montar um grande contra-ataque de sucesso no *front* Leste. Porém, os oficiais próximos a Hitler, como Nicolaus von Below, mantinham a fé em seu *Führer*. "Há algum tempo eu já não acreditava na vitória", disse von Below, "mas também não antevia a derrota. Ao fim de 1943, eu estava convencido de que Hitler ainda podia encontrar uma solução política e militar. Eu não estava só nessa crença paradoxal."[13]

Entretanto, no começo de 1944, Fritz Darges, adjunto de Hitler na SS, descreve o clima no quartel-general do *Führer* como "abatido". "Nós ficávamos preocupados toda vez que um novo oficial chegava. Que má notícia ele traria desta vez?" Mas continuava óbvio para Darges e seus camaradas que seu *Führer* lutaria até o fim, independentemente de qualquer outra consideração. "Hitler costumava dizer: 'Eu não desisto cinco minutos antes de meia-noite, desisto à meia-noite e cinco'. De qualquer jeito, quem pediria que ele desistisse? '*Mein Führer*, acha que é possível ganhar a guerra?' Você pode me dizer quem teria feito essa pergunta?"[14] Darges expressa com uma metáfora o motivo pelo qual era impossível desistir: não se pode "pular de um trem em movimento". Outros comparavam o apuro a marinheiros presos num barco numa tempestade.

No entanto, também havia oficiais alemães que tinham formado uma visão muito diferente – que haviam decidido que a guerra não estava apenas perdida, mas que a única forma de evitar mais sofrimento era matar Hitler. Os principais conspiradores eram um grupo de oficiais do Exército de berço nobre. Um dos líderes, por exemplo, Henning von Tresckow, major e chefe de operações do Grupo Central do Exército, vinha de uma família aristocrática do Leste da Alemanha. Assim como Ludwig Beck, ele inicialmente vira Hitler como um líder político útil que fortaleceria o Exército alemão e tentaria "consertar as injustiças" do Tratado de Versalhes. E apesar de ter tido um papel dramático na vitória da Alemanha sobre a França, em 1940, ele tinha a sofisticação política para reconhecer que se os britânicos ganhassem os americanos como aliados, a Alemanha inevitavelmente seria derrotada.[15]

Uma vez em posição sênior, Tresckow indicou outros oficiais que compartilhavam suas opiniões para ocupar cargos à sua volta. Isso levou diretamente a um plano de matar Hitler em sua visita ao Grupo Central do Exército, em 13 de março de 1943. Mas foi abortado por conta da falta de apoio, no último minuto, do marechal Kluge – comandante-geral do Grupo Central do Exército, que anteriormente demonstrara apoio à conspiração. "Ele (Kluge) apresentou vários argumentos repetidamente", escreveu Fabian von Schlabrendorff, outro conspirador, "alegando que nem o mundo, nem o povo alemão, ou o soldado alemão estavam preparados para entender tal ato, naquele momento".[16]

Ainda decidido a matar Hitler, Tresckow embrulhou uma bomba, fingindo ser duas garrafas de Cointreau,[17] e deu a Heinz Brandt, um tenente-coronel que estava viajando no avião de Hitler. Tresckow esperava que a bomba explodisse em pleno ar, matando todos a bordo. A vantagem dessa abordagem, segundo von Schlabrendorff, era que "o estigma de assassinato seria evitado e a morte de Hitler poderia ser atribuída – ao menos oficialmente – a um acidente aéreo".[18] Mas a bomba falhou e não detonou.

Na semana seguinte, Rudolf Christoph von Gersdorff – um barão – fez outra tentativa de tirar a vida de Hitler. Gersdorff, confidente próximo de Tresckow, no Grupo Central do Exército, planejou explodir Hitler quando ele participasse de uma demonstração das armas capturadas do Exército Vermelho, em Berlim, em 21 de março de 1943. Sob seu uniforme, Gersdorff escondeu duas bombas, depois acompanhou Hitler pela demonstração. Mas Hitler ficou por menos tempo que o esperado e Gersdorff – que tinha programado os detonadores – teve de correr para o banheiro e desarmá-los.

Para oficiais do Exército admitidos na presença de Hitler, havia um meio mais fácil de matá-lo do que se transformar numa bomba humana. Simplesmente pegar uma pistola e apertar o gatilho. "Muitas pessoas dizem: 'Vocês eram revistados com as armas?'", conta Peter von der Groeben. "'Não.' 'Então, por que ninguém atirou nele?' Eu poderia ter feito, a qualquer hora. Eu andava com a minha pasta e claro que eu poderia ter carregado uma pistola ali dentro. E eu estive a dois passos dele, só precisava sacar e disparar... Vou lhe dizer exatamente por que (não fiz). Em primeiro lugar, eu tive medo, seria o meu fim, e, em segundo, como coronel, eu realmente não achei que fosse minha missão interferir no destino dessa forma".[19]

Para alguns conspiradores, como Georg von Boeselager, outro aristocrata e oficial alemão que queria ver Hitler morto, simplesmente não era emocionalmente possível atirar nele, cara a cara. Ele revelou[20] que, apesar de sua coragem comprovada em batalha, não se sentia "apto à tarefa". "Até um caçador é tomado por uma expectativa febril quando o tão esperado objetivo de sua caçada finalmente surge à vista", escreveu Fabian von Schlabrendorff, que era solidário à incapacidade de Boeselager para matar Hitler. "Então, quão grande é a comoção no coração e na mente, quando, após superar uma imensidão de obstáculos, e sabendo que as probabilidades são desfavoráveis, puxa-se uma arma, arriscando a própria vida, inteiramente ciente que o sucesso ou o fracasso da façanha irá decidir o destino de milhões!"[21] Para contornar esse problema, Boeselager propôs liderar um grupo de soldados contra os guarda-costas armados de Hitler, depois matá-lo numa luta subsequente – solução nada prática, que nunca foi adotada.

Se Hitler visitasse o Grupo Central do Exército uma segunda vez, então, os conspiradores tentariam matá-lo, abrindo fogo sobre ele, simultaneamente, no que chamaram de tentativa de "assassinato coletivo". Esse método de matar Hitler foi elaborado para tentar "ajudar a abrandar o fardo que recairia em qualquer pessoa que tem consciência".[22] Mas Hitler nunca voltou depois da visita de março de 1943.

Um ano depois, em março de 1944, um conspirador finalmente surgiu preparado para tentar atirar em Hitler, cara a cara. Rittmeister Eberhard von Breitenbuch, um assistente do marechal Busch, estava pronto para tirar a pistola do bolso e matar o *Führer* numa conferência militar, em Berghof. Mas, por acaso, oficiais juniores não foram admitidos à presença de Hitler naquele dia.[23]

Quatro meses depois, a mais famosa tentativa de assassinato de Hitler – a trama de 20 de julho de 1944 – foi realizada por um homem que decidiu não atirar no *Führer*, mas, novamente, tentar explodi-lo. Claus Schenk Graf von Stauffenberg – que tinha o sangue tão azul que havia nascido em um castelo – colocou uma bomba numa pasta, embaixo da mesa de conferência, durante uma das reuniões militares de Hitler, na Toca do Lobo. Stauffenberg então partiu para voar até Berlim, para lá coordenar o empenho da resistência. A bomba explodiu às 12h50, mas Hitler, como bem se sabe, sobreviveu à tentativa de assassinato apenas com ferimentos leves.

Aproximadamente às 17h daquela mesma tarde, Ludwig Beck apareceu no escritório do alto-comando do Exército Alemão, na Bendlerstrasse, em Berlim. Ele fizera parte da trama contra Hitler – entrando e saindo – durante anos e havia sido escolhido pelos conspiradores como novo chefe de Estado, pois, como escreveu Hans Gisevius, diplomata que ajudou no plano que tramava o golpe, o "general Ludwig Beck, na verdade, esteve acima de todos os partidos...

Beck foi o único general com uma reputação ímpar, o único general que renunciou voluntariamente".[24]

Agora, o problema era que nem Beck nem os outros conspiradores tinham certeza se Hitler estava morto. Keitel, falando da Toca do Lobo, dissera aos outros oficiais de Bendlerstrasse que Hitler só sofrera ferimentos leves na tentativa de assassinato. Mas será que ele estava dizendo a verdade? Ainda permanecia a questão da submissão de outros soldados em Berlim. Beck perguntou ao general Friedrich Olbricht, um colega conspirador, sobre a lealdade dos guardas que ele posicionara do lado de fora do prédio. Beck especificamente quis saber se esses homens estavam preparados para morrerem por Olbricht. Foi uma pergunta que penetrou no âmago da tentativa de golpe. O fato de Hitler estar cercado de gente que estava pronta para morrer por ele era evidente. Os *Leibstandarte* da SS, de Adolf Hitler – seus guarda-costas –, tinham como mote, assim como todas as formações da SS, *Meine Ehre heisst Treue* ("Minha honra se chama lealdade"). Mas será que os soldados de Olbricht morreriam por ele se forças leais a Hitler atacassem? Olbricht só pôde responder: "Eu não sei".[25]

Naquela mesma noite, a habilidade de Hitler para gerar lealdade pessoal imediata foi demonstrada em termos dramáticos, quando o indeciso major Otto-Ernst Remer, do regimento *Grossdeutschland*, recebeu o telefone de Joseph Goebbels e ouviu Hitler do outro lado da linha. "Está me reconhecendo, major Remer", perguntou Hitler, "Reconhece a minha voz?"[26] Remer respondeu que sim, e Hitler então ordenou que ele ajudasse a derrubar o golpe. Remer imediatamente obedeceu.

Depois da guerra, Remer disse que sentiu que "toda a conspiração foi organizada de modo amador... Qualquer golpe como o de Stauffenberg tinha de ser bem-sucedido em matar Hitler, pois foi para ele que o juramento (de lealdade) foi feito. Isso não poderia ser conseguido ao se colocar, covardemente, uma bomba num canto – ele deveria ter tido a coragem de usar uma pistola e matar Hitler. Isso é o que um homem de verdade teria feito, e eu o teria respeitado".[27]

Esse é um julgamento injusto de Stauffenberg – ele era um homem de considerável bravura, que não se sentiu capaz de se matar no atentado contra Hitler, porque acreditava que ele seria necessário mais tarde, em Berlim, para organizar o golpe. Quanto a Remer, sem dúvida era um sujeito profundamente desagradável – depois da guerra, ele negou o Holocausto –, porém, aqui, seu outro ponto substancial estava correto. A morte de Hitler era essencial para que o golpe desse certo. De fato, o fracasso da trama de 20 de julho de 1944 demonstrou, em termos drásticos, o quão central enquanto indivíduo Hitler era para o Estado nazista. A questão que os apoiadores potenciais levantaram quanto à trama, depois que a bomba explodiu, foi simplesmente esta: "Hitler ainda está vivo?" O marechal Kluge, comandante encarregado do Oeste, por exemplo, tinha hesitado antes em dar seu apoio ao golpe, mas só ficou claro que ele não poderia se comprometer com o empreendimento depois que divulgaram que Hitler havia sobrevivido. Portanto, até o fim de julho de 1944, depois do quase colapso do Grupo Central do Exército alemão, após a ofensiva soviética que começara no mês anterior, a presença física de Hitler nessa terra era o bastante para romper a conspiração. Os italianos não tiveram que matar Mussolini para retirá-lo do poder. Porém, somente a morte destruiria o domínio de Hitler sobre a Alemanha.

Por volta de 21h30 da noite de 20 de julho, menos de cinco horas após Beck ter dito que era chefe de Estado, houve uma briga com armas de fogo em Bendlerstrasse, na medida em que os soldados leais a Hitler tentaram retomar o prédio. Eles tiveram êxito com uma facilidade relativa, e Beck foi capturado. Então, ele perguntou se poderia ter a oportunidade de se matar. Friedrich Fromm, comandante do Exército Doméstico, concordou (Fromm estava envolvido em alguns estágios do planejamento da trama, embora anteriormente, naquela noite, ele tivesse se recusado a tomar parte). Beck segurou a pistola contra a própria cabeça e apertou o gatilho, mas a bala só pegou de raspão e, para grande surpresa de Beck, ele viu que ainda estava vivo. Fromm então ordenou que Stauffenberg e inúmeros outros conspiradores fossem levados para fora do prédio e fuzilados.

Beck recebeu uma segunda chance de se matar. Mais uma vez ele apertou o gatilho e a bala o deixou inconsciente – mas ainda não estava morto. Beck só foi finalmente morto por um terceiro tiro, desta vez, por um soldado alemão leal a Adolf Hitler.

Depois da guerra, os conspiradores foram tratados como heróis, enquanto os alemães tentavam lidar com essa história conturbada. Porém, no período, eles foram insultados – e não apenas por Hitler, mas por outros leais a ele. "Os soldados do *front*", conta Ulrich de Maizière, "a grande massa de oficiais, a princípio não teve simpatia pela tentativa de assassinato, porque eles tiveram a impressão de que o comandante supremo estava sendo assassinado nas costas deles. Eles não sabiam qual era o motivo... Só sabiam que o *Führer* do Reich deveria ter sido assassinado. Para mim, foi algo diferente, porque eu conhecia os realizadores e seus motivos. Portanto, lamentei que a tentativa não houvesse sido bem-sucedida, mas eu não podia dizer algo assim".[28]

Relatos compilados após o ataque a bomba pela SD, divisão de inteligência da SS, confirmam o julgamento de Maizière, quanto à maioria dos soldados se sentir horrorizada com essa tentativa contra a vida de Hitler – e não apenas estes, mas civis também.[29] Hitler ainda era visto por muitos como um indivíduo abnegado que estava fazendo o melhor para evitar a derrota da Alemanha. Sim, ocorreram reveses, mas com a aproximação do Exército Vermelho e o compromisso dos aliados expresso no ano anterior, de somente aceitar a "rendição incondicional" dos alemães, muitos sentiram que, para usar as palavras de Darges, esse não era o momento de "pular de um trem em movimento".

Hitler então indicou o general Heinz Guderian como chefe de pessoal do Exército alemão, na sucessão de Zeitzler, que tinha ido embora. Hitler tinha despedido Guderian em dezembro de 1941, mas agora, esse comandante anteriormente sortudo – que ajudou a conquistar a França e liderou uma investida espetacular na direção de Moscou, nos primeiros dias de invasão da União Soviética, voltava ao ser favorecido. Hitler deixou claro a Guderian, numa reunião, em 21 de julho de 1944, que ele jamais toleraria que seu novo chefe de pessoal dissesse que queria renunciar – Zeitzler já oferecera sua demissão cinco vezes antes de acabar saindo, e Hitler agora insistia que alguém permanecesse no cargo.

Primeiro Guderian achou a postura de Hitler "incrivelmente calma",[30] após a tentativa contra a sua vida, mas logo ficou claro que "a profunda desconfiança que ele sentia pela humanidade, em geral, agora se transformava em ódio profundo... Já era suficientemente difícil lidar com ele; agora se tornara uma tortura que piorava mês a mês. Ele perdia o autocontrole com frequência e seu linguajar era cada vez mais violento".[31]

Guderian não somente assumiu o cargo de chefe de pessoal, como também serviu na notória "Corte de Honra", que expulsou oficiais do Exército sob suspeita de conhecimento da trama da bomba, depois deixava que fossem julgados – e invariavelmente executados pela "Corte do Povo". Essa e outras ações em parceria com o regime nazista levaram historiadores militares, como o professor Robert Citino, a formarem uma opinião profundamente negativa sobre o caráter de Guderian. "Ele havia ganhado vasta propriedade na Polônia ocupada – o que obviamente significava que os habitantes poloneses haviam sido despejados – e esse era um homem que desposara inteiramente o regime, ainda recebendo grandes propinas do Terceiro Reich, até os últimos momentos da guerra. Portanto, eu diria que ele era um sujeito um tanto repugnante, e essa repugnância só veio à tona em decorrência do trabalho diligente de um grande número de historiadores, durante as décadas que se seguiram à Segunda Guerra. Como comandante de campo, se me pedissem para optar por um objetivo – Cidade B –, ali estão suas tropas e quem você gostaria de levar para as manobras, eu podia ainda ligar para Heinz Guderian – onde quer que ele estivesse e, depois, ver se poderíamos acertar algumas condições. Como árbitro do que é certo e errado, e da noção de que ainda tem de haver moralidade, mesmo em tempos de guerra, ele seria a última pessoa para quem eu ligaria."[32]

Porém, o mero interesse pessoal não explica os motivos para que Guderian servisse Hitler como chefe de pessoal no Exército alemão. Nem serve como explicação o efeito de algum "carisma" restante que Hitler ainda tivesse – pois, como vimos, Guderian era imune a esse aspecto da liderança de Hitler e havia perdido seu emprego, em dezembro de 1941, em grande parte por estar preparado a argumentar contra o *Führer.* A principal razão para que Guderian prosseguisse apoiando Hitler até onde o fez certamente foi como ele mencionou em suas memórias: "O *front* Leste estava cambaleando à beira de um abismo, do qual era necessário salvar milhões de soldados e civis alemães. Eu deveria ter me considerado um covarde vagabundo se me recusasse a tentar salvar os exércitos do Leste da Alemanha, onde também era meu lar".[33]

Segundo o professor Citino, não que se deva dar crédito a tudo que Guderian diz em suas memórias. Seus protestos quanto ao desagrado de ter de servir na "Corte de Honra" e perseguir seus colegas soam falsos. Muito mais sincera é sua raiva direcionada aos criminosos da trama da bomba. Guderian sentiu que o atentado estava condenado, mesmo que Hitler tivesse morrido. Isso porque, acima de tudo, Guderian estava focando no problema iminente do avanço da União Soviética – e nisso ele faz sentido, pois os conspiradores não faziam ideia de como livrar a Alemanha da guerra contra Stalin e evitar que os soviéticos se vingassem do sofrimento que Hitler lhes causara.

A essa altura, esse medo do Exército Vermelho talvez predominasse nas mentes de muitos alemães. "Crianças", dizia o ditado dos soldados, "aproveitem a guerra, pois a paz será terrível!"[34] E apenas três meses depois da trama fracassada da bomba, os alemães tiveram um vislumbre de como os novos ocupantes de seu país poderiam se portar quando as tropas soviéticas entrassem em solo alemão, no Leste da Prússia. Em 20 de outubro de 1944, o Exército Vermelho tomou a cidadezinha de Nemmersdorf e cometeu uma série de atrocidades. Desde então, a escalada dos crimes cometidos em Nemmersdorf é discutida,[35] mas o fato de que o Exército Vermelho assassinou civis e violentou mulheres não deixa dúvidas. O coronel geral Reinhardt, por exemplo, visitou a região em 25 de outubro e escreveu à sua esposa no dia seguinte: "Os bolchevistas devastaram tudo, feito feras selvagens, incluindo o assassinato de crianças, sem mencionar os atos de violência contra mulheres e meninas, a quem também assassinaram".[36]

Para Hitler – e para milhões de outros alemães –, o que aconteceu em Nemmersdorf simbolizou o motivo para continuar lutando. "Eles são animais das estepes asiáticas", Hitler disse quando soube de Nemmersdorf, "e a guerra que estou travando contra eles é uma guerra pela dignidade da humanidade europeia".[37] Não há registros de que Hitler tenha sentido qualquer ironia nessa menção, por conta da guerra de "aniquilação" que ele havia instigado contra a União Soviética e que já custara a vida de milhões de pessoas; e um dos principais motivos para as atrocidades cometidas contra os civis alemães era o desejo de vingança dos soldados do Exército Vermelho.

Entretanto, o sofrimento dos alemães nas mãos dos soviéticos – mesmo que possa ser parcialmente compreendido – não pode ser justificado. Anna Seddig era apenas uma das centenas de milhares de mulheres alemãs que fugia do Oeste e foi violentada. Ela levava Siegfried, seu bebê de um ano. "Não havia nada para comer. Siegfried tinha sede e, embora eu estivesse novamente grávida, ainda lhe dava o peito. Eu também deixava a neve derreter em minha boca, para que ele tivesse algo para beber. Afinal, nós tínhamos a neve." Uma noite, buscando abrigo para ela e o bebê, Anna encontrou um grupo de soldados do Exército Vermelho. "Os russos vieram e ergueram as tochas, me iluminando. E um deles disse: 'Venha, mulher, você terá um lugar para ficar.' E o lugar era um abrigo antiaéreo. Havia uma mesa dentro. E naquela noite, um russo após o outro me estuprou, em cima da mesa. Era como estar morta. Seu corpo inteiro se retrai de cólicas. Você sente repulsa. Repulsa que não consigo expressar. Eles nos consideravam alvo fácil. Nem posso lhe dizer quantos homens havia ali – dez, quinze. Aquilo simplesmente prosseguia sem parar. Havia tantos e era um após o outro. Eu me lembro de que um deles também me queria, mas depois disse: 'Quantos camaradas já foram aí? Vista a roupa'".[38]

O panorama geral era mais desanimador do que nunca para os alemães. A dimensão de recursos que os aliados agora podiam produzir tornava irrisória qualquer coisa que os alemães pudessem fazer. No ano de 1944, por exemplo, os alemães fizeram pouco mais de 35 mil bombardeiros e aviões de combate – enquanto, juntos, a Inglaterra, os Estados Unidos e a União Soviética produziram quase 130 mil.[39] E apesar dos sonhos desesperados de "armas maravilhosas" em desenvolvimento, ou o rompimento ocorrido entre aliados ocidentais e Stalin, até o fim de 1944, o destino da Alemanha era óbvio. Carentes de matéria-prima – a tomada soviética dos poços de petróleo romenos, em abril de 1944, tinha sido um golpe devastador –, a máquina de guerra alemã só poderia durar por mais alguns meses. Mas, em termos humanos, o custo de prosseguir na guerra era tremendo. Quase dois milhões de alemães tinham morrido durante 1944 e este número teria um aumento desproporcional, em 1945, com mais de 400 mil mortos somente em janeiro.[40]

Hitler ainda tentava projetar a certeza de que tudo acabaria bem, e este era um fator importante para manter a determinação da luta, entre os líderes do movimento nazista. Na presença de um grupo seleto de crentes nazistas, seu otimismo chegava a ser contagiante. No começo de dezembro, pouco antes do lançamento da ofensiva condenada dos alemães, em Ardennes, Hitler entusiasmou tanto Joseph Goebbels sobre o futuro maravilhoso à frente que o ministro da Propaganda teve dificuldades para dormir.[41]

Entretanto, até Hitler, cuja habilidade de jamais demonstrar autopiedade por causa de "carência" tinha sido a essência de seu atrativo carismático, agora se via em dificuldades para esconder que ele próprio acreditava que a Alemanha perderia a guerra. Depois do fracasso do ataque alemão em Ardennes, Nicolaus von Below ouviu Hitler confessar que ele acreditava que o fim da guerra estava próximo, e ele só podia prometer que jamais iria "capitular", mas "levaria o mundo abaixo, conosco".[42]

Cada vez mais havia uma sensação de derrota em meio a certos grupos da população alemã, e a Gestapo estava encarregada da tarefa de fuzilar "saqueadores, desertores e a plebe canalha".[43] Também parecia que a crença de que "o *Führer* sabe mais" estava desmoronando entre aqueles que tinham lutado pelo regime. Em março de 1945, apenas um em cada cinco prisioneiros de guerra alemães detidos no Oeste tinham fé em Hitler – no começo do ano, era um número três vezes maior que demonstrava confiança em seu *Führer*.[44]

Ulrich de Maizière, na época tenente-coronel, oferece uma retratação nítida do rápido declínio do líder do Terceiro Reich: "Nessa época, Hitler já era um homem doente, com um sério tremor paralisante no braço direito, um andar arrastado, óculos azuis, visão fraca, de modo que tudo tinha de ser posto em sua frente com letras grandes. Mas ele não tinha perdido nada de seu carisma demoníaco. Nessa fase final, eu talvez tivesse que fazer apresentações 10, ou 15 vezes, como 1A (chefe de operações), no Departamento de Operações, e eu tive as duas experiências seguintes: por um lado, ele era um homem, agora estou falando do efeito humano que ele transpirava, um homem de efeito demoníaco indescritível sobre outras pessoas; pouquíssimas pessoas conseguiam resistir. E os que estavam constantemente à sua volta eram inteiramente submissos a ele. Eu só conheço poucas pessoas que conseguiram resistir ao carisma pessoal desse homem, independentemente do quanto ele era horrendo de se olhar. A segunda coisa, no entanto, que era muito mais perigosa, era o fato de que ele era um homem com uma doença mental, a ponto de ter uma identificação hipertrófica com o povo alemão. Ele estava convencido, e isso eu ouvi de sua própria boca, que a nação alemã não sobreviveria ao seu fim, ao fim do nacional socialismo. Ela estaria destinada a ruir. Isso era doença".[45]

Que Hitler não queria ver a Alemanha intacta, entregue aos conquistadores, era certamente verdade. Ele disse a Albert Speer, em 1945: "Se a guerra for perdida, as pessoas também ficarão perdidas. Não é necessário se preocupar com o que o povo alemão irá precisar para sua sobrevivência básica. Ao contrário, para nós, é melhor destruir até essas coisas. Pois a nação provou ser mais fraca e o futuro pertence unicamente à nação Leste mais forte. De qualquer forma, somente os que são inferiores permanecerão depois dessa luta, pois os bons já terão morrido."[46]

Era uma visão que não deveria ter surpreendido Speer, ou nenhum membro da elite nazista, ou, de fato, qualquer um que tivesse lido *Mein Kampf*. Na mente de Hitler esta lógica era inevitável. A vida era uma luta permanente e o "mais fraco" *merecia* morrer. Era uma visão de força, poder e conquista, que tinha sido atraente quando os nazistas estavam ganhando – mas que agora tinha consequências niilistas na derrota. Speer confessou ter ficado horrorizado com o desejo de Hitler de deixar a Alemanha em ruínas, mas isso era inteiramente previsível. Hitler estava simplesmente sendo consistente com a visão de mundo que ele tinha descrito em 1924.

É um momento que simboliza as consequências calamitosas de se acreditar na liderança carismática de Hitler. Ele sempre havia falado em nunca permitir uma "repetição" de 1918, quando o Exército alemão tinha se rendido, ainda em solo estrangeiro. Mas a forma como havia terminado a Primeira Guerra agora parecia ser um modelo de compaixão, comparada ao final que Hitler contemplava.

Havia alemães – sobretudo os que enfrentavam diretamente o Exército Vermelho – que seguiam a visão de Hitler, achando que deveriam morrer, em vez de sobreviverem à derrota. Rudolf Escherich era um deles. Ele era membro do esquadrão da Luftwaffe, perto do rio Oder, no Leste da Alemanha. "Éramos todos jovens pilotos entusiasmados, e estávamos ardendo de vontade de fazer algo para lutar pela salvação de nossa pátria – mesmo que fosse praticamente inútil."[47] Ele e doze de seus colegas concordaram em participar de uma operação estilo *kamikaze* chamada "Missão Liberdade Especial". Antes de participarem, todos eles assinaram uma carta dizendo: "Nós nos sacrificamos voluntariamente por nosso *Führer*, nossa pátria e pela Alemanha." O plano era colidir as aeronaves, abastecidas com 500kg de bombas, em pontes acima do rio Oder. Mas a missão foi um fracasso – Escherich perdeu a rota em meio à neblina espessa, depois a operação foi abandonada, uma vez que o Exército Vermelho rapidamente atravessou o rio.

O que continua sendo intrigante é a motivação desses pilotos. Escherich diz que "certamente não" teria voado numa missão suicida contra os aliados ocidentais. "No Oeste, eles eram civilizados, tratavam seus prisioneiros de guerra de um modo meio humano e você podia esperar que eles tratassem a população alemã derrotada mais ou menos decentemente. Mas os russos não eram assim." Ao lembrarem das atrocidades horrendas que os alemães tinham cometido em território soviético, e como isso deve ter sido parte da motivação para que os soviéticos se portassem como fizeram, Escherich diz: "Numa situação daquelas, você não se pergunta essas coisas. Agora, nós estávamos sendo confrontados pelos russos, que nos oprimiam e à nossa população inteira. Então, você não se pergunta sobre o que se passou antes, e se nós tínhamos sido injustos com eles".

Porém, conforme Rudolf Escherich talvez tenha previsto, havia muitos alemães no *front* Oeste que não estavam preparados para "se sacrificarem pelo nosso *Führer*, nossa pátria e pela Alemanha". Em março de 1945, no mês anterior à tentativa da missão de suicídio de Escherich, Hitler expressou sua indignação diante dos inúmeros soldados alemães que se permitiram capturar no Oeste. "Em alguns lugares", disse Hitler, "não há resistência alguma – é a fácil rendição aos americanos. Isso é uma desgraça".[48] Fiel às suas convicções darwinianas, Hitler culpava a existência da Convenção de Genebra pela disposição dos alemães de se renderem, argumentando que isso deixava "claro para todos" que ele tratava "prisioneiros inimigos de forma cruel, sem considerar represálias", portanto, os alemães estariam menos dispostos a serem capturados.

Enquanto isso, a campanha de bombardeio dos aliados tinha se intensificado ainda mais – o ataque mais famoso havia sido em Dresden, em 13 de fevereiro de 1945. "O ar da guerra ainda é a grande fábula de preocupação na atual situação", escreveu Goebbels, em seu diário, em 2 de março de 1945. "Os anglo-americanos novamente fizeram incursões muito pesadas no Oeste e Sudeste da Alemanha, com danos que nem se pode detalhar. A situação se agrava a cada dia e nós não temos meios de nos defender dessa catástrofe".[49]

Goebbels escreveu essas palavras exatamente duas semanas antes que os aliados lançassem um ataque devastador na cidade medieval alemã de Würzburg, na Francônia. Em 16 de março de 1945, bombardeiros Lancaster 226 da Royal Air Force (Força Aérea Real) soltaram quase mil toneladas de bombas – a maioria incendiárias, elaboradas para criar uma tempestade de fogo – em Würzburg. Mais de 80% do centro da cidade foi destruído – uma destruição proporcionalmente maior de que em Dresden. "A cidade inteira estava em chamas", diz Christl Dehm, que vivenciou o ataque, "e bombas de efeito retardatário estavam explodindo por toda parte. Em todo lugar havia medo e os gritos dos feridos, pessoas sendo queimadas vivas, que não conseguiam se salvar. Imagens horripilantes".[50]

Porém, por mais terríveis que fossem os efeitos das bombas, vale lembrar uma das conclusões da Pesquisa de Bombardeio Estratégico Americano, conduzida após a guerra: "A reação mental do povo alemão aos ataques aéreos foi expressiva. Sob o controle implacável nazista, eles mostraram uma resistência surpreendente ao terror e sofrimento de repetidos ataques aéreos, até a destruição de seus lares e pertences, e às condições de vida às quais ficaram submetidos. Seu moral, a crença na vitória final e a confiança em seus líderes decaíram, mas eles continuaram a trabalhar eficientemente, enquanto permaneceram os meios físicos de produção".[51]

A conclusão dos americanos é a de que essa "resistência" demonstrava que "o poder de um Estado policial sobre seu povo não pode ser subestimado". Sem dúvida, o medo de represálias pelo regime era um fator que garantia que a campanha de bombardeio não levasse a uma desobediência civil aberta. Mas a sensação de desesperança e falta de alternativa diante do avanço soviético também tinha seu papel.

Até seus *Gauleiters* – alguns de seus mais dedicados seguidores – já não tinham servidão a Hitler, na última reunião que tiveram, em 24 de fevereiro. Nicolaus von Below, que presenciou o encontro, disse que Hitler "tentou convencer seus ouvintes de que somente ele podia julgar a situação corretamente. Mas os poderes de persuasão que ele havia empregado antes, para fascinar esse círculo, já tinham passado".[52] Ainda assim, sem que von Below notasse, entre um ou dois desses crentes principais, persistiam as reminiscências da crença. Depois de seu discurso, Hitler sentou para comer com os *Gauleiters* e começou um monólogo. Ao ouvi-lo, *Gauleiter* Rudolf Jordan, de Magdeburg-Anhalt, sentiu que o clima depressivo "evaporou". Era o "velho Hitler" em exibição.[53]

No entanto, conforme os soviéticos se aproximavam de Berlim, o número dos que continuavam a ter fé em Adolf Hitler declinava ainda mais. Até muitos dos que eram mais próximos a ele não compartilhavam a sua crença de ser necessário extinguir a própria vida, quando apagasse a chama do Terceiro Reich. Heinrich Himmler – "leal Heinrich", como Hitler o chamava – certamente imaginara um mundo além da vitória dos aliados. Esse homem que ajudara a instituir o extermínio dos judeus, agora buscava meios de salvar alguns deles. Em 5 de fevereiro de 1945, um trem partiu para a Suíça com 1.200 judeus do campo de concentração de Theresienstadt, na Tchecoslováquia. Himmler tinha feito um acordo com a União Americana de Rabinos Ortodoxos para trocar os judeus por dinheiro – e um novo trem estava programado para partir a cada duas semanas.[54] Hitler ficou furioso quando soube da notícia e ordenou que Himmler não prosseguisse com esses empreendimentos. Mas isso não impediu que Himmler pessoalmente encontrasse Norbert Masur, um emissário do Congresso Judaico Mundial, em 21 de abril, e discutisse a entrega de mil mulheres judias do campo de concentração de Ravensbrück. A reunião aconteceu na casa de Felix Kersten, massagista de Himmler, e, segundo Kersten, ele lhe disse, pouco antes do encontro: "Eu quero colocar uma pedra em cima de tudo o que aconteceu entre nós e os judeus. Se tivesse sido como eu queria, muitas coisas teriam sido diferentes".[55]

Na véspera – aniversário de 56 anos de Hitler –, Himmler, junto com inúmeras outras figuras da liderança do Terceiro Reich, incluindo Hermann Göring, se despediu de Hitler no Führerbunker, em Berlim. Durante anos, eles e os nazistas proeminentes tinham sido rivais, divididos entre si, enquanto procuravam agradar ao *Führer.* Agora, só estavam unidos pelo desejo de fugir dele. Conforme frisou de forma memorável o professor Sir Ian Kershaw, foi um caso raro "do navio afundando, abandonando o rato".[56]

Em 23 de abril, Himmler encontrou o diplomata sueco, conde Folke Bernadotte. Himmler, acreditando que Hitler em breve cometeria o suicídio – se já não o tivesse feito –, autorizou Bernadotte a dizer aos aliados que a Alemanha se renderia a eles, incondicionalmente, mas não ao Exército Vermelho. Quando a notícia foi transmitida pela Rádio BBC, Hitler mal pôde acreditar na "traição". "É claro que Hitler ficou irado ao extremo", conta Bernd Freiherr Freytag von Loringhoven, um dos últimos oficiais alemães ainda no *bunker.* "No aspecto militar, não havia mais esperança. E agora essa atitude do homem em quem ele provavelmente mais confiou. Esse homem havia desertado e abordado os aliados. Como resultado, na noite seguinte, Hitler deu o passo lógico e ditou seu testamento pessoal e político, e em dois dias estava morto".[57]

De toda a elite nazista que anteriormente havia expressado a crença no carisma de Hitler, somente o ministro da Propaganda, Joseph Goebbels – com a esposa e seis filhos – escolheu morrer no *bunker* com ele. Magda, esposa de Goebbels, foi provavelmente uma das únicas que manteve a fé em Hitler até o fim, mas era duvidoso que seu marido agora acreditasse muito na liderança carismática de Hitler. Muito provavelmente, Goebbels tinha avaliado inúmeras possibilidades para seu futuro e viu a morte ao lado de Hitler como a mais plausível. Se Goebbels fosse capturado pelos aliados – e como alguém tão fisicamente inconfundível poderia esperar se esconder sem ser descoberto –, ele sabia que era quase certo que enfrentaria a execução. Mas se ele ficasse com Hitler, então, ele sabia que ele próprio poderia se tornar um herói. Ele teria dito isso, alguns dias antes, em 17 de abril, numa reunião com sua equipe, no Ministério da Propaganda, quando explicou o motivo para que eles não tentassem fugir de Berlim, pois, "em cem anos", seria feito um filme sobre esse período épico e isso significava que eles seriam trazidos "de volta à vida". Como resultado, "todos agora tinham a chance de escolher o papel que iriam interpretar no filme, daqui a cem anos. Eu posso lhes garantir que será um filme bom e engrandecedor. E em homenagem a essa perspectiva, vale a pena aguentar firme".[58]

Enquanto Goebbels tentava criar o final de filme para sua vida, Hitler estava, segundo seu secretário Traudl Junge, agora "levando uma vida sombria", vagando "inquieto pelos cômodos"[59] do *bunker*, embaixo do jardim da chancelaria do Reich. "A atmosfera no *bunker* era absolutamente macabra", confirma Bernd Freiherr Freytag von Loringhoven. "As pessoas dali já não tinham mais nada a fazer. Perambulavam pelos corredores, esperando notícias. O inimigo estava chegando. Portanto, o assunto principal no *bunker* era: 'Como eu me mato?'"[60]

Pouco antes de meia-noite, em 28 de abril, Hitler ditou um testamento político – um que é notoriamente consistente com a primeira expressão de sua crença, a carta que ele escreveu em setembro de 1919, quando sob o comando de Karl Mayr. Ambos os documentos transpiram a ira contra os judeus. Em seu testamento político, Hitler culpa os judeus pela deflagração da Segunda Guerra Mundial e conclui com as palavras: "Acima de tudo, eu deixo incumbidos os líderes da nação e seus subalternos a observarem minuciosamente as leis da raça e a oposição implacável aos envenenadores universais de todos os povos, a *judeuzada* internacional".[61] Nenhum dos documentos contém um pingo de humanidade e ambos revelam a mente fixa numa determinada convicção. Mesmo morrendo, Hitler não se culpa por nenhuma das calamidades que ele impôs ao mundo. Em vez disso, ele alegou: "Nessas três décadas, eu tenho atuado exclusivamente por amor e lealdade ao meu povo, com todos os meus pensamentos, atos e minha vida".

Hitler não tinha mudado – todos os elementos que lhe possibilitaram se tornar um líder carismático ainda existiam nele até seu último suspiro. O que havia mudado era a percepção que as outras pessoas tinham dele. Como o carisma só é criado na interação entre um indivíduo e uma plateia receptiva, o fracasso repetido e as promessas rompidas tinham danificado seriamente o atrativo carismático de Hitler, não só em meio à grande população alemã, mas entre seus principais apoiadores.

Adolf Hitler cometeu suicídio pouco depois de 15h30, em 30 de abril de 1945. Ele deu um tiro na cabeça, depois de tomar uma cápsula de veneno, que lhe fora dada por Himmler. Hitler ficara tão descrente de Himmler que, no final da vida, ele insistiu que uma amostra do veneno primeiro fosse experimentada por seu cão, Blondi, para ter certeza de que Himmler não tinha planejado enganá-lo, para deixar que os aliados o capturassem vivo.[62]

Agradecimentos

Há muitas pessoas a quem devo agradecer. Janice Hadlow, controladora da BBC 2, e Martin Davidson, encarregado pelo Departamento de História, da BBC, foram ambos grandes entusiastas em relação a essa ideia e eu sou muito grato pelo apoio deles.

O Professor Sir Ian Kershaw foi consultor de história para o seriado de TV e também leu um dos esboços deste livro, oferecendo suas ideias e críticas. Eu já escrevi sobre a dívida que tenho para com ele – ele é meu amigo e colega há quase vinte anos –, mas preciso reiterar minha gratidão aqui. Tenho tido uma sorte colossal em poder trabalhar de perto com um dos mais brilhantes estudiosos de história dos últimos cem anos. Porém, me apresso em dizer que as opiniões e análises expressas neste livro são inteiramente minhas.

Outro velho amigo e colega, Detlef Siebert, que também trabalhou comigo por muito anos, em várias séries de TV sobre nazismo, leu este livro inteiro e ofereceu suas críticas. Ele é tão generoso quanto inteligente.

Também me beneficiei das longas discussões que tive com uma imensidão dos melhores historiadores do mundo, para o meu website educacional WW2History.com. Claro que também agradeço à BBC, e, em particular, a meu chefe, Keith Scholey, pela permissão para usar material transcrito de minha série anterior sobre nazismo.

Ao trabalhar comigo, na série de TV, Ann Cattini foi um farol de estabilidade, como produtora executiva. Na Alemanha, o dr. Frank

Stucke foi um excelente produtor associado, e eu também tive muita ajuda do trabalho de pesquisa de dois jovens acadêmicos alemães, Fabian Wendler e Julia Pietsch. Martin Patmore, que filmou quase tudo o que eu fiz nos últimos vinte anos, fez seu trabalho habitual como *cameraman*, assim como fizerem os editores de filmagens, Alan Lygo, Jamie Hay e Simon Holland. Monika Rubel e sua equipe, da 24 Frames filmes, em Munique, foram de uma ajuda tremenda com a parte de drama da série, e suportaram incrivelmente os meus pontos fracos como diretor. John Kennedy e seu filho, Christopher, merecem uma menção especial como *designers* gráficos – seu trabalho no seriado de TV foi excepcional.

Na Ebury Press, meus editores Albert DePetrillo e Jake Lingwood, foram bons amigos deste projeto, ao longo de vários anos. Meu editor americano, Dan Frank, da Pantheon Books, fez inúmeros comentários criteriosos, enquanto meu agente literário, Andrew Nurnberg, continua sendo mais importante do que nunca em minha vida. Minha esposa, Helena, usou suas consideráveis habilidades comerciais para gerenciar nossa produtora independente e me deu apoio constante também com este livro. Meus filhos Oliver, Camilla e Benedict foram mais solidários do que eu mereço. Eles têm vivido com minha obsessão por esse assunto ao longo de suas vidas inteiras – e isso é um bom tempo. Oliver, meu filho mais velho, acaba de se formar em Cambridge, e minha filha Camilla está na Oxford, lendo História (embora não esse período da história...).

Eu dediquei este livro aos meus pais, que morreram aos 49 anos. Agora que chego aos cinquenta e poucos, a ideia de que eles partiram tão jovens, nas circunstâncias em que partiram, me parece mais imoral do que nunca.

Notas

Preliminares

1. Registro da noite de 18 de janeiro de 1942, *Hitler's Table Talk*, 1941-1944, apresentado com um novo prefácio de Hugh Trevor-Roper, Phoenix Press, 2002, p221.
2. Konrad Heiden, introdução de *Mein Kampf*, de Adolf Hitler, Houghton Mifflin, 1971, p21.

Introdução

1. Hitler confessou isso a Leni Riefenstahl, citado em *A Memoir*, de Leni Riefenstahl, Picador, 1992, p178.
2. Konrad Heiden, *The Fuehrer*, Robinson Publishing, 1999, primeira publicação em 1944, p.35. Heiden expressa a contradição de Hitler: "Como figura humana, lamentável; como mente política, um dos mais impressionantes fenômenos de toda a história mundial".
3. Palavras de Hitler, 18 de janeiro de 1942, em *Hitler's Table Talk*, p221.
4. Veja Max Weber, *Essays in Sociology*, Routledge, 1998, p245.
5. Weber, *Essays*. Em particular, p245-264.
6. Rees, Laurence. *Their Darkest Hour.* Ebury Press, 2007, p8-10.

Capítulo Um

1. Kubizek, August. *The Young Hitler I Knew*. Greenhill Books, 2006, p157-9.
2. ibid., pp126-7.
3. Hitler, *Mein Kampf*, pp154-5.
4. Citado em inglês, em Konrad Heiden, *The Fueher*, pp70-72. Citado em alemão em Eberhard Jäckel, *Hitler: Sämtliche Aufzeichnungen* 1905-1924, Stuttgart, 1980, pp64-69. Reprodução no Bundesarchiv (BArch) NS 26/4.
5. Citado em Robert G. L. Waite, *Vanguard of Nazism*, the Free Corps Movement in Postwar Germany 1918 a 1923, Harvard University Press, 1952, p22.
6. *Mein Kampf*, p165.
7. Veja Thomas Weber, *Hitler's First War*, Oxford University Press, 2010.
8. Citado ibid., p215. Weber também frisa que os despachantes de regimento tinham mais probabilidade de serem recomendados para condecorações do que os soldados da linha de frente – mas isso, claro, não significa que Hitler não estivesse corajosamente desempenhando uma função perigosa.
9. Balthasar Brandmayer, *Meldegänger Hitler 1914-1918*, Munique /Kolbermoor 1933, p71-2.
10. Veja, por exemplo, a interrogação de Max Amman, em Nuremberg, 5 de novembro de 1947 NARA RG238-M1019-2, e Balthasar Brandmayer, *Meldegänger Hitler*, pp72 e 105.
11. BArch, N 28/6 Ludwig Beck para Frau Wilhelm Beck, 28 de novembro de 1918, citado em Klaus-Jürgen Müller, *General Ludwig Beck*, Boppard am Rhein, 1980, pp323-328.
12. Laurence Rees, *The Nazis: A Warning from History*, BBC Books, 2005, p15.
13. Testemunho inédito, não publicado anteriormente.
14. É interessante notar que Hitler foi tratado de cegueira "psicossomática" no departamento "psiquiátrico" de Pasewalk. Veja Weber, p221.
15. Hitler, *Mein Kampf*, p202.
16. Anton Joachimsthaler escreveu extensivamente sobre esse assunto, em *Korrektur einer Biographie: Adolf Hitler 1908-1920*, Munique, 1989. Veja

pp201-213. Os documentos originais estão no Arquivo do Estado Bávaro, Batl. Anordnung des Demob.Batl, vom 3.4.1919.2 Inf. Regt. Bund 19 Bayrisches Hauptstaatsarchiv (BayHStA), Abt. IV. Joachimsthaler também frisa que o regimento de Hitler rebatizou seu acampamento com o nome do revolucionário socialista Karl Kiebknecht, p209.

17. Joachimsthaler, p213.
18. Veja as opiniões de Anton Joachimstahler em *The Making of Adolf Hitler*, produzido por Tilman Remme, produtor executivo Laurence Rees, BBC 2, 2002.
19. Veja Ian Kershaw, Hitler: Hubris, Allen Lane, 2002, p119.
20. Weber, *Hitler's First War*, p252.
21. Karl Mayr (escrevendo como "Anon"), "I Was Hitler's Boss", *Current History*, Vol.1, No 3 (novembro de 1941), p193.
22. BayHStA, Abt. II Gruppen Kdo. 4 Bd 50/6, citado em Ernst Deuerlein, *Hitler's Eintritt in die Politik und die Reichswehr*, Vierteljahreshefte für Zeit-geschichte (VfZ), Vol. 7, 1959, No 2, pp191-2.
23. Testemunho inédito, não publicado anteriormente.
24. Citado em Deuerlein, *Hitler's Eintritt*, p200. O original está no Arquivo do Estado Bávaro. *Auszüge aus den Berichten der zum Aufklärungskommando Beyschlag befohlenen Soldaten*, Bay HStA. Ab II Gruppen Kdo 4 Bd 50/5. Hanschriftlich.
25. BayHStA, RWGrKdo 4/314. Citado em Eberhard Jäckel, *Hitler: Sämtliche Aufzeichnungen 1905-1924*, Stuttgart, 1980, p88-90.
26. ibid.

Capítulo Dois

1. Kurt Lüdecke, *I Knew Hitler*, Jarrolds, 1938, pp22-25.
2. Kubizek, *Young Hitler*, p33.
3. ibid., p157.
4. Testemunho inédito, não publicado anteriormente.
5. Testemunho inédito, não publicado anteriormente.
6. Discurso de Hitler, em 12 de abril de 1922, em N.H. Baynes (Editor), *Speeches of Adolf Hitler: Early speeches, 1922-1924, and Other Selections*, Howard Fertig, 2006, p5.

7. Discurso de Hitler de 28 de julho de 1922, ibid., p29. Também citado em Eberhard Jaeckel, Jäckel, *Hitler: Sämtliche Aufzeichnungen 1905-1924*. Publicado pela primeira vez no *Völkischer Beobachter*, 16 de agosto de 1922.
8. Publicado pela primeira vez no *Völkischer Beobachter*, 22 de abril de 1922.
9. Entrevista com o autor para WW2History.com.
10. Discurso de Hitler, em 12 de abril de 1922, Baynes, p6.
11. Baynes, pp15-16.
12. Testemunho não publicado anteriormente.
13. Testemunho não publicado anteriormente.
14. Hans Frank, *Im Angesicht des Galgens*, Munique/Grafelfing, 1953, pp39-42.
15. Roger Manvell e Heinrich Fraenkel, *Göring*, Greenhill Books, 2005, pp36-37.
16. *Trial of the German War Criminals: Proceedings of the International Military Tribunal* (edição britânica), IX, pp64-65.
17. Hitler não "hipnotizava" seu público – no sentindo de convencê-lo a agir contra a sua vontade. Mas o trabalho pioneiro do estudioso húngaro Sándor Ferenczi, sobre a natureza do hipnotismo, oferece um insight de alguns motivos psicológicos que talvez estivessem por trás da eficácia de Hitler como palestrante nesses primeiros anos após a Primeira Guerra. Primordialmente, Ferenczi frisou que "tudo fala bem mais em favor da visão do que o hipnotismo e a sugestão, o trabalho principal é desempenhado não pelo hipnotizador ou sugestionador, mas pela pessoa em si". Ferenczi foi mais longe, chegando a afirmar que não se pode ser hipnotizado – ou sujeito à "sugestão" –, a menos que você consinta. Ademais, Ferenczi acreditava que isso foi tremendamente útil para qualquer pessoa que desejasse praticar a sugestão, possuir "uma aparência imponente... um olhar penetrante e uma expressão séria na fisionomia... (Também) é geralmente reconhecido que a postura autoconfiante, a reputação de êxitos anteriores... ajudam no efeito sugestivo". Além disso, para Ferenczi, o "sugestionador" era um tipo de "figura paternal". Ele achava que "uma condição preliminar de todo sucesso sugestivo é que o hipnotizador figure como um 'adulto' para o sujeito hipnotizado. O primeiro deve ser capaz de incitar no segundo os mesmos sentimentos de amor ou medo, a mesma convicção ou

infalibilidade com as os quais seus pais o inspiraram, quando criança" (veja Sándor Ferenczi, *First Contributions to Psycho-Analysis* – primeiro publicado em húngaro, 1909 – traduzido por Ernest Jones MD, The Hogarth Press and the Institute of Psychoanalysis, 1952, pp59-71). No caso de Hitler, não se pode levar isso longe demais, já que ele certamente não "hipnotizava" seus seguidores à maneira de um hipnotizador de palco. Os que o seguiam, o faziam por opção e vontade própria. Da mesma forma, Ferenczi escreve com uma convicção que, ocasionalmente, se beneficia da nuança e qualificação – como em sua afirmação: "No mais profundo recôndito de nossa alma, nós ainda somos crianças, e assim permanecemos por toda a vida". No entanto, é surpreendente o quanto esse Hitler do início está de acordo com a visão de Ferenczi do "sugestionador" bem-sucedido. Mesmo nessa idade – ele só tinha 33 anos, em 1922 –, Hitler se posicionava como "uma figura paternal", invocando a juventude da Alemanha a segui-lo e oferecendo conselhos e repreensões "paternais". E quanto à visão de Ferenczi de que um sugestionador bem-sucedido tem de criar uma "convicção de infalibilidade", uma "convicção de infalibilidade" é exatamente o que Hitler tentou projetar, desde seu primeiro discurso.

18. Kubizek, *Young Hitler*, p182.
19. Discurso de Hitler, de 12 de abril de 1922, Baynes, p12.
20. Veja também o trabalho pioneiro de "teoristas de multidões", de Emile Durkheim. E. Durkheim, *The Elementary Forms of Religious Life*, Simon and Schuster, 1995.
21. Konrad Heiden, *The Fuehrer*, Robinson Publishing, 1999, pp91-2.
22. Otto Strasser, *Hitler and I*, Jonathan Cape, 1940, pp76-77.
23. Sir Nevile Henderson, *Failure of a Mission*, Hodder and Stoughton, 1940, p179.
24. Testemunho inédito, não publicado anteriormente.
25. Rees, *The Nazis: A Warning from History*, pp32-33.
26. Weber, *Hitler's First War*, p257.
27. Ernst H. Posse, *Die politischen Kampfbünde Deutschlands*, Berlim, 1931, pp46-7, citado em Robert G.L. Waite, *Vanguard of Nazism, the Free Corps Movement in Postwar Germany* 1918-1923, Harvard University Press, 1952, p266.
28. Não citado em Waite, mas no original, Ernst H. Posse, *Die politischen Kampfbünde Deutschlands*, Berlim, 1931, p46.

29. Testemunho inédito, não publicado anteriormente.
30. Heinrich Hoffmann, *Hitler Was My Friend*, Londres, 1955, p46.
31. Karl Mayr (escrevendo como "Anon"), "I Was Hitler's Boss", *Current History*, Vol. 1, No 3, novembro de 1941.
32. ibid.
33. Kubizek, *Young Hitler*, p42.
34. Charles de Gaulle, *The Edge of the Sword*, Greenwood Press, 1960, p58.
35. ibid., pp65-6.

Capítulo Três

1. Weber, *Essays in Sociology*, p262.
2. Rees, *Nazis: A Warning from History*, p26.
3. Friedrich Nietzsche, *The Birth of Tragedy and The Genealogy of Morals*, traduzido por Francis Golffing, Doubleday Anchor Books, 1956, p186.
4. Peter Viereck, "Stefan George's Cosmic Circle", *Decision*, outubro de 1941, p49.
5. Testemunho inédito, não publicado anteriormente.
6. Testemunho inédito, não publicado anteriormente.
7. Kubizek, *Young Hitler*, p185.
8. ibid., p83.
9. Testemunho inédito, não publicado anteriormente.
10. Ludwig Gengler, *Kampfflieger Rudolf Berthold*, Alemanha, 1934, citado na p178.
11. Joachim C. Fest, *Hitler*, Harcourt Brace Jovanovich, 1974, p132.
12. ibid., p133.
13. Citado em Margarate Plewnia, *Auf dem Weg zu Hitler*, Bremen, 1970, p67. Ela também cita Albert Zoller, *Hitler privat – Erlebnisbericht seiner Geheimsekretärin*, Droste Düsseldorf, 1949, p118.
14. ibid., p55.
15. *IMT testemunho* de Julius Streicher, sexta-feira, 26 de abril de 1946.
16. Waite, *Vanguard of Nazism*, p267.
17. Otto Strasser, *Hitler and I*, p86.
18. Bruce Campbell, *The SA Generals and The Rise of Nazism*, University Press of Kentucky, 1998, pp18-20.

19. Werner Maser, *Der Sturm auf die Republik*, Frankfurt, Athenäum-Verlag, 1965, p356.
20. *Völkischer Beobachter*, 6 de dezembro de 1922.
21. Rees, *The Nazis: A Warning from History*, p25.
22. Testemunho inédito, não publicado anteriormente.
23. Veja, por exemplo, Strasse, *Hitler and I*, p57.
24. Albrecht Tyrell, *Führer befiehl...Selbstzeugnisse aus der "Kampfzeit" der NSDAP, Documentation und Analyse*, Düsseldorf, 1969, pp281-3. Tyrell cita trechos de *Der Hitler Prozess vor dem Volksgericht in München, Zweiter Teil*, München, 1924, palavras de encerramento de Hitler, pp85-91. Tradução para o inglês de J. Noakes and G. Pridham, *Nazism 1919-1945*, Vol. 1, Exeter University Press, 1983, p35.
25. Testemunho inédito, não publicado anteriormente.
26. Neithardt tinha sido o juiz, em janeiro de 1922, no julgamento de Hitler e outros nazistas acusados de uma briga, na cervejaria Löwenbräu, em Munique, em setembro último, e havia pedido aos seus próprios superiores que fossem brandos com Hitler. Veja Rees, *The Nazis: A Warning from History*, p28.
27. *The Times*, 2 de abril de 1924.

Capítulo Quatro

1. Weber, *Essays*, p250.
2. Hitler, *Mein Kampf*, p228.
3. ibid., p306
4. veja p138.
5. Ernest Becker, *The Denial of Death*, Free Press Paperbacks, 1997, p282.
6. ibid., p27.
7. Hitler, *Mein Kampf*, p290.
8. ibid., p305.
9. ibid., p679.
10. ibid., p654.
11. ibid., p661.
12. Testemunho inédito, não publicado anteriormente.
13. Laurence Rees, *Their Darkest Hour*, Ebury Press, 2007, p206.
14. Testemunho inédito, não publicado anteriormente.

15. Dennis Mack Smith, *Mussolini: A Biography*, Vintage Books, Nova York, 1983, p172.
16. Veja o ponto de vista do professor Browning, pp29-30.
17. Konrad Heiden, indrodução a *Mein Kampf*, de Adolf Hitler, p20.
18. Hitler, *Mein Kampf*, p581.
19. Ian Kershaw, *Hitler: Hubris*, pp242-243.
20. Lüdecke, *I Knew Hitler*, pp217-8.
21. Diário de Goebbels, registro de 15 de fevereiro de 1926. A menos que haja alguma nota de rodapé, todos os registros dos diários de Goebbels forem extraídos de: Elke Frölich (org.), *Die Tagebücher von Joseph Goebbels. Teil I: Aufzeichnungen 1923-1941; Teil II: Diktate 1941-1945*, Munique, 1993-2005.
22. ibid., registro de 13 de abril de 1926.
23. ibid., registro de 19 de abril de 1926.
24. Em particular Otto Strasser – veja *Hitler and I*, p100.
25. Uriel Tal, *Political Faith of Nazism prior to the Holocaust*, Tel Aviv University, 1978, p30.
26. John Whittam, 'Mussolini and The Cult of the Leader", New Perspective, Vol. 3, No. 3, março de 1998.
27. Em inglês, em Ian Kershaw, *The Hitler Myth*, Oxford University Press, 1987, p27. Também citado em Albrecht Tyrell, *Führer befiehl... Dokumentation und Analyse*, Düsseldorf, 1969, p173.
28. Becker, *Denial of Death*, p193.
29. Joseph Goebbels, *Der Angriff* (Berlim, 30 de abril de 1928). Citado por Joseph Goebbels, *Der Angriff. Aufsätze aus der Kampfzeit*, Munique, 1935, pp71-73.
30. Walter Frank, *Franz Ritter von Epp: Der Weg eines deutschen Soldaten*, Hamburg, 1934, pp141-2.
31. Adam Tooze, *The Wages of Destruction*, Penguin, 2007, p13.
32. Testemunho inédito, não publicado anteriormente.

Capítulo Cinco

1. Discurso eleitoral de Hitler, em Eberswald, 1932. Arquivo apresenta o 1º episódio, *The Nazis: A Warning from History*, BBC2, 1997.

2. Richard Bessel, "The Potempa Murder", *Central European History*, 10, 1977, pp241-54.
3. Testemunho inédito, não publicado anteriormente.
4. Testemunho inédito, não publicado anteriormente.
5. Albert Speer, *Inside the Third Reich*, Phoenix, 1995, p46.
6. ibid., p46.
7. ibid., p66.
8. ibid., p44.
9. Testemunho inédito, não publicado anteriormente.
10. Testemunho inédito, não publicado anteriormente.
11. Testemunho inédito, não publicado anteriormente.
12. Tal, *Political faith of Nazism prior to the Holocaust*, p28.
13. Thomas Ferguson e Peter Temin, "Made in Germany: The German currency crises of July 1931", *Research in Economic History*, 2003, Vol. 21, pp1-53.
14. Testemunho não publicado anteriormente.
15. Weber, *Hitler's First War*, p272.
16. Testemunho inédito, não publicado anteriormente.
17. Weber, p283.
18. Nathaniel Shaler, *The Individual: A Study of Life and Death*, D. Appleton and Company, Nova York, 1902, p199.
19. Ernst Hanfstaengl, *15 Jahre mit Hitler, Zwischen Weissem und Braunem Haus,* 1980, pp232-6, e Heinrich Hoffmann, *Hitler Was My Friend*, Londres, 1955, pp151-2. Veja também Walter C. langer, *A Psychological Profile of Adolph Hitler. His Life and Legend*, Office of Strategic Services Washington, D.C. On-line em: www.nizkor.org. Para detalhes da alegada perversão sexual de Hitler, veja Robert Waite, *The Psychopathic God: Adolf Hitler,* Basic Books, 1977. Mas tudo não passa de boato não convincente. Mais recentemente, foi feita uma tentativa de alegar que Hitler era homossexual – veja Lothar Machtan, *The Hidden Hitler*, Basic Books, 2001 –, mas também não convence. A revisão feita por Ian Kershaw, do livro de Mactan, em *Die Welt*, 13.10.2001 http://www.welt.de/print-welt-article481144/Der–ungerade–Weg.html, levanta perguntas sobre essa teoria.
20. Riefenstahl, *A Memoir*, p180.
21. Registro do diário de Goebbels, de 26 de junho de 1930, p183f.
22. Testemunho inédito, não publicado anteriormente.

23. Testemunho inédito, não publicado anteriormente.
24. Testemunho inédito, não publicado anteriormente.
25. Otto Meissner, *Aufzeichnung über die Besprechung des Herrn Reichspräsidenten mit Adolf Hitler am 13 August 1932 nachmittags 4.15*. Citado por: Walther Hubatsch, *Hindenburg und der Staat. Aus den Papieren des Generalfeldmarschalls und Reichspräsidente von 1878 bis 1934*, Göttingen, 1955, p338. Em inglês, em Noakes and Pridham, Vol. 1, p104.

Capítulo Seis

1. Registro do diário de Goebbels, de 13 de agosto de 1932.
2. Tal, *Political faith of Nazism prior to the Holocaust*, p7.
3. Franz von Papen, Memoirs, Londres, 1952, pp162-3. Em alemão, em Franz von Papen, *Der Wahrheit eine Gasse*, Munique, 1952, p195.
4. Von Papen, *Memoirs*, p279.
5. Testemunho de Göring, do dia 80, Tribunal Nuremberg, 13 de março 1946.
6. Von Papen, *Memoirs*, p162.
7. Mais antiga fonte de sua famosa afirmação é Konrad Heiden, *Adolf Hitler. Das Zeitalter der Verantwortungslosigkeit. Eine Biographie*, Zürich, 1936, p278.
8. Hinrich Lohse, *Der Fall Strasser*, realizado em *Forschungsstelle für die Geschichte des Nationalsoziaismus*, em Hamburgo. Em inglês, em Noakes and Pridham, Vol. 1, p111.
9. Peter D. Stachura, *Gregor Strasser and the Rise of Nazism*, George Allen & Unwin, 1983, p104.
10. Otto Strasser, *History in My Time*, Jonathan Cape, 1941, p240.
11. Stachura, *Gregor Strasser and the Rise of Nazism*, p116.
12. Hinrich Lohse, *Der Fall Strasser*. Em inglês, em Noakes e Pridham, Vol. 1, p113.
13. Strasser, *History in My Time*, p236. Veja também von Papen, *Memoirs*, para uma reprodução, p279.
14. Veja as notas feitas em 2 de dezembro de 1933, por Lutz Graf von Schwerin von Krosigk, ministro de Finanças do Reich, citado em Wolfram Pyta, *Vorbereitungen für den militärischen Ausnahmezustand unter Papen/Schleicher*, Militärgeschichtliche Mitteilunge, 51, 1992, pp385-428.

15. Testemunho inédito, não publicado anteriormente.
16. Testemunho inédito, não publicado anteriormente.
17. Rees, *The Nazis: A Warning from History*, p43.
18. Von Papen, *Memoirs*, p251.
19. Testemunho inédito, não publicado anteriormente.

Capítulo Sete

1. Manvell, *Göring*, p95.
2. ibid., p97.
3. Testemunho inédito, não publicado anteriormente.
4. Testemunho inédito, não publicado anteriormente.
5. Walther Hofer, *Der Nationalsozialismus: Dokumente 1933-1945*, Frankfurt am Main, 1957, p55. Discurso de Hitler 10 de março 1933. Publicado, pela primeira vez, no Reichsgesetzblatt RGBI 1933, Teil I, Nr. 17, p83.
6. *Völkischer Beobachter*, 13 de março de 1933.
7. Testemunho inédito, não publicado anteriormente.
8. Testemunho inédito, não publicado anteriormente.
9. *Völkischer Beobachter*, 24 de março de 1933.
10. Alan Bullock, *Hitler: A Study in Tyranny*, Londres, 1967, pp128-9.
11. Max Domarus, *Hitler: Speeches and Proclamations 1932-1945 Volume One: 1932 to 1934*, Bolchazy-Carducci Publishers, 1990, declaração de Hitler, em 23 de março de 1933, p273.
12. ibid., pp292-3.
13. Testemunho inédito, não publicado anteriormente.
14. *Völkischer Beobachter*, 29 de março de 1933.
15. Entrevista no *Daily Telegraph* com Adolf Hitler, publicada no *Völkischer Beobachter*, em 28 de julho de 1934. Citado em inglês em Domarus, Vol. 1, 1990, p317.
16. Joseph Goebbels, *My Part in Germany's Fight*, Londres, 1938, p248.
17. Testemunho inédito, não publicado anteriormente.
18. Klaus Hildebrand, *The Foreign Policy of the Third Reich*, Batsford, Londres, 1973, pp31-32.
19. Entrevista com o autor, para WW2History.com
20. Citado em Hans Adolf Jacobsen e Werner Jochmann (editores), *Ausgewaehlte Dokumente zur Geschichte des Nationalsozialismus 1933-1945*,

Band II. Bielefeld, 1961. Publicado, pela primeira vez, em *NSDAP: Nationalsozialistische Monatshefte*, em 4 de junho de 1933.
21. Testemunho inédito, não publicado anteriormente.
22. Testemunho inédito, não publicado anteriormente.
23. Do relato do marechal von Weichs, citado em Robert J. O'Neill, *The German Army and the Nazi Party 1933-1939*, Corgi Books, 1968, p67.
24. ibid.
25. Kurt Gossweiler, *Die Röhm-Affäre. Hintergründe – Zusammenhänge – Auswirkungen*, Köln, 1983, p68.
26. Citado em Hans-Adolf Jacobsen e Werner Joachmann (eds.) *Dokumente zur Geschichte des Nationalsozialismus 1933-1945*, Band II, Bielefeld, 1961.
27. Tooze, *Wages of Destruction*, p67.
28. Kershaw, *Hubris*, p511.
29. Rudolf Diels, *Lucifer ante Portas*, Stuttgart 1950, pp379-82. Também em Kershaw, *Hubris*, p505.
30. Do relato de Kempka, "Hitler's Chauffeur", citado em Noakes e Pridham, Vol. 1, pp178-179.
31. *Deutsche Allgemeine Zeitung* (DAZ), No. 302, 2 de julho de 1934.
32. *Völkischer Beobachter*, 3 de julho de 1934.
33. Testemunho inédito, não publicado anteriormente.
34. *Völkischer Beobachter*, 1º de julho de 1934.
35. Testemunho inédito, não publicado anteriormente.
36. Testemunho inédito, não publicado anteriormente.
37. Testemunho inédito, não publicado anteriormente.
38. Veja, por exemplo, os pontos de vista do professor Norbert Frei, sobre "modernidade" e "barbárie" dos nazistas, em sua entrevista com o autor, em WW2History.com.
39. Rudolf Semmler, *Goebbels, The Man Next to Hitler*, Londres, 1947, veja o registro do diário, em 12 de dezembro de 1941.
40. Testemunho inédito, não publicado anteriormente.
41. Hermann Göring, *Aufbau einer Nation*, Berlim, 1934, pp51-2. (Também citado em uma tradução ligeiramente diferente, em Arthur Schweitzer, *The Age of Charisma*, Nelson Hall, Chicago, 1984, p83).
42. David Welch, *Propaganda and the German Cinema 1933-1945*, Oxford University Press, 1983, p147.
43. Riefenstahl, *Memoirs*, p101.

44. William L. Shirer, *Berlin Diary 1934-41*, John Hopkins, 2002, p21.
45. George Orwell, *The Collected Essays, Journalism and Letters of George Orwell*, Volume 2, eds. Sonia Orwell e Ian Angus, Harcourt Brace Jovanovich, 1968.
46. ibid.
47. Discurso de Hitler de 8 de novembro de 1935, p727, Domarus, *Vol. II*.
48. Max Domarus, *Hitler – Reden und Proklamationen 1932-1945 – kommentiert von einem deutschen Zeitgenossen*, Band 1, Würzburg, 1962, p641.
49. Shirer, *Berlim Diary*, pp17-18.
50. Veja p29.
51. W. Breucker (adjunto de Ludendorff), *Die Tragik Ludendorffs*, Oldenburg, 1953, p107; também em inglês J.C.R. Wright, *Above Parties: The Political Attitudes of the German Protestant Church Leadership 1918-1933*, Oxford, 1974, p78.
52. Speer, *Inside The Third Reich*, p150.
53. Hans-Jochen Gamm. *Der braune Kult* (Hamburg, 1962) 213-4, citado em inglês, em Robert G.L. Waite, *The Psychopathic God: Adolf Hitler*, Basic Books, New York, 1977, p29.
54. Testemunho inédito, não publicado anteriormente.
55. Domarus, *Vol. II*, p790.
56. Discurso de Hitler de 23 de novembro de 1937, citado em Arthur Schweitzer, *The Age of Charisma*, Nelson Hall, Chicago, 1984, p75.
57. Richard Steigman-Gall, *The Holy Reich – Nazi conceptions of Christianity*, Cambridge University Press, 2003, p2.
58. Registro do diário de Goebbels, em 8 de abril de 1941.
59. Registro de 13 de dezembro de 1941, *Hitler's Table Talk*, pp142-145.
60. Laurence Rees, *Selling Politics*, BBC Books, 1992, p50.
61. Wilfred von Oven, entrevista em *Goebbels: Master of Propaganda*, escrito e produzido por Laurence Rees, BBC 2, 1992.
62. *Völkischer Beobachter*, 1º de fevereiro de 1934.
63. Rees, *Selling Politics*, p21.
64. *Die zukunftige Arbeit und Gestaltung des deutschen Rundfunks*. Ansprache Goebbels an die Intendanten und Direktoren der Rundfunkgesellschaften, Berlin, Haus des Rundfunks, 25.3.1933, em Helmut Heiber (ed.), Goebbels Reden. Band 1: 1932-1939. Düsseldorf, 1971, p94.

65. Welch, *Propaganda and the German Cinema*, p158.
66. ibid., p170.
67. Rees, *Selling Politics*, p51.
68. Weber, *Essays*, p248.
69. Registro no diário de Goebbels, em 5 de julho de 1941.
70. Weber, *Essays*, p248.
71. Tooze, *Wages of Destruction*, pp37-166.
72. Entrevista com o autor para WW2History.com.
73. Rees, *Their Darkest Hour*, p196.

Capítulo Oito

1. Hitler, *Mein Kampf*, pp118-119.
2. J.R.C. Wright, *Above Parties – the Political Attitudes of the German Protestant Church Leadership 1918-1933*, OUP, 1974, p54.
3. Testemunho inédito, não publicado anteriormente.
4. Wolfgang Ruge, Wolfgang Schumann (eds.), *Dokumente zur Deutschen Geschichte*, Berlim, 1977, p116.
5. Testemunho inédito, não publicado anteriormente.
6. Domarus, *Vol. II*, p938.
7. Jonathan Glover, *Humanity – a Moral History of the Twentieth Century*, Pimlico, 2000, pp361-2.
8. Testemunho inédito, não publicado anteriormente.
9. Testemunho inédito, não publicado anteriormente.
10. *Aufzeichnung ohne Unterschrift* (agosto 1936), em *Akten zur Deutschen Auswärtigen Politik 1918-1945*. Göttingen, 1977. Serie C: 1933-1936. "Das Dritte Reich: Die Ersten Jahre", Band V, 2, 26. Mai bis 31. Oktober 1936. Dokumentnummer 490, pp793-801.
11. Rees, *Selling Politics*, p81.
12. International Military Tribunal (IMT) *Der Prozess gegen die Hauptkriegsver – brecher vor dem Internationalen Militärgerichtschof Nürnberg*, 1. November 1945 – 1. Oktober 1946, Band XXXVI, Nürnberg, 1948, p489ff.
13. ibid.
14. Henderson, *Failure of a Mission*, p159.

15. Declaração de Göring na chegada ao Ministério de Economia, conforme ouvido por Wilhelm Ter-Nedden (entrevista com ele gravada e filmada pelo autor).
16. Tooze, *Wages of Destruction*, p198.
17. Testemunho inédito, não publicado anteriormente.
18. BArch N 28/4. Citado em Klaus-Jürgen Müller, *General Ludwig Beck*, Boppard am Rhein, 1980, p497-8.
19. Testemunho inédito, não publicado anteriormente.
20. Nicholas Reynolds, *Treason Was No Crime: Ludwig Beck, Chief of the German General Staff*, William Kimber, 1976, pp73-74.
21. BArch N 81/2 and OKW 898.

Capítulo Nove

1. BArch NS 10/550.
2. Henderson, *Failure of a Mission*, p282.
3. Testemunho inédito, não publicado anteriormente.
4. Testemunho inédito, não publicado anteriormente.
5. O'Neill, *German Army*, pp190-191.
6. Friedrich Hossbach, *Zwischen Wehrmacht und Hitler 1934-1938*, Göttingen, 1965, p191.
7. O'Neil, *German Army*, p201.
8. Karl-Heinz Janssen, *Der Sturz der Generäle: Hitler und die Blomberg--Fritsch-Krise 1938*, Munique, 1994, p55.
9. Simon Sebag Montefiore, *Stalin: The Court of the Red Tsar*, Phoenix, 2007, pp221-222.
10. Robert Service, *Stalin – A Biography*, Macmillan, 2004, p348.
11. BArch N 28/4. Citado em alemão em Müller, *General Ludwig Beck*, pp498-501. Não está claro se Beck pretendia que esse papel auxiliasse seu próprio raciocínio, ou que fosse dado aos colegas.
12. Reynolds, *Treason Was No Crime*, p128.
13. Harold C. Deutsch, *The Conspiracy Against Hitler in The Twilight War*, University of Minnesota, 1968, p34.
14. Reynolds, *Treason Was No Crime*, p138.
15. Testemunho inédito, não publicado anteriormente.

16. Walter Görlitz, *Generalfeldmarschall Keitel, Verbrecher oder Offizier? Erinnerungen, Briefe, Dokumente des Chefs OKW*, Göttingen, 1961, p179.
17. Testemunho inédito, não publicado anteriormente.
18. Testemunho inédito, não publicado anteriormente.
19. Testemunho inédito, não publicado anteriormente.
20. Testemunho inédito, não publicado anteriormente.
21. Entrevista *The Nazis: A Warning from History*, episódio 3, "The Wrong War", BBC 2, 1997.
22. Domarus, *Vol II*, p1050.
23. ibid., p1057.
24. Von Papen, *Memoirs*, p438.
25. Rees, *Nazis: A Warning from History*, p100.
26. Reynolds, *Treason Was No Crime*, p144.

Capítulo Dez

1. Albert Speer, *Inside the Third Reich*, p100.
2. Observação feita por Albert Speer, segundo seu irmão Hermann, citada em Michael Thad Allen, *The Business of Genocide – the SS, Slave Labor and the Concentration Camps*, University of North Carolina Press, 2002, p59.
3. M.J. Drake, I.W. Mills e D. Cranston, "The chequered history of vasectomy", *British Journal of Urology*, pp475-81, setembro de 1999.
4. Testemunho inédito, não publicado anteriormente.
5. Entrevista com o autor para WW2History.com.
6. Veja Ernst Klee, *"Euthanasie" im NS-Staat: Die "Vernichtung lebensunwerten Lebens"*, Frankfurt/M., S. Fischer, 1983, p86.
7. Hitler, *Mein Kampf*, p688.
8. Robert Jay Lifton em seu estudo clássico, *The Nazi Doctors*, Basic Books, 2000, confirma que "a grande maioria" de médicos que ele entrevistou "aprovava as leis de esterilização na época", p29.
9. *Völkischer Beobachter*, 2 de agosto de 1929.
10. Karl Binding, Alfred Hoche, *Die Freigabe der Vernichtung lebensunwerten Lebens. Ihr Maß und ihre Form*, Leipzig, 1920, p56f.

11. Testemunho inédito, não publicado anteriormente.
12. Veja, por exemplo, Rudolf Ramm, *Aerztliche Rechts – und Standeskunde: Der Arzt als Gesundheitzerzieher*, Berlim: W. deGruyter, 1943, pp79-80.
13. Welch, *Propaganda*, p123.
14. Veja E. Klee (ed.), *Dokumente zur "Euthansie"*, Frankfurt, 1985, p63.
15. Testemunho inédito, não publicado anteriormente.
16. Karl Brandt, próprio médico de Hitler, ouviu a afirmação e a relembrou, como prova, no julgamento dos médicos de Nuremberg em 1947, veja *USMT Nuremberg, Case I (Medical Case). Transcript of Proceedings*, p2482.
17. *Völkischer Beobachter*, 2 de agosto de 1929.
18. Ian Kershaw, *Hitler 1889-1936: Hubris*, pp527-591.
19. *Rede Hitlers von Kreisleitern auf der Ordensburg Vogelsang am 29. April 1937*, em Hildegard von Kotze e Helmut Kaursnick (eds.), *Es spricht der Führer. 7 exemlarische Hitler-Reden*, Güterslosh, 1966, pp123-177.
20. Citação de Reinhard Spitzy, Rees, *Nazis: A Warning from History*, p94.
21. ibid., pp100-101.
22. Ronnie S. Laundau, *The Nazi Holocaust*, Londres, I.B. Tauris, 2006, pp137-140. Veiculado no *New York Times*, em 27 de março de 1938, p25.
23. *Manchester Guardian*, 23 de maio de 1936.
24. Golda Meir, *My Life*, Weidenfeld e Nicolson, 1975, p127.
25. Völkischer Beobachter, 13 de julho de 1938.
26. Discurso de Hitler em 12 de setembro de 1938, Domarus, *Vol. II*, p1153.
27. Entrevista para WW2History.com
28. Testemunho inédito, não publicado anteriormente.
29. Testemunho inédito, não publicado anteriormente.
30. *Dieses Pack ist schlimmer!* (Esse bando é pior!), *Das Schwarze Korps, Zeitung der Schutzstaffeln der NSDAP*, Organ der Reichsführung SS, Berlin, 17 November, 1938, No. 46, Vol. 4, capa.
31. *Damit wir uns recht verstehen* (Deixem-nos ser bem honestos) *Das Schwarze Korps, Zeitung der Schutzstaffeln der NSDAP*, Organ der Reichsführung SS, Berlin, 1 December, 1938, No. 48, Vol. 4, p2.
32. *Juden was nun?* (E agora, judeus?), *Das Schwarze Korps, Zeitung der Schutzstaffeln der NSDAP*, Organ der Reichsführung SS, Berlin, 24 November, 1938, No. 47, Vol. 4, capa.

Capítulo Onze

1. William L. Shirer, *Berlin Diary 1934-1939*, The John Hopkins University Press, 2002, registro de 31 de agosto de 1939, p191.
2. BArch RW 19/41, p56, Wehrwirtschaftsinspektion (Inspeção de Economia de Guerra) VII, (Munique), Wirtschaftsbericht (relatório econômico), agosto de 1938, 9.9.1938.
3. BArch RW 19/41, p35, Wehwirtschftsinspektion (Inspeção de Economia de Guerra), VII (Munique), Wirtschaftsbericht (relatório econômico), outubro de 1938, 18.11.1938.
4. Leonidas E. Hill, *Die Weizsäcker Papiere 1933-1950*, Frankfurt a. M./ Berlin/Wien, 1974, p142.
5. Douglass, Frederick, discurso em Canandaigua, Nova York, 3 de agosto de 1857. Texto completo em John W. Blassingame (ed.), *The Frederick Douglass Papers*, Vol. 3: 1855-63. Yale University Press, 1979, p204.
6. Testemunho inédito, não publicado anteriormente.
7. F. Wiedemann, *Der Mann der Feldherr warden wollte*, Kettwig, 1964, pp127-8.
8. ibid.
9. Klaus-Jürgen Müller, *General Ludwig Beck, Studien und Dokumente zur politisch-militärischen Vorstellungswelt und Tätigkeit des Generalstabschefs des deutschen Heeres 1933-1938*, Boppard am Rhein, 1980, pp502--512.
10. Müller, *General Ludwig Beck*, pp521ff. Original em BArch (Freiburg), N 28/3.
11. Reynolds, *Treason Was No Crime*, pp119-120.
12. Notas para uma apresentação do chefe de pessoal do Exército, em 19 de julho de 1938, com sugestões adicionais de 16 de julho de 1938, citadas por Müller, *General Ludwig Beck. Studien und Dokumente zur politisch--militärischen Vorstellungswelt und Tätigkeit des Generalstabschefs des deutschen Heeres 1933-1938*, Boppard am Rhein 1980, pp554-556. Original em BArch N 28/4.
13. Testemunho não publicado anteriormente.
14. Citado por Müller, *General Ludwig Beck*, pp521-528. Original em BArch N 28/3.
15. Discurso de 6 de novembro de 1933, citado em William L Shirer, *The Rise and Fall of the Third Reich*, Crest, 1962, p343.

16. Edgar Röhricht, *Pflicht und Gewissen. Erinnerunger eines deutschen Generals 1932* bis 1944, Stuttgart, 1965, p119ff.
17. Citado em Müller, *General Ludwig Beck*, pp542-550.
18. Citado em Müller, *General Ludwig Beck*, pp554-556. Original em BArch N 28/4.
19. Entrevista com o autor para WW2History.com.
20. BArch N 19/6, Nachlass von Weichs, Erinnerungen, Bd. 2: Weimar und Nürnberg – Anschluß Österreichs, Besetzung Sudetenland und Böhmen- Mähren – 1. Teil, 1937-1939 (von Weichs, Memoirs, Vol 2: Weimar and Nuremberg – Anschluss of Áustria, occupation of Sudetenland and Böhmen-Mähren – parte 1 – escrito à mão –, 1937-1939).
21. Sir Ian Kershaw, *Hitler 1936-1945: Nemesis*, Penguin, 2001, p103.
22. Fritz Redl, "Group Emotion and Leadership", *Psychiatry*, 1942, Vol. V, pp573-596.
23. Testemunho de Sir Frank Roberts, no episódio 3 da BBC TV, *The Nazis: A Warning from History*, 1997.
24. Discurso de Hitler em 12 de setembro de 1938, Domarus, *Vol. II*, p1153.
25. Reunião em 30 de agosto de 1938, Papéis do Gabinete (National Archive, Kew), CAB 23/94.
26. David Reynolds, *Summits: Six Meetings that shaped the Twentieth Century*, Allen Lane, 2007, p37.
27. Carta de Chamberlain a sua irmã Ida, em 19 de setembro de 1938. Veja Reynolds, *Summits*, p55.
28. John Julius Norwich (ed.), *The Duff Cooper Diaries*, Phoenix, 2006, registro de 17 de setembro de 1938, p260.
29. Ivone Kirkpatrick, *The Inner Circle*, Macmillan, 1959, pp94-97.
30. Lloyd George, escrevendo no *Daily Express*, 17 de setembro de 1936.
31. *The Duff Cooper Diaries*, registro de 17 de setembro de 1938, p260.
32. David Dilks (ed.), *The Diaries of Sir Alexander Cadogan* (*1938-1945*), Cassel, 1971. Registro de sábado, 24 de setembro de 1938, p103.
33. Reynolds, *Summits*, p60.
34. Conforme dito a Birger Dahlerus, em agosto de 1939. Birger Dahlerus, *The Last Attempt*, Hutchinson, 1947, p73.
35. Reynolds, *Summits*, p107.
36. ibid., p111.
37. Testemunho inédito, não publicado anteriormente.
38. Entrevista com o autor para WW2History.com.

39. Registro do diário de Goebbels, em 29 de setembro de 1938.
40. Citado no diário de Weizsäcker, em 9 de setembro de 1938, Leonidas E. Hill, *Die Weizsäcker Papiere 1933-1950*, Frankfurt am M./Berlin/Wien 1974, p145.
41. Por exemplo, Gerd Überschär, *Generaloberst Franz Halder*, Göttinggen, 1991; Ian Kershaw, *Nemesis*; Reynolds, *Summits*.
42. Ben Pimlott (ed.), *The Second World War Diaries of Hugh Dalton 1940-1945*, Jonathan Cape, 1986, registro de 23 de fevereiro de 1945, p836.
43. Laurence Rees, *World War Two. Behind Closed Doors: Stalin, the Nazis and the West*, BBC Books, 2008, pp345-411.
44. Besprechung bei Generalfeldmarschall Göring am 14.10.38, 10:00, im Reichsluftfahrtministerium, Dokument 1301-PS, in *Der Prozess gegen die Hauptkriegsverbrecher vor dem Internationalen Militärgerichtschof Nürnberg*, 1. November 1945-1. Oktober 1946, Band XXVII, Nürnberg, 1948, pp160-164.
45. Entrevista com o autor para WW2History.com.
46. Tooze, *Wages*, p294.
47. Kershaw, *Nemesis*, p161.
48. Besprechung bei Generalfeldmarschall Göring am 14.10.38, 10:00h, im Reichsluftfahrtministerium, Dokument 1301-PS, in *Der Prozess gegen die Hauptkriegsverbrecher vor dem Internationalen Militärgerichtschof Nürnberg*, 1. November 1945-1. Oktober 1946, Band XXVII, Nürnberg, 1948, pp160-164.
49. Domarus, *Vol.II*, p1223.
50. Entrevista com o autor para WW2History.com.
51. Testemunho inédito, não publicado anteriormente.
52. "Rede Hitlers vor der deutsche Presse (10 de novembro de 1938)", *Vierteljahrshefte für Zeitgeschichte*, Vol. 6 (1958), No. 2, pp175-191.
53. Visita a Beck, em 16 de novembro de 1938. Transcrição da declaração feita por Holtzmann, datada de 19 de abril de 1946; em anexo a uma carta de Robert Holtzman a Ricarda Huch, de 8 de junho de 1946, Institut für Zeitgeschichte (lfZ), Munique, ZS/A-26a/1, p13f.
54. Palavras ditas por Chamberlain do lado de fora de 10, Downing Street, em 30 de setembro de 1938.
55. CAB 27/624 32nd, 14 de novembro de 1938.
56. Peake Papers, 19 de fevereiro de 1957, citado em Andrew Roberts, *The Holy Fox, The Life of Lord Halifax*, Phoenix, 1997, p128.

57. ibid., p128.
58. Veja pp193-194.
59. Domarus, *Vol. III*, p1449.
60. Rees, *The Nazis: A Warning from History*, p109.
61. Testemunho inédito, não publicado anteriormente.
62. Veja pp181-182.
63. Decreto secreto do supremo comandante do Exército, general von Brauchitsch, sobre a formação dos oficiais da corporação, em 18 de dezembro de 1938. Citado por: Klaus-Jürgen Müller, *Armee und Drittes Reich 1933-1939. Darstellung und Dokumentation*, unter Mitarbeit von Ernst Willi Hansen, Paderborn, 1987, pp180-182. E: *Offiziere im Bild von Dokumenten aus drei Jahrhunderten*, Militärgeschichtliches Forschungstamt, Stuttgart, 1964. O original está em Militärggeschichitliches Forschungsamt (MGFA), H 7/30, Sammelheft zu Oberkommando des Heeres Nr. 300/40g PA (2) la vom 25.10.1940.
64. Registro no diário de Jodl de 13 de setembro de 1938. "Aus den Tagenbüchern des Chefs der Abteilung Landersverteidigung, dann Wehrmachtsführungsamt im OKW Oberst d. G. Jodl", citado em Jacobsen and Jochmann (eds.) *Ausgewählte Dokumente zur Geschichte des Nationalsozialismus 1933-1945*. O diário de Jodl também é reproduzido em *Der Prozess gegen die Hauptkriegsverbrecher vor dem Internationalen Militärgerichtschof Nürnberg*, 1. November 194 – 1. Oktober 1946, Volume XXVIII, Nürnberg, 1948, Dokument 1780-PS, pp345-393. Os originais estão em BArch N 69 (propriedade de Jodl).
65. Speer, *Inside the Third Reich*, p172.
66. Testemunho no episódio 3, da BBC TV, *The Nazis: A Warning from History*.
67. Diário de Cadogan, registro de 20 de março de 1938, p161.
68. Speer, *Inside the Third Reich*, p239.
69. Entrevista com o autor para WW2History.com.
70. Discursos do *Führer* aos comandantes encarregados, em 22 de agosto de 1939, *Akten zur deutschen auswärtigen Politik 1918-1945* (ADAP), aus dem Archiv des Deutschen Auswärten Amts, Serie D, 1937-1945, Band VII, Göttinggen u. a., 1953, pp167-170, pp171-172.
71. Kershaw, *Nemesis*, p120.
72. Domarus, *Vol. III*, p1459.

73. Reunião de 23 de maio de 1939, em *Akten zur deutschen auswärtigen Politik 1918-1945* (ADAP), aus dem Archiv des Deutschen Auswärten Amts, Serie D, 1937-1945, Band VI, Göttinggen u. a., 1956, pp477-483. Esse documento também faz parte das provas do julgamento de Nuremberg, documento 79-L, cf.: *Der Prozess gegen die Hauptkriegsverbrecher vor dem Internationalen Militärgerichtschof Nürnberg*, 1. November 1945-1. Oktober 1946, Volume XXXVII, Nürnberg, 1946.
74. *Diário de Cadogan*, registro de 30 de agosto de 1939, p205.
75. Dahlerus, *The Last Attempt*, p60.
76. ibid., p62.
77. ibid., p70.
78. Testemunho inédito, não publicado anteriormente.
79. Kershaw, *Nemesis*, p92.
80. Rees, *Their Darkest Hour*, p210.
81. Speer, *Inside the Third Reich*, p235.
82. Henderson, *Failure of a Mission*, p39.
83. ibid., p73.
84. 20 de dezembro de 1938, *Diary of Ulrich von Hassell*. Ulrich von Hassell, *Die Hassell-Tagebücher. Aufzeichnungen vom Andern Deutschland*. Nach der Handschrift revidierte und erweiterte Ausgabe unter Mitarbeit von Klaus Peter Reiß, ed. Friedrich Freiherr Hiller von Gaertringen, Siedler Verlag, Berlim, 1988, pp67-72.
85. Testemunho inédito, não publicado anteriormente.
86. Testemunho inédito, não publicado anteriormente.

Capítulo Doze

1. Na verdade, mesmo agora, se as batalhas são realizadas em simulações computadorizadas, os aliados sempre ganham. Veja Ernest R. May, *Strange Victory, Hitler's Conquest of France*, I.B. Tauris, 2000, p6.
2. Memorandum de resumo sobre execução, crimes contra a paz: relatos um e quatro; planejamento, preparo e início das guerras de agressão e invasões, o plano de conspiração, 26 de agosto de 1948. Registros dos Estados Unidos das Interrogações dos Julgamentos de Nuremberg sobre Crimes de Guerra, 1946-1949. 898, Roll 58,30.
3. Testemunho inédito, não publicado anteriormente.

4. Entrevista com o autor para WW2History.com.
5. Rees, *The Nazis: A Warning from History*, p114.
6. Martin Kitchen, *The Third Reich, Charisma and Community*, Longman, 2008, p306.
7. ibid., p307.
8. Kershaw, *Nemesis*, p245.
9. Decreto de ObdH (comando Geral do Exército), coronel von Brauchitsch, para os oficiais do Exército, Berlim, 25.10.1939, BArch N 104/3. Citado em: Helmuth Groscurth, *Tagebücher eines Abwehroffiziers 1938-1940. Mit weiteren Dokumenten zur Militäropposition gegen Hitler*, hrsg. von Helmut Krausnick und Harold C. Deutsch unter Mitarbeit von Hildegard von Kotze, Deutsche Verlags-Anstalt, Stuttgart, 1970, p386.
10. Richard Hargreaves, *Blitzkrieg Unleashed*, Stackpole Books (USA), 2010, p158.
11. Richard Giziowski, *The Enigma of General Blaskowitz*, Hippocrene Books, Nova York, e Leo Cooper Books, Londres, 1997, p143.
12. Charles Burdick e Hans-Adolf Jacobson (eds.), *The Halder War Diary 1939-1942*, Greenhill Books, 1988, registro de 19 de setembro de 1939, p57.
13. Bogdan Musial, *Deutsche Zivilverwaltung und Judenverfolgung im Generalgouvernement*, Wiesbaden, 1999, p106; também citado em Christopher Browning, *The Origins of the Final Solution*, Heinemann, 2004, p35.
14. *Halder War Diary*, registro de 18 de outubro de 1939, p73.
15. Diário de Goebbels, registro de 2 de novembro de 1939, citado em Giziowski, *Enigma*, p162.
16. Carta de 21 de novembro de 1939, Ausgewählte Briefe von Generalmajor Halmuth Stieff (hingerichtet am 8 August 1944), em: *Vierteljahreshefte für Zeitgeschichte (VfZ)*, Vol. 2, 1954, No 3, pp291-305. Trechos da carta (não todos esses, que são extraídos do original, em alemão) também em inglês, em Giziowski, *Enigma*, p164.
17. *Heeresadjutant bei Hitler 1938-1943. Aufzeichnungen des Majors Engel*, hrsg. und kommentiert von Hildegard von Kotze, Stuttgart, 1974, p67f. Uma cópia do diário está no Institut für Zeigeschichte (IfZ), Munique, ED 53.
18. *Halder War Diary*, registro de 27 de setembro de 1939.
19. Entrevista com o autor para WW2History.com.

20. *Kriegstagebuch des Oberkommandos der Wehrmacht* (Wehrmachtführungsstab), Band I: 1 August 1940-31 Dezember 1941, geführt von Helmuth Greiner, Bernard & Graefe Verlag für Wehrwesen, Frankfurt am Main 1965, p950.
21. May, *Strange Victory*, p287.
22. *Halder War Diary*, registro de 14 de outubro de 1939, p72.
23. ibid.
24. ibid., registro de 3 de novembro de 1939, p76.
25. Institut für Zeitgeschichte (IfZ), Munique, ZS 603 (von Dohnanyi) *Protokoll der Besprechung mit Frau von Dohnanyi am* 1.12.52, p14f.
26. Kershaw, *Hubris*, pp269-270.
27. Testemunho inédito, não publicado anteriormente.
28. Bericht zur innenpolitschen Lage (Nr. 15) 13. November 1939, in: *Meldungen aus dem Reich 1938-1945. Die Geheimen Lageberichte des Sicherheitsdienstes der SS*. Hrsg. u. eingel. von Heinz Boberach. Band 3, Herrsching, 1984, pp449-456.
29. Meldungen aus dem Reich (Nr. 28) 13. Dezember 1939, in: *Meldungen aus dem Reich 1938-1945. Die Geheimen Lageberichte des Sicherheitsdienstes der SS*. Hrsg. u. eingel. von Heinz Boberach. Band 3, Herrsching, 1984, pp563-573.
30. Georg Mayer (ed.) Generalfeldmarschall Wilhelm Ritter von Leeb, registro de 9 de outubro de 1939, *Tagebuchaufzeichnungen und Lagebeurteilungen aus zwei Weltkriegen*, Deutsche Verlags-Anstalt, Stuttgart, 1976, pp187-188.
31. Carta de Wilhelm Ritter von Leeb para Franz Halder, em 19 de dezembro de 1939, rascunho datilografado; na original há uma anotação feita a mão, dizendo "mande via mensageiro em 20 de dezembro de 1939". Becker, Major". De *Tagebuchaufzeichnungen und Lagebeurteilungen aus zwei Weltkriegen*, Stuttgart, 1976, pp473-474. Uma cópia carbono do rascunho datilografado está no acervo de von Leeb, nos arquivos da Bavária, BayHStA, Abt. IV Kriegsarchiv, Nachlass Wilhelm Ritter von Leeb.
32. Helmuth Groscurth, *Tagebücher eines Abwehroffiziers 1938-1940*. Mit weiteren Dokumenten zur Militäropposition gegen Hitler, hrsg. von Helmut Krausnick und Harold C. Deutsch unter Mitarbeit von Hildegard von Kotze, Stuttgart, 1970, p222.
33. Carta escrita por Walther Nehring, um general das Forças Armadas, destinada a Geyr von Schweppenburg, em 26 de outubro de 1967, indagando

se seu regimento teria de agir contra Hitler. Documento do Institut für Zeitgeschichte (IfZ) Munique, ED 91/16.

34. Discurso de Hitler em 23 de novembro de 1939, Domarus, *Vol. III*, p1887.
35. Hugh Trevor-Roper, *The Mind of Adolf Hitler*, em Hitler's Table Talk, Phoenix Press, 2002, pxxxvii.
36. *Halder War Diary*, 23 de novembro, p80.
37. Do testemunho de Brauchitsch em Nuremberg, IMT *Vol. XX*, p628.
38. Entrevista com o autor para WW2History.com.
39. *Halder War Diary*, 14 de agosto de 1939, p20.
40. *Hitler's Table Talk*, 17 de setembro de 1941, p32.
41. Klaus Gerbet (ed.) *Generalfeldmarschall Fedor von Bock. Zwischen Pflicht und Verweigerung. Das Kriegstagebuch*, Herbig Verlag, München/Berlin, 1995, p67f.
42. General Edouard Requin testemunhou essa afirmação feita por Gamelin, citada em Claude Paillat, *Desastre, Les Dossiers secrets de la France contemporaine*, Vol. 4, Part2, Laffont, 1985, p185.
43. *Halder War Diary*, registro de 17 de março de 1940, p106.
44. ibid., p99.
45. ibid., p103.
46. General Andrew Beaufre, *La Drame de 1940*, traduzido para o inglês como *The Fall of France*, Cassell, 1965, p180.
47. May, *Strange Victory*, p413.
48. Winston Churchill, *Their Finest Hour, The Second World War, Vol. II*, Penguin Books, 2005, p38.
49. Paul-Emile Caton, *Une Guerre perdue en 4 Jours*, L'Amitie par le Livre, 1969.
50. Originalmente publicado em B.H. Liddell-Hart (ed.), *The Rommel Papers*, Nova York: Harcourt, Brace and Co., 1953. (www.eyewitnesstohistory.com, "Blitzkrieg, 1940").
51. Entrevista com o autor para WW2History.com.
52. Erich von Manstein, *Lost Victories*, Presidio Press, 1982, p383 (esse livro de memórias deve ser lido com o máximo cuidado – parece ter sido escrito para absolver Manstein da merecida culpa por suas ações no Leste, e pesquisas posteriores revelam que ele não é confiável quanto à campanha do Leste, de maneira geral, e particularmente sobre as ações de Manstein).
53. *Hitler's Table Talk*, 16 de agosto de 1942, p635.

54. Entrevista com Edward Oates, na seção de testemunhos, de WW2History.com.
55. Veja a p86.
56. Kershaw, *Nemesis*, p289, Walter Warlimont, *Inside Hitler's Headquarters*, Londres, Weidenfeld and Nicolson, 1964, pp76, 79-80.
57. ibid., 17 de maio de 1940, p149.
58. ibid., 18 de maio de 1940, pp150-151.
59. *Halder War Diary*, 6 de junho de 1940, p182.
60. *Hitler's Table Talk*, 17 de setembro de 1941, p31.
61. Entrevista com o autor para WW2History.com.
62. Entrevista com o autor para WW2History.com.
63. Tooze, *Wages*, p370.

Capítulo Treze

1. Visita de Hitler a Paris, em 23 de junho de 1940, descrita em: Speer, *Inside the Third Reich*, pp248-9.
2. *Halder War Diary*, 22 de julho de 1940, p230.
3. Discurso de Hitler em 19 de julho de 1940, Domarus, *Vol. III*, p2062.
4. War Cabinet minutes, de 27 de maio de 1940, Public Record Office Cab 65/13 e Cab 66/7.
5. Reunião realizada em 11 de julho de 1940, no Berghof.
6. Entrevista com o autor para WW2History.com.
7. Entrevista com o autor para WW2History.com.
8. *Halder War Diary*, 13 de julho de 1940, p230.
9. Testemunho inédito, não publicado anteriormente.
10. *Halder War Diary*, 22 de julho de 1940, p227.
11. Lorde Halifax, transmissão pela Rádio BBC, em 22 de julho de 1940.
12. Winston Churchill, transmissão pela Rádio BBC em 31 de março de 1940.
13. Entrevista com o autor para WW2History.com.
14. Alun Chalfont, *Montgomery of Alamein*, Weidenfeld and Nicolson, 1976, p318.
15. Halder, Spruchkammeraussage, 20 de setembro de 1948, Insitut für Zeitgeshichte (IfZ), Munique, ZS 240/6, p446.
16. *Halder War Diary*, 3 de julho de 1940, em discussões com Hans von Greiffenberg, p220.

17. Veja Gabriel Liulevicius, *War Land on the Eastern Front: Culture, National Identity and German Occupation in World War I*, University of Cambridge Press, 2004, p249.
18. *Halder War Diary*, 31 de julho de 1940, pp241-246.
19. Diário de Goebbels, registro de 10 de julho de 1937.
20. Testemunho inédito, não publicado anteriormente.
21. Discurso de Hitler no comício do partido, em Nuremberg, em 13 de setembro de 1937.
22. Testemunho inédito, não publicado anteriormente.
23. Winston Churchill, transmissão da Rádio BBC em 31 de março de 1940.
24. Warren F. Kimball, *Churchill and Roosevelt: The Complete Correspondence:* Vol. I, William Collins, 1984, WSV to FDR 20 de maio de 1940, C-11x, p40.
25. Entrevista com o autor para WW2History.com.
26. Tooze, *Wages*, p405.
27. ibid., p399.
28. *Halder War Diary*, 31 de julho de 1940, pp241-246.
29. Ian Kershaw, *The Hitler Myth*, p157, from Meldungen aus dem Reich (Nr. 141), 14 de novembro de 1940, em Heinz Boberach (ed.) *Meldungen aus dem Reich 1938-1945. Die Geheimen Lageberichte des Sicherheitsdienstes der SS*, Vol. 5, Herrsching, 1984, pp1762-1774.
30. Meldungen aus dem Reich (Nr. 107) 22 Juli 1940, in Heinz Boberach (ed.): *Meldungen aus dem Reich 1938-1945* pp1402-1412.
31. Testemunho não publicado anteriormente, de Maria Mauth.
32. Liulevicius, *War Land*, p278.
33. ibid.
34. BArch RM 41/40.
35. Reunião de Stalin, em 9 de agosto de 1944, com a delegação polonesa, realizada no Kremlin, em Moscou. *Documents of Polish-Soviet relations 1939-1945*, Vol 2, 1943-1945, General Sikorski Historical Institute, p334, doc 189.
36. Entrevista com o autor para WW2History.com.
37. Declaração secreta do dr. Goebbels a representantes convidados da imprensa alemã, em 5 de abril de 1940, em Hans-Adolf Jacobsen, *Der zweite Weltkrieg. Grundzüge der Politik und Strategie in Dokumenten*, Fischer Bücherei, Frankfurt am Main/Hamburg, 1965, pp180-181.
38. Rees, *The Nazis: A Warning from History*, p112.

39. Heinrich Himmler: discurso aos *Gauleiters* e outros representantes, em 29 de fevereiro de 1940, citado por Bradley F. Smith and Agnes F. Petersen (ed.), em *Heinrich Himmler. Geheimreden 1933, bis 1945 und andere Ansprachen*, Frankfurt/M., Berlin, Wien, Propyläen Verlag, 1974, pp115-144.
40. Diário de Goebbels, registro de 24 de janeiro de 1940.
41. Peter Longerich, *Heinrich Himmler*, Biographie, Munique, 2010, p86, 797.
42. Heinrich Himmler, "*Some thoughts on the treatment of the alien population in the East*", 15 de maio de 1940, em Wolfgang Michalka (ed.), *Das Dritte Reich. Dokumente zur Innen und Außenpolitik, Vol. 2: Weltmachtsanspruch und nationaler Zusammenbruch 1939-1945*, München, 1985, pp163-166.
43. Entrevista com o autor, citado em Rees, *The Nazis: A Warning from History*, p133.
44. Rudolf Höss, *Commandant of Auschwitz*, Londres, Phoenix Press, 2000, p390, e interrogatório de Höss, por Jan Sehn, Krakow, 7-8 November, 1946, Instytut Pamieci Narodowej, Warsaw, NTN, 103.
45. Carta expressa do chefe do Escritório de Segurança do Reich, R. Heydrich, aos comandantes das forças de segurança da polícia, referente aos passos consecutivos e métodos para a "Solução Final da Questão dos Judeus", 21 de setembro de 1939. A carta é um documento de Nuremberg (Doc. 3363-PS) e reproduzida em *Der Prozess gegen die Hauptkriegsverbrecher vor dem Internationalen Militärgerichtschof Nürnberg*, 1 November, 1945 – 1 Oktober, 1946, Band XXXII, Nürnberg, 1948.
46. Noakes and Pridham, *Vol. III*, p1053.
47. Christopher Browning, *The Origins of the Final Solution*, Londres, William Heinemann, 2004, pp36-43.
48. Götz Aly e Susanne Heim, *Architects of Annihilation*, Londres, Weidenfeld and Nicolson, 2002, p21.
49. Testemunho inédito, não publicado anteriormente.
50. Diário de Stanislav Rozycki, em Landau, *The Nazi Holocaust*, p158.
51. Trechos extraídos do discurso de Hans Frank, Governador-geral, numa reunião de líderes distritais, e comissários municipais do distrito de Radom, referente ao plano para concentrar a população polonesa e judaica no Governo-geral, em 25 de novembro de 1939. *Faschismus-Getto-Massenmord. Dokumentation über Ausrottung und Widestand der Juden in*

Polen während des zweiten Weltkrieges, hrsg. vom Jüdischen Hitorischen Institut Warschau, ausgewählt, bearbeitet und eingeleitet von Tatiana Berenstein u.a., Rütten & Löning, Berlin, 1960, p46. O original está em: Archive of the Jewish Historical Institute in Warsaw (Zydowski Instytut Historyczny), Varia I, Nr. 33.

52. Fritz Stern, *The Politics of Cultural Despair*, University of California, 1974, pxix.
53. Para uma descrição completa de ideias de Paul de Lagarde, veja Stern, *Politics of Cultural Despair*, Capítulo 1, pp3-83.
54. Kershaw, *Nemesis*, p321.
55. Diário de Goebbels, registro de 17 de agosto de 1940.
56. Testemunho inédito, não publicado anteriormente.
57. Browning, *Origins of the Final Solution*, p82.
58. Aly and Heim, *Architects of Annihilation*, p58.
59. Service, Stalin, p312.
60. Aly and Heim, *Architects*, p118.
61. Entrevista com o autor para WW2History.com.
62. *Halder War Diary*, registro de 30 de março de 1941, p346.
63. Testemunho inédito, não publicado anteriormente, de Bernhard Bechler, ADC (oficial junior), do General Eugen Müller (general para "Funções Especiais"), outono de 1940 até a primavera de 1942.
64. Alex J. Kay, *Germany's Staatssekretäre, Mass Starvation and the Meeting of 2 May, 1941*, Journal of Contemporary History, Vol 41 (4), p685. Veja também o trabalho de Christian Gerlach, *Kalkulierte Morde: Die deutsche Wirtschaftsund Vernichtungspolitik in Weissrussland 1941* bis 1944, Hamburg, 2000.
65. Kay, p689.
66. *Rosenberg diary*, 1 e 6 de maio de 1941, publicado em Frankfurter Rundschau no 140, 22.6.1971, citado em Kay, *JCH*, p692.
67. Argumento de Mark Roseman, *The Villa, the Lake, the Meeting, Wannsee and the Final Solution,* Allen Lane, 2002, p57, e também de Kay, *JCH*, p688.
68. Entrevista com o autor para WW2History.com.
69. Diário de Goebbels, registro de 16 de junho de 1941.
70. O Exército Vermelho recapturou rapidamente a cidade, em fevereiro de 1943, somente para que os alemães voltassem a capturá-la, em março.
71. Testemunho inédito, não publicado anteriormente.

72. Testemunho inédito, não publicado anteriormente.
73. Laurence Rees, *War of the Century*, BBC Books, 1999, p99.
74. Testemunho inédito, não publicado anteriormente.
75. Diário oficial de Frank, 25 de março de 1941 (Cracóvia, reunião de gabinete), Werner Präg e Wolfgang Jacobmeyer (eds.), *Das Diensttagebuch des deutschen Generalgouverneus in Polen 1939-1945*, Stuttgart, Deutsche Verlags-Anstalt, 1975, pp335-338.
76. Peter Longerich, *The Unwritten Order*, Stroud, Tempus, 2001, pp57-62.
77. ibid., p63.
78. Instrução datada de 12 de julho de 1941, citada em H. Buchheim, M. Broszat, H. Krausnick, H-A, Jacobsen, *Anatomy of the SS State*, Londres, Collins, 1968, p62.
79. Barry A. Leach, *German Strategy Agains Russia 1939-1941*, Oxford University Press, 1973, pp140-145.
80. Proclamação de Hitler em 22 de junho de 1941, Domarus, *Vol. IV*, p2451.
81. Discurso de Churchill em 22 de junho de 1941.
82. Proclamação de Hitler aos soldados do *front* Leste em 3 de outubro de 1941, Domarus, *Vol. IV*, p2491.

Capítulo Quatorze

1. Entrevista com o autor para WW2History.com.
2. Citado no *New York Times*, em 24 de junho de 1941, p7.
3. Palavras do general Henry Powell ao general Sir Alan Brooke, chefe de pessoal da Defesa Imperial, citado em Joan Beaumont, *Comrades in Arms: British Aid to Russia, 1941-1945*, Londres, Davis-Poynter, 1980, p26.
4. Testemunho inédito, não publicado anteriormente.
5. Testemunho inédito, não publicado anteriormente.
6. Testemunho inédito, não publicado anteriormente.
7. *Halder War Diary*, 3 de julho de 1941, p446.
8. O chefe de pessoal da Economia de Guerra e do Departamento de Armamentos, quanto ao programa de armamentos da Força Aérea, em 26 de junho de 1941, BArch RW 19/559, p43-46 (Der Chef des Stabes des Wehrwirtschafts und Rüstungsamts betr. Rüstungsprogramm der Luftwaffe, 26.6.1941). Também citado em Georg Thomas, *Geschichte der*

deutschen Wehr und Rüstungswirtschaft (1918-1943/45), Harald Boldt Verlag, Boppard am Rhein, 1966, pp448-451.

9. *Halder War Diary*, 11 de agosto de 1941, p506.
10. Ludolf Herbst, *Das nationalsozialistische Deutschland 1933-1945. Die Entfesselung der Gewalt: Rassismus und Krieg*, Suhrkamp Verlag, Frankfurt, am Main, 1996, p360ff. Referência original em um gráfico no diário de guerra de Halder, Generaloberst Halder. Kriegstagebuch, Band III: Der Rußlandfeldzug bis zum Marsch auf Stalingrad (22.6.1941 – 24.9.1942), bearb. Von Hans-Adolf Jacobsen, Stuttgart, 1964, pp199, 213.
11. Walter Warlimont, *Inside Hitler's Headquarters, 1939-1941*, Presidio, 1964, p189.
12. *Halder War Diary*, 22 de agosto de 1941, p514.
13. Heinz Guderian, *Panzer Leader*, Penguin, 2009, p200.
14. Tagebucheintrag vom 19. August 1941, em: Joseph Goebbels, *Die Tagebücher von Joseph Goebbels*. Im Auftrag des Instituts für Zeitgeschichte und mit Unterstützung des Staatlichen Archivdienstes Rußlands hrsg. von Elke Fröhlich. Teil II: Diktate 1941-1945. Band 1: Juli-September 1941, München (u.a.) 1996, pp255-272.
15. *Hitler's Table Talk*, 19-20 August, 1941, p28.
16. ibid., 23 de setembro de 1941, p38.
17. Ernst Deuerlein (ed.): *Der Aufstieg der NSDAP in Augenzeugenberichten*, Düsseldorf, Karl Rauch Verlag, 1968, pp108-112.
18. *Hitler's Table Talk*, noite de 27 de janeiro de 1942, p257.
19. *Hitler's Table Talk*, noite de 25/26 de setembro de 1941.
20. Comunicação do escritório naval ao Grupo Norte do Exército, veja Domarus, *Vol. IV*, p2483.
21. Domarus, *Vol. III*, p2491.
22. ibid., p2497.
23. Episódio 1, *War of the Century*, escrito e produzido por Laurence Rees, BBC2, 1999.
24. Weber, *Essays*, p248.
25. *Halder War Diary*, pp529-530.
26. *Table Talk*, 17 outubro 1941, p69.
27. ibid., 17/18 outubro, p71.
28. ibid., 25 de outubro, p87.
29. ibid., 10 de outubro, p51.
30. ibid., 19 de outubro, p74.

31. ibid., 25 de outubro, p90.
32. Hugh Trevor-Roper, "The Mind of Adolf Hitler", em *Table Talk*, pxxxix.
33. *Table Talk*, 13/14 outubro p58.
34. Entrevista com o autor para WW2History.com.
35. Entrevista com o autor para WW2History.com.
36. Entrevista com o autor para WW2History.com.
37. Testemunho inédito, não publicado anteriormente.
38. Diário de Guerra, Wehrmacht escritório militar econômico e de armamentos, 13 de outubro de 1941. BArch RW 19/165, p274/554.
39. Kershaw, *Nemesis*, pp440-441.
40. *Halder War Diary*, 10 de novembro, p555.
41. Guderian, *Panzer Leader*, p264.
42. ibid, pp265-266.
43. Diretiva de Hitler para o Grupo Central do Exército, 12 de dezembro de 1941 (WeisungHitlers für die Heeresgruppe Mitte, 20.12.1941), citado por: Wolfgang Michalka (ed.) *Das Dritte Reich. Dokumente zur Innen und Außenpolitik, Vol. 2: Weltmachtsanspruch und nationaler Zusammenbruch 1939-1945*, Deutscher Taschenbuch Verlag, München, 1985, pp66-67. O original está em Institut für Zeitgeschichte (IfZ) Munique, Dok. NOKW-539.
44. Argumento de Ribbentrop, em sua reunião com o Enviado Americano para Assuntos Internacionais, em Berlim, em 11 de dezembro de 1941. Veja os documentos em German Foreign Policy, Series D, *Vol. XIII*, pp999-1000.
45. Alexander Mitscherlich and Frederick Mieke (eds.), *Medizin ohne Menschlichkeit Dokumente des Nürnberger Ärzteprozesses*, Frankfurt am Main, Fischer Bücherie, 1960, p. 187.
46. E. Klee, *"Euthanasie" im NS Staat. Die Vernichtung "lebensunwerten Lebens"*, Frankfurt, S. Fischer Verlag, 1983, p51.
47. Carta anônima, escrita a mão, de Ramsau, outubro de 1941, Staatsarchiv München (StAM), LRA 31933.
48. Carta de Maria Aigner ao Inspetor Escolar, 17 de setembro de 1941, StAM, LRA 48235.
49. *Table Talk*, 14 de outubro de 1941, p59.
50. Entrevista com o autor para WW2History.com.
51. Longerich, *Unwritten Order*, p60.
52. Testemunho inédito, não publicado anteriormente.

53. 16 de julho de 1941, comentários de Hitler, Conferência na sede do Führer, em Czeslaw Madajczyk (ed.) *Generalny Plan Wschodni: Zbiór dokumentów,* Warszawa, Glówna Komisja Badania Zbrodni Hitlerowskich w Polsce, 1990, pp61-64. Também nos documentos do julgamento de Nuremberg: IMT, Vol 38, p92 (221-L).
54. Para uma análise detalhada de *Generalplan Ost* (em inglês), veja Tooze, *Wages of Destruction*, pp466-476.
55. Diário de Goebbels, 19 de agosto de 1941.
56. Testemunho de Uwe Storjohann, em Laurence Rees, *Auschwitz: The Nazis and the "Final Solution"*, BBC Books, 2005, p76.
57. Testemunho de Erna Krantz, em Rees, *Darkest Hour*, p195.
58. Diário de Goebbels, registro de 16 de dezembro de 1941.
59. Präg e Jacobmeyer (eds.) *Das Diensttagebuch des deutschen Generalgouverneurs in Polen 1939-1945*, pp452-459.
60. Testemunho de Toivi Blatt, em entrevista com o autor. Veja WW2History.com e também Rees, *Auschwitz*, pp208-210.
61. Entrevista com o autor para WW2History.com.
62. Lonrerich, *Unwritten Order*, p109.
63. Diário de Goebbels, registro de 27 de março de 1942.
64. Veja pp269-270.
65. Rees, *Auschwitz*, p78.
66. David Cesarani, *Eichmann, His Life and Crimes*, Londres, Heinemann, 2004, p197.
67. Testemunho de Hans Friedrich, episódio 1, *Auschwitz: the Nazis and the "Final Solution"*, escrito e produzido por Laurence Rees, BBC, janeiro de 2005.
68. Ulrich Herbert, *Hitler's Foreign Workers*, Cambridge Univeristy Press, 1997, pp389-390.

Capítulo Quinze

1. Testemunho inédito, não publicado anteriormente.
2. Diário de Goebbels, registro de 20 de março de 1942, *The Goebbels Diary*, traduzido e editado por Louis P. Lochner, Hamish Hamilton, 1948, p92.

3. Winston S. Churchill, *The Grand Alliance, The Second World War Vol. III*, Penguin Classics, 2005, p539.
4. Testemunho inédito, não publicado anteriormente.
5. Testemunho inédito, não publicado anteriormente.
6. Testemunho inédito, não publicado anteriormente.
7. Testemunho inédito, não publicado anteriormente.
8. Kershaw, *The Hitler Myth*, p188.
9. ibid., p187.
10. Discurso de Hitler, em 26 de abril de 1942, Domarus, *Vol. IV*, p2623.
11. ibid., p2628.
12. Diário de Goebbels, registro de 27 de abril de 1942, p141.
13. Diário de Goebbels, registro de 29 de abril de 1942, p144.
14. *The Ciano Diaries*, Hugh Gibson (ed.), Simon Publications, 2001, registro de 29 de abril de 1942, p477.
15. ibid., registro de 30 de abril de 1942, pp478-9.
16. ibid., registro de 30 de abril de 1942, p478.
17. Veja p150.
18. *Halder War Diary*, 23 de julho de 1942, p646.
19. Relatório em estenografia da reunião do marechal Göring com os comissários do Reich, sobre os territórios ocupados e os comandantes militares, sobre a situação do alimento. No Salão Hermann Göring, Ministério da Aviação, quinta-feira, 6 de agosto de 1942, 16h00. Léon Poliakov e Joseph Wulf, *Das Dritte Reich und seine Diener*, Frankfurt am Main/Berlin/Wien, Ullstein Verlag, 1983, pp471ff. Também no documento 170-USSR, em: *Der Prozess gegen die Hauptkriegsverbrecher vor dem Internationalen Militärgerichtshof Nürnberg*, 1 November 1945 – 1 Oktober 1946, Band XXIX, Nürnberg, 1949, p385ff (essa tradução é a oficial, utilizada nos julgamentos de Nuremberg).
20. Tooze, *Wages*, pp573-4.
21. Como comandante do Grupo A do Exército, Hitler se reportava a ele mesmo, como comandante-geral do Exército, depois, a si mesmo, como supremo comandante das Forças Armadas, e ele mesmo, como chanceler da Alemanha, e ele, como chefe de Estado.
22. *Halder War Diary*, 24 de setembro de 1942, p670.
23. Tooze, *Wages*, p587.
24. Entrevista com o autor para WW2History.com.
25. Testemunho inédito, não publicado anteriormente.

26. Discurso de Hitler, em 30 de setembro de 1942, Domarus, *Vol. IV*, p2675.
27. Testemunho inédito, não publicado anteriormente.
28. Entrevista com o autor para WW2History.com.
29. Rees, *The Nazis, A Warning from History*, p256.
30. Chris Bellamy, *Absolute War, Soviet Russia in the Second World War*, Macmillan, 2007, p533.
31. Testemunho inédito, não publicado anteriormente.
32. Rees, *The Nazis, A Warning from History*, p276.
33. Conferênica sobre a situação, em 1º de fevereiro de 1943, Helmut Heiber e David M. Glantz (eds), *Hitler and his Generals, Military Conferences, 1942-1945*, Enigma Books, 2004, p61.
34. ibid., p62.
35. ibid., p66.
36. ibid., p59.

Capítulo Dezesseis

1. Discurso de Göring no Honours Hall, do Ministério da Aviação do Reich, 30 de janeiro, Domarus, *Vol. IV*, pp2745-2746.
2. Ordem do dia ao Sexto Exército, 24 de janeiro de 1943, Domarus, *Vol. IV*, p2743.
3. Testemunho inédito, não publicado anteriormente.
4. Testemunho do episódio 6, BBC TV, *Nazis: A Warning from History*.
5. Testemunho inédito, não publicado anteriormente.
6. Esse parágrafo e o seguinte são testemunhos inéditos, não publicados anteriormente.
7. Nicolaus von Below, *At Hitler's Side, The Memoirs of Hitler's Luftwaffe Adjuntant 1937-1945*, Frontline Books, 2010, pp162-163.
8. Testemunho inédito, não publicado anteriormente.
9. Testemunho inédito, não publicado anteriormente.
10. Testemunho inédito, não publicado anteriormente.
11. Reunião de 6 de outubro. Heinrich Himmler, *Geheimreden 1933, bis 1945*, Bradley Smith and Agnes F. Peterson (orgs.), Frankfurt am Main, Propyläen Verlag, 1974, pp169-170.
12. Testemunho inédito, não publicado anteriormente.
13. Von Below, *At Hitler's Side*, p189.

14. Testemunho do episódio 4, BBC TV, *War of the Century*.
15. Michael Balfour, *Withstanding Hitler*, Routledge, 1988, p126.
16. Fabian von Schlabrendorff, *The Secret War against Hitler*, Westview Press, 1994, p231.
17. Usado, pois nessa guerra a única bebida utilizada vinha em garrafas quadradas. Veja *Secret War*, p233.
18. ibid., p231.
19. Testemunho inédito, não publicado anteriormente.
20. Schlabrendorff, *Secret War*, p269.
21. ibid., pp268-269.
22. ibid., pp271-272.
23. Kershaw, *Nemesis*, p670.
24. Hans Bernd Gisevius, *Valkyrie, An Insider's Account of the Plot to Kill Hitler*, Da Capo Press, 2009, p67.
25. ibid., p182.
26. ibid., p200.
27. Entrevista com o major Otto-Ernst Remer, para a série de TV *World at War*, publicada em Richard Holmes, *The World at War, the Landmark Oral History*, Ebury Press, 2007, p419.
28. Testemunho inédito, não publicado anteriormente.
29. Karl Heinrich Peter, *Spiegelbild einer Verschwörung. Die KaltenbrunnerBerichte an Bormann und Hitler über das Attentat vom 20 Juli 1944. Geheime Dokumente aus dem ehemaligen Reichssischerheitshauptamt*, Seewald, Stuttgart, 1961, pp1-10, alguns trechos extraídos de Kershaw, *Hitler Myth*, pp215-216.
30. Guderian, *Panzer Leader*, p341.
31. ibid., p342.
32. Entrevista com o autor para WW2History.com.
33. Guderian, *Panzer Leader*, p340.
34. Conforme contado por Ulrich de Maizière.
35. Ian Kershaw, *The End, Hitler's Germany, 1944-1945*, Allen Lane, 2011, pp111-114. O relatório da polícia militar alemã, compilado após o ataque soviético, cita 26 mortos.
36. Citado ibid., p114.
37. Traudl Junge, *Until the Final Hour. Hitler's Last Secretary*, Weidenfeld and Nicolson, 2002, p145.
38. Testemunho do episódio 4, BBC TV, *War of the Century*.

39. Tooze, *Wages*, p639.
40. ibid., p653.
41. Diário de Goebbels, registro de 2 de dezembro de 1944.
42. Von Below, *Hitler's Luftwaffe Adjuntant*, p223.
43. Manfred Messerschmidt, "Deserteure im Zweiten Weltkrieg", em Wolfgang Wette (ed.), *Deserteure der Wehrmacht*, Essen, 1995, p61.
44. Klaus-Dietmar Henke, *Die Amerikanische Besetzung Deutschlands*, Munique, Oldenbourg, 1995, pp806 e n132.
45. Testemunho inédito, não publicado anteriormente.
46. Speer, *Inside the Third Reich*, p588.
47. Testemunho do episódio 4, BBC TV, *War of the Century*.
48. Relatório da situação em Midday, 2 de março de 1945, Helmut Heiber e David M. Glantz, *Hitler and his Generals*, Enigma Books, 2003, p684.
49. Registro de 2 de março de 1945, Joseph Goebbels, Hugh Trevor-Roper (ed.), *Goebbels Diaries, The Last Days*, Secker and Warburg, 1978, p24.
50. Testemunho de *Bombing Germany*, BBC 2001, escrito e produzido por Detlef Siebert, produtor executivo, Laurence Rees.
51. *United States Strategic Bombing Survey, Summary Report, (European War)*, 30 de setembro de 1945, "Some Signposts", p23, ponto 4. Na rede, em http://www.airforce-magazine.com/MagazineArchive/Pages/2009/October/202009/1009keeper.aspx e http://wwwanesi.com/ussbs02.htm
52. Von Below, *Hitler's Luftwaffe Adjuntant*, p228.
53. Rudolf Jordan, *Erlebt und erlitten*: *Weg eines Gauleiters von München bis Moskau,* Leoni am Starnberger See, 1973, pp251-8. Citado em Kershaw, *The End*, p245.
54. Yehuda Bauer, *American Jewry and the Holocaust: The American Jewish Joint Distribution Committee,* 1939-1945, Detroit, Wayne State University Press, 1981, pp429-430.
55. Felix Kersten, *The Kersten Memoirs, 1940-1945*, Londres, Hutchinson, 1956, p286.
56. Professor Sir Ian Kershaw, *What is Hitler's Place in history?* Palestra da BBC transmitida na BBC 4, em 30 de abril de 2005, produtor executivo Laurence Rees.
57. Testemunho de *Himmler, Hitler and the End of the Reich*, BBC TV, 2001, escrito e produzido por Detlef Siebert, produtor executivo Laurence Rees.
58. Welch, *Propaganda*, p234.
59. Junge, *Last Secretary*, p177.

60. Testemunho de *Himmler, Hitler and the End of the Reich*, BBC TV.
61. United States, Office of United States Chief of Counsel for Prosecution of Axis Criminality, *Nazi Conspiracy and Aggression*, 8 vols. and 2 suppl vols. (Government Printing Office, Washington, 1946-1948), VI pp259-263, Doc. No. 3569-PS.
62. Junge, *Last Secretary*, p181.

Este livro foi composto em
Original Garamond
e impresso para a LeYa
em março de 2016.
Impressão: Lis Gráfica